Das Christenhaus

Hubertus Halbfas

Literatur und Religion

Ein Lesewerk

Das Christenhaus
Literarische Anfragen

Das Menschenhaus
Geschichten und Gedichte

Das Welthaus
Texte der Menschheit

Das Christenhaus

Literarische Anfragen

Herausgegeben von
Hubertus Halbfas

Patmos Verlag

VERLAGSGRUPPE PATMOS

PATMOS
ESCHBACH
GRÜNEWALD
THORBECKE
SCHWABEN

Die Verlagsgruppe
mit Sinn für das Leben

Für die Schwabenverlag AG ist Nachhaltigkeit ein wichtiger Maßstab ihres Handelns.
Wir achten daher auf den Einsatz umweltschonender Ressourcen und Materialien.

Bibliografische Information der Deutschen Nationalbibliothek
Die Deutsche Nationalbibliothek verzeichnet diese Publikation in der Deutschen Nationalbibliografie;
detaillierte bibliografische Daten sind im Internet über http://dnb.d-nb.de abrufbar.

Alle Rechte vorbehalten
© 2015 Patmos Verlag der Schwabenverlag AG, Ostfildern
www.patmos.de

Folgt der aktuellen Rechtschreibung, sofern nicht historische Vorlagen oder urheberrechtliche
Einwände dagegen stehen.

Umschlaggestaltung: Finken & Bumiller, Stuttgart
Gestaltung, Satz und Repro: Ina Halbfas, Köln
Druck: CPI – Ebner & Spiegel, Ulm
Hergestellt in Deutschland

ISBN 978-3-8436-0666-0

Inhalt

Vorwort 12
Der Jelling-Stein 14

Gott: Mehr als alles 17

Ganz nah und so fern 18
Maurice Sendak: Es muss im Leben mehr als alles geben 18
Nikos Kazantzakis: Ach 19
Friedrich Schiller: Das verschleierte Bild zu Sais 20

Der erste Ein-Gott-Glaube 22
Fridolin Stier: Museum der Masken Gottes 22
Echnaton: Der Sonnengesang von Amarna 23

Der biblische Monotheismus 25
Josef Fink: Du Namenloser 25

Der Tod Gottes 26
Das Testament des Abbé Meslier 26
Jean Paul: Rede des toten Christus vom Weltgebäude,
 dass kein Gott sei 29
Xenophanes: Wenn Ochsen Hände hätten 29
Ludwig Feuerbach: Wie der Mensch denkt, so ist sein Gott 30
Karl Marx: Die Kritik der Religion enttäuscht den Menschen,
 damit er denke, handle wie ein zu Verstand gekommener Mensch ... 30
Friedrich Nietzsche: Die Botschaft vom tollen Menschen,
 dass Gott tot sei 31
Wolfgang Borchert: Deckmanns Traum 32
Wolfdietrich Schnurre: Das Begräbnis 33

Die Abwesenheit Gottes 39
Elie Wiesel: Appell in Auschwitz 39
Elie Wiesel: Ein Prozess gegen Gott – ein Gebet zu Gott 40
Nicht zu beschreiben 41
Hans Jonas: »Nicht weil er nicht will, weil er nicht kann,
 greift Gott nicht ein« 42

Und trotzdem Gott suchen 43
   Friedrich Nietzsche: Dem unbekannten Gott 43
   Zvi Kolitz: Jossel Rakovers Wendung zu Gott 44
   Dietrich Bonhoeffer: In der Welt leben, als wenn es Gott nicht gäbe 47
   Etty Hillesum: Dass wir dir helfen müssen und deinen Wohnsitz
      in unserem Inneren bis zum Letzten verteidigen müssen 48
   Petra Mönnigmann: Tätig, als ob sie glaubte 51
   Günter Eich: Der hundertste Name Gottes 52

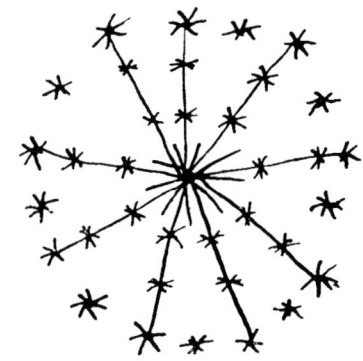

Gott und das Nichts 56
   Meister Eckhart: Gott ist namenlos 56
   Nikolaus von Kues: Weder ist er noch ist er nicht 56
   Johannes Scheffler: Die Gottheit ist ein Nichts und Übernichts 57
   Matthias Kroeger: Es bedarf keines Jenseits' 58
   Willigis Jäger: Der Kosmos als Manifestation Gottes 58
   Etty Hillesum: Dass wir deinen Wohnsitz in unserem Inneren
      bis zum Letzten verteidigen müssen 59
   Dietrich Bonhoeffer: Der Nächste ist der Transzendente 59

Annäherung von naturwissenschaftlichem und religiösem Denken . . . 60
   Werner Heisenberg: Die neue Physik und das Verhältnis
      von Religion und Naturwissenschaft 60

Schöpfung: Im Ei 64

Galilei oder Das Verhältnis von Wissenschaft und Glaube 65
Gertrud von le Fort: Kann etwas Wahrheit sein, wenn es dem
   Glauben widerspricht? 70
Nikos Kazantzakis: Woher wir kommen? Wohin wir gehen? 73
Ludwig Büchner (Carl Ludwig): Sandkorn im Welten-Ozean 76
Günter Grass: Im Ei 77
Günter Kunert: Metaphysische Begegnung 78
Günter Kunert: Auf toten Flüssen treiben wir dahin 78
Günter Kunert: Lagebericht 78
Karl Kraus: Die letzten Tage der Menschheit 79
Marie Luise Kaschnitz: Nicht gesagt 81

Jesus oder Worin besteht das Christentum? 82

Der verlorene Anfang 83
Anatole France: Der verdrängte Jude 83
Amos Oz: Jesus, der Jude 85
Clara Asscher-Pinkhoff: Haben Lügen kurze Beine? 87
Elisabeth Langgässer: Saisonbeginn 88

Jesus und Paulus: Zweierlei Evangelium 91
Das Evangelium Jesu vom Reich Gottes 91
Lk 10,25–37: Das Beispiel vom barmherzigen Samariter 92
Lk 15,11–32: Die Geschichte vom verlorenen Sohn 93
Die Lehre des Paulus vom Sühnetod Jesu 94
1 Kor 15,3–9: Christus ist für unsere Sünden gestorben 95
2 Kor 12,1–4: Ob mit dem Leib oder ohne den Leib, nur Gott weiß es . . . 95
Ernst Eggimann: jesus 96

Nicht Almosen, sondern Tischgemeinschaft 97
Lk 14,12–24: Das Gleichnis vom großen Festmahl 97
Mk 6,32–44: Gebt ihr ihnen zu essen. Die Speisung der Fünftausend . . 98
Gast und Gastgeber 98
Der Gast – nach Albert Camus 100
Nikolai Lesskow: Der Gast beim Bauern 101
Dino Buzzati: Die Nacht im Dom 109
Ignazio Silone: Wein und Brot 112
Henri Perrin: Gemeinschaft des Brotbrechens 114

Das Jesus-Klischee steht jeder Nachfolge im Weg 117
Günter Grass: Jesus trommelte nicht 117
Wolfdietrich Schnurre: Ob ich mir Jesus schon mal vorgestellt hätte? . . 123

Der Jesus der Dichter 124
Søren Kierkegaard: Jesus, der Narr 124
Oscar Wilde: De Profundis 125
Nikos Kazantzakis: Die letzte Versuchung 127
José Saramago: Das Evangelium nach Jesus Christus 132

Christus hat keine Hände 134
Der vierte König. Eine Legende nach Edzard Schaper 134
Meister Eckhart: Alles, was von Christus gesagt ist, gilt auch von mir . . 137

Der Nächste: Auf der Schwelle wirft er einen Blick zurück ... 139

Das soziale Programm der Propheten Israels ... 140
- Amos 3,9–15: Das Gericht über Samaria ... 140
- Amos 5,7–15: Die Beugung des Rechts ... 141
- Amos 5,21–24.27: Der wahre Gottesdienst ... 141
- Ernst Bloch: Schwer ist der aufrechte Gang ... 142

Barmherzigkeit und Liebe ersetzen nicht soziale Gerechtigkeit ... 142

- Nikolai Lesskow: Der Gaukler Pamphalon ... 142
- Peter Huchel: O Jesus, was bist du lang ausgewesen ... 148
- Las Casas: Kurzgefasster Bericht von der Verwüstung der westindischen Länder ... 148
- Friedrich Spee: Wer treibt denn die Obrigkeit zu den Hexenprozessen? ... 150
- Conrad Ferdinand Meyer: Die Füße im Feuer ... 154
- Maximilian Klinger: Hans Ruprechts Kalb ... 155
- Georg Büchner: Der Hessische Landbote ... 158
- Fjodor M. Dostojewski: Das Zwiebelchen ... 161
- Alexander Herzen: Der Doktor Friedrich Joseph Haass ... 161
- Friedrich Engels: Leben in Manchester ... 163
- Karl Marx: Das Aufkommen des Kapitalismus ... 164
- Wilhelm Wolff: Das Elend der Weber in Schlesien ... 164
- Karl Marx/Friedrich Engels: Kommunistisches Manifest ... 167
- Charles Péguy: Theologische Kostenrechnung ... 169
- Harriet Ann Jacobs: Wappnet euch für die Aufgaben, die vor euch stehen ... 169
- Coretta Scott King: Der Busstreik von Montgomery ... 173
- Walter Toman: Halt ihm die andere Wange hin ... 176
- Bekenntnis der Weltversammlung der Christen in Seoul 1990 ... 177
- 1 Kor 13: Das Lied der Liebe ... 178

Juden: Dein aschenes Haar Sulamith 179

Stefan Heym: Der Ewige Jude 180
Johann Wolfgang von Goethe: Das Frankfurter Judengetto 183
Moses Mendelssohn: Welche Erniedrigung für unsere
   bedrängte Nation! 184
Heinrich Heine: Das Christentum – aufs Kläglichste verunglückt 184
Theodor Herzl: »Übers Jahr in Jerusalem!« 185
Isaac Bashevis Singer: Aufbruch nach Israel 186
Joseph Roth: Ostjuden 189
Chaim Weizmann: Cheder-Jahre 190
Ernst Toller: Jude, hep, hep, hep! 192
Siegfried von Vegesack: Christus in München 195
Theodor Kramer: Wer läutet draußen an der Tür? 196
Nelly Sachs: Das Leiden Israels 196
Nelly Sachs: Völker der Erde 197
Paul Celan: Tenebrae 198
Paul Celan: Todesfuge 198
Hermann Hakel: Ich habe keinen Namen 200

Kirche: Ob sich Jesus darin wiederfindet? 201

Fridolin Stier: Jesus von Nazaret vor dem Bild des Christus 202
Arnfrid Astel: Gottesdienst 203
Irenäus von Lyon: »Von allen Seiten verwunden wollen wir die Bestie« . . 204
Sulpicius Severus: Das erste Bluturteil 205
Petrus de Mladenovicz: Die Hinrichtung des Jan Hus 207
Fjodor M. Dostojewski: Der Großinquisitor 208
Peter Weiss: Von Unterdrückung kann überhaupt keine Rede sein . . . 210
Fridolin Stier: Ob du dich in diesem Gebilde wieder erkennst? 212
Johann Konrad Friedrich: Das Unglück, einen Lutheraner zu lieben . . . 213
Johann Peter Hebel: Die Bekehrung 214
Wilhelm von Kügelgen: Katholisch-evangelische Andacht 216
Søren Kierkegaard: »Am ersten das Reich Gottes« 217
Søren Kierkegaard: Der Gottesdienst der Pfarrer 219
Georg Trakl: Die tote Kirche 220
Kurt Marti: Der ungebetne Hochzeitsgast 221
Bernhard Bergmann: Restauratorinnen in der Kirche 221

Glaube: D' Leut woll'n nix mehr glaub'n 222

Johann Wolfgang von Goethe: Nun sag, wie hast du's mit der Religion? . 223
Georg Christoph Lichtenberg: Hier zunehmen und dort stille stehn
　ist den Menschen unmöglich 225
Gottfried Keller: Glaube! O wie unsäglich blöde klingt mich
　dieses Wort 226
Johann Nepomuk Nestroy: D' Leut woll'n nix mehr glaub'n 227
Franz Theodor Csokor: Der Zweifler 228
Dietrich Bonhoeffer: Wir sind wieder ganz auf die Anfänge
　des Verstehens zurückgeworfen 228
Christine Busta: Beim Lesen des zweiten Paulusbriefes an die
　Korinther (3,2–3) 230
Walter Tomann: Der Christ 230
Wilhelm Szabo: Ihr nährt den Leib, ihr lebt vom Brote 230
Martin Buber: Der Schatz 231
Rudolf Otto Wiemer: Entwurf für ein Osterlied 232

Gebet: Die Sprache, die einmal ausschwang,
Dich zu loben 233

Grimmelshausen: Gespräch mit dem Einsiedel 234
Ina Seidel: Die ersten Zeilen des Gebetes 236
»Wir können nix machen«? – Wie Bertolt Brecht das Gebet versteht . . 236
Adelbert von Chamisso: Die Predigt der guten Briten 238
Wolfdietrich Schnurre: Die schwierige Lage Gottes 238
Marie Luise Kaschnitz: Die Sprache, die einmal ausschwang,
　Dich zu loben 239
Reinhold Schneider: Allein den Betern kann es noch gelingen 239
Dietrich Bonhoeffer: Von guten Mächten 240
Christine Busta: Dort auf dem Stuhl liegt fremd mein Kleid 241
Rainer Maria Rilke: Du, Nachbar Gott 241
Günter Eich: Es ist gesorgt 242
Rose Ausländer: Vater unser 242
Christine Lavant: Erinnerung an ein Abendgebet 243
Christine Lavant: Gesteinigt hänge ich am Lebensrad 243
Christine Lavant: Zieh den Mondkork endlich aus der Nacht! 244
Christine Lavant: Das war Leben: Gott, vergiss das nicht! 244

Christine Lavant: Solchen gibt man für Zärtlichkeiten Saures 245
Etty Hillesum: Sonntagmorgengebet 246
Peter Stosiek: Osternacht II 247
Der betende Gaukler. Eine Legende 247
Hubertus Halbfas: Was ist ein Tischgebet? 248
Alois Odermatt: Fürbitten im Totentanz des Terrorismus 250

Religion: Doppelgänger, brüderlicher Schatten 252

Ivan Goll: Doppelgänger brüderlicher Schatten 253
Heinrich Heine: Die Engel 253
Rudolf Otto Wiemer: Es müssen nicht Männer mit Flügeln sein 254
Sarah Kirsch: Engel 254
Ernst Eggimann: es gibt keine zeichen mehr von dir 255
Arnfrid Astel: Gabriel 256
Rose Ausländer: Der Engel in dir 256
Mascha Kaléko: An meinen Schutzengel 256
Pablo Neruda: Der Schutzengel 257
Christine Lavant: Ihr seid ja dreifaltig, ich bin so allein 258
Ernst Jandl: an gott 259
Rainer Maria Rilke: Ich ließ meinen Engel lange nicht los 260
Hans Magnus Enzensberger: Die Visite 260
Else Lasker-Schüler: Gebet 261

Vorwort

Dieser Band des Lesewerks »Literatur und Religion« stellt literarische Anfragen an die Theologie, die auf eine Antwort drängen, wie sich das Christentum heute verstehen will. Seit dem 18. Jahrhundert betreibt die Literatur einen Bewusstseinsprozess, welcher der meist nachhinkenden theologischen Entwicklung zahllose Verlegenheiten bereitet hat. Mit dem Auftakt der deutschen Literatur nach der Barockdichtung zeigen die Texte, wie sehr die christliche Glaubenslehre der Frage, dem Zweifel, der Kritik oder Ablehnung, schließlich auch der Missachtung unterzogen wird. Diesen Prozess mitzuvollziehen, gehört zur Wahrnehmung der eigenen Position. Theologische Vorkenntnisse sind dafür nicht zwingend. Die Literatur selbst setzt ins Bild. Sie betreibt Anfragen, die niemand ignorieren sollte, der darüber nachdenken und urteilen will, ob der christliche Glaube seine Zeit verpasst hat oder sie noch einmal einholen kann.

Zentral ist die Frage nach Gott. Aber welch rasante Abwertung verbindet sich damit! Während Jean Paul noch vor Freude weint, »dass kein Gott sei« nur ein böser Traum war, Nietzsche in den Kirchen bloß noch »die Grüfte und Grabmäler Gottes« erkennen will, endet der Tod Gottes bei Schnurre in platter Banalität. Doch die im menschlichen Unglück, im Kriegsgeschehen und zumal in Auschwitz erlebte Abwesenheit Gottes verbindet sich zugleich mit Versuchen einer Neubestimmung des Wortes – seitens der Mystik wie auch seitens der Physik nach Heisenberg. Der theistisch gedachte Gott ist nun tatsächlich tot, aber eine nach theistische Sprache für Gesellschaft und Religion trotz tastender Versuche noch nicht wirklich gefunden.

Insgesamt drängt der literarische Befund auf eine umfassende Revision der christlichen Tradition. Als Ernst Toller 1926 zum Thema »Dichtung und Christentum« befragt wurde, meinte er, das christliche Weltbild sei inzwischen aufgebrochen, in der europäischen Kultur zwar präsent, doch mit christlichen wie antichristlichen Positionen verbunden. Unübersehbar wird dies in der Auseinandersetzung mit der Gestalt Jesu. Der Gips-Jesus unterliegt beißenden Lästerungen, die freilich nur strategische Blasphemie betreiben, um Jesusbilder zu zerschlagen, die völlig unbrauchbar geworden sind. Der Jesus der Dichter erfährt Metamorphosen, die seine dogmatische Starre in neue Lebendigkeit wandeln. Ob sich der historische Jesus im Bild des Christus und der Kirche wiedererkennt, ist eine der vielen Fragen, die zugleich Neubestimmungen des Christentums sein können.

Deutlich ist, dass bereits seit dreihundert Jahren die Zahl der Schriftsteller beständig zugenommen hat, die sich mit der christlichen Tradition nicht mehr auseinandersetzen. Biblische und religiöse Kenntnisse sind insgesamt im Schwinden und führen zu einem Analphabetentum in Sachen Religion, das auch ein humanes Defizit einschließt. Nicht minder deutlich ist aber auch, dass die christlichen Kirchen es ebenso lange vermeiden, alles, was ihnen aus Literatur, Philosophie und Wissenschaft unbequem begegnet, in ihren Selbstdarstellungen – Katechismen und Dogmatiken – aufzuarbeiten. Das mochte für eine Weile folgenlos erscheinen, inzwischen führt dieses Umgehen alles Störenden zu einem geistigen wie geistlichem Zerfall: Wo Herausforderungen nicht mehr angenommen und beantwortet werden, beginnt der Tod.

Auch Lesebücher für den Deutschunterricht haben über Generationen »unpassende« Literatur ausgeklammert. Heinrich Heine wurde als der »große Entweiher« abgetan, Karl Marx blieb der Gottseibeiuns, Glassbrenner, Tucholsky und Kästner galten als »zu links«. Erst

Peter Glotz und Wolfgang R. Langenbucher haben mit dem Entwurf ihres Lesebuchs »Versäumte Lektionen« (1965) das innere Versagen dieser Schulbücher vor dem herausfordernden Denken demonstriert. Diese Abwehr gilt für das kirchliche Christentum immer noch. Hier gelingt es der Literatur nicht, Bibel und Glaubenslehre neu zur Sprache zu bringen – weder durch Provokation noch durch Vertiefung – weil Literatur dafür nicht als legitimiert angesehen wird.

Von Anthologien, die es über »christliche Dichtung« gibt, etwa »Deutsche geistliche Dichtung aus tausend Jahren« von Friedhelm Kemp (1958) oder »Christliche Dichtung vom Barock bis zur Gegenwart« von Jürgen P. Wallmann (1981), unterscheidet sich die vorliegende Sammlung in wesentlichen Punkten: Zunächst beschränkt sie sich nicht auf Lyrik, sondern nimmt erzählende Formen unterschiedlicher Art auf: Kurzgeschichten, Romanausschnitte, Theaterstücke. Dass solche Texte nur um den Preis erheblicher Kürzungen zu gewinnen sind, muss hingenommen werden. Sodann wird der inhaltliche Ausschnitt erweitert. Die Historie kommt mit gerne verdrängten Kapiteln zu Wort, notwendig knapp, jedoch in exemplarischer Herausforderung. Das Christenhaus wird sich zu keiner Zeit von diesen Kapiteln der Schuld distanzieren dürfen.

Während Anthologien ihre Texte durchweg kommentarlos aneinanderreihen, finden die meisten Stücke in diesem Buch eine zweifache Kommentierung: durch Vorstellung des Autors, Angaben über Entstehungszeit, geschichtliche Hintergründe und literarische Eigenheiten, vor allem aber mit Interpretationshilfen oft bedeutender Autoren. Nur dieser Kontext hilft, literarisches Verständnis zu gewinnen; der theologischen Interpretation dienen Einführungen in zentrale Positionen.

Ein solches Editionskonzept dient zugleich der Offenheit des Lesewerks. Der einzelne Text kann durch ergänzende Hinweise seine geschichtliche Eingrenzung und Relativierung erfahren. Deswegen sind gerade auch jene Themen nicht länger zu meiden, die bisher meist schamhaft verschwiegen wurden.

Insgesamt ist das dreibändige Lesewerk einem breiten Interessentenkreis zugedacht, der kaum altersbedingten oder gar weltanschaulichen Einschränkungen unterliegt, doch verfolgt der vorliegende Band mit seiner christlichen Thematik spezifische Intentionen. Es wäre aber ein Missverständnis, ihn nur an kirchliche Interessenten gerichtet zu sehen. Als Leser sind die religiös Musikalischen wie die Unmusikalischen erwünscht. Zugleich verbindet sich mit diesem Band auch die Hoffnung, dass Pfarrer und Religionslehrerinnen und -lehrer, kirchliches Personal im weitesten Sinne an die Literatur herangeführt wird, weil nur so der Atem der Welt wahrgenommen wird.

Hubertus Halbfas

Der Jelling-Stein

Im Jahr 935 traf Erzbischof Unni von Hamburg-Bremen im jütländischen Jelling mit König Gorm dem Alten (vor 900–958) zusammen, der als grimmiger Christenfeind geschildert wird. Er erwirkte von dessen Sohn Harald Blauzahn (958/59–987) die Erlaubnis zur Missionspredigt. Um dem Druck des deutschen Königs Otto I. zu entgehen und Anschluss an die kulturelle Entwicklung des Kontinents zu finden, dürfte Harald Blauzahn nach dem Tod seines Vaters Gorm um 965 den Übertritt zum Christentum vollzogen haben.

Offenbar hatten Kleriker bereits gelegentlich Zutritt zum Königshof. Widukind von Corvey erzählt eine Wandersage, der zufolge es damals bei einem Festgelage Streit um die Verehrung der Götter gab. Die Dänen hätten zugestanden, »Christus sei zwar ein Gott, aber es werde noch andere Götter geben, deren Macht größer sei, da sie den Menschen größere Zeichen und Wunder kundtäten«. Entscheidend war den germanischen Völkern die Nützlichkeit eines religiösen Kults. So forderte Harald den Priester Poppo auf, ein glühendes Eisen in der Hand zu tragen. »Er trug es so lange, wie der König es befahl, zeigte allen die unverletzte Hand und erwies so vor der ganzen Versammlung die Wahrheit des katholischen Glaubens.« Nach dieser Probe habe Harald Blauzahn beschlossen, »Christus alleine als Gott zu verehren«.

Wenn Harald mit dieser Wendung auch nicht in die Fußstapfen seines Vaters trat, wusste er doch, wie er ihn zu bestatten hatte. In Jelling befand sich seit der Bronzezeit ein Hügel, von dem ausgehend Gorm eine 170 m lange

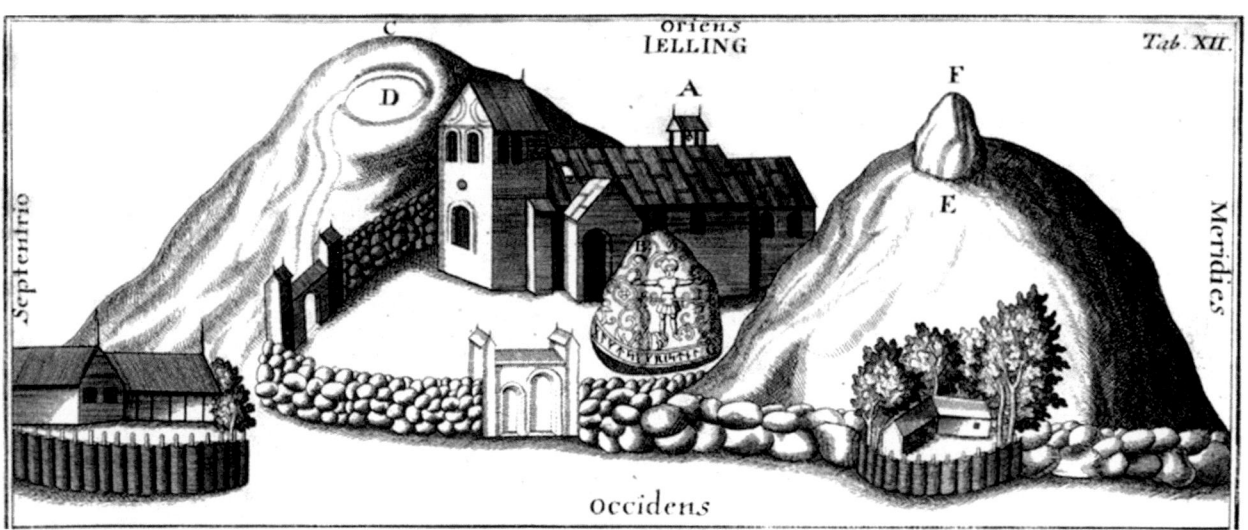

Schiffssetzung angelegt hatte. Schiffssetzungen – meist aus Findlingssteinen – symbolisieren das Schiff, das die Toten in das Totenreich bringen soll, sind also Teil des damaligen Grabkultes. Harald bestattete den alten Gorm in einer Grabkammer des bronzezeitlichen Hügels und füllte diesen mit einem Hügel von 65 m Durchmesser auf. Dies geschah noch vor Haralds Taufe.

Nach seiner Taufe stand er vor dem Problem, dem bestatteten Heidenkönig gerecht zu werden und zugleich dem neuen Glauben. Somit errichtete er südlich des Grabhügels eine große Holzkirche, 30 x 14 m, und ließ vermutlich den Leichnam seines Vaters dorthin überführen. Damit definierte er die Jelling-Dynastie als von Anfang an christlich. Zusätzlich ließ er um 970 einen weiteren Hügel errichten, der die alte Schiffssetzung zerstörte, weil diese nun als heidnische Tradition nicht mehr akzeptabel war. Zwischen beiden Hügeln wurde außerdem der große Jelling-Stein errichtet, dreiseitig gestaltet, 2,43 m hoch und bis zu 2,90 m breit.

Auf der Inschriftseite lautet der Runentext: »König Harald befahl, diesen Stein zu errichten, zum Gedenken an Gorm, seinen Vater, und an Thyra, seine Mutter. Der Harald, der ganz Dänemark gewann...«; auf der zweiten Seite wird fortgesetzt: »und Norwegen...« mit der Abbildung eines Fabeltiers, das eine Schlange umwindet, dessen Deutung unklar ist. Die eigentliche Überraschung ist die dritte Seite: eine mit einem Rock bekleidete Männergestalt, mit waagerecht ausgestreckten Armen, aufrecht stehend, ein Kreuz bildend ohne Kreuz, von Flechtwerk umschlungen, dazu die weiterführende Inschrift »und (der) die Dänen (zu) Christen (machte)«. Es ist dies die älteste Christusdarstellung des Nordens, die möglicherweise die Symbolik »Christus am Lebensbaum« und »Odin am Weltenbaum« verbindet.

Der Stein rühmt Haralds drei Großtaten: Gewinnung Dänemarks, Bezwingung Norwegens und Christianisierung seines Reiches. Im Kontext der Gesamtanlage von Jelling ist dieser Stein ein repräsentatives Machtdokument, das Haralds Politik deutlich vorgreift, denn weder war Dänemark ganz in seiner Hand, Norwegen zu keiner Zeit vollständig beherrscht und der Übergang zum Christentum mehr politisch als von innen her bedingt. Die Annahme des christlichen Glaubens durch die germanischen Völker unterstand wesentlich der Erwartung, dass sich der neue Gott stärker erweise als andere Götter, ein für die politische Herrschaft ausschlaggebender Aspekt. Darum gelangte das Christentum vor allem über die Herrenschicht ins Volk. Entsprechend prägen das germanische Christentum am wenigsten das Evangelium Jesu, die Bergpredigt und die Verkündigung des Liebesgebotes. Im Vordergrund stand die Erwartung überirdischer Hilfe, bestimmt von einem Wunderglauben als Basis der gelebten Religion.

Gott: Mehr als alles

»Wir haben dich gesucht, Gott, in jeder Ruine, in jedem Granattrichter, in jeder Nacht. Wir haben dich gerufen. Gott! Wir haben nach dir gebrüllt, geweint, geflucht! Wo warst du da, lieber Gott?«, fragte 1946 der junge, sterbenskranke Wolfgang Borchert. Wer nach Gott fragt, fragt nach sich selbst und nach dieser Welt. Hat die menschliche Geschichte einen erkennbaren Sinn? Die zurückliegenden monströsen Kriege und die Angst vor überbietenden Katastrophen in der Zukunft haben alle Geborgenheit gesprengt. Inzwischen wissen es sogar Theologen: Es gibt keine verlässliche und eindeutige Gottperson. Der Gott, wie er sich in Liedern und Gebeten, in Bildern und Riten darstellt, ist samt all seiner vermeintlichen Eigenschaften – allmächtig, allwissend, allgütig – unglaubwürdig geworden.

Andererseits hat sich die Aufmerksamkeit um siebenhundert Jahre zurückgewandt zu Meister Eckhart hin, der schon damals lehrte, dass »Gott« weder Güte noch Sein noch Wahrheit noch Eins ist und wir »ihn« »um Gotteswillen fahren lassen« müssen , weil er »weder dies noch das« sei, weder Form noch Bild noch Namen hat und dem Nichts gleich wird.

Doch wenn Namen und Begriffe verschwinden, verschwindet alle Objektivität, das heißt alles Vor-sich-Hinstellen von etwas als etwas. Dieses »Nichts« zu erfahren, ist aber durchaus Erfahrung und vielleicht die äußerste und höchste, zu welcher der Mensch fähig ist. Auch der Name »Gott« fällt dahin, da er nur benötigt wird, um mit Vorstellungen und Benennungen ein Gedankensystem, eine Metaphysik und Theologie zu entwickeln, was alles in allem von der absoluten Stille und Gegenwart ablenkt. »Darum bitten wir Gott, dass wir ›Gottes‹ ledig werden.«

Der folgende Weg mit Texten diesseits und jenseits solcher Grenzerfahrung ist mühsam, aber es ist der Weg des betroffenen, nachdenklichen Menschen.

Ganz nah und so fern

Jeden Tag ging Nasrudin mit seinem Esel über die Grenze, die Lastkörbe hoch mit Stroh beladen. Da er zugab, ein Schmuggler zu sein, durchsuchten ihn die Grenzwächter immer wieder. Sie machten Leibesvisitationen, siebten das Stroh durch, tauchten es in Wasser und verbrannten es sogar von Zeit zu Zeit. Nasrudin wurde unterdes sichtlich wohlhabender.

Schließlich setzte er sich zur Ruhe und zog in ein anderes Land. Dort traf ihn Jahre später einer der Zollbeamten. »Jetzt könnt Ihr es mir ja verraten, Nasrudin«, sagte er. »Was habt Ihr damals nur geschmuggelt, als wir Euch nie etwas nachweisen konnten?«

»Esel«, sagte Nasrudin.

Schlüssel:

Die Vermutung, das Göttliche müsse weit weg oder kompliziert sein, beruht auf Unkenntnis. Ein Mensch, der so denkt, ist zum Sehen und Erkennen unfähig. Das Göttliche ist »nah« und auch »weit weg«, jedoch in einem anderen Sinn, als Zeitgenossen annehmen.

Maurice Sendak: Es muss im Leben mehr als alles geben

»There must be More to Life« heißt es im amerikanischen Original. Die deutsche Übersetzung spitzt den Satz so zu, dass er bestimmter und radikaler klingt: »Es muss im Leben mehr als alles geben!« Dies ist das »alles«, von dem das Wort des englischen Künstler-Mystikers William Blake gilt: »Less than All cannot satisfy Man.«

Die Pflanze stellt das organische Gewissen dar. Dessen Devise lautet: Sei bescheiden, vernünftig, genügsam, pass dich an, richte dich ein. Jennie dagegen ist neugierig, sie will »Erfahrung« machen, ist nicht völlig geborgen und eingebunden. Nur durch einen Bruch mit der vertrauten Umwelt kommt er in Bewegung und auf den Weg seiner Geschichte.

Die Fabel fängt sozusagen dort an, wo die klassischen Märchen authoren, im scheinbar vollendeten Glückszustand. Alles haben ist noch nicht das ganze Glück. Ordnung ist eben nur das halbe Leben. Was im Märchen Bild für die Lebensfülle sein kann, wird noch einmal hinterfragt und erweist sich im Licht des neuen Aufbruchs als Stagnation.

Günter Lange

Einst hatte Jennie alles. Sie schlief auf einem runden Kissen im oberen und auf einem viereckigen Kissen im unteren Stockwerk. Sie hatte einen eigenen Kamm, eine Bürste, zwei verschiedene Pillenfläschchen, Augentropfen, Ohrentropfen, ein Thermometer und einen roten Wollpullover für kaltes Wetter. Sie hatte zwei Fenster zum Hinausschauen und zwei Schüsseln für ihr Futter. Und sie hatte einen Herrn, der sie liebte.

Doch das kümmerte Jennie wenig. Um Mitternacht packte sie alles, was sie besaß, in eine schwarze Ledertasche mit einer goldenen Schnalle und blickte zum letzten Mal zu ihrem Lieblingsfenster hinaus.

»Du hast alles«, sagte die Topfpflanze, die zum selben Fenster hinaussah. Jennie knabberte an einem Blatt.

»Du hast zwei Fenster«, sagte die Pflanze. »Ich habe nur eines.«

Jennie seufzte und biss ein weiteres Blatt ab. Die Pflanze fuhr fort: »Zwei Kissen, zwei Schüsseln, einen roten Wollpullover, Augentropfen, Ohrentropfen, zwei verschiedene Fläschchen mit Pillen und ein Thermometer. Vor allem aber liebt er dich.«

»Das ist wahr«, sagte Jennie und kaute noch mehr Blätter.

»Du hast alles«, wiederholte die Pflanze.

Jennie nickte nur, die Schnauze voller Blätter.

»Warum gehst du dann fort?«

»Weil ich unzufrieden bin«, sagte Jennie und biss den Stengel mit der Blüte ab. »Ich wünsche mir etwas, was ich nicht habe. Es muss im Leben noch mehr als alles geben!«

Die Pflanze sagte nichts mehr.

Es war ihr kein Blatt geblieben, mit dem sie etwas hätte sagen können.

Nikos Kazantzakis: Ach

Wir hielten vor einem kleinen türkischen Kloster, in dem Derwische lebten, die jeden Freitag tanzten. Das grüne Bogentor zeigte auf dem Türbalken eine bronzene Hand – das heilige Zeichen Mohammeds. Wir traten in den Hof. Aus einer Zelle trat ein Derwisch auf uns zu; er legte grüßend die Hand auf Brust, Lippen, Stirn. Wir setzten uns. Der Derwisch sprach von den Blumen, die wir rundum sahen, und vom Meer, das zwischen den spitzen Blättern des Lorbeerbaumes blitzte. Später begann er, über den Tanz zu sprechen.

»Wenn ich nicht tanzen kann, kann ich nicht beten. Ich spreche durch den Tanz zu Gott.«

»Was für einen Namen gebt Ihr Gott, Ehrwürden?«

»Er hat keinen Namen«, erwiderte der Derwisch. »Gott kann man nicht in einen Namen pressen. Der Name ist ein Gefängnis. Gott ist frei.«

»Wenn Ihr ihn aber rufen wollt? Wenn es notwendig ist, wie ruft Ihr ihn?«

»Ach!«, antwortete er. »Nicht: Allah. Ach! werde ich ihn rufen.«

Ich erbebte.

»Er hat recht«, murmelte ich.

*

> Gott ist noch mehr in mir,
> als wenn das ganze Meer
> In einem kleinen Schwamm
> ganz und beisammen wär.
>
> *Johannes Scheffler*

Wann sagen wir »Ach!«?
Ach! wenn ich leide.
Ach! wenn ich staune.
Ach! wenn ich betroffen bin.

Wir sagen es nicht zu einem andern hin, sondern so sprechen wir zu uns selbst.

Kurt Marti: großer gott klein

großer gott klein
großer gott:
uns näher
als haut
oder halsschlagader
kleiner
als herzmuskel
zwerchfell oft:
zu nahe
zu klein –

wozu
dich suchen?

wir:
deine verstecke

GOTT: MEHR ALS ALLES

Friedrich Schiller (1759–1805), Dichter und Historiker, neben Goethe Repräsentant der Weimarer Klassik, Dramatiker und Lyriker; seine Balladen zählen zu den bekanntesten deutschen Gedichten.

Das Gefühl, das mich angesichts meines in nicht allzu ferner Zukunft zu erwartenden Todes erfüllt, ist eine Mischung aus Ärger und Zorn. Es ist der Zorn über die Zumutung, die ich darin sehe, dass ich in der kurzen mir gewährten Lebenszeit zwar Gelegenheit hatte, die Tiefe des Geheimnisses zu ahnen, das sich hinter der Existenz und der so staunenswert verlaufenden Geschichte des Universums verbirgt, dass ich aber nicht die geringste Chance habe, das jemals zu verstehen, was mich in den wenigen Jahrzehnten meiner Lebenszeit als »Welt« umgab. Es erbost mich mehr, als ich sagen kann, zu wissen, dass ich sterben werde, ohne eine Antwort bekommen zu haben auf meine Fragen nach dem Geheimnis des vor meinen Augen liegenden Kosmos und den Gründen meiner Existenz. (...) Es ist eine erschütternde Vorstellung für mich, dass Männer wie Plato, Galilei oder Kant bereit gewesen sein dürften, Lebensjahre für das Wissen herzugeben, das jedem von uns heute unverdient in den Schoß fällt. (...) Ihnen gegenüber sind wir in einem geradezu unglaublichen Maße privilegiert. Aber vor uns liegt eine sich über noch viel größere zeitliche Räume erstreckende kosmische Zukunft, von der wir wissen, dass sie mit Bestimmtheit stattfinden wird, und über die wir dennoch in aller Zeit niemals auch nur das geringste erfahren werden.

Hoimar von Ditfurth

Friedrich Schiller: Das verschleierte Bild zu Sais

Ein Jüngling, den des Wissens heißer Durst
Nach Sais in Ägypten trieb, der Priester
Geheime Weisheit zu erlernen, hatte
Schon manchen Grad mit schnellem Geist durcheilt,
Stets riss ihn seine Forschbegierde weiter,
Und kaum besänftigte der Hierophant
Den ungeduldig Strebenden. »Was hab ich,
Wenn ich nicht alles habe?«, sprach der Jüngling.
»Gibts etwa hier ein Weniger und Mehr?
Ist deine Wahrheit wie der Sinne Glück
Nur eine Summe, die man größer, kleiner
Besitzen kann und immer doch besitzt?
Ist sie nicht eine einzge, ungeteilte?
Nimm einen Ton aus einer Harmonie,
Nimm eine Farbe aus dem Regenbogen,
Und alles, was dir bleibt, ist nichts, solang
Das schöne All der Töne fehlt und Farben.«

Indem sie einst so sprachen, standen sie
In einer einsamen Rotonde still,
Wo ein verschleiert Bild von Riesengröße
Dem Jüngling in die Augen fiel. Verwundert
Blickt er den Führer an und spricht: »Was ists,
Das hinter diesem Schleier sich verbirgt?«
»Die Wahrheit«, ist die Antwort. – »Wie?« ruft jener,
»Nach Wahrheit streb ich ja allein, und diese
Gerade ist es, die man mir verhüllt?«

»Das mache mit der Gottheit aus«, versetzt
Der Hierophant. »Kein Sterblicher, sagt sie,
Rückt diesen Schleier, bis ich selbst ihn hebe.
Und wer mit ungeweihter, schuldger Hand
Den heiligen, verbotnen früher hebt,
Der, spricht die Gottheit –« – »Nun?« – »Der sieht die Wahrheit.«

»Ein seltsamer Orakelspruch! Du selbst,
Du hättest also niemals ihn gehoben?«
»Ich? Wahrlich nicht! Und war auch nie dazu
Versucht.« – »Das fass ich nicht. Wenn von der Wahrheit
Nur diese dünne Scheidewand mich trennte –«
»Und ein Gesetz«, fällt ihm sein Führer ein.
»Gewichtiger, mein Sohn, als du es meinst,
Ist dieser dünne Flor – für deine Hand
Zwar leicht, doch zentnerschwer für dein Gewissen.«

Der Jüngling ging gedankenvoll nach Hause.
Ihm raubt des Wissens brennende Begier
Den Schlaf, er wälzt sich glühend auf dem Lager
Und rafft sich auf um Mitternacht. Zum Tempel
Führt unfreiwillig ihn der scheue Tritt.
Leicht ward es ihm, die Mauer zu ersteigen,
Und mitten in das Innre der Rotonde
Trägt ein beherzter Sprung den Wagenden.

Hier steht er nun, und grauenvoll umfängt
Den Einsamen die lebenlose Stille,
Die nur der Tritte hohler Widerhall
In den geheimen Grüften unterbricht.
Von oben durch der Kuppel Öffnung wirft
Der Mond den bleichen, silberblauen Schein,
Und furchtbar wie ein gegenwärtger Gott
Erglänzt durch des Gewölbes Finsternisse
In ihrem langen Schleier die Gestalt.

Er tritt hinan mit ungewissem Schritt,
Schon will die freche Hand das Heilige berühren,
Da zuckt es heiß und kühl durch sein Gebein
Und stößt ihn weg mit unsichtbarem Arme.
Unglücklicher, was willst du tun? So ruft
In seinem Innern eine treue Stimme.
Versuchen den Allheiligen willst du?
Kein Sterblicher, sprach des Orakels Mund,
Rückt diesen Schleier, bis ich selbst ihn hebe.
Doch setzte nicht derselbe Mund hinzu:
Wer diesen Schleier hebt, soll Wahrheit schauen?
»Sei hinter ihm, was will! Ich heb ihn auf.«
(Er rufts mit lauter Stimm.) »Ich will sie schauen.« Schauen!
Gellt ihm ein langes Echo spottend nach.

Er sprichts und hat den Schleier aufgedeckt.
Nun, fragt ihr, und was zeigte sich ihm hier?
Ich weiß es nicht. Besinnungslos und bleich,
So fanden ihn am andern Tag die Priester
Am Fußgestell der Isis ausgestreckt.
Was er allda gesehen und erfahren,
Hat seine Zunge nie bekannt. Auf ewig
War seines Lebens Heiterkeit dahin,
Ihn riss ein tiefer Gram zum frühen Grabe.
»Weh dem«, dies war sein warnungsvolles Wort,
Wenn ungestüme Frager in ihn drangen,
»Weh dem, der zu der Wahrheit geht durch Schuld,
Sie wird ihm nimmermehr erfreulich sein.«

Der Mensch ist ein Wesen, das sich evolutionär entwickelt hat, das von der Natur in langen Zeiträumen an seine Umwelt optimal angepasst wurde. Unsere Umwelt ist die Steinzeit, in der unsere Vorfahren gerade kürzlich noch lebten. Es gibt keinen Hinweis auf irgendeinen relevanten biologischen Unterschied zwischen uns und unseren Vorfahren vor zehntausend Jahren. Unsere Vorfahren mussten in einer Welt mittlerer Dimensionen überleben, mit Größenordnungen zwischen Millimetern und Kilometern, mit Zeiten zwischen einem Augenblick und vielleicht einem Jahrzehnt und mit Geschwindigkeiten bis zu der eines angreifenden Bären oder eines fliehenden Rehs.

*

Unser Denken und Fühlen versagt jedoch völlig in der Welt der Atome: Da gibt es buchstäblich nichts mehr, womit unser Verstand noch übereinstimmt. Das beginnt mit dem Paradox, dass subatomare Teilchen zugleich Welle und Körper sind, was nach unserem intuitiven Denken logisch nicht möglich ist. Nur mathematisch können wir damit umgehen.

Es ist offenkundig, dass diese Vorgänge jenseits der Vorstellungsfähigkeit unseres Gehirns liegen. Sie sind grundsätzlicher Natur und nicht überwindbar. Die meisten Modelle, mit denen wir trotzdem versuchen, eine Vorstellung zu gewinnen, sind so ungenau, dass sie fast wertlos sind. Dazu kommt noch die Erfahrung aller bisherigen Wissenschaft: Wo immer es gelang, ein Mosaiksteinchen Wissen zu enträtseln, tat sich dahinter stets eine ganze Landschaft neuer Rätsel auf! Es geht uns wie dem Hasen im Wettlauf mit dem Igel.

Sighard Wilhelm

Der erste Ein-Gott-Glaube

Zum ersten Mal in der Geschichte wird die Fülle der göttlichen Gestalten auf eine einzige Erscheinungsform verdichtet im Sonnenkult des ägyptischen Pharao Echnaton (1353–1336 v. Chr.). Die Vielfalt der männlichen und weiblichen Götter in der ägyptischen Religionswelt reduziert sich auf Re, der sich als Aton offenbart. Aus den Vielen wird ein Gott »ohne einen anderen außer ihm«. Dies ist ein Monotheismus exklusiver Art. Neben Aton wird alles andere ausgeschlossen. Jedoch hatte dieser Glaube nicht lange Bestand. Die ägyptische Kultur war nicht bereit, auf die zahlreichen komplementären Gottheiten zu verzichten. Der Glaube Echnatons blieb auf seine Zeit begrenzt. Der heutige Monotheismus setzte erst 700 Jahre später mit dem anders geprägten Monotheismus Jerusalems an.

Fridolin Stier: Museum der Masken Gottes

»Meine Damen und Herren«, beginnt der Kustos seine Führung …, »hier rechts die Abteilung Hochreligionen, der erste Saal: antike Götter und Gottesgesichter.« Der Kustos zeigt auf den sumerischen Himmelsgott Anu, auf Marduk von Babylon, den ägyptischen Sonnengott Aton, auf den olympischen Zeus, den kapitolinischen Jupiter … Eine Stimme: »Was ich da sehe, kenne ich von kunstgeschichtlichen Studienreisen …« – »Und wie kommt man dazu«, fragt ein anderer, »diese Götter-, sagen wir lieber Götzen-Fratzen als Maske Gottes zu präsentieren?« Der Kustos: »Ich sehe, Sie haben meine Erklärungen nicht verstanden, vielleicht nicht verstehen wollen. ›Kunst‹, sagen Sie – wer bestreitet das? Aber ›nur Kunst‹? Nein. Der Marduk dort stand im innersten Heiligtum seines Tempels, zog am Großen Neujahrsfest in feierlicher Prozession durch die Stadt, als Chaosbezwinger, Schöpfer der Ordnungen des Himmels und der Erde, im großen Kultlied und in Hymnen verherrlicht, überschwänglich gepriesen und flehentlich um Huld und Hilfe angerufen. Das sichtbare Götterbild tritt aus dem Hintergrund der unsichtbaren Gottheit hervor und ist im Kontext der Sprache des Glaubens zu sehen. Sehen Sie doch die Abertausenden, die jahrhundertelang sich vor ihm niedergeworfen, seiner Macht und Majestät gehuldigt und um die Gnade des ›Königs der Götter‹ gebetet haben!« (…)
Stimme eines christlichen Theologen: »Mein Herr, wenn ich Sie recht verstehe, behaupten Sie, durch diese altheidnischen Götterbilder habe sich Gott, der wahre Gott, irgendwie – maskiert, wie Sie sagen, aber doch real – zu erkennen gegeben, es sei also Offenbarung Gottes vor und außerhalb seiner durch die Bibel bezeugten Offenbarung geschehen …«

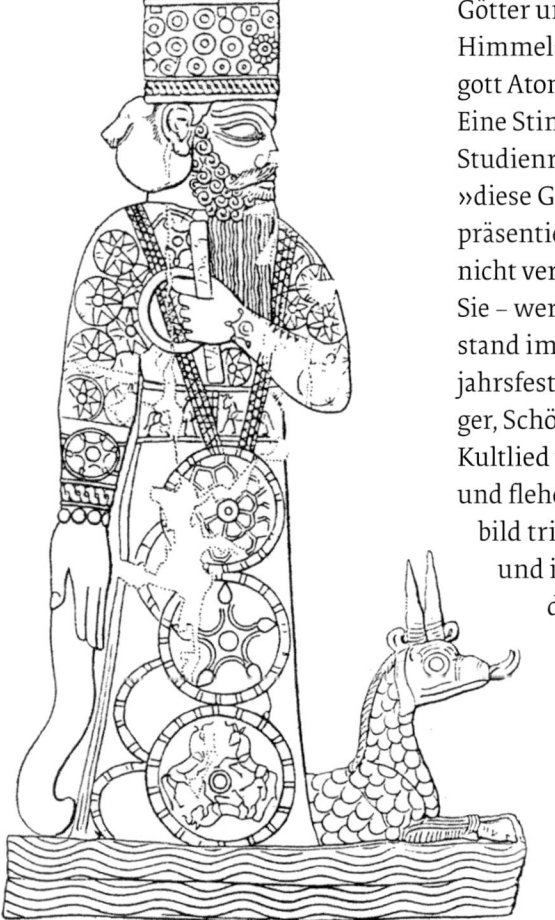

Kustos: »Sie haben mich richtig verstanden, aber ich behaupte es nicht, ich trage auch keine Lehre vor, ich stelle Fragen, und nun stelle ich eine an Sie: Müsste es nicht gerade einem christlichen Gottesgelehrten schwer fallen, die Weite und Tiefe des Wirkens Gottes im Geist des Menschen zeitlich und örtlich einzuengen und es auf ein Damals und Dort in Israel zu fixieren?«

Echnaton: Der Sonnengesang von Amarna

Schön erstrahlst du am Himmelshorizont, du lebender Aton, du Anfang des Lebens. Wenn du am östlichen Horizont aufgegangen bist, hast du jedes Land mit deiner Vollkommenheit erfüllt. Du bist schön und groß, licht und hoch über jedem Lande, deine Strahlen umarmen die Lande bis zu allem, was du geschaffen hast.

Du schaffst den Nil in der Unterwelt und holst ihn herauf nach deinem Belieben, um das Ägyptervolk am Leben zu erhalten so, wie du sie geschaffen hast, du, ihrer aller Herr, der sich abmüht mit ihnen, du Herr des ganzen Landes, der du für sie aufgehst, du Aton des Tages, groß an Ansehn.

Aber auch die Gebirgsländer in der Ferne, du machst, dass sie leben können, denn du hast einen Nil an den Himmel gegeben, und er steigt für sie herab; er schafft Wasserfluten auf den Bergen wie ein Meer, ihre Felder zu befeuchten bei ihren Siedlungen. Wie wohltätig sind doch deine Pläne, du Herr der Ewigkeit!

Deine Strahlen ziehen alle Pflanzen groß: Wenn du aufgehst, so leben und wachsen sie für dich. Du schufst die Jahreszeiten, um alles gedeihen zu lassen, was du geschaffen hast: den Winter, um sie zu kühlen, die Hitze, dass sie dich kosten. Du hast den Himmel fern gemacht, um an ihm aufzugehen und alles zu schauen, was du gemacht hast, du ganz allein, wobei du in deinen Wandelformen als lebendiger Aton aufgehst, erscheinend und leuchtend, fern und doch nah.

Alles Vieh freut sich über sein Futter, Bäume und Kräuter grünen. Die Vögel flattern in ihren Nestern, ihre Flügel erheben sich in Anbetung vor deinem Geist. Alle Lämmer hüpfen umher, die Vögel und alles, was flattert, sie leben, denn du bist aufgegangen für sie.

Alle Löwen sind aus ihren Höhlen gekommen, alles Gewürm beißt, ... die Erde liegt in Schweigen, (denn) der sie schuf, ist in seinem Horizonte zur Ruhe gegangen.

Die Sonnenmenschen sind erwacht und haben sich auf die Füße gestellt, du hast sie aufgerichtet. Sie waschen ihren Leib und nehmen die Kleider, ihre Arme beugen sich in Anbetung, weil du erscheinst. Das ganze Land geht an seine Arbeit.

Wie mannigfaltig sind doch deine Werke! Sie sind verborgen vor dem Gesicht (der Menschen), du einziger Gott, außer dem es keinen

Nun ist, zum ersten Mal in der Geschichte, Göttliches Eines geworden, ohne die Komplementarität der Vielen: Die Fülle der Gestalten ist auf die eine Erscheinungsform des Strahlenaton verkürzt, aus der Fülle der Götternamen bleibt nur ein doppelter übrig: Re, der sich als Aton offenbart. Aus einem Gott »ohne seinesgleichen« ist, in feiner Abstufung, ein Gott »ohne einen anderen außer ihm« geworden.

Das war auch für ägyptische Ohren ein Alleinvertretungsanspruch, wie er radikaler nicht denkbar ist. Was zum Wesen des Aton nicht passt, ist nicht länger göttlich und wird durch Verschweigen geleugnet. Die Hymnik Echnatons, die den Aton mit vertrauten Wendungen preist, unterscheidet sich von der älteren Hymnik wesentlich durch das, was sie fortlässt. Nacht und Tod stehen nur noch negativ zum Aton in Beziehung, als Verneinung göttlicher Gegenwart. Aber vor allem entfällt der reiche mythologische Hintergrund, der in den älteren Hymnen in unzähligen Anspielungen stets gegenwärtig ist. Mit den Göttern muss auch der Mythos getilgt werden. Das Wesen des Aton offenbart sich nicht in mythischen Bildern, sondern nur in der gedanklichen Anstrengung und Durchdringung; daher auch nicht jedermann, sondern allein Echnaton und den von ihm Belehrten. »Es gibt keinen anderen, der dich kennt«, betont Echnaton im Großen Atonhymnus ...

Während sich der Betende bisher an eine Fülle von Mittlerwesen wenden konnte – heilige Tiere, Tempelstatuen, vergöttlichte Tote –, ist er nun ganz auf den König angewiesen, auf den einzigen Propheten Gottes. Die Gläubigen der Amarnazeit beten vor einem Hausaltar mit dem Bild der Königsfamilie. So könnte man den neuen Glauben auf die Formel bringen: »Es ist kein Gott außer Aton, und Echnaton ist sein Prophet.«

Der Umschlag des Denkens, der sich vollzogen hat, wird nirgends deutlicher als in der Verfolgung der alten Götter, die in dieser Form ohne Beispiel ist. In Ägypten und sogar in den ausländischen Provinzen schwärmen Echnatons Steinmetzen aus, um den Namen des Amun von allen erreichbaren Denkmälern zu tilgen, selbst auf der Spitze von Obelisken, unter der Vergoldung von Säulen und in den Keilschriftbriefen der Archive.

Erik Hornung

mehr gibt! Du hast die Erde geschaffen nach deinem Herzen, du ganz allein, mit Menschen, Herden und allem Getier, was immer auf der Erde auf Füßen geht, was immer in der Höhe ist und mit seinen Flügeln fliegt.

Die Fische im Strom springen vor deinem Angesicht, denn deine Strahlen dringen in die Tiefe des Meeres.

Die Schiffe fahren stromab und auch stromauf, jeder Weg ist offen, weil du erscheinst.

Du setzt jedermann an seine Stelle und sorgst für seine Bedürfnisse; ein jeder hat sein Essen, berechnet ist seine Lebenszeit.

Die Welt befindet sich auf deiner Hand, wie du sie geschaffen hast. Wenn du aufgegangen bist, leben sie; gehst du unter, so sterben sie, denn du bist die Lebenszeit selbst, man lebt in dir. Die Augen schauen die Vollkommenheit, bis du untergehst. Es ruhen alle Arbeiten, wenn du untergehst zur Rechten. Wenn du wieder aufgehst, so lässt du jeden Arm sich rühren für den König, und Eile ist in jedem Bein, seit du die Erde gegründet hast.

Die Königsfamilie bei einem Opfer für Aton. Der König wird durch seine Größe hervorgehoben. Er hält zwei Opfergefäße der Sonne entgegen. Mit der gleichen Geste steht hinter ihm seine Gattin Nofretete.

Der eigenartige Stil, der sich unter Echnaton ausbildete, zeigt übersteigerte Formen. Gewiss hat der König nicht so ausgesehen.

Über der Königsfamilie steht die Sonnenscheibe Atons. Ihre Strahlen, die in menschlichen Händen auslaufen, breiten einen schützenden Fächer um die Königsfamilie. Zwei der Strahlen halten dem Königspaar ein Lebenszeichen vor ihr Gesicht.

Der biblische Monotheismus

Die Entstehung des israelitisch-jüdischen Monotheismus ist nicht von Echnaton beeinflusst. Nachdem selbst in Ägypten die Erinnerung an Echnaton schwand, konnte man in Jerusalem siebenhundert Jahre später erst recht nichts mehr von Echnatons Revolution wissen. Der in Israel entstandene Ein-Gott-Glaube ist inklusiv. Er schließt alle Vorstellungen ein, welche die Völker in ihren Göttern verehrt haben: den Sonnengott Ägyptens, den Mondgott der mesopotamischen Völker, die Gottheiten der Fruchtbarkeit, des Lebens und der mütterlichen Fürsorge… Nicht die geschaffenen Dinge sind göttlich, vielmehr ist Gott in allem und alles belebend, wie es der Psalm 104 zum Ausdruck bringt. Noch deutlicher formuliert dies das Gedicht des österreichischen Theologen Josef Fink (1941–1999):

Otto Pankok, Efeubaum, 1959.

Josef Fink: Du Namenloser

Du Namenloser
in allzu viel Namen
Deine Gelehrten lassen nur
Ernsthaftes zu
eherne Namen
Quadratisch kubisch
abgezirkelt gemessen im Lot

Ich bin nicht ernst
Ich will Namen
Namen zum Summen
Namen zum Kosen
Namen fürs Spiel

Ich nenne Dich Anis und
    Augentrost
Bibernell Efeu Holunder
Lavendel Malve Rosmarin
Salbei Thymian Wermut

Ich weiß
dass dies alles nur
Schnörkel sind
am Rand Deines Namens

Ich nenne Dich Adler und Stier
Löwe Katze Bär Hund
Ich zähle alle Elemente auf
Ich nenne die Farben

Ich summe Töne Halbtöne her
die Pausen der Töne den Nachhall

und ich weiß

Ich umkreise auch so
Deinen unsäglichen Namen

Zebaoth
Elohim
Schaddai
Adonai
Jahwe

Deine gewaltigen Namen
eine Gewitterfront
stehen sie auf

Du loderst
grollst
lärmst

Aber ich nahe
barfuß
mit kleiner
mutiger Liebe
Denn Du
heißt auch
Immanuel
Abba

Der Tod Gottes

In ihrer Summe provozieren die folgenden Texte die Frage, inwieweit die Protagonisten des Atheismus nur die Symptomträger eines Christentums sind, das sich selbst als die prägende Matrix für diesen Atheismus erst noch verstehen lernen muss. Zwar haben im 20. Jahrhundert die theologischen, liturgischen und katechetischen Traditionen mehrfache Korrekturen und sogar Generalüberholungen erfahren, aber ihre wirkliche Erneuerung, die sich im existenziellen Selbstverständnis, im Denken und einer neuen Sprache auswirken müsste, steht noch dahin.

Das Testament des Abbé Meslier

Jean Meslier (1664–1729) war Pfarrer von Étrépigny in den Ardennen. Nachdem er vierzig Jahre lang sein Amt korrekt versehen hatte und 1729 mit fünfundsechzig Jahren starb, hinterließ er ein Dokument, das in einer Ausgabe von Roland Desné 1200 Druckseiten umfasst und erstmals von Voltaire 1762 veröffentlicht wurde. Voltaire bemerkte dazu: »Seine Schrift ist zu lang, zu langweilig und sogar zu empörend; der Auszug dagegen ist kurz und enthält alles, was vom Original lesenswert ist«.

Meine lieben Freunde, da es mir nicht erlaubt war und es auch zu gefährliche und schlimme Folgen für mich gehabt hätte, euch, während ich lebte, offen zu sagen, was ich über die Lebensweise der Menschen und ihre Herrschaftsformen und Sitten dachte, habe ich beschlossen, es euch wenigstens nach meinem Tode zu sagen ...

Ich war verpflichtet, euch in eurer Religion zu unterrichten, das heißt, wenigstens hin und wieder mit euch darüber zu reden, um der falschen Dienstpflicht schlecht und recht nachzukommen, die ich als Pfarrer eurer Gemeinde auf mich genommen hatte; weshalb ich mich zu meinem Verdruss dieser leidigen Notwendigkeit ausgesetzt sah, völlig entgegen meinen eigenen Absichten handeln und sprechen zu müssen. Zu meinem Kummer musste ich euch auch noch in diesen törichten Irrlehren gefangen halten, in diesem hohlen Aberglauben und Götzendienst, in all dem, was ich von Herzen hasste, verabscheute und verdammte ... Deshalb hasste ich auch aufs Äußerste all diese unnützen Verrichtungen meines Amtes und besonders all dieses götzendienerische und abergläubische Abhalten von Messen und diese eitle und lächerliche Erteilung der Sakramente, wozu ich euch gegenüber verpflichtet war ... Hundert- und aberhundertmal war ich soweit, meiner Empörung darüber öffentlich und ohne Rücksicht Luft zu schaffen, weil ich bei diesen Gelegenheiten meinen Groll fast nicht mehr verbergen noch die Entrüstung, die ich deshalb empfand, in mir zurückhalten konnte. Ich habe sie jedoch bis jetzt bezwungen, und ich werde versuchen, sie bis an das Ende meiner Tage zu unterdrücken, da ich mich während meines Lebens nicht dem Zorn der Priesterschaft noch der Grausamkeit der Tyrannen aussetzen will, die, so hat es den Anschein, nicht genug schlimme Qualen finden werden, um eine solche angebliche Verwegenheit zu bestrafen ...

Erwägt wohl die Gründe, die es gibt, das, was eure Religion euch lehrt und so absolut zu glauben zwingt, zu glauben oder nicht zu glauben. Wenn ihr den natürlichen Lichtern eures Geistes folgt, dann werdet ihr ebenso gut und ebenso gewiss wie ich sehen, dass alle Religionen der Welt nichts als menschliche Erfindungen sind und dass alles, was eure Religion euch lehrt und als übernatürlich und göttlich zu glauben nötigt, im Grunde nichts als Irrtum, Lüge, Täuschung und Betrug ist ...

Gäbe es wirklich einen Gott oder irgendein unendlich vollkommenes Wesen, das von den Menschen geliebt und angebetet werden wollte, so hätte es die Vernunft, die Gerechtigkeit und die Pflicht dieses vermeintlich unendlich vollkommenen Wesens erfordert, dass es sich sichtbar oder wenigstens hinlänglich all denen zu erkennen gibt, von denen es geliebt und verehrt werden möchte.

Der erste Gedanke, der mir in den Sinn kommt, wenn ich mir ein solches Wesen vorstelle, das so gütig, so schön, so weise, so groß, so vorzüglich, so bewundernswert, so vollkommen und so liebenswert usw. sein soll, ist, dass ein solches Wesen, sollte es tatsächlich existieren, so klar und so sichtbar vor unseren Augen und unserem Gefühl stünde, dass niemand an der Wahrheit seiner Existenz zweifeln könnte ... Dagegen aber besteht aller Anlass zu glauben, dass es nicht ist.

Wie kann man darauf verfallen, dass ein Gott, der seiner Natur nach unwandelbar und unbeweglich wäre, dennoch irgendeinen Körper bewegen könnte? Wie kann man darauf verfallen, dass ein Sein, das weder Kopf noch Gehirn hätte, dennoch unendlich weise und aufgeklärt wäre? Wie kann man darauf verfallen, dass ein Sein, das keine sinnliche Qualität und Vollkommenheit hätte, dennoch unendlich vollkommen wäre? Wie kann man darauf verfallen, dass ein Sein, das weder Arme noch Beine hätte und sich selbst nicht bewegen könnte, dennoch allmächtig wäre und tatsächlich alles erschaffen hätte? Wer hat das erfahren?

Unsere frommen und andächtigen Christgläubigen werden unfehlbar und einfältig sagen, ihr Gott wolle hauptsächlich, dass man ihn mittels der dunklen Lichter des Glaubens erkenne, liebe und verehre und nicht mittels der hellen Lichter der menschlichen Vernunft, um,

Gegen Ende des Mittelalters regte sich überall, selbst im Volke, eigenständiges Denken: »Sie wollen eine Erfahrung ihres Glaubens haben«, kritisierte um 1480 ein Prediger in Auxerre, »und sich mit den Worten Gottes nicht zufrieden geben. Und wenn man ihnen von Gott und seinem Paradies und seinen Urteilen spricht, so antworten sie: Ist denn einer zurückgekehrt? Wer ist vom Himmel herabgestiegen?« Schon 1422 wurde in Worcester ein Mann verurteilt, weil er die Auferstehung Christi leugnete; ebenso dort ein Kleriker, weil er die Göttlichkeit Christi, die Existenz von Himmel und Hölle, die Unsterblichkeit der Seele, die göttliche Dreieinigkeit und die Inspiration der Bibel abtat. 1499 gestanden in Salisbury vier Männer und eine Frau, dass sie »einzig aus Furcht vor den anderen in die Messe gehen«, um Sanktionen zu vermeiden ...

Hinzu kam im 16. Jahrhundert der methodische Zweifel. Die Entdeckungen im Bereich der Naturwissenschaften stellten den Glauben partiell und schließlich total in Frage. 1546 wurde der Pariser Drucker Étienne Dolet wegen Gottlosigkeit verbrannt, weil er dem Glauben und seinen Verkündern nur noch Spott entgegensetzte: »Nichts auf der Welt kommt mir grotesker vor als der Irrsinn jener, die, als stünden sie mit den himmlischen Mächten im Bunde oder gehörten mit ihnen zu Jupiters Himmel, stets die Götter im Munde führen und uns lehren, wie wir in den Himmel kommen oder wie tief wir im Reich der Finsternis versinken. Welch törichte und unerträgliche Sippschaft!«

Der Unglaube nahm in den folgenden Generationen weiterhin zu. Pierre Beurrier, der Pfarrer in Paris war, berichtet in einem nach 1681 verfassten Dokument von einem kranken Advokat, dem er die Sterbesakramente spenden sollte. Erst nach langem Widerstreben ließ ihn der Kranke eintreten und sagte dann: »Monsieur, ich bin nicht imstande, die Beichte abzulegen und die Sakramente zu empfangen, ehe Sie mir nicht meine Schwierigkeiten mit der christlichen Religion erläutert haben, zu der ich mich nach außen bekannt habe, um unbemerkt zu bleiben und den Schein zu wahren. Doch im Grunde meiner Seele habe ich immer geglaubt, dass es eine Fabel sei, und mit dieser Meinung stehe ich nicht allein, denn wir sind gut zwanzigtausend Personen in Paris, die so denken. Wir kennen uns alle, halten geheime Versammlungen ab und bestärken uns gegenseitig in unserer Irreligion, denn wir glauben, dass die Religion nichts anderes ist als weltliche Politik, zu dem Zweck erdacht, das

GOTT: MEHR ALS ALLES

Volk mit der Furcht vor imaginären Höllen in Gehorsam gegenüber den Herrschenden zu halten. Denn daran glauben wir aufrichtig nicht, ebenso wenig wie an das Paradies. Wir glauben, dass nach unserem Tod alles für uns gestorben ist. Dass Gott, wenn es einen gibt, sich nicht in unsere Angelegenheiten einmischt …

Er gestand mir, dass viele seiner Brüder im Unglauben nicht verfehlten, die Sakramente zu empfangen und in die Kirche zu gehen, um nicht entdeckt zu werden, er dagegen habe so heuchlerisch nicht sein wollen: daher sei er seit dreißig oder vierzig Jahren weder zur Beichte noch zur Kommunion gegangen.

wie sie sagen, den Geist des Menschen zu demütigen und seinen Hochmut zu bestrafen. Dann muss man ihnen erwidern, dass Gott, da er doch allmächtig und unendlich weise ist, wie sie unterstellen, auch ohne den Menschen ihre Freiheit zu rauben, ihre Herzen, ihren Geist, ihre Gedanken, Wünsche, Triebe und ihren Willen so lenken und leiten könnte, dass sie niemals Böses zu tun begehrten noch irgendeine Sünde, und auf diese Weise könnte er mühelos alle Arten von Verbrechen und Sünden verhindern, ohne den Menschen ihre Freiheit noch ihren freien Willen zu nehmen oder zu beeinträchtigen …

Verwerft also alle diese eitlen und abergläubischen Verrichtungen der Religion. Verbannt aus eurem Geist diesen irrwitzigen und blinden Glauben an ihre falschen Mysterien. Schenkt ihnen keinen Glauben, spottet all dessen, was eure eigensüchtigen Priester euch darüber erzählen. Die meisten glauben selber nichts davon. Wollt ihr etwa mehr glauben als sie selbst?

Ihr seid ja selbst dieses Volk, das auf so alberne Weise seinen Gott verehrt und zu essen glaubt, indem es, wie ihr es tut, fromm und andachtsvoll, kleine Abbilder aus Teig macht, anbetet und esst, von denen euch eure Priester glauben machen, dass sie der Leib und das Blut, die Seele und die göttliche Natur Jesu Christi, eures Gottes und göttlichen Erlösers seien …

Seit meiner frühesten Jugend habe ich die Irrtümer und Missstände geahnt, die so viele so große Übel in der Welt verursachen …, obwohl ich in meiner Jugend leichtsinnig in den geistlichen Stand eingetreten war, meinen Eltern zu gefallen, die sehr erfreut waren, mich darin zu sehen, weil es ein viel angenehmeres, friedlicheres und in der Welt viel angeseheneres Leben war als das der meisten Menschen. Dennoch ist es die Wahrheit, wenn ich sage, dass mich niemals weder die Aussicht auf irdischen Gewinn noch die fetten Einkünfte dieses Amtes dazu gebracht haben, die Ausübung eines Berufes so voller Irrtum und Heuchelei zu lieben … Ich nehme fast keinen Anteil mehr an dem, was auf der Welt geschieht. Die Toten, mit denen zu gehen ich im Begriff stehe, beunruhigen sich über nichts mehr, sie mischen sich nirgends mehr ein, sie kümmern sich um nichts. Ich werde daher dies mit dem Nichts beenden, auch bin ich kaum mehr als ein Nichts und werde bald nichts mehr sein.

Jean Paul: Rede des toten Christus vom Weltgebäude, dass kein Gott sei

Oben am Kirchengewölbe stand das Zifferblatt der Ewigkeit, auf dem keine Zahl erschien; nur ein schwarzer Finger zeigte darauf, und die Toten wollten die Zeit darauf sehen. Jetzo sank eine hohe edle Gestalt mit einem unvergänglichen Schmerz aus der Höhe auf den Altar hernieder, und alle Toten riefen:

»Christus! Ist kein Gott?«

Er antwortete: »Es ist keiner.«

Der ganze Schatten jedes Toten erbebte, nicht bloß die Brust allein, und einer um den anderen wurde durch das Zittern zertrennt.

Christus fuhr fort: »Ich ging durch die Welten, ich stieg in die Sonnen und flog mit den Milchstraßen durch die Wüsten des Himmels; aber es ist kein Gott. Ich stieg herab, so weit das Sein seine Schatten wirft, und schaute in den Abgrund und rief: Vater, wo bist du? Aber ich hörte nur den ewigen Sturm, den niemand regiert, und der schimmernde Regenbogen aus Westen stand ohne Sonne, die ihn schuf, über dem Abgrunde und tropfte hinunter. Und als ich aufblickte zur unermesslichen Welt nach dem göttlichen Auge, starrte sie mich mit einer leeren, bodenlosen Augenhöhle an; und die Ewigkeit lag auf dem Chaos und zernagte es und wiederkäuete sich. – Schreiet fort, Misstöne, zerschreiet die Schatten; denn Er ist nicht!«

… Und alles wurde eng, düster, bang – und ein unermesslich ausgedehnter Glockenhammer sollte die letzte Stunde der Zeit zerschlagen und das Weltgebäude zersplittern … als ich erwachte.

Meine Seele weinte vor Freude, dass sie wieder Gott anbeten konnte – und die Freude und das Weinen und der Glaube an ihn waren das Gebet.

Xenophanes: Wenn Ochsen Hände hätten

Doch wähnen die Sterblichen, die Götter würden geboren und hätten Gewand und Stimme und Gestalt wie sie. Doch wenn die Ochsen (und Rosse) und Löwen Hände hätten oder malen könnten mit ihren Händen und Werke bilden wie die Menschen, so würden die Rosse rossähnliche, die Ochsen ochsenähnliche Göttergestalten malen und solche Körper bilden, wie (jede Art) gerade selbst das Aussehen hätte.

Die Äthiopen (behaupten, ihre Götter) seien schwarz und stumpfnasig, die Thraker, blauäugig und rothaarig.

Nicht von Anfang an haben die Götter den Sterblichen alles Verborgene gezeigt, sondern allmählich finden sie suchend das Bessere.

Jean Paul Friedrich Richter (1763–1825) kämpfte als heterodoxer Theologe gegen die Dogmengläubigkeit der Kirche, glaubte mit Leibnitz an die beste aller Welten, ließ sich von Mendelssohn, Nicolai und Lessing für Toleranz und Gedankenfreiheit begeistern und wurde schließlich durch Voltaire zum Verächter der Kirche und durch Rousseau zum Anhänger revolutionärer Theorien. Nur eins konnte er, trotz aller Verführungskünste der Vernunft, nicht: den Kinderglauben an Gott ablegen.

Jahrelang begehrte er gegen dieses Unvermögen auf, verfluchte seine religiöse Erziehung als »frommen Missbrauch«, bezeichnete den Glauben als »alten Unsinn«, der die »Vernunft blendet«. Jetzt, am Ende der achtziger Jahre, beginnt in dem Kampf zwischen Verstand und Gefühl letzteres zu siegen.

Er las auch (wie alles, was erreichbar war) die französischen Materialisten. Vor ihrem Atheismus aber schreckt er zurück… Die deutschen Philosophen am Ende der Aufklärung, deren Hauptwerke in dieser Zeit erscheinen, klammern wie Kant alle religiösen Fragen aus der Wissenschaft aus und weisen sie dem Glauben zu. Und Jacobi, »mit dem Kopf Atheist, und Christ mit dem Herzen«, schafft mit der Vernunft ein realistisches Weltbild, dem er Gefühlsreligiosität überordnet.

Zu diesem Kompromiss zwischen Vernunft und Glauben ringt auch Richter sich durch, für immer. Alle mit Fleiß und Eifer aufgenommenen philosophischen Systeme, aller Scharfsinn, alle Verstandeskraft erweisen sich dem in der Kindheit aufgenommenen Glauben als unterlegen. Ohne Gott ist ihm die Welt leer und tot: Ohne Unsterblichkeit der Seele wird das Leben sinnlos, der Mensch ein Nichts. Die Vorstellung einer gottlosen Welt erregt ihm Grauen. Die großartige Schreckensvision (autobiographisch genährt von der Gespensterfurcht seiner Kinderzeit) wird später seinen Ruhm zum erstenmal über den deutschen Sprachraum hinaustragen.

Günter de Bruyn

Xenophanes, antiker griechischer Philosoph, um 500 v. Chr.

Mit seinem Buch *Das Wesen des Christentums* gewann **Ludwig Feuerbach** (1804–1872) Berühmtheit. Er sah sich »als den letzten, an die äußerste Grenze des Philosophentums hinausgeschobenen Philosophen«. Es freute ihn, dass ihm nicht nur die Freunde zustimmten, sondern dass auch Bauern, Gastwirte und Soldaten von weither zu ihm kamen oder ihm rührende Briefe schrieben.

Mit seiner *Philosophie der Zukunft* hatte Feuerbach geglaubt, alle Religion und Theologie überwunden zu haben. Darin hat er sich freilich getäuscht. Auch nach seinem streng durchdachten Atheismus, der die menschliche Bedingtheit jeder Gottesvorstellung aufzeigte, stellt sich die Gottesfrage weiter.

Wie sah denn der junge Marx aus? Ein Phantasieporträt hat Friedrich Engels entworfen:

Wer jaget hinterdrein
   mit wildem Ungestüm?
Ein schwarzer Kerl aus Trier,
   ein markhaft Ungetüm.
Er gehet, hüpft nicht,
   er springet auf den Hacken
Und raset voller Wut und,
   gleich als wollt er packen
Das weite Himmelszelt
   und zu der Erde ziehn,
Streckt er die Arme sein
   weit in die Lüfte hin.
Geballt die böse Faust,
   so tobt er sonder Rasten,
Als wenn ihn bei dem Schopf
   zehntausend Teufel fassten.

Ludwig Feuerbach: Wie der Mensch denkt, so ist sein Gott

Wie der Mensch denkt, wie er gesinnt ist, so ist sein Gott: so viel Wert der Mensch hat, so viel Wert und nicht mehr hat sein Gott. Das Bewusstsein Gottes ist das Selbstbewusstsein des Menschen, die Erkenntnis Gottes, die Selbsterkenntnis des Menschen. Aus seinem Gotte erkennst Du den Menschen, und wiederum aus dem Menschen seinen Gott; beides ist eins. Was des Menschen Gott ist, das ist sein Geist, seine Seele, und was des Menschen Geist, seine Seele, sein Herz, das ist sein Gott: Gott ist das offenbare Innere, das ausgesprochene Selbst des Menschen; die Religion die feierliche Enthüllung der verborgenen Schätze des Menschen, das Eingeständnis seiner innersten Gedanken, das öffentliche Bekenntnis seiner Liebesgeheimnisse.

Wenn aber die Religion, das Bewusstsein Gottes, als das Selbstbewusstsein des Menschen bezeichnet wird, so ist dies nicht so zu verstehen, als wäre der religiöse Mensch sich direkt bewusst, dass sein Bewusstsein von Gott das Selbstbewusstsein seines Wesens ist, denn der Mangel dieses Bewusstseins begründet eben das eigentümliche Wesen der Religion. Um diesen Missstand zu beseitigen, ist es besser zu sagen: die Religion ist das erste und zwar indirekte Selbstbewusstsein des Menschen. Die Religion geht darum überall der Philosophie voran, wie in der Geschichte der Menschheit, so auch in der Geschichte der einzelnen. Der Mensch verlegt sein Wesen zuerst außer sich, ehe er es in sich findet. Das eigene Wesen ist ihm zuerst als ein anderes Wesen Gegenstand.

Karl Marx: Die Kritik der Religion enttäuscht den Menschen, damit er denke, handle wie ein zu Verstand gekommener Mensch

Der Mensch macht die Religion, die Religion macht nicht den Menschen. Und zwar ist die Religion das Selbstbewusstsein und Selbstgefühl des Menschen, der sich selbst entweder noch nicht erworben oder schon wieder verloren hat. Aber *der Mensch*, das ist kein abstraktes, außer der Welt hockendes Wesen. Der Mensch, das ist *die Welt des Menschen*, Staat, Sozietät. Dieser Staat, diese Sozietät produzieren die Religion, ein *verkehrtes Weltbewusstsein*, weil sie eine *verkehrte Welt* sind. Die Religion ist die allgemeine Theorie dieser Welt ... Der Kampf gegen die Religion ist also unmittelbar der Kampf gegen jene Welt, deren geistiges Aroma die Religion ist.

Das *religiöse* Elend ist in einem der *Ausdruck* des wirklichen Elendes und in einem die *Protestation* gegen das wirkliche Elend. Die Religion ist der Seufzer der bedrängten Kreatur, das Gemüt einer herzlosen Welt, wie sie der Geist geistloser Zustände ist. Sie ist das *Opium* des Volks.

Die Aufhebung der Religion als des *illusorischen* Glücks des Volkes ist die Forderung seines *wirklichen* Glücks. Die Forderung, die Illusion über seinen Zustand aufzugeben, ist die *Forderung, einen Zustand aufzugeben, der der Illusionen bedarf*. Die Kritik der Religion ist also im *Keim* die *Kritik des Jammertales*, dessen *Heiligenschein* die Religion ist.

Die Kritik hat die imaginären Blumen an der Kette zerpflückt, nicht damit der Mensch die phantasielose, trostlose Kette trage, sondern damit er die Kette abwerfe und die lebendige Blume breche. Die Kritik der Religion enttäuscht den Menschen, damit er denke, handle, seine Wirklichkeit gestalte wie ein enttäuschter, zu Verstand gekommener Mensch, damit er sich um sich selbst und damit um seine wirkliche Sonne bewege. Die Religion ist nur die illusorische Sonne, die sich um den Menschen bewegt, solange er sich nicht um sich selbst bewegt.

Die Religionskritik von Marx (1818–1883) lässt sich nur bedingt theoretisch widerlegen. Die Wahrheit des Christentums muss sich konkret in der Praxis erweisen. Der strittige Punkt besteht also letztlich darin, ob das Christentum den kritischen Überschuss, das Ungenügen an den bestehenden Zuständen, bloß kontemplativ auffängt oder auch zur Praxis, d. h. zur Kritik und Veränderung übergeht.

Werner Post

Friedrich Nietzsche: Die Botschaft vom tollen Menschen, dass Gott tot sei

Habt ihr nicht von jenem tollen Menschen gehört, der am hellen Vormittag eine Laterne anzündete, auf den Markt lief und unaufhörlich schrie: »Ich suche Gott! Ich suche Gott!« – Da dort gerade viele von denen zusammen standen, welche nicht an Gott glaubten, so erregte er ein großes Gelächter. Ist er denn verloren gegangen? Sagte der eine. Hat er sich verlaufen wie ein Kind? Sagte der andere. Oder hält er sich versteckt? Fürchtet er sich vor uns? Ist er zu Schiff gegangen, ausgewandert? – So schrieen und lachten sie durcheinander. Der tolle Mensch sprang mitten unter sie und durchbohrte sie mit seinen Blicken. »Wohin ist Gott?« rief er, »ich will es euch sagen! Wir haben ihn getötet – ihr und ich. Wir alle sind seine Mörder! Aber wie haben wir dies gemacht? Wie vermochten wir das Meer auszutrinken? Wer gab uns den Schwamm, um den ganzen Horizont wegzuwischen? Was taten wir, als wir diese Erde von ihrer Sonne losketteten? Wohin bewegt sie sich nun? Wohin bewegen wir uns? Fort von allen Sonnen? Stürzen wir nicht fortwährend? Und rückwärts, seitwärts, vorwärts, nach allen Seiten? Gibt es noch ein Oben und Unten? Irren wir nicht durch ein unendliches Nichts? Haucht uns nicht der leere Raum an? Ist es nicht kälter geworden? Kommt nicht immerfort die Nacht und mehr Nacht? Müssen nicht Laternen am Vormittag angezündet werden? Hören wir nichts vom Lärm der Totengräber, welche Gott begraben? Riechen wir noch nichts von der göttlichen Verwesung? – Auch Götter verwesen! Gott ist tot! Gott bleibt tot! Und wir haben ihn getötet! Wie trösten wir uns, die Mörder aller Mörder? Das Heiligste und Mächtigste, was die Welt bisher besaß, es ist unter unsern Messern verblutet – wer wischt dieses Blut von uns ab? Mit

Warum ist dieser Mensch toll? Martin Heidegger nennt ihn »ver-rückt«, weil er aus der Ebene der bisherigen Menschen ausgerückt ist und »darum mit der Art jener öffentlichen Herumsteher, ›welche nicht an Gott glauben‹, nichts gemein« hat. Die alltäglichen Herumsteher sind nicht »ungläubig«, weil ihnen Gott unglaubwürdig geworden ist, sondern weil sie Gott insofern aufgegeben haben, als sie ihn nicht mehr suchen. Und suchen können sie ihn nicht, weil sie nicht mehr denken. »Die öffentlichen Herumsteher haben das Denken abgeschafft und es durch das Geschwätz ersetzt…« Diesen gegenüber ist der tolle Mensch von eindeutiger Entschiedenheit. Er sucht Gott, nein, er schreit nach Gott. »Vielleicht hat da ein Denkender wirklich de profundis geschrieen?«, kommentiert Heidegger.

welchen Wassern können wir uns reinigen? Welche Sühnefeiern, welche heiligen Spiele werden wir erfinden müssen? Ist nicht die Größe dieser Tat zu groß für uns? Müssen wir nicht selber zu Göttern werden, um nur ihrer würdig zu erscheinen? Es gab nie eine größere Tat – und wer nur immer nach uns geboren wird, gehört um dieser Tat willen in eine höhere Geschichte, als alle Geschichte bisher war!« – Hier schwieg der tolle Mensch und sah wieder seine Zuhörer an: auch sie schwiegen und blickten befremdet auf ihn. Endlich warf er seine Laterne auf den Boden, dass sie in Stücke sprang und erlosch. »Ich komme zu früh«, sagte er dann, »ich bin noch nicht an der Zeit. Dies ungeheure Ereignis ist noch unterwegs und wandert – es ist noch nicht bis zu den Ohren der Menschen gedrungen. Blitz und Donner brauchen Zeit, das Licht der Gestirne braucht Zeit, Taten brauchen Zeit, auch nachdem sie getan, um gesehen und gehört zu werden. Diese Tat ist ihnen immer noch ferner als die fernsten Gestirne – und doch haben sie dieselbe getan!« – Man erzählt noch, dass der tolle Mensch desselbigen Tages in verschiedene Kirchen eingedrungen sei und darin sein Requiem aeternam deo angestimmt habe. Hinausgeführt und zur Ruhe gesetzt, habe er immer nur dies entgegnet: »Was sind denn diese Kirchen noch, wenn sie nicht die Grüfte und Grabmäler Gottes sind?«

Wolfgang Borchert: Beckmanns Traum

Beckmann: Ach, du bist also der liebe Gott. Wer hat dich eigentlich so genannt, lieber Gott? Die Menschen? Ja? Oder du selbst?
Gott: Die Menschen nennen mich den lieben Gott.
Beckmann: Seltsam, ja, das müssen ganz seltsame Menschen sein, die dich so nennen. Das sind wohl die Zufriedenen, die Satten, die Glücklichen, und die, die Angst vor dir haben. Die im Sonnenschein gehen, verliebt oder satt oder zufrieden – oder die es nachts mit der Angst kriegen, die sagen: Lieber Gott! Lieber Gott! Aber ich sage nicht lieber Gott, du, ich kenne keinen, der ein lieber Gott ist, du!
Gott: Mein Kind, mein armes –
Beckmann: Wann bist du eigentlich lieb, lieber Gott? Warst du lieb, als du meinen Jungen, der gerade ein Jahr alt war, als du meinen kleinen Jungen von einer brüllenden Bombe zerreißen ließt? Warst du da lieb, als du ihn ermorden ließt, lieber Gott, ja?
Gott: Ich habe ihn nicht ermorden lassen.
Beckmann: Nein, richtig. Du hast es nur zugelassen. Du hast nicht hingehört, als er schrie und als die Bomben brüllten. Wo warst du da eigentlich, als die Bomben brüllten, lieber Gott? Oder warst du lieb, als von meinem Spähtrupp elf Mann fehlten? Elf Mann zu wenig, lieber Gott, und du warst gar nicht da, lieber Gott. Die elf Mann haben

Mit dem Heimkehrerdrama von **Wolfgang Borchert** (1921–1947) *Draußen vor der Tür* begann die deutsche Nachkriegsliteratur nach dem Zweiten Weltkrieg. Es blieb neben einigen Kurzgeschichten das Hauptwerk Borcherts, der einen Tag vor der Uraufführung im Alter von 26 Jahren starb.

Borchert schrieb das Stück in knapp acht Tagen. Der Stoff überwältigte ihn derart, dass er jede Rücksicht gegen sich vergaß. Er fand keine Ruhe, bevor der letzte Feder-

gewiß laut geschrien in dem einsamen Wald, aber du warst nicht da, einfach nicht da, lieber Gott. Warst du in Stalingrad lieb, lieber Gott, warst du da lieb, wie? Ja? Wann warst du denn eigentlich lieb, Gott, wann? Wann hast du dich jemals um uns gekümmert, Gott?
Gott: Keiner glaubt mehr an mich. Du nicht, keiner. Ich bin der Gott, an den keiner mehr glaubt. Und um den sich keiner mehr kümmert. Ihr kümmert euch nicht um mich.
Beckmann: Hat auch Gott Theologie studiert? Wer kümmert sich um wen? Ach, du bist alt, Gott, du bist unmodern, du kommst mit unsern langen Listen von Toten und Ängsten nicht mehr mit. Wir kennen dich nicht mehr so recht, du bist ein Märchenbuchliebergott. Heute brauchen wir einen neuen. Weißt du einen für unsere Angst und Not. Einen ganz neuen. Oh, wir haben dich gesucht, Gott, in jeder Ruine, in jedem Granattrichter, in jeder Nacht. Wir haben dich gerufen, Gott? Wir haben nach dir gebrüllt, geweint, geflucht! Wo warst du da, lieber Gott? Wo bist du heute Abend? Hast du dich von uns gewandt? Hast du dich ganz in deine schönen alten Kirchen eingemauert, Gott? Hörst du unser Geschrei nicht durch die zerklirrten Fenster, Gott? Wo bist du?

strich getan war. Gehetzt von Gesichtern und Gestalten, fand er auch keine Zeit und Geduld, Formprobleme abzuwägen. Es ist deshalb müßig, Analysen und Betrachtungen anzustellen, inwieweit Borchert dramaturgische Gesetze hat erfüllen oder nicht erfüllen wollen…

»Dieses Stück ist in der Glut einer irdischen Vorhölle gebrannt worden, es ist mehr als eine literarische Angelegenheit, in ihm verdichten sich die Stimmen von Millionen, von Toten und Lebenden, von vorgestern, gestern, heute und morgen, zur Anklage und Mahnung. Das Leid dieser Millionen wird Schrei. Das ist Borcherts Stück: Schrei! Nur so kann es begriffen und gewertet werden.«

Bernhard Meyer-Marwitz

Wolfdietrich Schnurre: Das Begräbnis

Steh ich in der Küche auf'm Stuhl. Klopft's.
Steig ich runter, leg den Hammer weg und den Nagel; mach auf: Nacht; Regen.
Nanu, denk ich, hat doch geklopft.
»Ptsch«, macht die Dachrinne.
»Ja –?«, sag ich.
Ruft's hinter mir: »Hallo!«
Geh ich zurück wieder. Liegt n Brief auf'm Tisch.
Nehm ihn.
Klappt die Tür unten. Leg ich den Brief hin, geh runter, mach auf: Nichts.
Ulkig, denk ich.
Geh rauf wieder.
Liegt der Brief da; weiß mit schwarzem Rand.
Muss einer gestorben sein, denk ich.
Seh mich um.
»Riecht nach Weihrauch«, sagt meine Nase.
»Hast recht«, sag ich; »war doch vorher nich. Komisch.«
Reiß den Brief auf, setz mich, putz die Brille. So.
Richtig, ne Traueranzeige. Ich buchstabiere:
  Von keinem geliebt, von keinem gehasst,
  starb heute nach langem,
  mit himmlischer Geduld ertragenem Leiden: GOTT.

Wolfdietrich Schnurre (1920–1989), bedeutender Erzähler und Lyriker der westdeutschen Nachkriegsliteratur. Neben zahlreichen Kurzgeschichten verfasste er Romane, Fabeln, Tagebücher, Gedichte, Hörspiele und seit Mitte der 1960er-Jahre auch Kinderbücher. Seine Geschichten sind subtile Zeugnisse der Nachkriegszeit.

Die Kurzgeschichte *Das Begräbnis* war der erste Text, mit dem das Leseritual der Gruppe 47 im September 1947 eröffnet wurde. Dreißig Jahre danach, im September 1977, las Schnurre *Das Begräbnis* noch einmal zum Abschluss einer Wiederbegegnung der bereits inaktiven Gruppe. Dadurch bildete Schnurre nach den Worten Hans Werner Richters »mit seiner Geschichte Anfang und Ende der Gruppe 47«.

Wenn Gott dieses Leid nicht verhindert hat, dann kann dieser Gott getrost zu Grabe getragen werden. Zu keinem Zeitpunkt bezweifeln die Menschen in dieser Geschichte die Existenz Gottes. Ihre Reaktionen auf die Meldung seines Todes reichen aber von Unwissenheit, Gleichgültigkeit, Häme, Mitgefühl bis zum überraschten »Nanu; heut erst?« Der einzige, der sich durch die Nachricht verpflichtet fühlt, zumindest der Beerdigung beizuwohnen, bleibt der Erzähler. Er ist immerhin so weit in der Tradition verhaftet, dass er Gott als Autorität anerkennt und erstaunt über die geringe Resonanz ist, die seine Todesnachricht bei den Passanten und in den Medien auslost. Demgegenüber sind die anderen Figuren aus der Tradition gefallen. Sie zeichnen sich durch einen Mangel an Antrieb, Orientierung und persönlicher Identität aus, stehen wie der Schutzmann »im Nebel« und sind nur an Oberflächlichkeiten orientiert wie Geld, Vergnügungen und Spektakel, eine Stimmung von Trost- und Lieblosigkeit.

Auffällig ist auch die Vielzahl an militärischen Verweisen, die sich von den Straßennamen bis zu den Mietskasernen ziehen und im Kommandoton der Totengräber zum Ausdruck kommen. Sie demonstrieren, wie sehr die Nachkriegsgesellschaft noch immer vom vergangenen Krieg bestimmt ist. Während der Alltag der Menschen beschädigt wirkt, ist das einzige, was mit Hochdruck arbeitet, eine Fabrik, die Stickstoffverbindungen produziert. Es wird nicht gesagt, ob es sich hierbei um Düngemittel handelt – als Zeichen für den zivilen Aufbau – oder um Sprengstoffe – als Zeichen für neuerliche Destruktion. Weder löst der Tod Gottes bei den Menschen – je nach Standpunkt – Entsetzen oder Triumph aus, noch wird er im Tonfall von Entsetzen oder Triumph vorgetragen.

Schnurre greift zwar mit dem Nichts, der Herrschaft der Nacht und den Totengräbern, die Gott begraben, Motive Friedrich Nietzsches auf, setzt sie jedoch in völlig unpathetische Literatur um: Nicht die verspätete Toterklärung Gottes, sondern ihre gänzliche Bedeutungslosigkeit ist die zeitgerechte Lehre.

Günter Helmes

Klein, darunter:
Die Beisetzung findet heute nacht in aller Stille auf dem St.-Zebedäus-Friedhof statt.
Siehste, denk ich, hat's ihn auch geschnappt, den Alten; nu ja. Steck ich die Brille ins Futteral und steh auf.
»Frau!« ruf ich, »n Mantel!«
»Wieso n?« brummelt sie oben.
»Frag nich so blöd«, sag ich; »muss zur Beerdigung.«
»Kenn ich«, greint sie; »Skat kloppen willste.«
»Quatsch«, sag ich; »Gott is gestorben.«
»Na und –?« sagt sie; »vielleicht noch n Kranz kaufen, hm?«
»Nee«, sag ich; »aber Franzens Zylinder könnste rausrücken. Wer weiß, wer alles da is«
»Ach nee«, sagt sie, »auch noch n dicken Willem markiern? Nee, is nich. Außerdem duster; sieht sowieso keiner, dass de n Zylinder aufhast.«
Schön denk ich; denn nich liebe Tante.
Zieh mein Paletot an, klapp n Kragen hoch und geh runter zur Tür.
s pladdert.
Den Schirm, denk ich. Aber den Schirm hat Emma.
»Nacht«, sag ich und mach zu hinter mir.
Alles wie immer draußen. Glitschiger Asphalt, bisschen Laternenlicht; paar Autos, paar Fußgänger; auch die Straßenbahn fährt.
Frag ich einen: »Schon gehört – Gott is gestorben.«
Sagt der: »Nanu; heut erst?«
Der Regen nimmt zu. Vor mir taucht n Kiosk auf mit ner Karbidlampe drin.
Halt, denk ich, musst doch mal sehn.
Beug mich rein; blättere, such.
In *Heute*: nichts. Im *Morgen*: nichts. *Die Zukunft*: nichts. *Am Feierabend*: nichts.
Keine Zeile; nicht mal unter *Kurznachrichten*.
Frag ich: »Sonst noch was?«
»Anzeigenblatt«, sagt der Zeitungsmann.
»Moment«, sag ich.
Such; find's: Letzte Seite; reiner Zufall. Unter *Sonstiges*, klitzeklein:
   Von keinem geliebt, von keinem gehasst,
   starb heute nach langem,
   mit himmlischer Geduld ertragenem Leiden: GOTT.
Aus; alles.
Zeig's dem Zeitungsmann: »Na –?«
Sagt der: »Armer Deubel. Kein Wunder.«
Auf m Paradeplatz mitten im Nebel, steht n Schutzmann.
Frag ich: »Nich was durchs Radio gekommn?«
»Krieg«, sagt er.

»Nee«, sag ich; »was Besondres.«
»Nee«, sagt er.
»Kein Todesfall? Gott soll gestorben sein.«
Zuckt er die Schultern: »Hat er davon.«
Wird dunkler. Straße verengt sich. Ecke Kadettenweg renn ich einen an. Sagt der: »Geht's n hier zum Zebedäus-Friedhof?«
»Pfarrer?« frag ich; »Beerdigung?«
Er nickt.
»Wen denn.«
Sagt er: »n gewissen Klott oder Gott oder so ähnlich.«
Gehen wir zusammen. An Mietskasernen vorbei, schorfigen Brandmauern, flackernden Gaslaternen. Fragt der Pfarrer: »Verwandt mit dem Toten?«
»Nee«, sag ich; »bloß so.«
Hinter uns wird n Fenster aufgerissen.
»Hilfe!« schreit ne Frau.
n Blumentopf klirrt aufs Pflaster.
Gegenüber zieht einer n Rolladen hoch. Licht fällt auf die Straße.
»Ruhe!« brüllt jemand.
»Noch weit?« fragt der Pfarrer.
»Nee«, sag ich; »gleich.«
Der Regen ist jetzt so dicht, dass man kaum noch die Laternen erkennt. Bin nass bis aufs Hemd.
»Hier«, sag ich: »rechts.«
Ist die Marschallstraße, mündet auf n Kohlenplatz, der jetzt mit Stacheldraht eingezäunt ist; Quarantänelager für Heimkehrer. Die stehn im Regen und warten. Links der Zebedäus-Friedhof daneben, eng an die Rückwand von Waldemars-Ballsälen gequetscht. Rechts die Stickstoff Fabrik. Ihre verschmierten Fenster sind hell; man hört's, sie läuft auf Hochtouren. Ihre Schornsteine sind von unten erleuchtet; oben verlieren sie sich im Nebel.
Vorm Friedhof steht was. n Wagen mit ner Kiste drauf; paar Leute, n Pferd.
»n Abend«, sag ich.
»Biste der Pfarrer?«
»Nee«, sag ich, »*der*.«
»Los, pack mit an.«
Der Pfarrer greift zu, schweigend. Sie heben sich die Kiste auf die

Stefan Große Halbuer, Zeichnung zu Wolfdietrich Schnurre, Das Begräbnis, 2013.

Rose Ausländer: Damit kein Licht uns liebe

Sie kamen
mit scharfen Fahnen und Pistolen
schossen alle Sterne und den Mond ab
damit kein Licht uns bliebe
damit kein Licht uns liebe

Da begruben wir die Sonne
Es war eine unendliche Sonnenfinsternis

»Es war so unglaublich schwer, kurz nach 1945 auch nur eine halbe Seite Prosa zu schreiben«, sagte Heinrich Böll 1962 im Rückblick. Die Nazijahre und die Kriegszeit hatten die Sprache unrein gemacht. Sie musste erst mühsam wieder Wort für Wort abgeklopft werden. Jedem Adjektiv gegenüber war Vorsicht geboten. Und Wolfdietrich Schnurre: »Die neue Sprache, die so entstand, war nicht schön. Es war kein einfaches Schreiben. Es gab keinen ethischen Rückhalt. Es gab keine Tradition. Es gab nur die Wahrheit.«

Im Nachwort zu einer Kurzgeschichtensammlung – eine vor 1945 im Deutschen wenig gepflegte Gattung, und darum in den ersten Nachkriegsjahren ein paradigmatisches Genre, in dem sich die Tendenz zur Spracherneuerung besonders deutlich nachweisen lässt – werden die Verfasser der neuen Kahlschlag-Prosa beschrieben: »Sie fangen von vorn an, ganz von vorn, beim ABC der Sätze und Wörter, wissen, oder ahnen doch mindestens, dass dem neuen Anfang der Prosa allein die Methode und die Intention des Pioniers angemessen sind. Die Methode der Bestandsaufnahme. Die Intention der Wahrheit. Beides um den Preis der Poesie. Die Schönheit ist ein gutes Ding. Aber Schönheit ohne Wahrheit ist böse. Wahrheit ohne Schönheit ist besser.«

»Wir brauchen keine wohltemperierten Klaviere mehr. Wir selbst sind zuviel Dissonanz«, hieß es. »Wir brauchen keine Dichter mit guter Grammatik. Zu guter Grammatik fehlt uns die Geduld. Wir brauchen die mit dem heiser geschluchzten Gefühl. Die zu Baum Baum und zu Weib Weib sagen und ja sagen und nein sagen: laut und deutlich und dreifach und ohne Konjunktiv.«

Mit »guter Grammatik« – als Synonym für die bisherige Literatursprache verstanden – wollen Borchert, Schnurre und ihre Generation nichts mehr zu tun haben.

Schulter und schwanken durchs Tor.
»Beeilt euch!« schreit der Kutscher.
Er hat sich unter ner Decke verkrochen und lehnt an dem Pferd; raucht.
s Tor quietscht, wie ich's zumach. Langsam schlendre ich hinter den Männern her.
Zwei tragen Spaten. Die kenn ich; sind Totengräber.
Der dritte hat n blauen Kittel an, hinter seinem rechten Ohr klebt ne aufgeweichte Zigarette; n Straßenfeger oder so was. Die andern beiden stecken in speckigen Feldblusen und haben Schirmmützen auf; Heimkehrer aus m Lager wahrscheinlich.
Der sechste ist der Pfarrer.
Jetzt sind sie aus m Schritt gekommen, die Kiste auf ihren Schultern liegt schief. Hat der Pfarrer dran schuld; kriegt s Kreuz nicht raus, stöhnt. Schreit plötzlich: »Absetzen!« Duckt sich.
»Rumms.«
Der Deckel fliegt ab. Haben sie die Bescherung.
Der Pfarrer hinkt; hat die Kiste auf n Fuß gekriegt.
Der Tote ist rausgefallen. Liegt da, bleich. Die Azetylenlampen vom Lager leuchten ihn an. n graues Hemd trägt er, ist hager, und an seinem Mund und im Bart ist etwas Blut festgetrocknet. Er lächelt.
»Idiot«, sagt der Kittelmann.
Sie drehn die Kiste um und heben den Toten wieder rein.
Sagt der eine Heimkehrer: »Er is dreckig, pass auf.«
»Schon gut«, sagt der andere.
Wie der Deckel drauf ist, bücken sie sich.
»Haaaaaau – ruck!« schrein die Totengräber.
»Maaaaaarsch!«
Der Pfarrer hinkt.
An nem zermanschten Erdhaufen wartet ne Frau. Kenn ich; ist die Inspektorin. Sie hat n durchlöcherten Schirm aufgespannt, durch den man die erleuchteten Schornsteine sieht. Ihr Rock ist aus Sackleinen; Städtische Stickstoffwerke steht drauf.
»Hierher!« schreit sie.
Neben dem Erdhaufen ist n Loch. Neben dem Loch liegt n Strick.
Daneben n Blechkreuz mit ner Nummer drauf.
Die Träger schwenken ein.
»Seeeeeetzt – ab!«, kommandieren die Totengräber.
Die Kiste rumpelt zur Erde. H. Gott ist drangeschrieben mit Kreide.
Drunter n Datum; schon verwischt aber.
Der Pfarrer räuspert sich.
»Junge, Junge«, sagt der eine Heimkehrer und betupft sich die Stirn.
Der andere stellt den Fuß auf die Kiste und beugt sich vornüber.
»Mistwetter«, sagt er und bewegt die Zehen, die aus der Schuhspitze raussehen.

»Los Leute«, sagte die Inspektorin, »haut hin.«
Der eine Totengräber misst das Loch mit m Spatenstiel aus.
»Werd verrückt«, sagt er.
»Was n«, fragt der andere.
»Zu kurz.«
Sie schippen.
Es platscht, wenn die Brocken ins Loch fallen; Grundwasser.
»Passt«, sagt der Kittelmann.
Der Pfarrer räuspert sich. »Liebe Anwesende«, sagt er.
»Hier«, sagt der eine Totengräber, »fass mal n Strick an. So. Und jetzt drauf mit dem Ding.«
Sie heben die Kiste an und stellen sie auf den Strick, der rechts und links mit je drei Schlaufen drunter vorsieht
»Zuuuuu-gleich!« kommandieren die Totengräber. Die Kiste schwebt überm Loch.
Taghell machens die Azetylenlampen. Die Blechkreuze rings auf den flachen Hügeln sind nicht höher als Kohlköpfe.
Es regnet ununterbrochen.
Von der schimmligen Rückwand von Waldemars-Ballsälen löst sich n Putzplacken ab und haut zwei Grabkreuze um.
»Nachlassen«, sagt der eine der Totengräber; »langsam nachlassen.«
Die Kiste senkt sich. »Woran is er n gestorben?« frag ich.
Die Inspektorin gähnt. »Soll *ich* n das wissen.«
Vom Quarantänelager kommt Harmonikamusik rüber.
»Bei drei loslassen«, sagt der andre Totengräber; Zählt: »Eins – zwei«
»Moment«, sagt der Pfarrer und zieht sein Bein aus der Grube, »so.«
»Drei!«
Klang, als wär n Sack ins Wasser geplumpst.
»Sauerei«, sagt der Kittelmann und wischt sich s Gesicht ab.
Die Heimkehrer ziehn die Mützen vom Kopf. Der Pfarrer faltet die Hände.
»Na ja.« Der eine Totengräber spuckt aus und wickelt den Strick auf.
»Bisschen tiefer hättet ihr ruhig gehen können«, sagt die Inspektorin.
Der Pfarrer hat fertig gebetet. Er hebt nen Lehmbatzen auf und wirft ihn ins Loch.
»Bumms«, macht es. Auch ich bück mich.
»Bumms.«
Der Kittelmann schubst seine Portion mit m Fuß rein.
»Bumms.«
n Augenblick ist es still; man hört nur das Rattern und Stampfen der Maschinen aus der Stickstoff-Fabrik. Dann setzt die Musik wieder ein, lauter jetzt. Die Heimkehrer haben die Mützen wieder aufgesetzt, sie wiegen sich in den Hüften und summen mit.
»Fertig –?« fragt der Kittelmann.
»Fertig«, sagt die Inspektorin. »Haut das Kreuz weit genug rein.«

Einer Schülerin schrieb Schnurre in einem Brief: »Haben die Menschen Gott nicht schon häufig begraben? Begruben sie ihn nicht in jedem Krieg, also auch während des letzten?« Schnurre ergänzte, wenn er eine Erzählung schreibe, »in der Gott tot ist, sogar von den Menschen beerdigt wird«, müsse jeder Leser selbst seine Schlussfolgerung ziehen, wie es gelingen könne, in einer solchen Welt dennoch zu leben.

Der Pfarrer putzt sich die Hände ab. »Liebe Anwesende«, sagt er.
»He!« schreit draußen der Kutscher.
»Ja doch!«, brüllt der Kittelmann. Tippt an die Mütze: »n Abend allerseits.«
»n Abend«, sagen die Heimkehrer und gehen auch.
Die Inspektorin folgt ihnen. Sieht aus wie ne Steckrübe mit ihrem geschürzten Rock.
Die Totengräber fangen an zu schippen.
»Rumms«, macht es; »rumms, rumms.«
»-fluchter Dreck«, sagt der eine und tritt mit m Absatz den Lehm vom Spaten.
»Geben se n heut im Odeon?«, fragt der andere.
Der Pfarrer starrt die Rückwand von Waldemars-Ballsälen an.
»Noch nich nachgesehen«, sagt der erste Totengräber; »gleich mal vorbeigehn.«
»Hü!«, schreit der Kutscher draußen.
»n Abend«, sag ich.
Der Pfarrer rührt sich nicht.
»n Abend«, sagen die Totengräber.
s Friedhoftor quietscht, wie ich's zumach. Am Zaun ist n Zettel aufgespießt. Reiß ihn ab; Stück Zeitungspapier. Inseratenteil, weich vom Regen. Links sucht die Patria-Bar n eleganten Kellner mit eigener Wäsche; rechts tauscht einer n Bettlaken gegen ne Bratpfanne ein. Dazwischen, schwarzer Rand, Traueranzeige:
    Von keinem geliebt, von keinem gehasst,
    starb heute nach langem,
    mit himmlischer Geduld ertragenem Leiden: GOTT.
Dreh mich um.
Der eine Totengräber ist ins Loch reingesprungen und trampelt die Erde fest. Der andre schneuzt sich und schlenkert n Rotz von den Fingern.
In der Stickstoff-Fabrik rattern die Maschinen. Ihre Schornsteine sind von unten erleuchtet. Oben verlieren sie sich im Nebel. Hinterm Stacheldraht auf m Kohlenplatz stehn die Heimkehrer und warten.
s regnet. Taghell haben's die Azetylenlampen gemacht; wo sie nicht hinreichen, ist Nacht.
Jetzt ist auch die Harmonika wieder da. Einer singt zu ihr: »La paloma ohé!«
s Friedhofstor quietscht. Ist der Pfarrer.
Er hinkt.

Karl Mickel: Nächtliches Gespräch über Gott und die Welt

Die Hand: fünf Finger, und die Erde hat
Fünf Kontinente, meine Hand: die Welt
Die Welt: mein Teil. In dieser Steinestadt
Im dritten Stockwerk steigt die Welt und fällt –

Das sagte sie und sagte, ich sei schuld
Ich sei es, der die Welt erschuf, erhält
Sei gleichsam Gott: der sieht sich mit Geduld
(Das sage ich) um seine Welt geprellt –

Also nicht ich. Ich bin, der sie bewohnt
Ich brauche sie, jedoch braucht sie mich nicht
Ich bin nicht Herr, ich halte kein Gericht
Erträgt sie mich, bin ich genug belohnt –

Und ich (ich Arsch!) stell ihre Lieb in Frage.
Was wollte sie? »Mit Dir normale Tage.«

Die Abwesenheit Gottes

Als Holocaust oder Schoa wird der Völkermord an 5,6 bis 6,3 Millionen Menschen bezeichnet. Er gründete auf dem vom NS-Regime propagierten Antisemitismus und zielte auf die vollständige Vernichtung der europäischen Juden. Von 1941 bis 1945 wurde systematisch, ab 1942 sogar mit industriellen Methoden gemordet.

Diese Barbarei hätte nie geschehen können, wenn die Christenheit nicht jahrhundertelang alle Maßnahmen gegen Juden – außer der fabrikmäßigen Vergasung – vorexerziert hätte. Es geriet außer Blick, dass sich der Gottesglaube nicht in Caritas und Liebesrhetorik erschöpft, sondern im Schrei und Mitleiden angesichts der Ungerechtigkeit der Welt seine Beglaubigung verlangt.

Die Gottesverkündigung der Kirche hatte vergessen, dass sie nur im Eingedenken fremden Leids glaubwürdig bleibt, und dass das dogmatische Gottesgedächtnis nicht vom himmelschreienden Leidensgedächtnis der Menschen abgesprengt werden darf. Insofern ist die »Gotteskrise« auch durch eine kirchliche Praxis mitverursacht, in der Gott mit dem Rücken zur Leidensgeschichte der Menschen verkündet wird.

Elie Wiesel: Appell in Auschwitz

Als wir eines Tages von der Arbeit zurückkamen, sahen wir auf dem Appellplatz drei Galgen. Antreten. Ringsum die SS mit drohenden Maschinenpistolen, die übliche Zeremonie. Drei gefesselte Todeskandidaten, darunter der kleine Pipel, der Engel mit den traurigen Augen. Die SS schien besorgter, beunruhigter als gewöhnlich. Ein Kind vor Tausenden von Zuschauern zu hängen, war keine Kleinigkeit. Der Lagerchef verlas das Urteil. Alle Augen waren auf das Kind gerichtet. Es war aschfahl, aber fast ruhig und biss sich auf die Lippen. Der Schatten des Galgens bedeckte es ganz. Diesmal weigerte sich der Lagerkapo, als Henker zu dienen. Drei SS-Männer traten an seine Stelle.

Die drei Verurteilten stiegen zusammen auf ihre Stühle. Drei Hälse wurden zur gleichen Zeit in die Schlinge eingeführt. »Es lebe die Freiheit!« riefen die beiden Erwachsenen. Das Kind schwieg. »Wo ist Gott, wo ist er?« fragte jemand hinter mir. Auf ein Zeichen des Lagerchefs kippten die Stühle um. Absolutes Schweigen herrschte im ganzen Lager. Am Horizont ging die Sonne unter. »Mützen ab!« brüllte der Lagerchef. Seine Stimme klang heiser. Wir weinten. »Mützen auf!«

Dann begann der Vorbeimarsch. Die beiden Erwachsenen lebten nicht mehr. Ihre geschwollenen Zungen hingen bläulich heraus. Aber

---

Nie werde ich diese Nacht vergessen, die erste Nacht im Lager, die aus meinem Leben eine siebenmal verriegelte lange Nacht gemacht hat.

Nie werde ich diesen Rauch vergessen.

Nie werde ich die kleinen Gesichter der Kinder vergessen, deren Körper vor meinen Augen als Spiralen zum blauen Himmel aufstiegen.

Nie werde ich die Flammen vergessen, die meinen Glauben für immer verzehrten.

Nie werde ich das nächtliche Schweigen vergessen, das mich in alle Ewigkeit um die Lust am Leben gebracht hat.

Nie werde ich die Augenblicke vergessen, die meinen Gott und meine Seele mordeten, und meine Träume, die das Antlitz der Wüste annahmen.

Nie werde ich das vergessen, und wenn ich dazu verurteilt wäre, so lange wie Gott zu leben. Nie.

Elie Wiesel

der dritte Strick hing nicht leblos: der leichte Knabe lebte noch. Mehr als eine halbe Stunde hing er so und kämpfte vor unseren Augen zwischen Leben und Sterben seinen Todeskampf. Und wir mussten ihm ins Gesicht sehen. Er lebte noch, als ich an ihm vorüberschritt. Seine Zunge war noch rot, seine Augen noch nicht erloschen. Hinter mir hörte ich denselben Mann fragen: »Wo ist Gott?«

Und ich hörte eine Stimme in mir antworten: »Wo er ist? Dort – dort hängt er, am Galgen ...«

Elie Wiesel: Ein Prozess gegen Gott – ein Gebet zu Gott

Während des Krieges, im Lager, arbeitete ich einmal in einem Kommando zusammen mit einem Mann, der vor dem Krieg der Leiter einer jüdischen Schule, einer Jeschiwa, war. Eines Abends sagte er zu mir: Komm' heut' Nacht zu meiner Pritsche. Ich ging hin. Heute weiß ich, warum er es tat: Weil ich der Jüngste war, muss er gedacht haben, dass ich, weil ich jünger war, eine größere Chance haben würde zu überleben und die Geschichte zu erzählen.

Und was er dann tat, war, ein rabbinisches Tribunal einzuberufen und Gott anzuklagen. Er hatte zwei andere gelehrte Rabbiner hinzugezogen, und sie beschlossen, Gott anzuklagen, in angemessener, korrekter Form, wie es ein richtiges, rabbinisches Tribunal tun soll, mit Zeugen und Argumenten usw. Was sie taten, war vollständig in Übereinstimmung mit dem jüdischen Gesetz und mit der jüdischen Tradition. Ich weiß, dass es für Christen schwierig ist, das zu verstehen, und noch schwieriger, es zu akzeptieren, dass wir Menschen Gott anklagen können. Juden können es, Juden haben es stets getan: Abraham hat es getan, Moses und Hiob haben es getan, der Talmud ist voll von Rabbinen, die gegen Gott protestiert haben. Und in der chassidischen Literatur hat Rabbi Levi-Jizchak von Beditschew ständig Gott angeklagt. Wir dürfen Nein sagen zu Gott. Vorausgesetzt, es geschieht für andere Menschen, um des Menschen willen. Wir dürfen Nein sagen zu Gott. Das ist für mich eine große Neuerung, kühn, revolutionär, in der jüdischen Tradition.

Und so beschlossen die drei Rabbiner in diesem Lager, einen Prozess zu veranstalten. Die Verhandlungen des Tribunals zogen sich lange hin. Und schließlich verkündete mein Lehrer, der Vorsitzender des Tribunals gewesen war, das Urteil: Schuldig.

Und dann herrschte Schweigen – ein Schweigen, das mich an das Schweigen am Sinai erinnerte, ein endloses, ewiges Schweigen.

Aber schließlich sagte mein Lehrer, der Rabbi: Und nun, meine Freunde, lasst uns gehen und beten. Und wir beteten zu Gott, der gerade wenige Minuten vorher von seinen Kindern für schuldig erklärt worden war.

Die Nacht ist Elie Wiesels autobiografischer Bericht über die letzten Wochen in seiner Heimat, die Deportation und seinen Überlebenskampf in den Lagern Auschwitz und Buchenwald. Es sind die Gedanken und Gefühle des fünfzehn-, sechzehnjährigen Wiesel: Wie kann die Menschheit zusehen, wenn Menschen verbrannt werden? Wo ist Gott in all dem Schrecken? Gerade die Auseinandersetzung mit der Gottesfrage macht *Die Nacht* zu einem bedeutenden Zeugnis jüdischer Reaktion auf den Holocaust.

> TO REMAIN SILENT AND INDIFFERENT IS THE GREATEST SIN OF ALL.

Nicht zu beschreiben

Chaim (Nachname unbekannt; * um 1930 in Sędzizów, Woiwodschaft Karpatenvorland, Polen; † um 1945) war ein polnischer Bauernsohn, der von der Wehrmacht zusammen mit Tausenden anderen jungen Juden ins Lager Pustków gebracht und hier an einem unbekannten Datum getötet wurde. Bei seinem Tod war er 14 Jahre alt.

Meine lieben Eltern!
   Wenn der Himmel Papier und alle Menschen Tinte wären, könnte ich mein Leid und alles, was ich rings um mich sehe, nicht beschreiben.
   Das Lager befindet sich auf einer Lichtung. Vom frühen Morgen an treibt man uns in den Wald zur Arbeit. Meine Füße bluten, weil man mir die Schuhe weggenommen hat. Den ganzen Tag arbeiten wir, fast ohne zu essen, und nachts schlafen wir auf der Erde – die Mäntel hat man uns weggenommen.
   Jede Nacht kommen betrunkene Soldaten und schlagen uns mit Holzstöcken, und mein Körper ist schwarz von blutunterlaufenen Flecken wie ein angekohltes Stück Holz. Bisweilen wirft man uns ein Paar rohe Karotten oder eine Runkelrübe hin, und es ist eine Schande: Hier prügelt man sich, um ein Stückchen oder ein Blättchen zu erwischen. Vorgestern sind zwei Jungen ausgebrochen, da hat man uns in eine Reihe gestellt, und jeder Fünfte der Reihe wurde erschossen. Ich war nicht der Fünfte, aber ich weiß, dass ich nicht lebend von hier fortkomme. Ich sage allen Lebewohl, liebe Mama, lieber Papa, liebe Geschwister, und ich weine…

Elie Wiesel wurde 1928 im rumänischen Sighetu Marmaţiei geboren. Er wuchs in einem von orthodoxen Juden geprägten Umfeld auf, besuchte die Schule in seinem Heimatort und wurde 1944, unter ungarischer Herrschaft, von den deutschen Nationalsozialisten gemeinsam mit seiner Familie in das Stammlager des Konzentrationslagers Auschwitz deportiert. Dort wurde die Familie getrennt. Die Mutter und seine drei Schwestern sah er nie wieder. Mit seinem Vater konnte er noch die folgenden Monate zusammen sein, doch starb dieser erschöpft auf dem Weg in das Konzentrationslager Buchenwald. Dort wurde der erst Siebzehnjährige am 11. April 1945 von amerikanischen Truppen befreit.

Hans Jonas: »Nicht weil er nicht will, weil er nicht kann, greift Gott nicht ein«

Alle Antworten auf die Theodizeefrage gehen für Hans Jonas ins Leere. »Was für ein Gott konnte das geschehen lassen?« ist angesichts von Auschwitz die Ausgangsfrage des Philosophen, der selbst, wenn es keinen Gottesbeweis gibt, am Gottesbegriff zu arbeiten für sinnvoll hält.

Neben anderen Einwänden erhebt Jonas theologischen Einspruch gegen den Allmachtsbegriff. Die göttlichen Attribute der absoluten Güte, der absoluten Macht und der Verstehbarkeit Gottes sieht er in einem solchen Verhältnis zueinander, dass jede Verbindung von zweien das verbleibende Dritte ausschließt: Güte und Verstehbarkeit gehen nicht mit der Allmacht Gottes konform; Güte und Allmacht widersprechen seiner Verstehbarkeit, Allmacht und Verstehbarkeit lassen sich nicht mit absoluter Güte verbinden. Also lautet Jonas' Schlussfolgerung:

Nach Auschwitz können wir mit größerer Entschiedenheit als je zuvor behaupten, dass eine allmächtige Gottheit entweder nicht allgütig oder (in ihrem Weltregiment, worin wir allein sie erfassen können) total unverständlich wäre. Wenn aber Gott auf gewisse Weise und in gewissem Grade verstehbar sein soll (und hieran müssen wir festhalten), dann muss sein Gutsein vereinbar sein mit der Existenz des Übels, und das ist es nur, wenn er nicht allmächtig ist ... Und da wir sowieso den Begriff der Allmacht als zweifelhaft in sich selbst befanden, so ist es dieses Attribut, das weichen muss ... Durch die Jahre des Auschwitz-Wütens schwieg Gott. Die Wunder, die geschahen, kamen von Menschen allein: die Taten jener einzelnen, oft unbekannten Gerechten unter den Völkern, die selbst das letzte Opfer nicht scheuten, um zu retten, zu lindern, ja, wenn es nicht anders ging, hierbei das Los Israels zu teilen ... Aber Gott schwieg. Und da sage ich nun: nicht weil er nicht wollte, sondern weil er nicht konnte, griff er nicht ein.«

Hans Jonas weiß, dass er in Bibel und jüdischer Orthodoxie für diese Kritik des Gottesbegriffs keine Unterstützung findet, doch glaubt er in der »mächtigen Unterströmung der Kabbala« auf ein Wissen zu treffen, das von einem Schicksal Gottes spricht, dem dieser sich mit der Weltwerdung unterzog: Ohne eine Zurücknahme Gottes »in sich selbst könnte es kein anderes Außerhalb Gottes geben, und nur sein weiteres Zurückhalten bewahrt die endlichen Dinge davor, ihr Eigensein wieder ins göttliche ›alles in allem‹ zu verlieren.« In dem der »ewige Grund« auf seine eigene Unverletzlichkeit verzichtete, erlaubte er der Welt zu sein:

»Dieser Selbstverneinung schuldet alle Kreatur ihr Dasein und hat mit ihm empfangen, was es vom Jenseits zu empfangen gab. Nach-

---

Hans Jonas (1903–1993), Philosoph und Religionswissenschaftler. Sein Hauptwerk ist die 1979 veröffentlichte und bis heute wirkungsstarke Schrift *Das Prinzip Verantwortung*.

Ich fragte Hans Jonas einmal: »Warum brauchen wir eigentlich eine neue Ethik, warum genügt die bisherige nicht mehr?« Antwort: »Das hochtechnische Zeitalter erfordert eine neue ethische Besinnung, weil die Macht des Menschen eine Größenordnung und Reichweite erlangt hat, von der man bisher keine Vorstellung hatte.« Er nannte sowohl die Möglichkeit, die Schöpfung zu zerstören, wie, sie zu verändern, beispielsweise durch Gentechnik.

»Und was müsste der Kompass für unsere Verhaltensweise sein?« Antwort: »Die Komplementärgröße zur Macht muss die Verantwortung sein, eine bewusst reflektierte Verantwortung.«

Jonas beklagte das ethische Vakuum, in dem wir leben. In seinem Buch *Das Prinzip Verantwortung* sagte er, dass das Gefühl für Maß und Norm verunsichert wird durch das vermeintlich überlegene Wissen: »Nun zittern wir in der Nacktheit eines Nihilismus, in der größte Macht sich mit größter Leere paart, größtes Können mit geringstem Wissen über das: Wozu? Es ist die Frage, ob wir ohne die Wiederherstellung der Kategorie des Heiligen, die am gründlichsten durch die wissenschaftliche Aufklärung zerstört wurde, eine Ethik

dem er sich ganz in die werdende Welt hineingab, hat Gott nichts mehr zu geben: Jetzt ist es am Menschen, ihm zu geben. Und er kann dies tun, in dem er in den Wegen seines Lebens darauf sieht, dass es nicht geschehe, oder nicht zu oft geschehe, und nicht seinetwegen, dass es Gott um das Werdenlassen der Welt gereuen muss.«

Somit ist alles Leid der Welt für Hans Jonas nicht mehr Anlass, mit Gott zu hadern. Er sieht nicht länger eine Strafe oder Prüfung Gottes darin. Überhaupt erledigt sich damit die gesamte Theodizeeproblematik. »Auschwitz« war für Jonas der unumgängliche Anlass, das bisherige gewissermaßen naive Gottesbild zu revidieren. Da Gott kein Zauberer ist, kann er in die immanenten Vorgänge dieser Welt nicht beliebig eingreifen. Dazu passt Bonhoeffers Überzeugung, von nun an leben zu müssen *etsi deus non daretur* – »als ob es Gott nicht gäbe«.

haben können, welche die extremen Kräfte zu zügeln vermag, die wir besitzen, ständig erweitern und auszuüben beinah gezwungen sind.«

Noch als Neunzigjähriger hat er bei einer Preisverleihung in Italien geweissagt: »Einst war es die Religion, die uns mit dem Richterspruch am Ende der Tage drohte. Heute ist es unser gequälter Planet selbst, der die Ankunft dieses Tages voraussagt. Diese letzte Offenbarung kommt nicht vom Berg Sinai, nicht von jenem Berg der Predigt, auch nicht vom Bo-Baum Buddhas – es ist die Anklage der stummen Kreatur, die uns mahnt, unsere ehrgeizige Allmacht zu zähmen, damit wir nicht allesamt zu Grunde gehen in einer Wüste, die sich einst als Schöpfung präsentierte.«

Marion Gräfin Dönhoff

Und trotzdem Gott suchen

Friedrich Nietzsche: Dem unbekannten Gott

Noch einmal, eh ich weiterziehe
Und meine Blicke vorwärts sende,
heb ich vereinsamt meine Hände
zu dir empor, zu dem ich fliehe,
dem ich in tiefster Herzenstiefe
Altäre feierlich geweiht,
dass allezeit
mich deine Stimme wieder riefe.

Darauf erglüht tiefeingeschrieben
Das Wort: Dem unbekannten Gotte.
Sein bin ich, ob in der Frevler Rotte
Auch bis zur Stunde bin geblieben:
Sein bin ich – und ich fühl die Schlingen,
die mich im Kampf darniederziehn
und, mag ich fliehn,
mich doch zu seinem Dienste zwingen.

Ich will dich kennen, Unbekannter,
du tief in meine Seele Greifender,
mein Leben wie ein Sturm Durchschweifender,
du Unfassbarer, mir Verwandter!
Ich will dich kennen, selbst dir dienen.

Das erste »vollgültige« Gedicht Nietzsches, das in die Weltliteratur eingegangen ist. Am Ende der Schulzeit, auf dem Weg zum eigenen Studium, muss der Zwanzigjährige nun nicht mehr ertragen, dass ihn sein schulisches Umfeld »darniederzieht«: Lange genug hat er in einem Reglement gesteckt, das ihn vereinsamte. Jetzt streift er diese Bindungen ab. Seine noch unklare Sehnsucht greift über den Religionsbetrieb der Schulzeit hinaus.

Er lässt nun »der Frevler Rotte« zurück und zieht weiter, dem unbekannten Gott entgegen. »Du Unfassbarer, mir Verwandter! Ich will dich kennen, selbst dir dienen«. Doch bleibt ein unauflösbarer Rest: Was ist das »Unfassbare«, das »tief« in die Seele greift und dem Leben des jungen Mannes sein Ziel gibt? So sehr Nietzsche den unbekannten Gott als »verwandt« empfinden kann, bleibt dieser doch der Gegenwart vorbehalten.

Nietzsches Gedicht ist ein Existenzbekenntnis, die in Pfarrhaus und Schule erfahrene religiöse Unterweisung hinter sich zu lassen und Bilanz zu ziehen »eh ich weiterziehe«. Er sieht sich an einem entscheidenden Punkt seines Werdeganges: Die Richtung, in die allein er sich wenden kann, ist bereits erkannt, sie führt ihn weg von der »Frevler Rotte«, hin zur individuellen Unbedingtheit.

GOTT: MEHR ALS ALLES

Zvi Kolitz: Jossel Rakovers Wendung zu Gott

Warschau, den 28. April 1943

Ich, Jossel, der Sohn David Rakovers aus Tarnopol, ein Anhänger des Rabbi von Ger und Nachkomme der Gerechten, Gelehrten und Heiligen aus den Familien Rakover und Meisls, schreibe diese Zeilen, während die Häuser des Warschauer Ghettos in Flammen stehn und das Haus, in dem ich mich befinde, eins der letzten ist, das noch nicht brennt. Schon seit ein paar Stunden liegen wir in wütendem Artilleriefeuer, und um mich herum zerbersten und brechen krachend die Mauern im Hagel der Granaten. Lang wird es nicht dauern, und auch dieses Haus wird, wie fast alle Häuser des Ghettos, in ein Grab seiner Beschützer und Bewohner verwandelt werden. An blitzend blutroten Sonnenstrahlen, die durch das kleine, halbvermauerte Fenster in mein Zimmer dringen, aus dem wir Tag und Nacht den Feind beschossen haben, erkenne ich, dass es bald Abend sein muss, kurz vor Sonnenuntergang. Die Sonne weiß unmöglich, wahrscheinlich, dass ich sie nie wiedersehen werde.

Eigenartiges ist mit uns geschehn: All unsere Begriffe und Gefühle haben sich verändert. Der Sekundentod – schnell und augenblicklich – kommt uns wie ein Erlöser vor: wie ein Befreier und Kettenzerbrecher. Tiere im Wald scheinen mir so lieb und teuer, dass es mir in der Seele weh tut, wenn ich höre, dass man die Verbrecher, die heute Europa beherrschen, mit Tieren vergleicht. Es ist nicht wahr, dass Hitler etwas Tierisches an sich hat. Er ist – davon bin ich tief überzeugt – ein typisches Kind der modernen Menschheit. Die Menschheit als Ganzes hat ihn geboren und erzogen, und er drückt ganz offen und unverstellt ihre innersten und verborgensten Wünsche aus.

In einem Wald, wo ich mich versteckte, habe ich eines Nachts einen Hund getroffen, krank, verhungert, vielleicht war er auch toll, den Schwanz zwischen den Beinen. Beide haben wir sofort die Gemeinsamkeit unserer Lage gefühlt, denn die Lage der Hunde ist doch keinen Deut besser als unsere. Er hat sich an mich geschmiegt, seinen Kopf in meinen Schoß vergraben und mir die Hände geleckt. Ich weiß nicht, ob ich jemals so geweint habe wie in jener Nacht; ich bin ihm um den Hals gefallen und habe geheult wie ein Kind. – Wenn ich betone, dass ich damals die Tiere beneidete, wird es keinen wundern. Doch das, was ich damals gefühlt habe, war mehr als Neid; es war Schande. Ich habe mich vor dem Hund geschämt, dass ich kein Hund bin, sondern ein Mensch. (...)

Jetzt ist meine Stunde gekommen, und wie Hiob kann ich von mir sagen – und ich bin nicht der einzige, der es

---

Jossel Rakovers *Wendung zu Gott* ist das fiktive Testament eines Warschauer Juden, geschrieben in den letzten Stunden seines Lebens, in einer Flasche versteckt und in den Trümmern des ausgebrannten Gettos gefunden. Niedergeschrieben ist hier, was einer von Millionen Juden fühlte, wie er hart mit Gott ins Gericht ging und trotz jeder widersprechenden Erfahrung an seinem Gottesglauben festhielt.

Ursprünglich als Auftragsarbeit für die *Jiddische Zeitung* in Buenos Aires verfasst, verselbstständigte sich das Werk bald nach seiner Erstveröffentlichung 1946 und galt viele Jahre als authentisches Dokument.

Der Text wurde in unzählige Sprachen übersetzt, erschien in Zeitungen, Zeitschriften und Anthologien. Durchweg wurde Jossel Rakover als historische Gestalt gesehen, obwohl man den Autor des Textes nicht kannte. In der Erstveröffentlichung wurde als Verfasser zwar noch Zvi Kolitz genannt, doch ging diese Herkunft bald verloren.

sagen kann –: Nackt kehre ich zur Erde zurück, nackt, wie am Tag, als ich geboren wurde. Dreiundvierzig Jahre bin ich alt, und wenn ich jetzt zurückschaue auf die vergangenen Jahre, kann ich mit Sicherheit feststellen – soweit sich ein Mensch überhaupt sicher sein kann –, dass ich ein ehrliches Leben gelebt habe. Mein Herz war voller Liebe zu Gott. Ich war mit Erfolg gesegnet, aber der Erfolg stieg mir nie in den Kopf. Mein Besitz war reichlich. Doch ich hatte, als hätte ich nicht: Nach dem Rat meines Rabbis erachtete ich mein Vermögen als besitzerlos. Falls es jemanden verleiten sollte, davon zu nehmen, sollte es nicht als Diebstahl gelten, sondern so, als hätte er von herrenlosem Gut genommen. Mein Haus stand für jeden Bedürftigen offen, und ich war glücklich, wenn ich Menschen eine Wohltat erweisen durfte. Gott habe ich mit Hingabe gedient, und meine einzige Bitte an ihn war, dass Er mich Ihm dienen lasse »mit ganzen Herzen, mit ganzer Seele und mit ganzer Kraft«.

Nun kann ich nicht sagen – nach alldem, was ich miterlebt habe –, dass meine Beziehung zu Gott sich nicht geändert hätte. Mit absoluter Sicherheit kann ich aber wohl sagen, dass mein Glaube an Ihn sich nicht um Haaresbreite verändert hat. Früher, als es mir gut ging, war meine Beziehung zu Ihm wie zu einem, der mich ohne Unterlass beschenkte – und dem ich dafür ständig etwas schuldig blieb. Jetzt ist meine Beziehung zu Ihm wie zu einem, der auch mir etwas schuldet: viel schuldet. Und weil ich fühle, dass auch Er in meiner Schuld steht, darum, denke ich, habe ich das Recht, Ihn zu mahnen. Ich sage aber nicht wie Hiob, dass Gott seine Finger auf meine Sünde legen soll, damit ich weiß, wofür ich dies verdiene. Denn Größere und Bessere als ich sind fest überzeugt, dass dies jetzt keine Frage von Strafen für Sünden und Vergehen mehr ist. Etwas ganz Besonderes geht vielmehr vor auf der Welt, und es hat einen Namen: *Hastores Ponim* – das heißt: Jetzt ist die Zeit, da Gott Sein Gesicht verbirgt.

Gott hat Sein Gesicht vor der Welt verhüllt und so die Menschen ihren eigenen wilden Trieben und Instinkten ausgeliefert. Deshalb denke ich, dass es leider – wenn die Mächte der bösen Triebe die Welt beherrschen – auch ganz natürlich ist, dass diejenigen die ersten Opfer werden müssen, in denen sich das Göttliche und Reine vergegenwärtigt. Persönlich ist das vielleicht kein Trost. Doch wie das Schicksal unseres Volkes nicht durch irdische, sondern durch Berechnungen einer anderen Welt bestimmt wird, nicht materiell und physisch, sondern geistig und göttlich, so muss der Gläubige in diesen Geschehnissen einen Teil der großen göttlichen Gleichung erblicken, in der selbst menschliche Tragödien nur wenig wiegen.

Jahrzehnte später wollte der Journalist Paul Badde (geb. 1948) wissen, wie das ungewöhnliche Vermächtnis zu verstehen sei. Im Jahr 1993 machte er sich auf die Suche, um den Autor dieses jiddisch geschriebenen Textes zu finden. In Buenos Aires kannte niemand mehr die *Jiddische Zeitung*. Über Jahre und Kontinente verfolgte Badde jede Spur, zweifelte zwischendurch, ob es Zvi Kolitz wirklich gab, fand dann doch Beweise seiner Existenz und begegnete ihm schließlich.

Das Buch *Jossel Rakovers Wendung zu Gott*, in vielen Versionen verbreitet, wurde von Paul Badde erstmals jiddisch und deutsch herausgegeben. In seiner Gottesklage übertrifft dieses Dokument »womöglich sogar das Buch Hiob, weil es uns Nachgeborenen zeitlich näher und von daher unmissverständlicher ist ... und uns zuweilen überwältigt« (Ulrich Karger).

Gott: Mehr als alles

Zeichnungen: Tomi Ungerer, 2004.

(...) Wir leiden
an einem Geheimnis
das wir für Gott hielten
von dem uns keiner erlöst
weil wir es niemals
auszusprechen vermögen
vor dem Ende und erst recht
nicht danach.

Günter Kunert

Das heißt aber nicht, dass die Formen meines Volkes die Verfügung nun einfach gutheißen und sagen müssen: »Der Herr ist gerecht und Seine Entscheide sind richtig.« Zu sagen, dass wir die Schläge verdienen, die wir empfangen haben, heißt, uns selbst zu lästern. Es ist eine Schmähung des *Schem Hameforasch*: eine Schändung Seines Heiligen Namens – eine Entheiligung des Namens »Jude«, eine Entweihung des Namens »Gott«. Es ist eins und dasselbe. Gott wird gelästert, wenn wir uns lästern.

In einem solchen Zustand erwarte ich – natürlich – keine Wunder und bitte Ihn nicht, meinen Gott, Er soll sich meiner erbarmen. Er soll sich mir gegenüber doch mit derselben gesichtverhüllenden Gleichgültigkeit verhalten, wie Er sie auch schon Millionen anderen Seines Volkes erwiesen hat. Ich bin keine Ausnahme von der Regel. Irgendeine Bevorzugung erwarte ich nicht. Ich werde nicht mehr versuchen, mich zu retten, und ich werde von hier nicht weiterfliehen. (...)

Mein Rabbi pflegte mir immer wieder die Geschichte von einem Juden zu erzählen, der mit Frau und Kind der spanischen Inquisition entkommen war und sich in einem kleinen Boot auf stürmischer See zu einer steinigen Insel durchgeschlagen hatte. Da zuckte ein Blitz auf und erschlug die Frau. Da kam ein Sturmwind und wirbelte sein Kind ins Meer. Allein, elend, hinausgeworfen wie ein Stein, nackt und barfuß, vom Sturm gepeitscht, von Donnern und Blitzen geschreckt, die Haare zerzaust und die Hände zu Gott erhoben, ist der Jude seinen Weg weitergegangen auf die wüste Felseninsel und hat zu Gott gesagt:

»Gott von Israel – ich bin hierhin geflohen, um Dir ungestört dienen zu können, um Deine Gebote zu tun und Deinen Namen zu heiligen. Du aber tust alles, dass ich nicht an Dich glaube. Solltest Du aber meinen, es wird Dir gelingen, mich von meinem Weg abzubringen, so sage ich Dir, mein Gott und Gott meiner Eltern: Es wird Dir nicht gelingen. Du kannst mich schlagen, mir das Beste und Teuerste nehmen, das ich auf der Welt habe. Du kannst mich zu Tode peinigen – ich werde immer an Dich glauben. Ich werde Dich immer liebhaben, immer – Dir selbst zum Trotz!«

Und das sind auch meine letzten Worte an Dich, mein zorniger Gott: Es wird Dir nicht gelingen! Du hast alles getan, dass ich an Dir irre werde, dass ich nicht an Dich glaube. Ich aber sterbe gerade so, wie ich gelebt habe, im unbeirrbaren Glauben an Dich.
»*Schma Israel!* – Höre, Israel! Der Ewige ist unser Gott, der Ewige ist einig und einzig! In deine Hände empfehle ich meinen Geist!«

GOTT: MEHR ALS ALLES

Dietrich Bonhoeffer: In der Welt leben, als wenn es Gott nicht gäbe

30. 4. 44
Die Religiösen sprechen von Gott, wenn menschliche Erkenntnis (manchmal schon aus Denkfaulheit) zu Ende ist oder wenn menschliche Kräfte versagen – es ist eigentlich immer der deus ex machina, den sie aufmarschieren lassen, entweder zur Scheinlösung unlösbarer Probleme oder als Kraft bei menschlichem Versagen, immer also in Ausnutzung menschlicher Schwäche bzw. an den menschlichen Grenzen ... Ich möchte von Gott nicht an den Grenzen, sondern in der Mitte, nicht in den Schwächen, sondern in der Kraft, nicht also bei Tod und Schuld, sondern im Leben und im Guten des Menschen sprechen. An den Grenzen scheint es mir besser, zu schweigen und das Unlösbare ungelöst zu lassen. Der Auferstehungsglaube ist nicht die »Lösung« des Todesproblems. Das »Jenseits« Gottes ist nicht das Jenseits unseres Erkenntnisvermögens! Die erkenntnistheoretische Transzendenz hat mit der Transzendenz Gottes nichts zu tun. Gott ist mitten in unserem Leben jenseitig ...

25. 5. 44
In dem, was wir erkennen, sollen wir Gott finden, nicht aber in dem, was wir nicht erkennen; nicht in den ungelösten, sondern in den gelösten Fragen will Gott von uns begriffen sein. Das gilt für das Verhältnis von Gott und wissenschaftlicher Erkenntnis. Aber es gilt auch für die allgemein menschlichen Fragen von Tod, Leiden, Schuld. Es ist heute so, dass es auch für diese Fragen menschliche Antworten gibt, die von Gott ganz absehen können. Menschen werden faktisch – so war es zu allen Zeiten – auch ohne Gott mit diesen Fragen fertig und es ist einfach nicht wahr, dass nur das Christentum eine Lösung für sie hätte. Was den Begriff der »Lösung« angeht, so sind vielmehr die christlichen Antworten ebensowenig – oder ebensogut – zwingend wie andere mögliche Lösungen. Gott ist auch hier kein Lückenbüßer; nicht erst an den Grenzen unserer Möglichkeiten, sondern mitten im Leben muss Gott erkannt werden; im Leben und nicht erst im Sterben, in Gesundheit und Kraft und nicht erst im Leiden ...

16. 7. 44
Gott als moralische, politische, naturwissenschaftliche Arbeitshypothese ist abgeschafft, überwunden; ebenso aber als philosophische und religiöse Arbeitshypothese (Feuerbach!). Es gehört zur intellektuellen Redlichkeit, diese Arbeitshypothese fallen zu lassen bzw. sie so weitgehend wie irgend möglich auszuschalten ...
Wir können nicht redlich sein, ohne zu erkennen, dass wir in der Welt leben müssen – ›etsi deus non daretur‹. Und eben dies erkennen wir – vor Gott! Gott selbst zwingt uns zu dieser Erkenntnis. So führt

Dietrich Bonhoeffer (1906–1944), lutherischer Theologe, profilierter Vertreter der Bekennenden Kirche und am deutschen Widerstand gegen den Nationalsozialismus beteiligt. Ab April 1933 nahm er öffentlich Stellung gegen die nationalsozialistische Judenverfolgung und engagierte sich im Kirchenkampf gegen die Deutschen Christen und den Arierparagraphen. 1940 erhielt er Redeverbot und 1941 Schreibverbot. Am 5. April 1943 wurde er verhaftet und zwei Jahre später auf ausdrücklichen Befehl Adolf Hitlers als einer der letzten NS-Gegner, die mit dem Attentat vom 20. Juli 1944 in Verbindung gebracht wurden, hingerichtet.

Bonhoeffer hat sich nicht ausmalen können, in welchem Maße die Kirchen nach 1945 eine Restauration erfahren konnten. Diesen Kirchen des erfolgten »Wiederaufbaus« mögen seine Zukunftsvisionen naiv erscheinen. Dennoch sind die Zeiten der Volkskirche vorbei. Zentrale Inhalte der christlichen Botschaft werden nicht mehr verstanden, geschweige denn existenziell gelebt. Kirchliches Zeremoniell zur Verbrämung von Hochzeit, Taufe, Kommunion, Konfirmation und Tod ist eine Kulissenwelt geworden, volksfrommes Brauchtum zur Folklore abgesunken. Alte Gemeinden, die über tausend Jahre einen Pfarrer hatten, werden in übergreifenden Pfarrverbänden »sakramental versorgt«. Es ist nicht mehr selbstverständlich, kirchlich zu heiraten und die Kinder zu taufen. Der Mitgliederbestand der Kirchen nimmt stetig ab. Ordensgemeinschaften schließen Haus um Haus. Alles deutet auf einen tiefgreifenden Traditionsbruch hin. Aus einer Macht, die anderthalb Jahrtausende allbeherrschend war, ist eine Restgröße geworden, die aber die Chance hat, erstmals seit fast zweitausend Jahren – dank unermüdlicher biblischer Forschungsarbeit – einen einigermaßen klaren Blick auf ihre eigenen Anfänge zurückzugewinnen, um aus den jedermann vermittelbaren Erkenntnissen noch einmal zu beginnen.

uns unser Mündigwerden zu einer wahrhaftigen Erkenntnis unserer Lage vor Gott. Gott gibt uns zu wissen, dass wir leben müssen, als solche, die mit dem Leben ohne Gott fertig werden. Der Gott, der mit uns ist, ist der Gott, der uns verlässt (Markus 15,34)! Der Gott, der uns in der Welt leben lässt ohne die Arbeitshypothese Gott, ist der Gott, vor dem wir dauernd stehen. Vor und mit Gott leben wir ohne Gott. Gott lässt sich aus der Welt herausdrängen ans Kreuz, Gott ist ohnmächtig und schwach in der Welt und gerade nur so ist er bei uns und hilft uns.

Etty Hillesum: Dass wir dir helfen müssen und deinen Wohnsitz in unserem Inneren bis zum Letzten verteidigen müssen

25. März (1941)
Die Welt geht weiter, und ich gehe vorläufig noch mit, voll guten Mutes und guten Willens. Und doch werden wir um etwas beraubt, auch wenn ich mich innerlich jetzt so reich fühle, dass dieses Beraubtsein noch nicht völlig zu mir durchdringt. Trotzdem muss man mit der derzeitigen wirklichen Welt in engem Kontakt bleiben und versuchen, seinen Platz in ihr zu behaupten, man darf sich nicht ausschließlich mit Ewigkeitswerten beschäftigen, das könnte leicht zu einer Vogelstraußpolitik entarten. Das Leben ausschöpfen, äußerlich und innerlich, nichts von der äußeren Realität um der inneren willen aufopfern, aber auch nicht umgekehrt...

26. August, Dienstag Abend
In mir gibt es einen ganz tiefen Brunnen. Und darin ist Gott. Manchmal ist er für mich erreichbar. Aber oft liegen Steine und Geröll auf dem Brunnen und dann ist Gott begraben. Dann muss er wieder ausgegraben werden. Ich stelle mir vor, dass es Menschen gibt, die beim Beten die Augen zum Himmel erheben. Sie suchen Gott außerhalb ihrer selbst. Es gibt auch andere, die den Kopf senken und in den Händen verbergen; ich glaube, diese Menschen suchen Gott in sich selbst.

Freitag morgen
Die einzige Gewissheit, wie du leben sollst und was du tun musst, kann nur aus dem Brunnen aufsteigen, der aus deiner eigenen Tiefe quillt. Das sage ich jetzt sehr demütig und dankbar und meine es ehrlich, auch wenn ich weiß, dass ich bald wieder aufsässig und gereizt sein werde: Mein Gott, ich danke dir, dass du mich so geschaffen hast, wie ich bin. Ich danke dir dafür, dass ich manchmal eine solche Weite in mir spüre, denn diese Weite ist ja nichts anderes, als ein Erfülltsein von dir. Ich verspreche dir, dass ich mein ganzes Leben lang

---

Etty Hillesum führte während der deutschen Besatzung in Holland ein Tagebuch, in dem sie am 14. November 1941 notierte: »Lebensangst auf der ganzen Linie. Völliger Zusammenbruch. Mangel an Selbstvertrauen. Abscheu. Angst.« Dann am 3. Juli 1942: »Gut, diese neue Gewissheit, dass man unsere totale Vernichtung will, nehme ich hin. Ich weiß es nun. Ich werde den anderen mit meinen Ängsten nicht zur Last fallen, ich werde nicht verbittert sein, wenn die anderen nicht begreifen, worum es bei uns Juden geht... Ich arbeite und lebe weiter mit derselben Überzeugtheit und finde das Leben sinnvoll, trotzdem sinnvoll.«

In diesen Monaten erfahrener Demütigungen und Verfolgung entwickelte die 28-jährige Etty ein religiöses Bewusstsein, als lägen nicht Jahrhunderte christlicher wie jüdischer Theologie vorauf. Sie rechnete sich weder einer Synagogengemeinde noch einer christlichen Kirche zu, aber sie schrieb: »Ich führe einen verrückten oder kindlichen oder todernsten Dialog mit dem, was in mir das Allertiefste ist und das ich der Einfachheit halber als Gott bezeichne.«

danach streben werde, die reine Harmonie und auch die Demut und wirkliche Liebe zu erlangen, deren Möglichkeit ich in meinen besten Augenblicken in mir fühle.

31. Dezember 1941
Mutter, die zu einem gegebenen Anlass sagte: »Ja, eigentlich bin ich religiös.« Vor ein paar Tagen sagte »Tante Piet« am Herd fast dasselbe: »Eigentlich bin ich religiös.« Das »eigentlich«, das macht ihnen zu schaffen. Die Menschen zu lehren, dieses »eigentlich« wegzulassen, damit sie den Mut haben, ihre tiefsten Gefühle zu bejahen. »Was meinte sie mit »eigentlich«?

18. Mai 1942
Die Bedrohung von außen wird ständig größer, der Terror wächst mit jedem Tag. Ich ziehe das Gebet wie eine schützende Wand um mich hoch, ziehe mich in das Gebet zurück wie in eine Klosterzelle und trete dann wieder hinaus, gesammelter, stärker und wieder gefasst. Mich in die abgeschlossene Zelle des Gebetes zurückzuziehen, wird für mich immer mehr zur Realität und auch zu einer sachlicheren Angelegenheit. Die innere Konzentration errichtet hohe Mauern um mich, in denen ich zu mir selbst zurückfinde, mich aus allen Verstreutheiten wieder zu einem Ganzen zusammenfüge. Und ich könnte mir vorstellen, dass Zeiten kommen, in denen ich tagelang auf den Knien liegen muss, bis ich endlich fühle, dass mich wieder Mauern umgeben, in deren Schutz ich nicht an mir selbst verzweifeln kann, mich nicht verliere und zugrunde gehe.

19. Juni, Freitag morgen, halb 10
Gestern Abend wollte ich noch ein paar Worte schreiben, aber eigentlich war es nur verschwommener Unsinn. Ich habe manchmal Angst, die Dinge beim Namen zu nennen. Weil dann möglicherweise nichts mehr übrigbleibt? Die Dinge müssen es vertragen können, dass man sie präzise beim Namen nennt. Wenn sie es nicht vertragen, haben sie keine Daseinsberechtigung. Vieles im Leben versucht man durch eine Art vager Mystik zu retten. Mystik muß auf kristallklarer Ehrlichkeit beruhen. Nachdem man zuvor die Dinge bis zur nackten Realität durchforscht hat.

Esther Hillesum wurde am 15. Januar 1914 in Middelburg geboren. Ihr Vater war Gymnasiallehrer für klassische Sprachen, die Mutter eine gebürtige Russin. Etty wie ihre beiden Brüder erhielten keine oder nur eine geringe Erziehung und Bildung im jüdischen Glauben. Sie absolvierte in Amsterdam ein Jurastudium mit Auszeichnung. Während der Kriegsjahre begann sie ein weiteres Studium in Psychologie. Anfang August 1942 aufgerufen, sich in Westerbork internieren zu lassen, zögerte sie keinen Augenblick, obwohl sie hätte untertauchen können. Dem jüdischen »Massenschicksal« wollte sie sich nicht entziehen. Sie glaubte, ihr Leben nur dadurch rechtfertigen zu können, dass sie sich den weniger Begabten und Hilflosen nicht entzöge. Überlebende aus den Lagern bezeugten, dass Etty bis zuletzt eine »leuchtende Persönlichkeit« gewesen sei. Am 7. September 1943 wurde sie mit ihrer Familie auf den Transport geschickt. Das Rote Kreuz meldet mit Datum vom 30. November 1943 ihren Tod in Auschwitz.

GOTT: MEHR ALS ALLES

12. Juli 1942, Sonntagmorgengebet

Es sind schlimme Zeiten, mein Gott. Heute nacht geschah es zum ersten Mal, dass ich mit brennenden Augen schlaflos im Dunkeln lag und viele Bilder menschlichen Leidens an mir vorüberzogen. Ich verspreche dir etwas, Gott, nur eine Kleinigkeit: ich will meine Sorgen um die Zukunft nicht als beschwerende Gewichte an den jeweiligen Tag hängen, aber dazu braucht man eine gewisse Übung. Jeder Tag ist für sich selbst genug. Ich will dir helfen, Gott, dass du mich nicht verlässt, aber ich kann mich von vornherein für nichts verbürgen. Nur dies eine wird mir immer deutlicher: dass du uns nicht helfen kannst, sondern dass wir dir helfen müssen, und dadurch helfen wir uns letzten Endes selbst. Es ist das einzige, auf das es ankommt: ein Stück von dir in uns selbst zu retten, Gott. Und vielleicht können wir mithelfen, dich in den gequälten Herzen der anderen Menschen auferstehen zu lassen. Ja, mein Gott, an den Umständen scheinst du nicht viel ändern zu können, sie gehören nun mal zu diesem Leben. Ich fordere keine Rechenschaft von dir, du wirst uns später zur Rechenschaft ziehen. Und mit fast jedem Herzschlag wird mir klarer, dass du uns nicht helfen kannst, sondern dass wir dir helfen müssen und deinen Wohnsitz in unserem Inneren bis zum Letzten verteidigen müssen.

17. September, Donnerstag morgen, 8 Uhr

Das Lebensgefühl ist so stark und ruhig, und meine Dankbarkeit ist so groß, dass ich gar nicht versuchen will, es mit einem einzigen Wort auszudrücken. In mir ist ein einziges und vollkommenes Glück, mein Gott. Es lässt sich jedoch wieder am besten mit seinen Worten ausdrücken: »In sich ruhen.« Und hiermit ist mein Lebensgefühl wohl am vollkommensten ausgedrückt: Ich ruhe in mir selbst. Und jenes Selbst, das Allertiefste und Allerreichste in mir, in dem ich ruhe, nenne ich »Gott«.

Sonntagabend

Jopie unter dem großen Sternenhimmel, auf der Heide sitzend, während eines Gesprächs über Heimweh: »Ich habe kein Heimweh, ich bin doch zu Hause.« Daraus habe ich damals so viel gelernt. Man ist »zu Hause«. Unter dem Himmel ist man zu Hause, wenn man alles mit sich trägt.

14. Juli 1942

Das Stück Geschichte, das wir jetzt erleben, kann ich sehr gut ertragen, ohne darunter zusammenzubrechen. Ich sehe genau, was geschieht, und behalte einen klaren Kopf. Manchmal freilich ist es, als legte sich eine Aschenschicht über mein Herz. Und dann kommt es mir vor, als würde mein Gesicht vor meinen Augen welken und vergehen, hinter meinen grauen Zügen taumeln Jahrhunderte nacheinander in einen Abgrund, und dann verschwimmt alles vor meinen Augen, und mein Herz lässt alle Hoffnung fahren. Es sind nur Augenblicke, gleich darauf habe ich mich wieder in der Gewalt, mein Kopf wird wieder klar, und ich kann meinen Anteil an der Geschichte tragen, ohne darunter zu zerbrechen. Wenn man einmal begonnen hat, an Gottes Hand zu wandern, ja, dann wandert man weiter, das ganze Leben wird zu einer einzigen Wanderung ...

18. August 1943

Wenn ich in einer Ecke des Lagers stehe, die Füße auf deiner Erde, das Gesicht zu deinem Himmel erhoben, dann laufen mir manchmal die Tränen über das Gesicht, entsprungen aus einer inneren Bewegtheit und Dankbarkeit, die nach einem Ausweg sucht. Auch abends, wenn ich im Bett liege und in dir ruhe, mein Gott, rinnen mir manchmal die Tränen der Dankbarkeit übers Gesicht, und das ist mein Gebet [...]. Ich kämpfe nicht gegen dich, mein Gott, mein Leben ist ein großes Zwiegespräch mit dir. Vielleicht werde ich nie eine große Schriftstellerin werden, wie ich es eigentlich vorhabe, aber ich fühle mich tief in dir geborgen, mein Gott. Ich möchte zwar manchmal kleine Weisheiten und vibrierende kleine Geschichten in Worte prägen, aber ich komme immer wieder bald auf ein und dasselbe Wort zurück: Gott, darin ist alles enthalten, und dann brauche ich all das andere nicht mehr zu sagen. Und meine ganze schöpferische Kraft setzt sich um in die inneren Zwiegespräche mit dir, der Wellenschlag meines Herzens ist hier breiter und zugleich bewegter und ruhiger geworden, und mir ist, als würde mein innerer Reichtum immer größer.

Petra Mönnigmann: Tätig, als ob sie glaubte

Sie diente Gott ihr ganzes Leben lang und mit ihrer ganzen Kraft, in vollem Bewusstsein, dass sie nicht wirklich glaubte an ihn oder besser an das, was man von ihm lehrte, stets tätig, als ob sie glaubte, und in brennender Hoffnung, er möchte wirklich da und in ihrer Nähe sein.

Als sie jung war, versuchte sie ihn zu verstehen und zufriedenzustellen, und beides misslang ihr völlig. Er erschien ihr von Grund auf ungerecht: Er verlangte, »gut« genannt zu werden, und legte zugleich den Menschen grausame Schmerzen und Ängste auf; er gab Anordnungen und gestaltete die Menschen so, dass sie sündigen mussten; er gewährte keine Freiheit, keine Wahl und keine Möglichkeit zu entkommen. An ihn zu denken, erfüllte sie oft mit Schrecken, bis sie es endlich lernte, sich dem Unbekannten und Unerkennbaren zu unterwerfen. Später nahm sie dann mit großer Verwunderung wahr, dass sie Gott liebte, und sie war nie imstande zu verstehen, dass jemand Gott so sehr lieben und mit ihm so viel und so lebendig umgehen kann, ohne auch nur in irgendeinem Punkt über ihn Gewissheit zu haben. Sie glaubte, dass vielleicht ein Großteil dieser Liebe Sehnsucht sei. Sie konnte sich nie ganz von dem Verdacht befreien, Theater zu spielen, wenn sie betete oder über Gott sprach oder für ihn arbeitete.

Sie lernte es nie, die Schmerzen von Menschen und Tieren anzusehen, ohne selber tiefes Leid zu empfinden, und sie liebte Jesus, wer immer er sein mochte, wegen seines Mitgefühls mit den Leidenden. Sie war sehr erschüttert über die Grausamkeit seines Todes. Sie blieb in seiner Kirche und arbeitete in ihr, weil sie nicht wußte, wo sie anders hingehen sollte. Sie wußte, dass sie mit all ihrer Arbeit auch nicht eines der Leiden des Menschen entscheidend ändern konnte, aber sie arbeitete so viel und so hart wie möglich, um an jedem Tag zumindest das zu erreichen, dass ein Mensch weniger leiden musste, und darin erfuhr sie großes Glück.

Tief in ihrem Herzen wusste sie mit absoluter Gewissheit, dass der unbekannte und unerkennbare und geliebte Gott sie ständig führte, aber nie verschwand ihre tödliche Furcht vor den Dingen, die dieser Gott den Menschen antut. Sie gestand nur die Möglichkeit zu, dass diese Grausamkeiten sich irgendwie doch mit seiner Liebe vertrugen, und sie sah mit ungeduldiger Erwartung dem Tag ihres Todes entgegen, wenn Gott sich selbst und seine Wege offenbart, und wenn alle Ungewissheit, alle Furcht und alles Leid vorüber sind.

Günter Kunert: Ich bin ein Sucher

Ich bin ein Sucher
Eines Weges.
Zu allem was mehr ist
Als
Stoffwechsel
Blutkreislauf
Nahrungsaufnahme
Zellenzerfall.

Ich bin ein Sucher
Eines Weges
Der breiter ist
Als ich.
Nicht zu schmal.

Kein Ein-Mann-Weg.
Aber auch keine
Staubige, tausendmal
Überlaufene Bahn.

Ich bin ein Sucher
Eines Weges.
Sucher eines Weges
Für mehr
Als mich.

Günter Eich: Der hundertste Name Gottes

Das wachsende Unternehmen und zunehmender Wohlstand drängten Hakim in tiefere Schwermut. Er überließ das Geschäft bald ganz seiner Frau und versenkte sich in den Koran und die Schriften des Glaubens. Der Tag, an dem Fatime den fünfzigsten Lastwagen kaufte, war der gleiche, an dem er begriff, wohin er sein Sinnen und Trachten zu richten hatte: auf den hundertsten Namen Allahs. In ihm liegt das Geheimnis der Welt verborgen. Aber so viel Hakim auch las, nirgends stand er geschrieben ...

Während nun eines Tages wieder eine große Buchsendung eintraf – die deutschen Philosophen in Gesamtausgaben –, hörte Hakim eine Stimme: »Hakim, lass die Bücher ungelesen! Hakim, lass die Bücher ungelesen!« Und dieselbe Stimme gab ihm den Auftrag: »Hakim, fahre nach Paris, in die Rue Geoffroy 17, zu dem Schuhmachermeister Albert Dupont. Er weiß den hundertsten Namen Allahs! Hakim, fahre nach Paris ...«

Hakim machte sich auf den Weg und fand Monseur Dupont. »Ich komme wegen des hundertsten Namens, Herr Dupont, wegen des hundertsten Namens!« Aber der Schuhmachermeister hörte gar nicht hin. Ihn interessierten Füße und Schuhe, und alles, was ihn trieb, war der Wunsch, seinen Kunden ein angenehmes, gesundes Schuhwerk zu fertigen.

Hakim: Herr Dupont, halten Sie mich nicht hin! Wie heißt er, wie heißt der hundertste Name Allahs?
Dupont: Ich weiß nicht, wie ich zu der Ehre komme.
Hakim: Weil mich der Prophet zu Ihnen geschickt hat. Es muss einen Grund haben.
Dupont: Gewiss. Sonst hätte Sie Ihr Prophet nicht gerade zu mir – Ich muss jetzt den linken notieren, möchte auch eine Zeichnung Ihres Knöchels anfertigen.
Hakim: Denken Sie doch nach!
Dupont: Ich gebe zu, dass ich für alles etwas vergesslich bin, was nicht mit Füßen zusammenhängt.
Hakim (hoffnungsvoll): Bestimmt ist es so. Versuchen Sie sich zu erinnern!
Dupont: Ich kenne Ihren Glauben zu wenig. Ich hatte immer gemeint, Allah hieße Allah.
Hakim: Allah ist Allah und hat hundert Namen. Neunundneunzig davon sind bekannt.
Dupont: Aha! Zum Beispiel?
Hakim: Der Einzige, der Ewige, der Erste.
Dupont (listig): Ich weiß ihn.
Hakim: Ja?

Günter Eich: Nachts

Nachts hören, was nie gehört wurde:
Den hundertsten Namen Allahs,
den nicht mehr aufgeschriebenen
  Paukenton
als Mozart starb,
Im Mutterleib vernommene Gespräche.

»Im Hörspiel ist die Schwierigkeit die Pause, das heißt das Schweigen. Wenn geschwiegen wird, endet eine Szene. Man kann also keine lange Pause machen wie auf der Bühne. Es muss ununterbrochen gesprochen werden. Wie vermeide ich es aber, dass das Hörspiel ein uferloses Geschwätz wird, das pausenlos weiterläuft? Das ist für mich das Problem, das mich beim Hörspielschreiben interessiert. Wie bringe ich die Pause, das Schweigen in das Sprechen hinein. Also ein, wenn Sie wollen, dramaturgisches Problem. Ich glaube, dass man das nur mit Sprache kann. Man muss den Satz finden, der das Schweigen einschließt. Ich empfinde jedenfalls, dass das Hörspiel sich immer mehr der dichterischen Sprache annähern muss, weggehen von der reinen Mitteilung. Das mag sich im Betrieb des Rundfunkhauses etwas anders ansehen, aber aus der Sicht des Autors ist es so.«

Günter Eich in einem WDR-Interview

Dupont: Der Letzte.
Hakim: Name vier in der Liste des Ibn Madja.
Dupont (ebenso enttäuscht): ... Kehren wir zu den Füßen zurück.

Mit seinem Eifer für Hakims Schuhe, die dieser gar nicht will, bringt Dupont Hakim zur Verzweiflung. Enttäuscht verlässt er das Geschäft, um nach diesem offensichtlichen Irrtum des Propheten wieder heimzufliegen. Da stößt ihn die Stimme unbarmherzig in die frostige Wirklichkeit von Paris zurück: »Hakim, geh in das Restaurant ›Au Poisson Rouge‹ in der Rue de la Harpe und frage nach der Köchin Janine. Sie weiß den hundertsten Namen Allahs.« Im ›Poisson Rouge‹ findet Hakim Janine, eine wohlbeleibte Person. »Die weltberühmte Küche, Monsieur, das bin ich!« sagt sie. Aber von Janines Berufsstolz will Hakim nicht viel hören. Ungeduldig unterbricht er alle Hinweise auf Janines Küchenkünste.

Hakim: Den Namen, Janine! Allahs Namen, den hundertsten! Sie wissen ihn!
Janine: Ein Losungswort?
Hakim: Möglicherweise eine Art Losungswort. Aber nicht die üblichen neunundneunzig, Janine! Damit lasse ich mich nicht abspeisen!
Janine: Bei mir wird niemand abgespeist! Meine Ehre als Köchin –
Hakim: Den hundertsten Namen Allahs! ...
Janine: Wenn es Dich beruhigen würde, könnte ich ein Gericht so benennen. Ich habe schon seit längerer Zeit ein Muschelragout im Kopf. Verstehst du, das alles sind Kompositionen. Man ist schließlich auch ein Künstler.
Hakim: Sie enttäuschen mich, Janine ...

Hakim verließ Janine in tiefen Zweifeln. Konnte Mohammed sich irren? Weder Dupont noch Janine hatten vom hundertsten Namen Allahs auch nur die geringste Ahnung gehabt, sie kannten nicht einmal die neunundneunzig anderen. Er begann, Kursbücher und Flugpläne zu studieren. Aber gerade, als er sich für seine Abreise entschlossen hatte, griff der Prophet nochmals ein: »Hakim, geh zu Mademoiselle Ninon Dufresne in der Rue du Beau Soupir 18. Sie weiß den hundertsten Namen Allahs.«

Hakim: Guten Tag, Ninon!
Ninon: Guten Tag, –
Hakim: Hakim.
Ninon: Guten Tag, Hakim.
Hakim: Der Name sagt Ihnen nichts?
Ninon: Was soll er mir sagen?
Hakim: Ich dachte, Sie wüssten, dass ich komme.

Günter Eich (1907–1972) wurde in der Nachkriegszeit zunächst als Vertreter der sogenannten »Trümmerliteratur« bekannt. Er ist Begründer des »poetischen Hörspiels« und wurde mit zahlreichen Preisen ausgezeichnet. 1948 stieß Eich zu der von Hans Werner Richter geleiteten Gruppe 47. Dort galt er in den Anfangsjahren als ein »geheimer Star« der jungen Literatengruppe. 1950 erhielt er den ersten ausgeschriebenen Preis der Gruppe 47 für Gedichte. Seine Lyrik zeichnet sich durch eine einfache Sprache aus, die dennoch komplexe Assoziationen und Bilder weckt.

GOTT: MEHR ALS ALLES

Die religiöse Komponente im Werk von Günter Eich ist unübersehbar. In seiner Rede vor den Kriegsblinden 1952 und in der Büchner-Preis-Rede 1959 sagte er: »Im Grunde meine ich, dass […] es darauf ankommt, dass alles Geschriebene sich der Theologie nähert.«

Bis zum Ende der fünfziger Jahre hat Günter Eich das Schreiben als einen fortwährenden Annäherungsversuch an den Seinshintergrund angesehen. Er wollte Teile jenes »Urtextes« übersetzen, der in einer unbekannten Sprache abgefasst ist:

»Wir bedienen uns des Wortes, des Satzes, der Sprache. Jedes Wort bewahrt einen Abglanz des magischen Zustandes, wo es mit dem gemeinten Gegenstand eins ist, wo es mit der Schöpfung identisch ist. Aus dieser Sprache, dieser niegehörten und unhörbaren, können wir gleichsam immer nur übersetzen, recht und schlecht und jedenfalls nie vollkommen, auch wo uns die Übersetzung gelungen erscheint.«

Demgegenüber misstraute er den Sicherheiten der gängigen Rede: »… es gibt keine Fragen mehr […], es ist alles beantwortet, von der Schwangerschaft bis zur Hinrichtung. Es gibt nur noch Antworten. Sie werden mit Mengenrabatt abgegeben, so billig, dass man den Eindruck haben muss, es lohne sich nicht zu fragen. Und es soll sich nicht lohnen.«

»Nein, ich bin nicht auf Antworten aus, sie erregen mein Misstrauen. Ich optiere für die Frage … Die Priestergebärde wird nicht mehr geübt, und wo das Opus klüger ist als der Verfasser, ist es gewiss dadurch so weit gekommen, dass es flinker vor den Antworten Reißaus genommen hat.«

»Reißaus nehmen vor den Antworten – das ist die poetologische Passion des späten Eich«.

Hans-Jürgen Heise

Ninon: Ich wusste es nicht, aber ich freue mich.
Hakim: Um alle Missverständnisse gleich aus der Welt zu schaffen –
Ninon: Es wird keine Missverständnisse geben.
Hakim: Ich kam nicht in dieses Haus, weil es ein solches Haus ist.
Ninon: Sondern?
Hakim: Wissen Sie den hundertsten Namen Allahs?
Ninon: Wenn Sie es mir erklären würden –!
Hakim: Nicht die neunundneunzig Namen, die jeder kennt! Den hundertsten, den Namen, der alles begreift, der Himmel und Erde bewegt –
Ninon: Seien Sie mir nicht böse, aber ich verstehe nichts von all dem.
Hakim: Dann ist auch das ein Missverständnis.
Ninon (aufrichtig bekümmert): Es tut mir furchtbar leid.
Hakim: Ich verstehe den Propheten nicht.
Ninon: Aber, nicht wahr, Sie verlangen nicht, dass ich ihn verstehe?
Hakim: Eigentlich doch.
Ninon: Und deswegen kamen Sie?
Hakim: Ja.
Ninon: Und gerade zu mir.
Hakim: Ja.
Ninon: Ich möchte Sie nicht enttäuschen. Offen gesagt: Ich bin nicht besonders klug.
Hakim: Mit Klugheit hat es auch nichts zu tun.
Ninon: Ich bedaure es oft. Mancher möchte unterhalten sein. Sie glauben nicht, wie viel Probleme es auf der Welt gibt, nach denen ich gefragt werde. Da ist Allah eines von den kleinsten.
Hakim: Es ist das größte.

Hakim erfuhr bei Ninon spontane Zuwendung und Freundlichkeit. Auf Geheiß der Stimme blieb er bei ihr eine Nacht, doch den hundertsten Namen Allahs fand er nicht. Als er verzweifelt Paris verlassen wollte, erfuhr er, dass alle seine Bankkonten gesperrt worden waren und gleichzeitig telegraphierte ihm seine Frau, sofort heimzukehren. Mittellos machte er sich auf den Weg – zu Fuß – in den grünen Schuhen, die er bei Monsieur Dupont bestellt und mit dem letzten Bargeld bezahlt hatte. Aber erst in Damaskus erkannte er, was vorgegangen war: Aus politischen Gründen war er als Ausländer enteignet und zusammen mit Fatime aus allem Besitz gewiesen worden. Bettelarm kamen sie schließlich als Dienstboten in der ägyptischen Botschaft unter.

Hakim: Als mir der Star gestochen war, sah und hörte ich den hundertsten Namen Allahs hundert- und tausendfach. Im Ruf eines Vogels und im Blick eines Kindes, in einer Wolke, einem Ziegelstein und im Schreiten des Kamels.

Jüngling: Das alles ist also ...
Hakim: Es *kann* sein!
Jüngling: Schattierungen!
Hakim: Die vor Eurer Ungeduld nicht gelten.
Jüngling: O Vater der Weisheit, Ihr übersetzt.
Hakim: So nenne ich's.
Jüngling: Ich aber will den Namen, wie er ist.
Hakim: Man muss übersetzen, wenn das Original nicht zu verstehen ist.
Jüngling: Ich bestehe darauf.
Hakim: Geduldet Euch, junger Herr, Ihr besteht auf Eurem Tod!
Ein Tor wird aufgestoßen.
Botschafter (zornig): Was für ein Gemurmel hier im Treppenhaus? Habe ich einen Hausmeister oder einen Märchenerzähler? Wie, und das nennst du die Treppe gefegt? Abkömmling eines Schakals, Exkrement einer Wanderratte, Bazillus im Darm einer Hornviper! Nicht genug, dass du mein Bad benutzt, verdreckst du auch noch meine Treppe mit dem Abdruck deines Hintern! Allah verwandle dich in einen Mistkäfer! *Er schlägt die Tür zu.*
Hakim (ehrerbietig): Allahs Wille geschehe nach Ihrem Wunsch, mein Gebieter.
Jüngling: Der Botschafter?
Hakim: Er selbst.
Jüngling: Mir ist vor Schrecken fast das Herz stehen geblieben.
Hakim: Ein reizender alter Herr.
Jüngling: Wirklich?
Hakim: Folkloristisch sehr interessant. Er schreibt zur Zeit mit mir zusammen ein wissenschaftliches Werk.
Jüngling: Theologisch?
Hakim: Eine Sammlung arabischer Schimpfwörter, unter besonderer Berücksichtigung des Damaszener Dialekts. Ein Kairoer Verlag interessiert sich schon für das Buch.
Jüngling: Ach?
Hakim: Über dem Gespräch mit Euch aber habe ich versäumt, den hundertsten Namen Allahs aufs Neue zu übersetzen.
Jüngling: Ich bin begierig!
Hakim: In den Glanz dieser Treppe junger Herr! Nehmt den Besen und helft mir.

Wolfgang Koeppen: Schleier

Es ist die Sage, dass man zu Stein wird, wenn man die Wahrheit sieht. Ich möchte das entschleierte Bild sehen, selbst wenn ich zur Säule erstarre. Aber vielleicht wäre auch dies noch nicht die Wahrheit, und hinter dem Bild, das mich erstarren ließ, kämen andere Bilder, andere Schleier, noch unbegreiflichere, noch unzugänglichere, vielleicht noch furchtbarere, und ich wäre ein Stein geworden und hätte doch nichts gesehen. Etwas ist für uns unsichtbar neben der Welt und neben dem Leben. Aber was ist es?

Gott und das Nichts

Die bis hierhin vorgestellten literarischen Zeugnisse belegen das Ende des theistischen Gottesverständnisses, das Maß am menschlichen Schicksal und Selbstverständnis nimmt. Ein darüber hinausgehendes Fragen und Suchen haben die Texte von Dietrich Bonhoeffer, Hans Jonas, Esther Hillesum und Petra Mönnigmann gezeigt. In ihrer Konsequenz führen sie zu einer Bestimmung »Gottes«, die alle bisherigen theologischen Traditionen überschreitet und bei den nichttheistischen Ansätzen eines Meister Eckhart wieder anknüpft.

Meister Eckhart: Gott ist namenlos

Meister Eckhart sprach davon, »Gott um Gotteswillen fahren zu lassen«. Er erklärte, Gott sei »nichts«: »Wenn er nun weder Güte noch Sein noch Wahrheit noch Eins ist, was ist er dann? Er ist gar nichts, er ist weder dies noch das.«

Gott ist namenlos. Von Ihm kann niemand etwas sagen noch verstehen. Wir können von Gott nur sprechen nach unsrer Verstehensweise, und es ist ein Unterschied zwischen Gottes Sein in sich und unserem Verstehen.

Von Gott kann man nicht einmal sagen, dass Er »ist«. Wir denken und reden von Ihm nach menschlicher Verstandesweise und nach Art der Dinge, von denen unsere Erkenntnis ausgeht. In allem, was unvollkommen ist, was Zahl, Teil und Menge einschließt, kann Gott nicht im eigentlichen Sinne sein. Im »Himmel« ist Er, wie man sagt, aber nicht in Ort und Zeit, denn da ist er nicht eigentlich, ist nicht drinnen und tritt nicht hinein. Doch »trägt Er alles im Wort seiner Kraft«, und insofern dringt Gott und Gott allein ins innerste Wesen aller Dinge, und nichts anderes sonst dringt in ein anderes.

Der Freiburger Religionsphilosoph Bernhard Welte kommentiert: »Wenn alle Namen und Begriffe verschwinden, verschwindet mit ihnen alle Objektivität, das heißt alles Vor-sich-Hinstellen von etwas als etwas … Wo aber Begriffe und Namen schwinden, da schwindet folgerichtig auch damit alle Eigenschaft, das heißt alles Bestehen des Menschen auf seinem eigenen Selbst …, er verlässt und vergisst sich selbst in die namenlose Unendlichkeit hinein, er wird so dem Nichts gleich und eben dadurch Gott gleich.«

Nikolaus von Kues: Weder ist er noch ist er nicht

In der Tradition des Meister Eckhart hat Nikolaus von Kues (1401–1464) ein Buch »Vom verborgenen Gott« *(De deo abscondito)* geschrieben. Darin führen ein Christ und ein Heide folgenden Disput:

Der Mystiker aus Hochheim versteht die meditative Erkenntnis als Aktualisierung der Vernunft, die in jedem Menschen angelegt ist und die ihm seine Würde und Freiheit als eigenständig Urteilender und Handelnder verschafft. Es gibt im Grund der Seele keinen Mittler, kein Zweites, kein Gegenüber; was der Mensch hier erfährt, ist er selbst. Verantwortung bedeutet für Eckehart also keine Verantwortung vor einem persönlich gedachten Gott.

Claudia Simone Altmeyer

Christ: Alles überragt seine Unbegrenztheit, da er ja der alleinige Ur-Grund *vor* jedem *gestaltbaren* Gedanken von ihm ist.
Heide: So käme Gott ein Sein nicht zu?
Christ: Richtig sagst du's.
Heide: Also ist er ein Nichts?
Christ: Nicht ist er ein Nichts – weder *ist* er noch *ist* er *nicht* –, sondern Quell und Ursprung aller Urgründe des Seins wie des Nichtseins.
Heide: Ist Gott der Quell und Ursprung aller Urgründe des Seins wie des Nichtseins?
Christ: Nein!
Heide: Das hast du doch eben gesagt.
Christ: Ich sagte die Wahrheit, als ich es behauptete, und auch jetzt spreche ich die Wahrheit, wenn ich es in Abrede stelle: wenn es überhaupt Ur-Gründe für das Sein und das Nicht-Sein gibt – *Gott* geht ihnen voran.

Nikolaus von Kues (1401–1464) war einer der bedeutendsten Denker an der Schwelle zur Neuzeit. Er stellte unumstößlich geltende Denkweisen infrage. In seinem Werk *Der Laie über die Weisheit (Idiota de sapientia)* lässt er einen ungebildeten Menschen auf dem Marktplatz zu einem gut situierten Redner sagen: »Du lässt dich von den Ansichten der Tradition führen, wie ein Pferd, das zwar frei geboren, aber mit einem Halfter an eine Krippe gebunden ist, wo es nichts anderes frisst, als was ihm dargeboten wird.« Cusanus stellte hohen Autoritäten einfache Leute mit ihren alltäglichen Erfahrungen gegenüber. »Die Weisheit ruft auf den Plätzen und in den Gassen.«

Johannes Scheffler: Die Gottheit ist ein Nichts und Übernichts

Diese ganz peripher bleibende Denktradition wird von Johannes Scheffler (1624–1677) wieder aufgegriffen:

Die Gottheit ist ein Nichts und Übernichts;
Wer Nichts in allem sieht, Mensch, glaube, dieser siehts.

Gott ist ein Geist, ein Feu'r, ein Wesen und ein Licht,
und ist doch wiederum auch dieses alles nicht.

Was Gott ist, weiß man nicht: Er ist nicht Licht, nicht Geist,
nicht Wahrheit, Einheit, Eins, nicht was man Gottheit heißt,
nicht Weisheit, nicht Verstand, nicht Liebe, Wille, Güte,
kein Ding, kein Unding auch, kein Wesen, kein Gemüte:
Er ist, was ich und du und keine Kreatur,
eh wir geworden sind, was Er ist, nie erfuhr.

Man kann den höchsten Gott mit allen Namen nennen;
man kann Ihm wiederum nicht einen zuerkennen.

Was du von Gott bejahst, dasselb ist mehr erlogen
als wahr: weil du Ihn nur nach dem Geschöpf erwogen.

Wenn ich in Gott vergeh, so komm ich wieder hin,
Wo ich von Ewigkeit vor mir gewesen bin.

Johannes Scheffler, genannt Angelus Silesius, der »Schlesische Bote« (1624–1677), schrieb sein erstes Buch zweizeiliger Epigramme innerhalb weniger Tage, ohne dass ihn dabei die Inspiration verließ. Seinem Zeugnis zufolge sind ihm die Verse »meistenteils ohne Vorbedacht und mühsames Nachsinnen in kurzer Zeit von dem Ursprung alles Guten eingegeben worden«. Er hatte zuvor Abraham von Frankenberg, einen Vertreter der schlesischen Mystik, kennengelernt, der ihn mit dem Werk Jakob Böhmes, Taulers und Meister Eckharts bekannt machte.

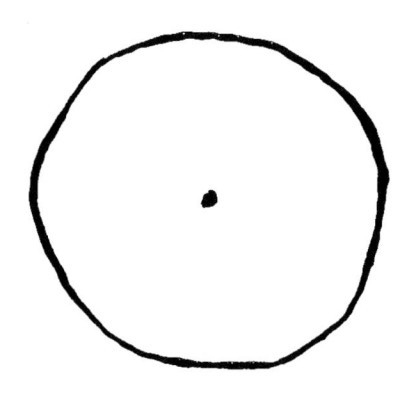

*Ich weiß nicht, was ich bin,
ich bin nicht, was ich weiß:
ein Ding und nicht ein Ding,
ein Pünktchen und ein Kreis.*

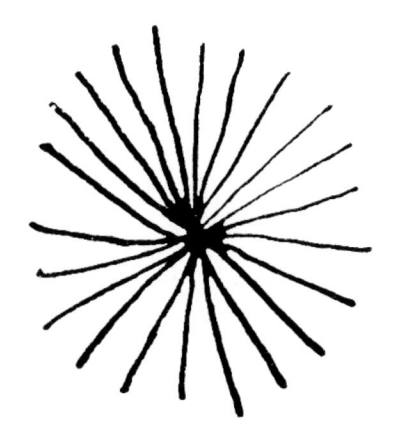

*Die Ros ist ohn Warum,
sie blühet, weil sie blühet,
sie acht nicht ihrer selbst,
fragt nicht, ob man sie siehet.*

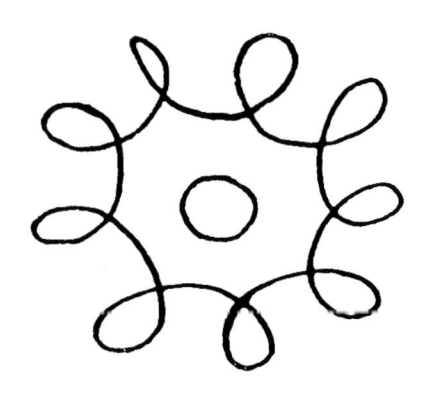

*Die Sonn erregt das All,
macht alle Sterne tanzen,
wirst du nicht auch bewegt,
gehörst du nicht zum Ganzen.*

Matthias Kroeger: Es bedarf keines Jenseits'

Die Kritik des neuzeitlichen Atheismus am herrschenden Gottesglauben steht in einer christlichen Tradition und ist nicht länger abzuweisen. Sie hat inzwischen eine Fortentwicklung des Gottesverständnisses in Gang gesetzt und spirituelle Substanz damit verbunden. Ein gegenständlicher Gott existiert auch für ein reflektiertes Christentum nicht. »Einen Gott, den es gibt, gibt es nicht.« Diesem Jahrhundertsatz Dietrich Bonhoeffers widerspricht die Theologie nicht länger.

So ist »Gott« der Name des ungegenständlichen Geheimnisses der Welt. Diesen Gott als »vorhanden« und benennbar zu bestreiten, wie er durchweg kirchlich in Anspruch genommen wird, hat der Atheismus alles Recht. Darum pointiert der evangelische Theologe Matthias Kroeger (* 1935):

Wer einen als Person existierenden Gott behauptet – macht ihn indirekt zu einem Teil der Gegenstandswelt ... Es bedarf keines Jenseits', keiner Metaphysik, keines theistischen Gottes, um das »Jenseits«, wie es legitim ist, weltimmanent zu verstehen, jenseitig anwesend mitten in jeder Pore und kosmischen Zelle dieser Welt, in jeder Blume, jedem Gedicht, jeder Begegnung, jedem Glück, jeder Liebe, jedem Unglück (dort nur eben auf andere Weise) ... Die Stelle, an der wir uns Gott vorstellen, ist in der Tat leer.

Willigis Jäger: Der Kosmos als Manifestation Gottes

Auch Willigis Jäger (* 1925) überschreitet das thematische Gottesverständnis, wenn er sagt, Gott begegne

» ... im Baum als Baum, im Tier als Tier, im Menschen als Mensch, doch nicht als Wesen, neben denen es dann noch einen Gott gäbe, der gleichsam in sie hineinschlüpfte«, vielmehr ist er »jedes einzelne dieser Wesen – und ist es auch wieder nicht, da er sich nie in einem von diesen erschöpft, sondern immer auch alle anderen ist.

Eben diese Erfahrung macht der Mystiker. Er erkennt den Kosmos als sinnvolle Manifestation Gottes, während sich manche Menschen dem Kosmos gegenüber verhalten wie Analphabeten gegenüber einem Gedicht: Sie zählen die einzelnen Zeichen und Worte, aber sie sind nicht imstande, den Sinn zu verstehen, der dem ganzen Gedicht seine Gestalt gibt.«

Dieser nicht-theistische Gottesglaube setzt keinen »allmächtigen Vater« voraus, kennt keine Vorsehung und kein Theodizeeproblem mehr. Auch von Gebets»erhörungen« ist nicht länger die Rede. Mit Erdbeben, Überschwemmungen, Seuchen, Krankheiten, Kriegen, Unfällen und dem Wettergeschehen hat Gott nichts zu tun. Wenn »er« nicht in den Lauf der Welt eingreift, Naturgesetze nicht aufhebt und den Gang der Geschichte nicht steuert, wenn er weder aus Löwengruben noch Feueröfen rettet, weil er keine Hände hat, es sei denn unsere Hände – so sind es nur wir, die allem vergangenem Leid Erinnerung und Trauer bewahren können und ein Gebet nicht missverstehen als »den letzten und sichersten Schlupfwinkel vor der Verantwortung« (Gerhard Debus), vielmehr um darin unsere eigene Verantwortlichkeit aufzusuchen – mit letztverbindlichem Ernst. Wir flehen nicht um dies oder jenes, sondern wir »erhören« den Ruf, den wir in uns und in der Welt vernehmen: »Nicht Gott erhört uns – wir erhören Gott.«

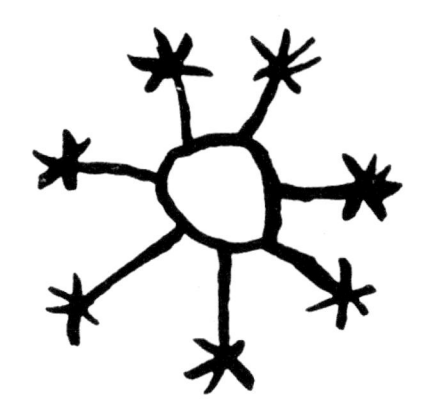

*Ich bin nicht außer Gott
und Gott nicht außer mir,
ich bin sein Glanz und Licht,
und er ist meine Zier.*

Etty Hillesum: Dass wir deinen Wohnsitz in unserem Inneren bis zum Letzten verteidigen müssen

Ohne je Theologie studiert zu haben, formuliert dieses Gottesverständnis die 28-jährige Esther Hillesum bereits unter der Repression der Judenverfolgung 1942 in den Niederlanden (→ S. 48 ff.):

Nur dies eine wird mir immer deutlicher: dass du uns nicht helfen kannst, sondern dass wir dir helfen müssen, und dadurch helfen wir uns letzten Endes selbst. Es ist das einzige, auf das es ankommt: ein Stück von dir in uns selbst zu retten, Gott. Und vielleicht können wir mithelfen, dich in den gequälten Herzen der anderen Menschen auferstehen zu lassen. Ja, mein Gott, an den Umständen scheinst du nicht viel ändern zu können, sie gehören nun mal zu diesem Leben. Ich fordere keine Rechenschaft von dir, du wirst uns später zur Rechenschaft ziehen. Und mit fast jedem Herzschlag wird mir klarer, dass du uns nicht helfen kannst, sondern dass wir dir helfen müssen und deinen Wohnsitz in unserem Inneren bis zum Letzten verteidigen müssen.

*Ich glaube keinen Tod –
sterb ich gleich alle Stunden,
so hab ich jedes Mal
ein besser Leben funden.*

Dietrich Bonhoeffer: Der Nächste ist der Transzendente

Statt der üblichen »Fürbitten«, die alle Hilfe von einem Deus ex machina erwarten, wendet Dietrich Bonhoeffer die Richtung:

Unser Verhältnis zu Gott ist kein ›religiöses‹ zu einem denkbar höchsten, mächtigsten, besten Wesen – dies ist keine echte Transzendenz –, sondern unser Verhältnis zu Gott ist ein neues Leben im ›Dasein für andere‹, in der Teilnahme am Sein Jesu. Nicht die unendlichen, unerreichbaren Aufgaben, sondern der jeweils gegebene erreichbare Nächste ist das Transzendente. Gott in Menschengestalt!

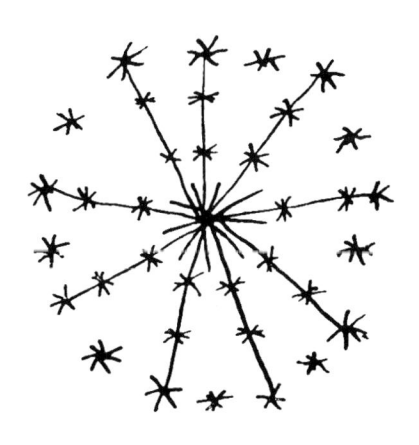

*Freund, so du etwas bist,
so bleib doch ja nicht stehn,
man muss aus einem Licht
fort in das andre gehn.*

So setzt der Weg zur Gotteserfahrung nicht neben oder hinter den regulären menschlichen Erfahrungen an, sondern in diesen selbst. Darum ist kein theologischer Satz mehr möglich, der nicht zugleich auf eigene Erfahrung bezogen wäre, und zwar in einer Weise, die im Aufschließen eigener Erfahrung die Sensibilität für neue, tiefergehende Erfahrung weckt. Hier ist »Gott« nicht mehr Gegenüber und Abgrenzung, sondern der »leere« Grund, aus dem alles fließt. Meditierende aller Zeiten sprechen von diesem EINEN, vom Namenlosen, Brahman, Tao, Nirvana, göttlichem Geist…, so sehr auch mit jedem Begriff Eigenheiten verbunden sind. Doch in allem geht es um den Schoß der Wirklichkeit oder – wie Hans-Peter Dürr sagt – um den »Hintergrund«.

Annäherung von naturwissenschaftlichem und religiösem Denken

»Halten Sie es für möglich, dass einmal alles wissenschaftlich erklärbar sein wird?« – »Ja, aber es würde keinen Sinn haben… Wenn Sie die Fünfte von Beethoven in mathematischen Gleichungen ausdrücken wollen, als Kurven des Luftdrucks auf dem Trommelfell, so ist das möglich, aber es ist nicht mehr die fünfte Symphonie von Beethoven« (Albert Einstein).

Werner Heisenberg: Die neue Physik und das Verhältnis von Religion und Naturwissenschaft

An einem der Abende… saßen noch einige der jüngeren Mitglieder des Kongresses zusammen in der Halle, darunter Wolfgang Pauli und ich. Einer hatte die Frage gestellt: »Einstein spricht so viel über den lieben Gott, was hat das zu bedeuten? Man kann sich doch eigentlich nicht vorstellen, dass ein Naturwissenschaftler wie Einstein eine starke Bindung an eine religiöse Tradition besitzt.«

»Einstein wohl nicht, aber vielleicht Max Planck«, wurde geantwortet. »Es gibt doch Äußerungen von Planck über das Verhältnis von Religion und Naturwissenschaft, in denen er die Ansicht vertritt, dass es keinen Widerspruch zwischen beiden gebe, dass Religion und Naturwissenschaft sehr wohl miteinander vereinbar seien.« (…)

Ich wurde gefragt, was ich über Plancks Ansichten auf diesem Gebiet wisse und was ich darüber dächte. Ich hatte zwar erst ein paar Mal mit Planck selbst gesprochen, meist über Physik und nicht über allgemeinere Fragen, aber ich kannte verschiedene gute Freunde Plancks, die mir viel über ihn erzählt hatten; so glaubte ich mir ein Bild von seinen Auffassungen machen zu können.

»Die Idee des Seins«, heißt es bei Yoshinori Takeuchi (1913–2002), einem der führenden Philosophen der Kyoto-Schule, ist »der archimedische Punkt westlichen Denkens. Nicht allein Philosophie und Theologie, die gesamte Überlieferung der abendländischen Zivilisation dreht sich um diesen Punkt. Im Denken des Ostens und des Buddhismus ist das anders. Der zentrale Begriff, von dem Asiens religiöse Intuition, sein Glaube wie sein philosophisches Denken ausgehen, ist der Gedanke des Nichts.«

Aber: »Ein Nichts, das vom Sein getrennt ist, ist nicht das wahre Nichts«, betont Kitaro Nishida (1870–1945) »das Eine, getrennt von allem, ist nicht das wahre Eine; Gleichheit, getrennt von der Unterscheidung, ist nicht die wahre Gleichheit.« Diese an Lao-Tse gemahnende Aussage kommt zu dem Schluss: »Wie wo kein Gott ist, auch keine Welt ist, so ist, wo keine Welt ist, auch kein Gott.«

»Ich vermute«, so mag ich geantwortet haben, »dass für Planck Religion und Naturwissenschaft deswegen vereinbar sind, weil sie, wie er voraussetzt, sich auf ganz verschiedene Bereiche der Wirklichkeit beziehen ... Die Naturwissenschaft ist die Grundlage des technisch zweckmäßigen Handelns, die Religion die Grundlage der Ethik. Der Konflikt zwischen beiden Bereichen seit dem 18. Jahrhundert scheint dann nur auf dem Missverständnis zu beruhen, das entsteht, wenn man die Bilder und Gleichnisse der Religion als naturwissenschaftliche Behauptungen interpretiert, was natürlich unsinnig ist ... Ich muss gestehen, dass mir bei dieser Trennung nicht wohl ist. Ich bezweifle, ob menschliche Gemeinschaften auf die Dauer mit dieser scharfen Spaltung zwischen Wissen und Glauben leben können.«

Wolfgang pflichtete dieser Sorge bei. »Nein«, meinte er, »das wird kaum gut gehen können. Zu der Zeit, in der die Religionen entstanden sind, hat natürlich das ganze Wissen, das der betreffenden Gemeinschaft zur Verfügung stand, auch in die geistige Form gepasst, deren wichtigster Inhalt dann die Werte und die Ideen der betreffenden Religion waren. Diese geistige Form musste, das war die Forderung, auch dem einfachsten Mann der Gemeinschaft irgendwie verständlich sein; selbst wenn die Gleichnisse und Bilder ihm nur ein unbestimmtes Gefühl darüber vermittelten, was mit den Werten und Ideen eigentlich gemeint sei. Der einfache Mann muss überzeugt sein, dass die geistige Form für das ganze Wissen der Gemeinschaft ausreicht, wenn er die Entscheidung seines Lebens nach ihren Werten richten soll. Denn Glauben bedeutet für ihn ja nicht ›Für-richtig-Halten‹, sondern sich der ›Führung durch Werte anvertrauen‹. Daher entstehen große Gefahren, wenn das neue Wissen, das im Verlauf der Geschichte erworben wird, die alte geistige Form zu sprengen droht. Die vollständige Trennung zwischen Wissen und Glauben ist sicher nur ein Notbehelf für sehr begrenzte Zeit. Im westlichen Kulturkreis zum Beispiel könnte in nicht zu ferner Zukunft der Zeitpunkt kommen, zu dem die Gleichnisse und Bilder der bisherigen Religion auch für das einfache Volk keine Überzeugungskraft mehr besitzen; dann wird, so fürchte ich, auch die bisherige Ethik in kürzester Frist zusammenbrechen, und es werden Dinge geschehen von einer Schrecklichkeit, von der wir uns jetzt noch gar keine Vorstellung machen können ...

Einstein ist wohl kaum an eine religiöse Tradition gebunden, und ich würde glauben, dass die Vorstellung eines persönlichen Gottes ihm ganz fremd ist. Aber es gibt für ihn keine Trennung zwischen Wissenschaft und Religion. Die zentrale Ordnung gehört für ihn zum subjektiven Bereich ebenso wie zum objektiven, und das scheint mir ein besserer Ausgangspunkt.«

Gespräch zwischen Werner Heisenberg und Wolfgang Pauli

Als wir eine Weile am Ende der Mole gestanden hatten, fragte Wolfgang mich ziemlich unvermittelt:

»Glaubst du eigentlich an einen persönlichen Gott? Ich weiß natürlich, dass es schwer ist, einer solchen Frage einen klaren Sinn zu geben, aber die Richtung der Frage ist doch wohl erkennbar.«

»Darf ich die Frage auch anders formulieren?«, erwiderte ich. »Dann würde sie lauten: Kannst du oder kann man der zentralen Ordnung der Dinge oder des Geschehens, an der ja nicht zu zweifeln ist, so unmittelbar gegenübertreten, mit ihr so unmittelbar in Verbindung treten, wie dies bei der Seele eines anderen Menschen möglich ist? Ich verwende hier ausdrücklich das so schwer deutbare Wort ›Seele‹, um nicht missverstanden zu werden. Wenn du so fragst, würde ich mit Ja antworten.«

GOTT: MEHR ALS ALLES

Mit der Terminologie der Wörterbücher ist im Sinne der Grundbedeutungen die Wirklichkeit nicht zu beschreiben. Werner Heisenberg diskutierte dieses Sprachproblem mit Nils Bohr. Dabei nahm Nils Bohr das Gespräch mit der Bemerkung auf, dass er mit einer Einengung der Sprache nichts anfangen könne:

> Du kennst doch das Schiller'sche Gedicht »Spruch des Konfuzius«, und du weißt, dass ich da besonders die Zeilen liebe: »Nur die Fülle führt zur Klarheit, und im Abgrund wohnt die Wahrheit.« Die Fülle ist hier nicht nur die Fülle der Erfahrung, sondern auch die Fülle der Begriffe, der verschiedenen Arten, über unser Problem und über die Phänomene zu reden. Nur dadurch, dass man über die merkwürdigen Beziehungen zwischen den formalen Gesetzen der Quantentheorie und den beobachtbaren Phänomenen immer wieder mit verschiedenen Begriffen spricht, sie von allen Seiten beleuchtet, ihre scheinbar inneren Widersprüche bewusst macht, kann die Änderung der Struktur des Denkens bewirkt werden, die für ein Verständnis der Quantentheorie die Voraussetzung ist.
>
> Es wird doch zum Beispiel immer wieder gesagt, dass die Quantentheorie unbefriedigend sei, weil sie nur eine dualistische Beschreibung der Natur mit den komplementären Begriffen »Welle« und »Teilchen« gestatte … Die Quantentheorie ist ein so wunderbares Beispiel dafür, dass man einen Sachverhalt in völliger Klarheit verstanden haben kann und gleichzeitig doch weiß, dass man nur in Bildern und Gleichnissen von ihm reden kann. Die Bilder und Gleichnisse, das sind hier im wesentlichen die klassischen Begriffe, als auch »Welle« und »Korpuskel«. Die passen nicht genau auf die wirkliche Welt … Trotzdem kann man, da man bei der Beschreibung der Phänomene im Raum der natürlichen Sprache bleiben muss, sich nur mit diesen Bildern dem wahren Sachverhalt nähern.

Werner Heisenberg resümiert im Blick auf die in Bewegung geratenen Fundamente der modernen Naturwissenschaft:

> Dass wir die Bausteine der Materie, die ursprünglich als die letzte objektive Realität gedacht waren, überhaupt nicht mehr »an sich« betrachten können, dass sie sich irgendeiner objektiven Festlegung in Raum und Zeit entziehen und dass wir im Grunde immer nur unsere Kenntnis dieser Teilchen zum Gegenstand der Wissenschaft machen können. Das Ziel der Forschung ist also nicht mehr die Erkenntnis der Atome und ihrer Bewegung ›an sich‹, d.h. abgelöst von unserer experimentellen Fragestellung; vielmehr stehen wir von Anfang an in der Mitte der Auseinandersetzung zwischen Natur und Mensch, von der die Naturwissenschaft ja nur ein Teil ist, so dass die landläufigen Einteilungen der Welt in Subjekt und Objekt,

---

Friedrich Schiller: Sprüche des Konfuzius

Dreifach ist des Raumes Maß.
Rastlos fort ohn Unterlass
Strebt die Länge fort in's Weite;
Endlos gießet sich die Breite;
Grundlos senkt die Tiefe sich.

Dir ein Bild sind sie gegeben.
Rastlos vorwärts musst du streben,
Nie ermüdet stille stehn,
Willst du die Vollendung sehn;
Musst in's Breite dich entfalten,
Soll sich dir die Welt gestalten;
In die Tiefe musst du steigen,
Soll sich dir das Wesen zeigen.

Nur Beharrung führt zum Ziel,
Nur die Fülle führt zur Klarheit,
Und im Abgrund wohnt die Wahrheit.

Innenwelt und Außenwelt, Körper und Seele nicht mehr passen wollen und zu Schwierigkeiten führen. Auch in der Naturwissenschaft ist also der Gegenstand der Forschung nicht mehr die Natur an sich, sondern die der menschlichen Fragestellung ausgesetzte Natur, und insofern begegnet der Mensch auch hier wieder sich selbst.

Natürlich wissen wir, dass für uns die Wirklichkeit von der Struktur unseres Bewusstseins abhängt; der objektivierbare Bereich ist nur ein kleiner Teil unserer Wirklichkeit … In der Naturwissenschaft ist die zentrale Ordnung daran zu erkennen, dass man schließlich solche Metaphern verwenden kann wie ›die Natur ist nach diesem Plan geschaffen‹. Und an dieser Stelle ist mein Wahrheitsbegriff mit dem in den Religionen gemeinten Sachverhalt verbunden. Ich finde, dass man diese ganzen Zusammenhänge sehr viel besser denken kann, seit man die Quantentheorie verstanden hat. Denn in ihr können wir in einer abstrakten mathematischen Sprache einheitliche Ordnungen über sehr weite Bereiche formulieren; wir erkennen aber gleichzeitig, dass wir dann, wenn wir in der natürlichen Sprache die Auswirkungen dieser Ordnungen beschreiben wollen, auf Gleichnisse angewiesen sind, auf komplementäre Betrachtungsweisen, die Paradoxien und scheinbare Widersprüche in Kauf nehmen.«

Inzwischen hat die Quantentheorie zu einer Umkehrung der Rangordnung geführt. Während es bisher immer hieß, dass Materie Materie bleibt und deshalb so verlässlich sei, lautet die neue Erkenntnis nun: »Materie gibt es im Grunde gar nicht.« Hans-Peter Dürr (1929–2014) nennt die ursprünglichen Elemente der Quantenphysik »Beziehungen der Formstruktur«, die nicht Materie sind:

Wenn diese Nicht-Materie gewissermaßen gerinnt, zu Schlacke wird, dann wird daraus etwas ›Materielles‹. Oder noch etwas riskanter ausgedrückt: Im Grunde gibt es nur Geist. Aber dieser Geist ›verkalkt‹ und wird, wenn er verkalkt, Materie. Und wir nehmen in unserer klassischen Vorstellung den Kalk, weil er ›greifbar‹ ist, ernster als das, was vorher da war, das Noch-nicht-Verkalkte, das geistig Lebendige.

Diese Erkenntnis bedeutet für manche Physiker sogar eine Offenheit zur Transzendenz hin, die Hans-Peter Dürr »Hintergrund« nennt:
Die Sinnhaftigkeit des Lebens steckt für ihn »in dem System als Ganzem von Anfang an: Die Sinnhaftigkeit ergibt sich aus der Beziehung des Einzelnen, des nur konstruiert Abgetrennten, in Bezug auf den Hintergrund. In der Erfahrung dieser Beziehung begegnen wir dem Religiösen.«

---

*Was Gott ist, weiß man nicht:
er ist nicht Licht, nicht Geist,
Nicht Wahrheit, Einheit, Eins,
nicht was man Gottheit heißt.*

*Man kann den höchsten Gott
mit allen Namen nennen,
Man kann ihm wiederum
nicht einen zuerkennen.*

*Gott ist noch mehr in mir,
als wenn das ganze Meer
In einem kleinen Schwamm
ganz und beisammen wär.*

*Wer Gott um Gaben bitt't,
der ist gar übel dran:
Er betet das Geschöpf
und nicht den Schöpfer an.*

*Halt an, wo läufst du hin,
der Himmel ist in dir:
Suchst du Gott anderswo,
du fehlst ihn für und für.*

*Nichts ist, das dich bewegt,
du selber bist das Rad,
Das aus sich selbsten läuft
und keine Ruhe hat.*

Angelus Silesius

Schöpfung: Im Ei

Kurz vor Kopernikus' Tod im Jahre 1543 wurde seine Abhandlung über das heliozentrische Weltbild veröffentlicht, die er Papst Paul III. widmete. Widerstand dagegen kam anfangs nicht von Seiten der katholischen Kirche, sondern von protestantischen Reformern, für welche die Bibel die allein maßgebliche Autorität war. Erst zu Galileis Zeiten im frühen 17. Jahrhundert bezog die katholische Kirche entschiedene Abwehr gegen die kopernikanische These. Sollte sich die Erde tatsächlich bewegen, dann konnte sie nicht Mittelpunkt des Kosmos sein – was die Theologie bis dahin voraussetzte.

Als Galilei dann sein Fernrohr auf die Gestirne richtete und mit nachvollziehbaren Beobachtungen die kopernikanische Theorie bestätigte, wurde seine Forschung zu einer erregenden Sensation der europäischen Intelligenz. Nun bewog auch der offenbare Widerspruch zur Bibel die katholische Kirche, die jedem Augenschein widersprechende Theorie massiv zu bekämpfen und damit eine Distanz zu naturwissenschaftlichen Erkenntnissen zu entwickeln, die im Bereich der historisch-kritischen Forschung selbst heute noch nicht ganz überwunden ist.

Auf Galilei folgten Descartes und Newton, die einen Kosmos bar jeglicher Ziele und Zwecke beschrieben, eine kalte und unpersönliche Welt – und doch die reale Welt. Mit Darwin schließlich wurde der noch verbliebene Rest göttlichen Schöpfungsglanzes gelöscht: der Mensch erwies sich als besonders intelligentes und erfolgreiches Tier. Damit erfuhr das Selbstbild des Menschen eine letzte Entwertung seines sakralen Charakters – und noch haben Geistesgeschichte, Literatur und Kunst die Geburtswehen einer neuen Wirklichkeit nicht überwunden, um in einem integralen Bewusstsein alle Kenntnisse und Erfahrungen der Evolution innerlich und spirituell annehmen zu können.

Galilei oder Das Verhältnis von Wissenschaft und Glaube

Galilei geriet in dem Moment mit der Kirche in Konflikt, als ihm die Frage gestellt wurde: »Ist die Lehre von der Bewegung der Erde mit den biblischen Schriften in Einklang zu bringen?« Auf dem Konzil zu Trient war Jahre zuvor mit dem Blick auf Luther dekretiert worden, »dass fortan niemand, der eigenen Klugheit vertrauend, wagen dürfe, in Dingen des Glaubens und der zum Aufbau der christlichen Lehre gehörenden Sitten die Heilige Schrift nach eigenem Sinne zu verdrehen und auszulegen gegen den Sinn, den die Heilige Mutter Kirche angenommen hat und annimmt, sie, der es zukommt, über den wahren Sinn und die Auslegung der Heiligen Schrift zu entscheiden oder auch gegen die einmütige Übereinstimmung der Väter«.

Galilei verteidigte sich mit einer grundsätzlichen Abhandlung, an der er während des ganzen Frühjahrs 1615 gefeilt hatte. Er adressierte seine Stellungnahme an Christine von Lothringen, die in Florenz lebende Mutter seines Landesfürsten im Fürstentum Toscana. Er hoffte, dass seine Sicht dank der politischen und kirchlichen Verbindungen der Fürstenmutter größte Verbreitung fände, einerseits zu seiner eigenen Verteidigung, andererseits, um die Kirche, an der ihm lag, vor einem gravierenden Fehlurteil zu bewahren:

Wie Ihre Durchlaucht bestens wissen, entdeckte ich vor ein paar Jahren viele besondere Dinge am Himmel, die bis in unsere Zeit hinein kein Mensch je gesehen hat. Diese Dinge sind nicht nur neu; sie haben auch Auswirkungen, die den gemeinhin an den Universitäten vorgetragenen Naturlehren in mehrerlei Hinsicht widersprechen. Es entbrannten deshalb nicht wenige ihrer Professoren in Zorn wider mich – gerade so, als hätte ich diese Dinge mit eigener Hand am Himmel veranstaltet, um die Natur und die Wissenschaft auf den Kopf zu stellen...

Diese Männer kennen die Schlussfolgerungen, zu denen ich mit meinen astronomischen und physikalischen Studien hinsichtlich des Weltgefüges gekommen bin: dass die Sonne, ohne ihren Ort zu verlassen, im Zentrum der Himmelsbahnen steht und von der sich um ihre eigene Achse drehenden Erde umkreist wird. Sie wissen auch, dass ich diese Folgerungen nicht bloß damit begründe, dass ich die Argumente des Ptolemäus oder Aristoteles [für das erdzentrierte Weltbild] verwerfe, sondern indem ich viele Gründe für das andere [kopernikanische Weltbild] vorbringe... Sie alle widersprechen dem ptolemäischen Weltbild auf das deutlichste, stimmen aber umgekehrt mit dem kopernikanischen Weltbild überein und bestätigen es.

Vielleicht sind die Kritiker dadurch verwirrt, dass die Wahrheit von anderen meiner Arbeiten, mit denen ich mich ebenfalls von gängigen Lehren abgesetzt habe, anerkannt ist, und sie trauen sich

Michael Mathias Prechtl, Galileo Galilei, Brecht & Ei, 1982.

nun nicht mehr, auf dem Feld ihrer [aristotelischen] Wissenschaft gegen mich anzutreten. Jedenfalls trachten sie entschlossen danach, die Falschheit ihrer Reden unter einem Mantel angeblicher Religiosität und mit der Würde der Heiligen Schrift zu kaschieren, die sie auf ziemlich ungeschickte Weise zur Widerlegung von Argumenten heranziehen, die sie weder verstanden noch überhaupt je angehört haben ...

Als Grund, warum die Vorstellung einer bewegten Erde und einer unbewegten Sonne zu verdammen sei, nennen sie Folgendes: In der Bibel könne man an verschiedenen Stellen wörtlich lesen, dass sich die Sonne bewege und die Erde stillstehe; und da die Schrift weder irrt noch lügt, sei die Meinung all derer, die behaupten, die Sonne sei unbewegt und die Erde bewegt, notwendigerweise irrig und damit zu verdammen ... Doch muss man in jedem Fall bedenken, dass die heiligen Verfasser diese Stellen auf eine Weise formuliert haben, dass sie auch vom ziemlich ungebildeten und groben Volk angenommen werden können. Diejenigen aber, die sich verdient gemacht haben, sich aus der Menge zu erheben, brauchen weise Ausleger, die ihnen die wahre Bedeutung aufzeigen und ihnen auch im einzelnen erläutern ...

Meines Erachtens kann man daher mit sehr guten Gründen ableiten, dass die Heilige Schrift, wo immer sie es als passend erachtet, eine naturwissenschaftliche Aussage zu machen, ebendiesem Prinzip folgt, und zwar insbesondere dort, wo es nicht um naheliegende sondern um schwer verständliche Dinge geht. Denn sie wollte im Denken des einfachen Volkes nicht Verwirrung stiften ... Wer wollte daher mit aller Bestimmtheit behaupten, die Schrift habe, wo immer sie auch nur am Rande von der Erde, dem Wasser, der Sonne oder anderen Teilen der Schöpfung spricht, diese Rücksicht beiseite gelassen und sie wolle ausschließlich die offenkundigen und engen Wortbedeutungen gelten lassen? Dies insbesondere dort, wo sie von solchen Eigenschaften dieser Schöpfung spricht, die erstens mit den vordringlichen Zielen der Heiligen Schrift, nämlich Gottesglauben und Seelenheil, gar nichts zu tun haben und zweitens einem allgemeinen Verständnis kaum zugänglich sind.

Wo es um die Beantwortung von naturwissenschaftlichen Fragen geht, sollte man sich daher, wie ich meine, nicht in erster Linie auf die Autorität von Bibelstellen berufen, sondern auf Beobachtung und schlüssige Beweisführung ... Und umgekehrt sollte man das, was einem die Beobachtung hinsichtlich einer Naturerscheinung vor Augen führt oder was sich aus schlüssiger Herleitung ergibt, nicht gestützt auf Bibelstellen, hinter denen sich möglicherweise ein ganz anderer Sinn verbirgt, in Zweifel ziehen oder gar verdammen ...

Für mich ist undenkbar, dass derselbe Gott, der einem die Sinne, die Sprache und den Verstand gab, wollen könnte, man müsse auf deren Gebrauch verzichten, damit er uns auf anderem Wege die Kenntnisse geben kann, die wir doch eben dank diesen selber erlangen können. Dies würde ja bedeuten, dass wir bezüglich derjenigen Erscheinungen der Natur, die uns Beobachtung oder schlüssige Herleitung vor das Auge oder den Verstand führen, die Sinne und die Vernunft verleugnen müssten, und dies angeblich sogar in den Wissenschaften, von denen die Schrift nur ganz knapp und zudem verzettelt berichtet. Genauso verhält es sich nämlich bei der Astronomie: Über sie ist in der Bibel so wenig enthalten, dass man nicht einmal die Namen der Himmelskörper findet; es ist nur von der Sonne und dem Mond die Rede sowie ganz vereinzelt – unter der Bezeichnung »Morgenstern« – auch von der Venus. Wenn die heiligen Verfasser der Schriften denn tatsächlich im Sinn gehabt hätten, die Menschen die Ordnung und Bewegung der Himmelskörper zu lehren, und darüber hinaus auch gewollt hätten, dass sie dieses Wissen aus der Bibel holen, dann hätten sie, so meine ich, nicht bloß so wenig darüber geschrieben, nämlich praktisch nichts im Vergleich mit den unermeßlichen und staunenswerten Erkenntnissen, mit denen sich die Astronomie befasst und die sie aufzeigen kann ...

Zwei Wahrheiten können sich nicht widersprechen. Es ist deshalb die Aufgabe weiser Ausleger, die wahren Bedeutungen von Bibelstellen umfassend zu ergründen. Ohne Zweifel werden diese dann mit denjenigen Erkenntnissen der Naturwissenschaft übereinstimmen, über die wir durch sorgfältige Beobachtung oder schlüssige Herleitung bereits Klarheit und Gewissheit erlangt haben. Doch gilt es folgendes zu beachten: Erstens lässt die Bibel an vielen Orten auch Deutungen zu, die, wie ausgeführt, stark vom wörtlichen Sinn abweichen, und zweitens besteht keine Sicherheit, ob alle Ausleger auch wirklich über göttliche Eingebung verfügen – sonst gäbe es unter ihnen ja keinerlei Meinungsverschiedenheiten über die Bedeutung von Bibelstellen. Aus diesen Gründen scheint es mir ein

Der historische Tatbestand ist, dass Galilei kein Märtyrer wurde, weil er niemals einer sein wollte. Er war ein Mensch der Spätrenaissance, der das Leben genoss und genießen wollte, und der ein guter und treuer Katholik war, der niemals einen Konflikt mit seiner Kirche gesucht hat. Wahrscheinlich war er ein so guter Katholik und zugleich ein so guter Wissenschaftler, dass er klar einsah, dass das Martyrium ein Zeugnis für religiöse und ethische Überzeugungen ist und nicht für wissenschaftliche Wahrheit...

Was er wünschte, war, seine Kirche von einem Faktum zu überzeugen. Er wünschte sie davon zu überzeugen, dass die kopernikanische Auffassung richtig, wichtig und in keiner Weise dem katholischen Glauben zuwider sei. Um das zu erreichen, schrieb er Bücher, ließ er Leute durch Fernrohre sehen, führte er Gespräche mit Kardinälen und dem Papst. Als sein Buch verurteilt wurde, war er bereit, es zu »verbessern«, und als er zum Abschwören gezwungen wurde, hasste er die Menschen, die ihn in diese Lage gebracht hatten, und sprach von ihnen später nie anders als mit kalter Verachtung; aber wir haben keine Andeutung, dass er jemals daran gezweifelt hätte, dass er, wenn diplomatische Mittel ihn nicht retten könnten, sich ins Unvermeidliche ergeben und den Eid gegen Kopernikus leisten würde. Es ist völlig gewiss, dass er in diesem Augenblick dachte: »eppur si muove«, »und die Erde bewegt sich doch«; es dürfte ebenso gewiss sein, dass er die Worte nicht ausgesprochen hat, denn er war kein Narr.

Carl Friedrich von Weizsäcker

Die Kirche hätte auf Galilei auch anders reagieren können, als sie es letztlich tat. Nur selten in ihrer Geschichte hat die christliche Religion so unnachgiebig versucht, eine wissenschaftliche Theorie aufgrund ihrer offenbaren Widersprüche zur Bibel zu unterdrücken. Wie Galilei selber betonte, war die Kirche seit langem daran gewöhnt, allegorische Interpretationen der Bibel gutzuheißen, wann immer letztere im Widerspruch zu wissenschaftlichen Beweisen zu stehen schien ... Zudem war das Genie Galileis auch bei vielen kirchlichen Autoritäten anerkannt, einschließlich mehrerer jesuitischer Astronomen im Vatikan. Der Papst, selbst ein Freund Galileis, war begeistert, als dieser ihm das Buch Assayer widmete, in dem die neue wissenschaftliche Methode umrissen wurde. Und sogar Kardinal Bellarmin, der Chefideologe der Kirche, der am Ende die Entscheidung traf, den Kopernikanismus für »falsch und irrig« zu erklären, hatte zuvor geschrieben:

»Wenn es einen wirklichen Beweis gäbe, dass die Sonne der Mittelpunkt des Universums ist, dass die Erde sich im dritten Himmel befindet und dass die Sonne sich nicht um die Erde, sondern die Erde sich um die Sonne dreht, dann müssten wir mit großer Behutsamkeit jene Passagen der Heiligen Schrift erklären, die das Gegenteil zu lehren scheinen, und wir sollten eher zugeben, sie nicht richtig verstanden zu haben, als dass wir eine Meinung für falsch erklären, die bewiesenermaßen wahr ist.«

Die dennoch getroffene Entscheidung fügte der intellektuellen und spirituellen Integrität der Kirche einen irreparablen Schaden zu. Die formale Festlegung des Katholizismus auf eine unbewegliche Erde untergrub auf nachhaltige Weise ihr Ansehen und ihren Einfluss auf die europäische Intelligenz. Die Kirche behielt zwar in den folgenden Jahrhunderten weitgehend ihre Macht und auch die Loyalität der Gläubigen, doch konnte sie kaum länger den Anspruch aufrechterhalten, für das Streben des Menschen nach einer umfassenden Erkenntnis des Universums zu stehen.

Richard Tarnas

dringendes Gebot der Klugheit, nicht zuzulassen, dass sich jemand der Schrift bedient und bestimmte naturwissenschaftliche Aussagen in sie hineindeutet, deren angebliche Wahrheit jederzeit durch die Beobachtung oder eindeutige und zwingende Beweise widerlegt werden kann. Wer will dem menschlichen Geist Grenzen setzen? Wer möchte denn behaupten, alles, was es auf dieser Welt zu sehen und zu wissen gibt, sei bereits entdeckt und erkannt? ...

Wenn ich hier offen reden darf: Man sollte der Bibel zu höherer Zierde und Würde verhelfen und dafür besorgt sein, dass oberflächliche und gemeine Schreiber ihren Zusammenreimungen, zumeist leeren Hirngespinsten, nicht mit Bibelzitaten Glaubwürdigkeit verleihen können, die sie zu allem Unglück oft noch so auslegen oder, genauer gesagt, zurechtbiegen, dass sie mit den wirklichen Absichten der Heiligen Schrift nichts mehr zu tun haben ... Da sie den wahren Sinn der Schrift nicht erkannt haben, würden solche Schreiber, wenn sie denn die Macht dazu hätten, andere zweifellos zwingen, Ansichten für wahr zu halten, die der Vernunft und den Sinnen offensichtlich widersprechen. Gott möge verhindern, dass solcher Missbrauch Wurzeln schlagen und Nachahmung finden kann; sonst würden binnen kurzem alle sich auf logische Ergründung stützenden Wissenschaften untersagt ...

Zu diesen unverständigen Autoren will ich gewisse Autoren nicht zählen, die ich als Männer von hoher Gelehrsamkeit und sehr heiliger Lebensführung ansehe und daher hoch achte und bewundere. Aber ich kann nicht leugnen, auch bei ihnen Vorbehalte zu haben, von denen ich mich gerne befreit sähe: Sie meinen nämlich, sie müssten sich in naturwissenschaftlichen Auseinandersetzungen überhaupt nicht mit den Vernunft- und Erfahrungsgründen befassen, sondern könnten – auch wenn sie jenen damit widersprechen – allein die Meinung als wahr anerkennen, die sie am besten mit einer Bibelstelle übereinstimmend ansehen; und kraft der Autorität der Schrift hätten sie dann auch das Recht, anderen diese Meinung aufzuzwingen ...

Zur Begründung und Bestärkung ihrer Haltung führen sie an, die Theologie sei eben die Königin aller Wissenschaften und müsse sich in keinerlei Hinsicht Lehren beugen, die weniger würdig und ihr untergeordnet seien. Vielmehr müssten sich diese nach ihr als der höchsten Herrin richten und alle Erkenntnisse gemäß den Vorgaben und Lehren der Theologie anpassen oder ändern. Sie gehen sogar so weit, von den Vertretern dieser [angeblich] untergeordneten Wissenschaften zu verlangen, sie müssten – ohne die Theologen und Schriftgelehrten zu behelligen – ihre durch Beobachtung oder logische Herleitung nachgewiesenen Erkenntnisse selber für null und nichtig erklären und ihren eigenen Experimenten Irrtümer unterstellen, sofern sich in den Schriften eine mit diesen Erkenntnissen nicht übereinstimmende Stelle finde. Denn, wie gesagt, die Würde verbiete es der Theologie, sich zur Untersuchung von Irrtümern in untergeordneten Wissenschaften hinabzulassen. Ihr genüge es vielmehr, die Wahrheit von Erkenntnissen kraft oberster Autorität und kraft der Gewissheit ihrer Unfehlbarkeit festzulegen ...

Aber ganz abgesehen davon, ist es schlicht ein Ding der Unmöglichkeit, von Gelehrten der Astronomie zu verlangen, sie müssten sich vor den Resultaten ihrer eigenen Beobachtungen und Beweisgänge in acht nehmen und diese als Täuschungen und Spitzfindigkeiten darstellen. Denn damit befähle man ihnen nicht nur, nicht zu sehen, was sie sehen, und nicht zu wissen, was sie wissen, sondern mit ihren Forschungen sogar das Gegenteil von dem zu beweisen, was sie tatsächlich in Händen haben ...

Ich möchte doch die sehr klugen geistlichen Väter bitten, sich mit aller gebotenen Sorgfalt zu überlegen, welches denn der Unterschied ist zwischen einer Lehre, die auf bloßen Überlegungen gründet, und einer, die experimentell nachgewiesen werden kann. Wenn sie sich die Beweiskraft schlüssiger Folgerungen vor Augen halten, müssen sie doch klar erkennen, dass man die in den experimentellen Wissenschaften gewonnenen Einsichten nicht nach ihrem Wunsch zurechtbiegen kann ... Es ist nun einmal nicht dasselbe, ob man einen Mathematiker oder Naturwissenschaftler von ihren Überzeugungen abbringen oder einen Kaufmann oder Rechtsgelehrten umstimmen will; denn nachgewiesene Erkenntnisse über Vorgänge in der Natur oder am Himmel lassen sich mitnichten so leicht ändern wie die Ansicht darüber, ob nun bei einem Vertrag oder bei den Steuern oder bei einem Wechselgeschäft das oder jenes zulässig sein soll ...

Galilei konnte die mit seinem Brief verbunden Ziele nicht erreichen. Zwar wurde das gegen ihn angesetzte Inquisitionsverfahren nach einem Jahr wieder eingestellt, doch verfügte die Kirche am 5. März 1616 das Verbot der kopernikanischen Lehre. Siebzehn Jahre später, nachdem sich auch Papst Urban VIII. (1623–1644) auf die Seite seiner Widersacher geschlagen und ein zweites Inquisitionsverfahren gegen ihn eröffnet hatte, entging Galilei der Ketzerstrafe und damit dem Scheiterhaufen nur um den Preis seines Widerrufs. Er wurde zu lebenslänglichem Hausarrest verurteilt.

Vielleicht wird man sich darüber wundern, dass ich ... auf den Fall Galilei zurückkomme. Ist dieser Fall denn nicht längst abgeschlossen, und sind die begangenen Irrtümer nicht längst anerkannt?

Gewiss stimmt das. Doch die diesem Fall zugrundeliegenden Probleme betreffen sowohl die Natur der Wissenschaft wie die der Glaubensbotschaft. Es ist daher nicht auszuschließen, dass wir uns eines Tages vor einer analogen Situation befinden, die von beiden Teilen ein waches Bewusstsein vom eigenen Zuständigkeitsbereich und seinen Grenzen erfordern wird ... Merkwürdigerweise zeigte sich Galilei als aufrichtig Glaubender in diesem Punkte weitsichtiger als seine theologischen Gegner ...

Es ist eine Pflicht der Theologen, sich regelmäßig über die wissenschaftlichen Ergebnisse zu informieren, um eventuell zu prüfen, ob sie diese in ihrer Reflexion berücksichtigen oder ihre Lehre anders formulieren müssen.

Ausgehend vom Zeitalter der Aufklärung bis in unsere Tage, hat der Fall Galilei eine Art Mythos gebildet, in dem das dargelegte Bild der Ereignisse von der Wirklichkeit weit entfernt war ... Dieser Mythos hat in der Kultur eine erhebliche Rolle gespielt und dazu beigetragen, zahlreiche Männer der Wissenschaft in gutem Glauben denken zu lassen, der Geist der Wissenschaft und ihre Ethik der Forschung auf der einen Seite sei mit dem christlichen Glauben auf der anderen Seite unvereinbar. Ein tragisches gegenseitiges Unverständnis wurde als Folge eines grundsätzlichen Gegensatzes von Wissen und Glauben hingestellt. Die durch die jüngeren historischen Forschungen erbrachten Klärungen gestatten uns nun die Feststellung, dass dieses schmerzliche Missverständnis inzwischen der Vergangenheit angehört.

Papst Johannes Paul II.
Ansprache am 31. Oktober 1992

Gertrud von le Fort: Kann etwas Wahrheit sein, wenn es dem Glauben widerspricht?

Vom »Tor des Himmels« aus, einem hoch gelegenen Zimmer, beobachtet ein junger Deutscher zusammen mit der heimlich geliebten Diana, einer Schülerin Galileis als auch Nichte eines römischen Kardinals, die Mediceischen Sterne. Bei deren Anblick kommen Diana Zweifel am Glauben:

Es war der Augenblick, da sich für uns beide das alte Weltbild endgültig auflöste, in lautlosem Sturz zerfiel – was sage ich zerfiel? Es hatte ja in Wirklichkeit niemals bestanden. Die Erde, dieser Schauplatz eines göttlichen Erlösungsdramas, sie befand sich nicht im Mittelpunkt der Welt, sie war ein kleiner, einfacher Planet, der mit seinem einen Mond demütig um die Sonne kreiste, wie der Jupiter mit seinen »Mediceischen Sternen«. Eine jahrtausendealte Täuschung flog auf wie ein vom Feuer ergriffener leichter Vorhang, und wir stürzten mit beiden Augen, nein mit allem, was wir bisher gedacht und glaubt hatten, in die nackte Unendlichkeit des Weltenraums.

Plötzlich schrie Diana auf – war es ein Schrei des Entzückens oder des Entsetzens? Dieser Schrei ließ sich in keine Bestimmung pressen, es war ganz einfach der Laut des Unaussprechlichen, das wir erfuhren. Gleich darauf ergriff sie meine beiden Hände – es war das erste Mal, dass wir einander berührten.

»So ist es also wahr, mein Freund«, rief sie außer sich, »so ist es also wahr! Unser Glaube hat keine Stätte mehr im All, es gibt nur noch die ewigen Gesetze und uns selbst!« Im nächsten Augenblick lag sie in meinen Armen, die Brust an meine Brust gedrängt, vor der Unendlichkeit des Raumes zu mir geflüchtet und an mich geklammert. Und nun war es mir plötzlich, als habe sich die Unendlichkeit des Raumes in die Unendlichkeit meiner anbetenden Liebe verwandelt, hätte ihren erschreckenden Namen mit einem beseligenden vertauscht, und ich müsste mich jubelnd und schluchzend zu meinem Untergang in dem geliebten Wesen bekennen.

Aber schon hatte sich Diana wieder aufgerichtet. Sie strich sich mit beiden Händen über das verwirrte Haar und sah mich mit einem Blick an, in dem etwas von der Unerbittlichkeit der ehernen Himmelsgesetze lag. »Oh, mein Freund, mein lieber Freund«, sagte sie feierlich, »jetzt ist es entschieden: Der Meister wird verurteilt werden, er ist verloren.« Dabei fasste sie mich an den Schultern wie einen, der aus Traumbefangenheit erwachen soll. Langsam drangen ihre Worte in mich ein, aber sie waren mir ganz unverständlich. Denn hatten wir nicht eben gemeinsam die Wahrheit des neuen Welt- und Himmelsbildes mit höchster Klarheit erkannt – wie konnte denn der Meister verurteilt werden, wenn dieses Bild doch Wahrheit bedeutete? Ich glaubte im Gegenteil zu wissen, dass er nie mehr

---

Eine Religion, die der Vernunft unbedenklich den Krieg ankündigt, wird es auf die Dauer gegen sie nicht aushalten.

Immanuel Kant

Eine Religion, die Glaube und Vernunft nicht in einen Gegensatz rückt, muss sich niemals gegen neue Erkenntnis wehren, auch dann nicht, wenn diese auf den Marktplatz getragen wird. Und einer Verabsolutierung wissenschaftlicher Erkenntnis, wie sie im Gefolge der Aufklärung stattfand, kann auch eine »Verdummung durch Unglauben« (Jan Ross) gegenübergestellt werden.

Beide Seiten haben Anlass, ihr Selbstverständnis zu korrigieren: die Wissenschaften, über ihren empirischen Rahmen hinaus für geistige und kontemplative Erfahrungen offen zu bleiben, die im wissenschaftlichen System unzugänglich sind; die Religion, sich auf das zu besinnen, was ihr wirkliches Proprium ist und das nur sie besitzt: die Kontemplation.

unterliegen könne, sondern dass seine Richter bereits unterlegen waren. Ich sagte ihr das auch.

Sie streichelte mir zärtlich Haare und Stirn, so wie man ein Kind streichelt, aber ihre Augen verloren nichts von ihrer Unerbittlichkeit. »Eben weil es Wahrheit ist, wird er verurteilt werden«, sagte sie sehr leise. »Er muss verurteilt werden – haben wir denn nicht eben selbst erfahren, dass in der Unermesslichkeit da droben kein Platz mehr für den Gott unseres Glaubens ist? Oder kannst du dir vorstellen, dass für die Geschöpfe unseres winzigen Sterns Gottes Sohn vom Himmel stieg? Aber die Kirche kann dies nicht zugeben, sie darf es nicht zugeben, denn« – noch leiser, fast flüsternd – »es ist ja zu furchtbar!« Sie schüttelte sich vor Entsetzen. »Wir haben keinen Gott mehr, der sich um uns kümmert, wir haben nur noch uns selbst!« Und dann, fast beschwörend: »Nur noch uns selbst, nur noch uns selbst! Hinfort muss der Mensch dem Menschen alles sein! Aber was ist denn der Mensch, und was wird künftig aus ihm werden?«

Doch nun packte auch mich das Entsetzen, es begann mir vor den Worten der Geliebten zu grauen. Ich war aus einem strenggläubigen Elternhaus und allezeit fromm gewesen (nun ich es nicht mehr bin, darf ich es ja ohne Rühmen sagen), es wäre mir niemals in den Sinn gekommen, das neue Weltbild, das am Horizont meiner Wissenschaft aufgestiegen war, könne dem Glauben schaden – auch mein deutscher Meister war ja allezeit ein frommer Christ geblieben.

»Diana«, rief ich außer mir, »wie vermagst du nur so furchtbare Worte zu sprechen! Du reichst ja der Kirche selbst die Gründe zur Verurteilung des Meisters dar, Gründe, die ihr doch der Meister selbst niemals reichte. Dein Oheim hat der Kirche stets gezeigt, dass man die neue Wissenschaft bekennen und gleichwohl ein Christ sein kann.« »Der Meister täuscht sich«, beharrte sie, »allein die Kirche wird sich nicht täuschen lassen – sie muss den Meister verurteilen – es gibt keine Rettung für ihn, außer er widerruft.«

Ich entsetzte mich abermals. »Das wird der Meister niemals tun«, rief ich, »dieser Verrat würde ihn ja die ewige Seligkeit kosten!«

Sie lächelte geheimnisvoll. Ihre Augen, von der Größe der Erkenntnis weit geöffnet, waren nachtblau wie die Flut der Himmelsfernen. »Es gibt keine ewige Seligkeit mehr, mein kleiner Freund«, hauchte sie, »aber es gibt auch kein höllisches Feuer mehr – es gibt nur noch das Feuer, mit dem sie Giordano Bruno verbrannt haben.«

Den Schülern Galileis wird geraten, unverzüglich in ihre Heimatländer zurückzukehren. Der Kardinal hat jedoch seine Nichte Diana zu ihrem Schutz zu sich nach Rom beordert. Der Ich-Erzähler, Dianas Freund, folgt ihr nach Rom. Dort wird er an der Tafel des Kardinals von einem Gast verhört. Erst nach diesem »Gespräch« erfährt er, dass er dem Zensor des Heiligen Offiziums gegenüber saß:

Gertrud von le Fort (1876–1971) stammte aus einem hugenottischen Adelsgeschlecht. Sie studierte evangelische Theologie, Geschichte, Kunstgeschichte, Literatur und Philosophie, unter anderem als Schülerin des Religionsphilosophen Ernst Troeltsch, dessen *Glaubenslehre* sie nach eigenen Mitschriften seiner Heidelberger Vorlesungen 1925 herausgab. Bereits in diesen Jahren suchte sie, von der katholischen Kirche angezogen, in ihren religionsphilosophischen Studien Klärung der eigenen konfessionellen Zugehörigkeit. Sie veröffentlichte den Gedichtzyklus *Hymnen an die Kirche* (1924) und konvertierte 1926 in Rom zur katholischen Kirche. Gertrud von le Fort wird als deutsche Vertreterin des Renouveau catholique gesehen.

SCHÖPFUNG: IM EI

Bei Friedrich Nietzsche ist zu lesen: »Ich nenne Lüge Etwas nicht sehn wollen, das man sieht, Etwas nicht so sehn wollen, wie man es sieht ... Die gewöhnlichste Lüge ist die, mit der man sich selbst belügt.« Das geschieht nun freilich in der vollen Breite des etablierten Dogmatismus. Gegen historische Belege ist nicht dogmatisch anzugehen, falls man sich nicht selbst jeder Glaubwürdigkeit behoben will, wovor Kierkegaard warnt: »Nimm ein Bild: Wenn ein Mann daherkommt und die jämmerlichste Mähre von einem Pferd zieht, so ist nichts Lächerliches darin, dass er sagt, es sei ein Pferd. Wenn er dagegen mit einer Kuh kommt und sagt, es sei ein Pferd, so ist das lächerlich. Es hilft gar nichts, ob er auch willig ist einzuräumen, dass es ein mäßiges Pferd sei. Nein, nein, es ist eine Kuh.«

Solange aber in der Kirche göttliche Offenbarung und definierte Glaubensaussagen gegen historische und naturwissenschaftliche Fakten in Anspruch genommen werden, erwartet die »Mutter Kirche« weiterhin, die Kuh ein Pferd zu nennen.

Eines Tages, als ich wieder einmal zur Tafel des Kardinals befohlen worden war, bemerkte ich unter den Gästen – es waren lauter hohe Prälaten – einen fast ärmlich gekleideten, äußerst asketisch wirkenden Priester. Ich hielt ihn für einen jener sehr armen Geistlichen ohne Pfründe, von denen Rom wimmelte und den der Kardinal vermutlich aus Mitleid eingeladen hatte. Er verzehrte still sein Mahl und nahm mit keinem Wort an der Tischunterhaltung teil, die sich wieder dem bekannten Thema zugewandt hatte. Doch fiel mir auf, dass heute eine etwas andere Stimmung herrschte als sonst – eine leicht beklommene, deren Herkunft mir dunkel war.

»Gut«, sagte einer der Prälaten zu mir, »ich pflichte Ihnen bei, der Schöpfungsglaube kann durch das neue Weltbild noch an Majestät und Herrlichkeit gewinnen. Wie aber steht es denn um die Erlösung? Ist es denkbar, dass Gott seinen eingeborenen Sohn auf dieses arme kleine Erdensternlein sandte, das euer Meister lehrt?« Ich erwiderte: »In der Erlösung offenbart sich Gott im Menschen, der Erlösungsglaube kann von den Himmelskörpern her niemals erschüttert werden, er könnte nur erschüttert werden, wenn der Mensch versagt.«

Bei diesen Worten hob der schweigende Asket den Kopf: »Da habt Ihr recht, junger Mann«, sagte er, »allein der Mensch ist schwach – er sollte sich nicht unterfangen, Gott um Geheimnisse zu befragen, die Seine Weisheit uns verhüllt.« Er sagte das mit einer leisen, ja geradezu gebrechlichen Stimme, dennoch hörten alle anderen augenblicklich auf zu sprechen, es war fast, als hielten sie den Atem an.

»Wir befragen nicht Gott«, erwiderte ich, »wir befragen die Natur.«

»Die Natur«, entgegnete der Asket, »ist eine Heidin. Der große Meister Aristoteles wusste mit ihr umzugehen. Wir haben Grund, ihm dankbar zu sein, denn wohin kämen wir, wenn jedermann sich unterfangen wollte, auf eigene Faust zu forschen. Es hat einmal einer vor hundert Jahren die Bibel selbstständig befragt, und es ist die Spaltung der Kirche herausgekommen. Nun, ich fürchte, jetzt wird eine Spaltung zwischen der Welt Gottes und der Welt des Menschen herauskommen. Habt Ihr, junger Mann, denn niemals Furcht, dass Ihr betrogen werdet?«

Ich erwiderte: »Unsere Apparate und Instrumente sind lauter, sie betrügen uns nicht, sie haben weder Furcht noch Ehrgeiz, sie sprechen die Wahrheit.«

»Aber ihre Antworten stehen mit der Heiligen Schrift im Widerspruch«, ließ sich der Asket vernehmen. Es heißt in der Bibel: Sonne stehe still im Tal von Gideon – und nicht – Erde stehe still.«

»Wie das gemeint ist, verstehe ich nicht«, sagte ich ehrlich, »die Bibel ist kein Lehrbuch der Naturwissenschaft. Ich weiß, dass Gott der Herr der Schöpfung ist und bleibt, gleichviel, was ich von ihr erkenne oder nicht erkenne.

»Bravo«, rief der Kardinal, »einer solchen Jugend wird das neue Weltbild nicht gefährlich werden!« Er wandte sich bei diesen Worten dem Asketen zu.

»Und wenn es ihr zunächst gefährlich würde«, rief ich leidenschaftlich, »müsste man der Wahrheit nicht dennoch die Ehre geben?«

Nun zog der Kardinal zurück. »Ja, das ist eben die große Frage«, meinte er zögernd, »nur stellt sie sich ein wenig anders dar: Kann etwas Wahrheit sein, wenn es dem Glauben widerspricht?«

Ich wollte erwidern: »Kann etwas dem Glauben widersprechen, wenn es Wahrheit ist?« Aber nun mischte sich wieder der Asket ein: »Was Wahrheit ist, stellt die Heilige Kirche fest«, sagte er, indem er mich scharf anblickte, worauf ich schwieg und die ganze Gesellschaft ehrfürchtig verstummte.

Der Ungläubige glaubt mehr, als er meint, der Gläub'ge weniger, als ihm scheint.

Franz Grillparzer

Nikos Kazantzakis: Woher wir kommen? Wohin wir gehen?

Unser Physiklehrer hatte uns in diesem Jahr zwei fürchterliche Geheimnisse enthüllt, die meine Seele erschütterten. Nie, glaube ich, sind diese beiden Wunden gänzlich geheilt.

Das erste Geheimnis war dies: Die Erde ist nicht, wie wir dachten, das Zentrum des All; Sonne und Sternenhimmel kreisen nicht unterwürfig um unsere Erde; unser Planet ist nichts anderes als ein kleiner, unbedeutender Stern, in die Milchstraße hineingeworfen, und bewegt sich in knechtischer Unterwürfigkeit um die Sonne. Die königliche Krone war vom Haupt unserer Mutter Erde gestürzt.

Traurigkeit und Empörung ergriffen mich; zusammen mit der Mutter sind nun auch wir von der Vorrangstellung im Himmel herabgestürzt. Unsere Erde steht also nicht als unbewegliche Herrin inmitten des Himmels, damit um sie die Sterne respektvoll kreisen, sondern sie kreist erniedrigt, ewig verfolgt, zwischen den großen Flammen im Chaos. Wohin geht sie? Dahin, wohin man sie treibt. Gebunden an ihre Herrin, die Sonne, folgt sie ihr. Auch wir, gebunden, auch wir Sklaven, folgen. Und die Sonne, auch sie, gebunden, ist eine Folgsame. Wem folgt sie?

Warum dann die Märchen, die uns die Lehrer, ohne sich zu schämen, erzählten, dass Gott Sonne und Mond als Schmuck der Erde geschaffen und über uns den Sternenhimmel wie einen Lüster gehängt habe, auf dass er uns leuchte?

Das war die erste Wunde; und die zweite: Der Mensch ist nicht ein verwöhntes, privilegiertes Geschöpf Gottes; Gott hauchte ihm nicht seinen Atem ein, schenkte ihm keine unsterbliche Seele; er ist nur ein Glied in der endlosen Kette der Tiere, Enkel, Urenkel des Affen.

Nikos Kazantzakis (1883–1957) wurde im damals osmanisch besetzten Kreta geboren. Sein Vater kämpfte noch gegen die türkischen Besatzer. Nach dem mit »sehr gut« abgeschlossenen Studium in Athen erlaubte ihm sein strenger Vater eine dreimonatige Reise durch Griechenland, die ihn nachhaltig prägte. Später studierte er in Paris und beschloss diese Zeit mit einer Dissertation über Friedrich Nietzsche.

Es folgten unstete Jahre in Deutschland, Österreich, der Schweiz, Russland, China, Japan, Italien, Ägypten, Palästina und Spanien. Er arbeitete als Journalist, Auslandskorrespondent, Übersetzer und Autor. Er begeisterte sich für die Ideen des Kommunismus, schrieb Artikel in der Prawda. Seine politischen Aktivitäten führten in Griechenland sogar kurzfristig zu seiner Verhaftung. Vom Kommunismus wandte er sich nach einiger Zeit enttäuscht ab. Kazantzakis hat sich in seinem Leben für viele Ideale leidenschaftlich eingesetzt. Die orthodoxe wie die katholische Kirche verurteilten ihn aufgrund seiner als ketzerisch empfundenen Bücher. Rom setzte *Die letzte Versuchung Christi* 1954 auf den Index. Dies machte Kazantzakis endgültig weltbekannt. In seinen letzten, schon von Krankheit gezeichneten Lebensjahren schrieb Kazantzakis den autobiografischen Roman *Rechenschaft vor El Greco* sowie *Mein Franz von Assisi*. 1956 verlieh ihm der Weltfriedensrat in Wien den Internationalen Friedenspreis für das Jahr 1955.

Darwin-Karikatur in einem Satire-Magazin, 1871.

Sigmund Freud benannte drei große, narzisstische Kränkungen der (westlichen) Menschheit durch ihren eigenen Zugewinn an Erkenntnis:

1543 bescherte Kopernikus den Zeitgenossen eine kosmologische Kränkung: dass die Erde nicht Mittelpunkt des Kosmos ist, vielmehr als kleiner Planet um die Sonne kreist. Die spätere Wahrnehmung der milliardenfachen Galaxien mit jeweils milliardenfachen Sonnen verstärkte diese irritierende Kränkung.

1859 verursachte Darwin die biologische Kränkung: Menschen haben sich aus Tieren entwickelt, vom Einzeller bis zu den Primaten. Affen, nicht »Adam und Eva« sind unsere Vorfahren.

1895 legte Freuds psychoanalytische Erkenntnis dar, wie das Unbewusste einen großen Teil menschlichen Fühlens, Denkens und Handelns bestimmt. Das Ich ist nicht Herr im eigenen Haus.

Und wenn man unsere Haut, unsere Seele ein bisschen kratzt, wird man darunter unsere Ahnen, den Affen finden.

Meine Bitterkeit und meine Empörung waren unerträglich; ich irrte allein auf den Küstenstraßen oder zwischen den Feldern umher, ich eilte dahin, auf dass ich müde werde und vergesse; doch ich konnte nicht vergessen. Ich lief und fragte, barhäuptig mit offenem Hemdkragen, weil ich innerlich barst. Warum täuschte man uns so viele Jahre lang? fragte ich mich und lief weiter; warum errichtete man uns Menschen und unserer Mutter, der Erde, königliche Throne und stürzte uns dann herab? So ist also die Erde unbedeutend wie auch wir Menschen, und es kommt eines Tages dahin, dass wir alle untergehen? Nein, nein, rief es in mir, nein, das nehme ich nicht hin; wir müssen mit der Faust auf unser Schicksal schlagen, so lange, bis wir uns eine Tür auftun, uns retten!

Ich habe es nicht ertragen können; eines Abends suchte ich den Physiklehrer, der uns diese fürchterlichen Geheimnisse enthüllt hatte, auf. Er war ein bleicher, wortkarger, giftiger Mann mit kalten Augen und schmalen Lippen voller Ironie. Er war sehr klug, sehr böse, seine Stirn niedrig, und seine Haare reichten fast bis zu den Augenbrauen; er glich wahrlich einem kranken Affen. Ich fand ihn in einem wackligen Sessel sitzen und lesen. Er sah mich an. Er spürte wohl meine Aufregung, denn er lächelte sarkastisch.

»Warum kommst du her?«, fragte er. »Du wirst sicher etwas Wichtiges mitzuteilen haben.«

»Entschuldigen Sie, dass ich Sie störe«, sagte ich keuchend, »aber ich will die Wahrheit wissen.«

»Die Wahrheit«, sagte der Professor ironisch, »nichts weiter? Du verlangst ein bisschen viel, junger Mann. Welche Wahrheit?«

»Wie Er einen Erdenkloß nahm, hauchte ...«

»Wer?«

»Gott.«

Ein böses Lachen, trocken, hart, kam von den schmalen Lippen.

Ich wartete, doch der Professor hatte ein Schächtelchen aufgemacht, nahm ein Bonbon und lutschte.

»Sie antworten mir nicht, Herr Professor?«, wagte ich zu fragen.

»Ich werde dir Antwort geben«, antwortete er und rollte das Bonbon im Mund.

Es verging einige Zeit.

»Wann?«, wagte ich wieder zu fragen.

»Nach zehn Jahren, vielleicht auch zwanzig, wenn dein Horchen ein Hirn sein wird; jetzt ist es noch zu früh. Geh!«

Ich wollte schreien: »Erbarmen, Herr Professor, sagen Sie mir die Wahrheit, die ganze Wahrheit! Doch mein Hals war wie zugeschnürt.

»Geh!«, sagte abermals der Professor und wies zur Tür.

Beim Hinausgehen traf ich an einer Straßenecke den Archimandriten, der uns Religion lehrte. Er war gutmütig, dicklich, schwerhörig, kurzum ein Heiliger. Er liebte mit Leidenschaft seine alte Mutter, die in einem entlegenen Dörfchen lebte, und erzählte uns oft mit vor Ergriffenheit feuchten Augen, dass er sie im Traum sehe. Er besaß wenig Hirn, und das war sicherlich durch ein übermäßig enthaltsames Leben wässerig geworden. Jedesmal, wenn der Unterricht zu Ende ging und es läutete, blieb er auf der Schwelle stehen, wandte sich um und sagte mit weicher, bittender Stimme:

»Vor allem, meine Kinder, müsst ihr euer Geschlecht fortpflanzen!« Wir brachen dann in Lachen aus und riefen laut, dass er es hörte: »Keine Sorge, keine Sorge, Herr Professor, keine Sorge!«

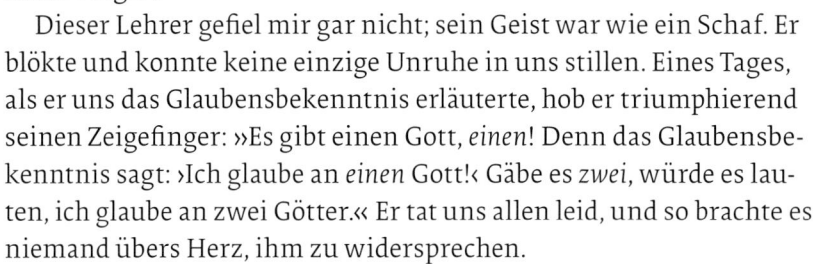

Dieser Lehrer gefiel mir gar nicht; sein Geist war wie ein Schaf. Er blökte und konnte keine einzige Unruhe in uns stillen. Eines Tages, als er uns das Glaubensbekenntnis erläuterte, hob er triumphierend seinen Zeigefinger: »Es gibt einen Gott, *einen*! Denn das Glaubensbekenntnis sagt: ›Ich glaube an *einen* Gott!‹ Gäbe es *zwei*, würde es lauten, ich glaube an zwei Götter.« Er tat uns allen leid, und so brachte es niemand übers Herz, ihm zu widersprechen.

Am nächsten Tag aber konnte ich nicht länger an mich halten; er lehrte uns, dass Gott allmächtig sei. Da erhob ich mein Tintenfass. »Herr Professor, kann Gott bewirken, das dieses Tintenfass überhaupt nicht geschaffen ist?«

Der arme Archimandrit überlegte einen Augenblick, sein Gesicht wurde feuerrot, er bemühte sich, eine Antwort zu finden; schließlich ergriff er die Schachtel mit den Losen und warf sie mir ins Gesicht.

»Das ist keine Antwort«, sagte ich mit überheblichem Ernst.

Er verbot mir drei Tage den Besuch der Schule, und am selben Abend erschien er bei meinem Vater.

»Dein Sohn ist frech«, sagte er zu ihm. »Mit diesem Jungen wird es kein gutes Ende nehmen. Du musst die Zügel anziehen.«

»Was hat er getan?«

»Dies und jenes.« Der Archimandrit erzählte ihm alles; und Vater zuckte die Achseln:

Takis Kalmouchos, Porträtzeichnung von Nikos Kazantzakis, 1928.

SCHÖPFUNG: IM EI

Letztlich bleibt die Endlichkeit des Seins die größte narzisstische Kränkung: Alles vergeht.

Windhauch, Windhauch, sagte Kohelet, Windhauch, Windhauch, das ist alles Windhauch. Welchen Vorteil hat der Mensch von all seinem Besitz, für den er sich anstrengt unter der Sonne?

Der Gebildete hat Augen im Kopf, der Ungebildete tappt im Dunkeln. Aber ich erkannte auch: Beide trifft ein und dasselbe Geschick. Da dachte ich mir: Was den Ungebildeten trifft, trifft also auch mich. Und ich überlegte mir, dass auch das Windhauch ist. Denn an den Gebildeten gibt es ebenso wenig wie an den Ungebildeten eine Erinnerung, die ewig währt, weil man schon in den Tagen, die bald kommen, beide vergessen wird. Wie ist es möglich, dass der Gebildete ebenso sterben muss wie der Ungebildete? Da verdross mich das Leben. (Kohelet 1,2; 2,14 ff.)

Es gibt viele Antworten auf diese unvermeidlichste aller Kränkungen; die bisher wirksamste war die Aussicht auf Auferstehung und Ewiges Leben. Tauchen die Ahnen nicht in Träumen auf, als wären sie noch da? Wie können sie dann fort sein? Das Osterfest feiert diese Hoffnung.

»Nur wenn er lügt oder wenn man ihn verprügelt, würde es mich ägern; sonst kann er tun und lassen, was er will. Er ist ein Mann.«

Diesem Archimandriten also begegnete ich auf der Straße; ich wandte mein Gesicht ab, um ihn nicht zu grüßen. Ich war zu jener Zeit aufgebracht, denn nunmehr wusste ich, dass er und seinesgleichen uns jahrelang belogen hatten in allem, was dem suchenden Menschen am heiligsten ist.

Was für Tage waren das, an denen die beiden Blitze meinen Kopf durchfuhren; was für Nächte! Ich konnte nicht mehr schlafen; ich sprang um Mitternacht aus dem Bett, stieg leise die Treppe hinunter, damit sie nicht knarre und man mich höre, öffnete wie ein Dieb die Haustür, stürzte hinaus und lief in den engen Gassen des Kastells umher. Überall Einsamkeit, verschlossene Türen, erloschene Lichter, ich vernahm nur den leisen Atem der schlafenden Stadt. Manchmal sangen Liebhaber unter einem Fenster zur Gitarre leidenschaftliche Serenaden, und ihr Liebeskummer stieg bis über das Dach des Hauses hinauf, und die Hunde der Nachbarschaft begleiteten sie mit ihrem Geheul. Doch ich verachtete die Liebe und die Frauen. Wie können Menschen, dachte ich mir, singen, ohne dass ihnen die Sorge, woher wir kommen, wohin wir gehen, was Gott sei, das Herz zerreißt.

Ludwig Büchner (Carl Ludwig): Sandkorn im Welten-Ozean

So gleicht des Menschen Tun und Streben
Im ewgen Laufe der Natur
Dem Leben dieses Tropfens nur
Und rinnet einst – ein leerer Tand –
Vergessen in den Welten-Sand!

Ein Sandkorn – unsre Erde schwimmt
Im Welten-Ozean.
Ob man aus Sonnenferne wohl
Sie noch gewahren kann?

Ihr armen Menschlein, wollet doch
Mir sagen ohne Scheu,
Auf welche Gründe euer Stolz
Denn wohl gebauet sei?
Was seid ihr denn, entkleidet nun
Von Lügen, Schein und Trug?
Auf einem Welten-Äpfelein
Ein Schimmel-Überzug!

Günter Grass: Im Ei

Wir leben im Ei.
Die Innenseite der Schale
haben wir mit unanständigen Zeichnungen
und den Vornamen unserer Feinde bekritzelt.
Wir werden gebrütet.

Wer uns auch brütet,
unseren Bleistift brütet er mit.
Ausgeschlüpft eines Tages,
werden wir uns sofort
ein Bildnis des Brütenden machen.

Wir nehmen an, daß wir gebrütet werden.
Wir stellen uns ein gutmütiges Geflügel vor
und schreiben Schulaufsätze
über Farbe und Rasse
der uns brütenden Henne.

Wann schlüpfen wir aus?
Unsere Propheten im Ei
streiten sich für mittelmäßige Bezahlung
über die Dauer der Brutzeit.
Sie nehmen einen Tag X an.

Aus Langeweile und echtem Bedürfnis
haben wir Brutkästen erfunden.
Wir sorgen uns sehr um unsern Nachwuchs im Ei.
Gern würden wir jener, die über uns wacht,
unser Patent empfehlen.

Wir haben ein Dach überm Kopf.
Senile Küken,
Embryos mit Sprachkenntnissen
reden den ganzen Tag
und besprechen noch ihre Träume.

Und wenn wir nun nicht gebrütet werden?
Wenn diese Schale niemals ein Loch bekommt?
Wenn unser Horizont nur der Horizont
unserer Kritzeleien ist und auch bleiben wird?
Wir hoffen, daß wir gebrütet werden.

Wenn wir auch nur noch vom Brüten reden,
bleibt doch zu befürchten, daß jemand,
außerhalb unserer Schale, Hunger verspürt,
uns in die Pfanne haut und mit Salz bestreut. –
Was machen wir dann, ihr Brüder im Ei?

»Im Ei« ist ein im eigentlichen Wortsinn absurdes Gedicht, eine »kosmische Allegorie«, die vom unumgreifbaren Geheimnis, das »Gott« genannt wurde, handelt. Das Gedicht macht klar, dass wir in einer »unbegriffenen Situation« leben müssen.

»Das lyrische Ich spricht von einem Weltenei, in das die Menschen eingeschlossen sind und innerhalb dessen sie sich vorstellen, dass eine brütende Henne auf ihnen sitzt. Mit dem Bild der Henne, die das Weltenei schützend umschließt, kann der christliche Leser Gott assoziieren.

Wichtig ist, dass das lyrische Ich die Henne-Vorstellung der Menschen im Ei kritisch reflektiert. Schritt für Schritt enthüllt es deren Vorstellung als Wunschbild. Nur anfangs konstatiert es definitiv: »Wir werden gebrütet.« Daraufhin folgt die Einschränkung, der Zweifel: »Wir nehmen an, dass wir gebrütet werden.« Dann wird die Vorstellung der brütenden Henne grundsätzlich in Frage gestellt: »Und wenn wir nun nicht gebrütet werden?« Und schließlich wird das ganze Bild als metaphysische Spekulation entlarvt: »Wir hoffen, dass wir gebrütet werden.«

Wie in einem sukzessiven Klärungsprozess erkennt das lyrische Ich die Unmöglichkeit definitiver Gewissheit darüber, ob überhaupt eine brütende Henne existiert. Nachdem es die Henne-Vorstellung reflektiert hat, weiß es, dass es unmöglich ist, die Existenz der Henne oder »wer uns auch brütet« – Gott? – zu bestätigen. Es weiß, dass sein Erkenntnisvermögen seine Grenzen an den »Mauern« der Eierschale findet. Am Schluss des Gedichts steht daher nur die existenzielle Angst, denn »es bleibt doch zu befürchten, daß jemand, / außerhalb unserer Schale, Hunger verspürt, / uns in die Pfanne haut und mit Salz bestreut«. Damit äußert das lyrische Ich die Befürchtung, dass außerhalb unseres kognitiven Horizonts ein demiurgischer Akteur, eine potenzielle Vernichtungsallmacht existiert, die eine kosmische Katastrophe verursachen könnte – aber auch sie ist metaphysische Spekulation …

»Im Ei« zeigt exemplarisch Grass' Einsicht, dass der Erkenntnisraum des Menschen auf das Innere des Eis beschränkt ist und die Eierschale quasi den kognitiven Horizont des Menschen markiert … Alles Denken jenseits des »Erkenntnishorizonts Ei« entspricht höchst zweifelhafter metaphysischer Spekulation, die in der Erkenntnisungewissheit mündet. Dieser Agnostizismus ist für Grass' absurdes Weltbild konstitutiv.

Frank Brunssen

Günter Kunert: Metaphysische Begegnung

Die Leibesfrüchte platzen aus den Nähten.
Gott kam und sah: Es war nicht gut.
Zu ungeduldig, Einsicht zu erbeten,
verschwand er schnell mit milder Wut,

um seine Kreatur sich selbst zu überlassen:
Mensch hilf dir selber! war sein Abschiedswort.
Der blickt empor und kann nicht fassen:
Erst schuf er mich – nun ist er fort!

Kehr wieder, Überich, du keinen Zeiten
und keinem Wandel unterworfen Einzelstück! –
Nach Antwortschweigen aus den Dunkelheiten
fällt seufzend das Geschöpf auf sich zurück.

Ähnlich wie Günter Grass hält **Günter Kunert** (geb. 1929) den Erkenntnisraum des Menschen für begrenzt, sieht dessen metaphysisches Bedürfnis jedoch als unerfüllt an: »Alle Religiosität, all unser Glauben und Ahnen ist der Versuch, über diesen beschränkten Horizont hinauszugelangen.« Von daher sieht Kunert Literatur und Religion von denselben Triebkräften gespeist, »auf der Suche nach einer Transzendenz, den Menschen über das pure Sein hinauszuheben, auf dass er nicht nur Fleisch sei, nicht bloßer Lehm und kurzfristig animiert.«

Dennoch bleibt das »metaphysische Bedürfnis« unerfüllt:

(...) Wir leiden
an einem Geheimnis
das wir für Gott hielten
von dem uns keiner erlöst
weil wir es niemals
auszusprechen vermögen
vor dem Ende und erst recht
nicht danach.

Die Bibel, deren Geschichten und Metaphern Kunert in seiner Lyrik unentwegt inspirieren, muss er somit gegen den Strich auslegen Gott selbst kann seine Schöpfung nicht mehr ertragen. Seine Kreatur hingegen »blickt empor und kann es nicht fassen: Erst schuf er mich – nun ist er fort.«

»Der Leser fragt sich, ob denn das Leben der Sinn des Lebens sei und ob das ausreichend wäre oder nicht ein bisschen zu wenig... Gott, Ewigkeit, Unsterblichkeit, alles nur

Günter Kunert: Auf toten Flüssen treiben wir dahin

Auf toten Flüssen treiben wir dahin,
vom Leben und dergleichen Wahn besessen.
Was wir erfahren, zeigt sich ohne Sinn,
weil wir uns selber längst vergessen.
Vom Augenblick beherrscht und eingefangen,
zerfällt der Tag, der Monat und das Jahr.
Und jede Scherbe schafft Verlangen
nach Ganzheit: Wie sie niemals war.

Günter Kunert: Lagebericht

Alles ist möglich und
gleichzeitig ist alles unmöglich.
Nur noch Natur
ist uns geblieben oder was
von ihr noch geblieben ist. Um uns
geruhsame Steine von seligen Vorläufern
deren Zukunft
bis zum Jenseits gerichtet hat.

Unser ist der Tag
der keinem gehört. Wir sitzen
im schwarzen Licht
essen Gift trinken Säure
wir denken wir leben

und verschieben die Folgen
auf Morgen
wo wieder mehr möglich ist
und noch mehr unmöglich
wo wir alle so sind
wie wir sein werden:

fernerhin Stückwerk
trostlos unaufgehoben
endgültig unnütz
der Rest
der verschwiegen wird.

Karl Kraus: Die letzten Tage der Menschheit

Karl Kraus schrieb nach Ausbruch des Ersten Weltkriegs 1915–1922 sein Mammutwerk *Die letzten Tage der Menschheit. Tragödie in fünf Akten mit einem Vorspiel und einem Epilog*. In einer Folge von 220 lose zusammenhängenden Szenen, die oft authentische Quellen nutzen, spiegelt sich die Absurdität, die menschlichen Abgründe, der Zynismus und die Brutalität dieses ersten modernen Krieges wider, der mit Bajonetten anfing, in dessen Verlauf das Töten durch Giftgas, U-Boote, Panzer, Maschinengewehre und Flugzeuge erstmals großindustrielle Dimensionen bekam.

Das Stück begleitet den Krieg meistens hinter den Fronten – im Spiegel des Hinterlandes. Die Bomben fallen immer anderswo – das Leben geht scheinbar weiter wie gewohnt. Hier ist die Schlussszene:

Eine Stimme von oben
Zu eurem unendlichen Schädelspalten
haben wir bis zum Endsieg durchgehalten.
Nun aber wisst, in der vorigen Wochen
hat der Mars die Beziehungen abgebrochen. (…)
Wir sind denn entschlossen, euern Planeten
mit sämtlichen Fronten auszujäten
und mit allen vermessenen Erdengewürmen,
die sich erfrechten, die Sphären zu stürmen,
und wie immer sie sich gewendet haben,
das Bild der Schöpfung geschändet haben,
die Tiere gequält und die Menschen versklavt,
die Schande geehrt und die Würde bestraft,
die Schlechten gemästet, die Guten geschlachtet,
die eigene Ehre am tiefsten verachtet,
sich als Hülle irdischer Güter benutzt,
ihre Sprache durch ihr Sprechen beschmutzt
und Seele und Sinne, Gedanke und Wort

Überbauprodukte, die nach historischen Erdbeben wie Putz von der Fassade gefallen sind? Sollte nicht ein höherer oder tieferer Sinn hinter allem stecken? Die Befriedigung materieller Bedürfnisse, so wichtig sie ist …, lässt die immateriellen unbefriedigt, lässt ein seelisches Vakuum entstehen, das sich mit der Zunahme materieller Befriedigung potenziert und in das die zu bloßen Schatten gewordenen alten Gottheiten nicht zurückkehren können.«

Den technischen Fortschritt, auf den das 19. Jahrhundert einmal so stolz war, sieht Kunert als unerfüllte Verheißung: »Ich glaube, nur noch große Naivität setzt Technik mit gesellschaftlich-humanitärem Fortschreiten gleich … Widersprüche globalen Ausmaßes nehmen eines Tages kosmische Formen an. Davor die Augen zu verschließen, bedeutet für einen Schriftsteller, der nicht erst seit Goethe zum Schauen bestellt ist, den Verzicht auf einen der wenigen Grundsätze seines Metiers.«

Karl Kraus

Jeder seiner Sätze war eine Forderung, wenn man ihr nicht nachkam, hatte man dort nichts zu suchen. Seit anderthalb Jahren ging ich in jede Vorlesung und war davon erfüllt wie von einer Bibel. An keinem seiner Worte zweifelte ich. Nie, unter keinen Umständen, hätte ich ihm zuwidergehandelt. Er war meine Gesinnung. Er war meine Kraft. Ohne den Gedanken an ihn hätte ich die idiotischen Kochkünste des Laboratoriums keinen Tag ertragen. Wenn er aus den *Letzten Tagen der Menschheit* las, bevölkerte er für mich Wien. Ich hörte nur seine Stimme. Gab es denn andere? Nur bei ihm fand man Gerechtigkeit, nein, man fand sie nicht, er war sie. Ein Runzeln seiner Stirn, und ich hätte mit dem besten Freund gebrochen. Ein Wink, und ich hätte mich für ihn ins Feuer gestürzt.

Elias Canetti, 1980

Die letzten Tage der Menschheit ist eine Tragödie des österreichischen Schriftstellers Karl Kraus (1874–1936). Ihr Zusammenhang ist die allenthalben entfesselte Unvernunft. Überall hin führt das Stück: in die Straßen Wiens und Berlins, in Kanzleien und Kasernen, in Hinterhöfe, Friseursalons und Redaktionen, in Lazarette und Wallfahrtskirchen, chemische Laboratorien und ins Kriegsarchiv. Es treten der deutsche und der österreichische Kaiser auf, Adel, Militärs und Zivilisten in allen Mischungen und Schattierungen: dümmliche Offiziere, gleichgültige Beamte, großmaulige Journalisten. Durchhaltend ist der »Nörgler«, der das Kriegsgeschehen kommentierend begleitet und als Stimme des Autors verstanden werden kann. Dessen Kommentare werden von Akt zu Akt verzweifelter. Bitter wird registriert, dass die von abgelebten Weltanschauungen zurückgebliebenen Phraseologien (»Seelenaufschwung«, »deutsche Bildung«, »christliche Zivilisation«) die Gehirne der Massen vernebeln und zur Rechtfertigung

und ihr Jenseits nur aufgemacht für den Export,
und Tod und Teufel und Gott und die Welt
und die Kunst in den Dienst des Kaufmanns gestellt,
den Lebenszweck hinter dem Mittel versteckt, (...)
in ihrem ruchlos verblendeten Nichts
sich unwert erwiesen des ewigen Lichts
und unter den Strahlen der Sterne und Sonnen
sich Schlachten geliefert und Schanden gewonnen,
im Frevel geeint, von Süden bis Norden
den Geist nur verwendet, um Leiber zu morden
und einverständlich von Osten bis Westen
die Luft mit Rache und Rauch zu verpesten,
die beten konnten, um besser zu töten
und nicht vor Scham, nur von Blut zu erröten,
ihren Gott gelästert und ihrer Natur
zertreten die letzte lebendige Spur,
das Blaue vom Himmel heruntergelogen,
mit Landesfarben die Landschaft betrogen,
Eisen gefressen, jedoch zumeist
mit siegreichen Lügen sich abgespeist,
auf die Not des Nebenmenschen gepocht,
am Brand des Nachbarn die Suppe gekocht,
von fremdem Hunger die Nahrung genommen,
und sich dabei selbst nicht satt bekommen. (...)

Nicht abgeneigt einem Verständigungsfrieden,
hat das Weltall sich folgendermaßen entschieden: (...)

Die Prüfung war schwer. Vernehmt das Ergebnis:
Wir planen mit euch ein besondres Erlebnis. (...)

Habt lange genug im Weltall gesprochen.
Die Ewigkeit ist bereits angebrochen. (...)

Und damit doch auf eurer noch hoffenden Erde
nun endlich der endliche Endsieg mal werde,
und damit sich dagegen kein Widerspruch regt
haben wir sie erfolgreich mit Bomben belegt!
　　Meteorregen setzt ein
Stimme von unten
Mal ›ran ins Feld!
Noch einer mehr!
Und wenn die Welt –
　　Flammenlohe
Stimme von unten
Nur feste druff!

Auf Knall und Fall!
Es braust ein Ruf –
> *Weltendonner*
> *Stimme von unten*
Das ist uns neu!
Was soll das sein?
Fest steht und treu –
> *Untergang*
> *Stimme von unten*
Wir sind verbrannt!
Wer brach da ein?
Lieb Vaterland –
> *Ruhe*
> *Stimme von oben*
Der Sturm gelang. Die Nacht war wild.
Zerstört ist Gottes Ebenbild!
> *Großes Schweigen*
> *Die Stimme Gottes*
Ich habe es nicht gewollt.

einer Politik der Unmenschlichkeit führt. Ein großer Teil des Textes ist aus Zitaten montiert, die den Zeitungen, Leitartikeln, militärischen Tagesbefehlen, Gerichtsurteilen, Verordnungsblättern, dem Alltag schlechthin entnommen wurden: »Die unwahrscheinlichsten Gespräche, die hier geführt werden, sind wörtlich gesprochen worden; die grellsten Erfindungen sind Zitate…«

Im 5. Akt wird die Handlung realistisch unwirklich: Erfrorene Soldaten und tote Kinder kommen zu Wort, die Kommentare des Nörglers steigern sich in ihrer Verzweiflung. Der Epilog endet mit der durch einen Meteorregen dringenden Stimme Gottes: »Ich habe es nicht gewollt.« – Es sind dieselben Worte, die der deutsche Kaiser bei Kriegsbeginn gesprochen hatte.

Marie Luise Kaschnitz: Nicht gesagt

Nicht gesagt
Was von der Sonne zu sagen gewesen wäre
Und vom Blitz nicht das einzig richtige
Geschweige denn von der Liebe.

Versuche. Gesuche. Misslungen
Ungenaue Beschreibung

Weggelassen das Morgenrot
Nicht gesprochen vom Sämann
Und nur am Rande vermerkt
Den Hahnenfuß und das Veilchen.
Euch nicht den Rücken gestärkt
Mit ewiger Seligkeit
Den Verfall nicht geleugnet
Und nicht die Verzweiflung

Den Teufel nicht an die Wand
Weil ich nicht an ihn glaube
Gott nicht gelobt
Aber wer bin ich dass

Marie Luise Kaschnitz (1901–1974) sagte, als sie 1955 den Georg-Büchner-Preis erhielt: »All meine Gedichte waren eigentlich nur ein Ausdruck des Heimwehs nach einer alten Unschuld oder der Sehnsucht nach einer aus dem Geist und der Liebe neu geordneten Welt…

Den billigen Trost, den manche Leser vom Gedicht erwarten, habe ich nicht geben wollen. Und wenn meine Verse… eher verständlich waren, so hängt das damit zusammen, dass mein Weg in der Lyrik mich von der Natur zum Menschen geführt hat, und dass ich nie ganz vergessen konnte, dass ich mich Menschen mitteilte.«

Jesus oder Worin besteht das Christentum?

Seitdem Kopernikus die Erde von ihrem Thron als Mittelpunkt der Schöpfung stieß, hat sich das Menschenbild und damit auch das Christusbild verändert. Wenn sich das Universum nicht länger um den Menschen dreht – eine dem Evolutionsverständnis verpflichtete Korrektur –, dann verliert auch die Christologie ihren bisherigen Rang. Die Beiläufigkeit des Planeten Erde unter Milliarden Sonnensystemen in Milliarden Galaxien stellt das dem geozentrischen Weltbild verhaftete Christusbekenntnis infrage: »Durch Ihn ist alles geworden, was im Himmel und auf Erden ist«. Der Orientierungsrahmen ist ein anderer geworden: Der Beginn des Universums vor etwa 13,8 Milliarden Jahren, die Entstehung unserer Galaxie Milchstraße, die des Sonnensystems, der Erde, des Lebens, des Menschen, der geschichtlichen Zeit… hat uns so sehr an die Peripherie gerückt, dass sich der historische Jesus als jener Christus, in dem sich Anfang und Ende des Universums, Alpha und Omega der Zeiten offenbart, als bizarre Verzeichnung darstellt. Hier fallen Weltzeit und Menschenzeit »in einem Maße auseinander, dass die zeitlichen Aussichten der Menschheit auf Fortbestand der Erde zueinander in ein absurdes Verhältnis geraten« (Ulrich H. J. Körtner).

Umso dringlicher ist eine Aufarbeitung dieser kosmologischen Christologie. »Mit eurem kerygmatischen, dogmatischen und kultischen Christus habt ihr euch meiner, des Jesus, entledigt«, lässt Fridolin Stier den Jesus von Nazaret sprechen und sagt seinerseits: »Ich möchte dich auf dem Konzil von Nizäa vor den ›Vätern‹ erscheinen sehen und hören, was du ihnen sagst, wenn sie dir sagen, dich lehren, was – wessen Wesens du bist.« Der Theologe zweifelt, dass sich Jesus »in der Gestalt, in der ihn die Kirche in sich aufgenommen und weiterentwickelt hat, wieder erkennt«.

Auch die Dichter des letzten Jahrhunderts haben solchen Zweifel nach allen denkbaren Richtungen entfaltet. Günter Grass rechnet sarkastisch mit einem verkitschten Gips-Jesus ab. Nikos Kazantzakis weist den Erlöser-Jesus zurück und lässt ihn sagen: »Ich bin nicht Gottes Sohn, ich bin ein Sohn der Menschen«, während Paulus antwortet: »Ich werde dich und dein Leben, deine Lehre, dein Kreuz, deine Auferstehung schaffen, wie ich es will. Nicht der Zimmermann Joseph aus Nazareth hat dich gezeugt, ich war es, ich bin es, ich, Paulus.« Und der Jesus des Portugiesen José Saramago rechnet mit einem sogenannten Gottvater ab, der sich nur über den Opfertod des eigenen Sohnes mit den Menschen versöhnen lassen will: »Ich breche den Vertrag, löse mich von dir, ich will leben als ein beliebiger Mensch, und du, der du so einfach da warst, verschwinde irgendwie.«

Der verlorene Anfang

Hinter dem von Paulus verkündigten Christus ist schon früh der Jude Jesus von Nazaret verloren gegangen. Die Juden haben in dem triumphal herrschenden Christus den Rabbi ihrer galiläischen Dörfer nicht wiedererkennen können. Die hellenistischen Christen mochten in ihrem auferstandenen Herrn bald nicht mehr den jüdischen Weisheitslehrer sehen. Den verlorenen Anfang wiederzufinden, ist eine noch weithin ungelöste Aufgabe.

Anatole France: Der verdrängte Jude

Ich sehe es kommen, dass wir sie früher oder später vernichten müssen, weil wir sie nicht beherrschen können. Glaube mir, sie sind immer noch nicht unterworfen, der Aufruhr gärt in ihren erhitzten Seelen, und eines Tages wird ihr Hass gegen uns losbrechen, ein Hass, gegen den die Wut der Numider und die Drohungen der Parther nur Kinderlaunen sind. Sie hegen im Stillen die unsinnigsten Hoffnungen und grübeln in ihrer Verblendung darüber nach, wie sie uns verderben können. Und das wird niemals anders werden, solange sie auf Grund ihrer Weissagungen an den Fürsten glauben,

Die früheste Jesus-Gemeinde war eine jüdische Gruppierung, die nicht nur trotz, sondern auch wegen ihrer Jesus-Nachfolge im jüdischen Glaubenskontext beheimatet war und ihr Selbstverständnis nicht in der Distanzierung vom eigenen Volk verstand. Die antijüdischen Akzente und Polemiken, die in den später entstehenden Evangelien begegnen – und zwar umso ausgeprägter, je größer der Abstand zu Jesus wird – sind der anfänglichen Jüngerschaft unbekannt und auch den frühesten Quellen der Jesusüberlieferung noch fremd. Sie wurden in das ursprüngliche Material erst in späteren Jahrzehnten eingearbeitet, und zwar mit einer gewissen soziologischen Gesetzlichkeit im Prozess der eigenen Identitätsausbildung.

Wesentlicher Anstoß zu dieser Entwicklung waren die von den judenchristlichen Gemeinden aufgenommenen Nichtjuden. Die um das Jahr 49 auf dem sogenannten Apostelkonzil geführten Auseinandersetzungen (vgl. Apg 15,1–35; Gal 2,11–21) lassen die damals noch herrschende Ansicht erkennen, ein Heide müsse zu Israel konvertieren, wenn er Mitglied der Jesus-Gemeinde sein wolle.

Doch je größer der Zeitenabstand wurde und je mehr Nichtjuden das Gemeindeleben bestimmten, umso deutlicher wurde das Bemühen um Distanzgewinn und Eigenprofil. Entscheidender Faktor für diesen Lösungsprozess war die revolutionäre Zuwendung des Paulus zu den »Völkern«. Damit verbunden ein theologischer Perspektivenwechsel: An die Stelle des Reich-Gottes-Evangeliums Jesu trat die Lehre von der Erlösung durch den Kreuzestod Jesu.

Linke Seite: Otto Pankok, Jesus, 1936.

der aus ihrer Mitte hervorgehen und die Welt beherrschen soll. Man wird mit diesem Volk nicht fertig werden, bis es aufhört zu existieren. Jerusalem muss von Grund auf zerstört werden. Vielleicht wird es mir, trotz meines Alters, gegeben sein, den Tag zu erleben, da seine Mauern in Staub sinken, seine Häuser in Flammen aufgehen und Salz gestreut wird an dem Platz, wo der Tempel gestanden hat. An diesem Tag werde ich gerechtfertigt dastehen.«

Lamia machte einen Versuch, dem Gespräch eine mildere Wendung zu geben.

»Pontius«, sagte er, »ich verstehe deinen unauslöschlichen Grimm und deine düsteren Vorahnungen vollkommen. Gewiss, du hast den Charakter der Juden von seiner schlimmsten Seite her kennengelernt. Aber ich habe als unbefangener Beobachter in Jerusalem gelebt, mich unter das Volk gemischt, und glaube mir, ich habe manche Tugenden bei diesen Menschen gefunden, die dir verborgen geblieben sind. Ich habe milde, gütige Juden gefunden, mit schlichten Sitten und guten Herzen. Ja, du selbst, Pontius, hast mehr als einmal gesehen, wie einfache Männer aus dem Volke unter den Knüppeln deiner Soldaten den Geist aufgaben und wie sie, ohne ihren Namen zu nennen, für eine Sache starben, die sie für die richtige hielten. Solche Menschen haben unsere Verachtung nicht verdient. Ich spreche so zu dir, weil ich finde, dass man in allen Dingen maßhalten soll; aber ich gestehe, dass ich niemals besondere Sympathie für die Juden empfunden habe. Die Jüdinnen hingegen gefielen mir sehr. Ich war jung damals, und die schönen Syrerinnen brachten mein Blut in heftige Wallung. Ihre roten Lippen, ihre festschimmernden Augen, ihre langen, verschleierten Blicke durchschauerten mich bis ins Mark. Mit ihrem gemalten und geschminkten Gesicht, ihrem nach Myrrhe und Narde duftendem Körper bieten sie den Männern seltene und köstliche Genüsse.«

Ungeduldig hörte Pontius ihm zu. Dann sagte er: »Ich war nicht der Mann dazu, in die Netze der Jüdinnen zu geraten, und da du mich darauf gebracht hast, Lamia, – ich habe dein ausschweifendes Leben niemals gebilligt. Wenn ich es dich damals nicht fühlen ließ, dass ich dein Vergehen mit der Frau des Konsulars für eine schwere Schuld ansah, so geschah es nur, weil du deinen Fehltritt schwer genug büßen musstest. Die Ehe gilt bei den Patriziern für heilig, diese Institution ist eine der wichtigsten Stützen Roms. Was Sklavinnen oder ausländische Frauen betrifft, so haben die Beziehungen, die man mit ihnen anknüpft, keine weitere Bedeutung, wenn der Körper dadurch nicht an eine schmachvolle Weichlichkeit gewöhnt wird. Du

Anatole France

Der französische Nobelpreisträger Anatole France (1844–1924) veröffentlichte seine Erzählung *Der Statthalter von Judäa* erstmals Weihnachten 1891, wobei sein Pilatus unübersehbar die eigenen antisemitischen als auch christentumskritischen Überzeugungen erkennen lässt. Für diesen Pilatus sind die Juden pauschal »Feinde der Menschheit«, die früher oder später vernichtet werden müssen: »Man wird mit diesem Volk nicht fertig werden, bis es aufhört zu existieren. Jerusalem muss von Grund auf zerstört werden.«

Hundert Jahre nach der Französischen Revolution wird hier der Genozid eines Volkes mit hellseherischer Unheimlichkeit proklamiert: Bereits drei Jahre später verurteilte ein französisches Kriegsgericht den jüdischen Offizier Alfred Dreyfuß wegen angeblichen Landesverrats und löste damit eine antisemitische Hetze aus, die alle, die Dreyfuß zu Hilfe kommen wollten, ihrerseits bedrohten und verurteilten. Der Schriftsteller Emile Zola musste aus dem Lande fliehen, weil er in einem Zeitungsartikel die Interessenhintergründe der Dreyfußaffäre aufgedeckt hatte. Der Ruf: »Tod den Juden! Frankreich den Franzosen!«, sollte den Mob mit der Dritten Republik versöhnen.

hast zuviel den niederen Priesterinnen der Venus geopfert, Lamia, und was ich dir vor allem zum Vorwurf mache, ist, dass du nicht nach dem Gesetz geheiratet und dem Staat Kinder geschenkt hast. Das ist die Pflicht eines jeden guten Bürgers.«

Aber der einst Verbannte hörte längst nicht mehr auf den alten Statthalter. Er leerte den Becher Falernerweines und lächelte irgendeinem unsichtbaren Bilde zu. Dann sprach er in sehr gedämpften Tone, der sich ganz allmählich belebte: »Es liegt etwas so Schmachtendes in dem Glanz dieser syrischen Frauen. Ich habe in Jerusalem eine Jüdin gekannt, die in einer elenden Spelunke, beim Schein einer kleinen qualmenden Lampe, auf einem elenden Teppich tanzte. Dabei reckte sie die Arme empor, um ihre Zimbeln zu schlagen. Die Hüften schön geschwungen, den Kopf zurückgeworfen, gleichsam niedergezogen von der Last des schweren, rötlichen Haares, den wollustverschleierten Augen, glühend, begehrlich und schlank, hätte sie Kleopatra selbst vor Neid erblassen machen können. Ich bewunderte ihre barbarischen Tänze, ihren etwas rauhen und doch so wohlklingenden Gesang. Sie duftete nach Weihrauch und schien in einem beständigen Halbschlaf zu leben. Ich folgte ihr überall hin. Ich mischte mich unter die rohe Menge von Soldaten, Strolchen und Maklern, die sie zu umringen pflegten. Dann verschwand sie eines Tages, und ich habe sie nie wieder gesehen. Lange Zeit suchte ich nach ihr in allen verdächtigen Straßen und Spelunken. Es war schwerer, sich ihrer zu entwöhnen, als des griechischen Weins. Ein paar Monate später erfuhr ich zufällig, dass sie sich einer kleinen Zahl von Männern und Frauen angeschlossen hatte, die einem jungen Galiläer folgten, der umherzog und Wunder tat. Er hieß Jesus und war aus Nazaret. Später wurde er wegen irgendeines Verbrechens gekreuzigt. Ich weiß nicht mehr, was es war. Erinnerst du dich noch an diesen Mann, Pontius?

Pontius Pilatus runzelte die Brauen. Er fuhr mit der Hand über die Stirn, als ob er sich auf etwas zu besinnen suchte. Dann, nach einer kurzen Pause, murmelte er: »Jesus? Jesus – aus Nazaret? – Nein, ich erinnere mich nicht mehr.«

Die Erzählstrategie des Textes gleicht ... der Enthüllungsstrategie im berühmten Märchen von des »Kaisers neuen Kleidern« ... Insbesondere dann, wenn im kirchlichen Milieu ausgerechnet auch noch das eine verdrängt wird, was in Sachen Jesus historisch gesichert ist: dass er ein Jude war. Der im kirchlichen Milieu gehätschelte Antijudaismus und Antisemitismus ist nichts anderes als Jesus-Vergessenheit. In der vorchristlichen Figur des Pilatus spiegelt France damit seinem christlich-nachchristlichem Publikum, was Jesu Schicksal innerhalb der eigenen Christenheit sein wird: dass man ausgerechnet in seinem Namen, im Namen eines jungen Juden aus Galiläa, Judendiskriminierung und Judenhass praktiziert wie schon bestimmte Römer damals ... Im antijüdischen Liquidierungswahn dieses römischen Militärgouverneurs ist bereits die kriminelle Energie veranschaulicht, die sich später auch in Christen als Praxis der Ausrottung des jüdischen Volkes austoben sollte.

Karl-Josef Kuschel

Amos Oz: Jesus, der Jude

In dem Maße, als sich das Christentum entwickelte, wurde es für Juden undenkbar, dass sie Jesus noch als einen der Ihren hätten beanspruchen können. Diese »Enteignung« wurde erst im Zuge der Aufklärung in anfangs wenig beachteten Schritten infrage gestellt. Als erster machte der Rabbiner und Gelehrte Abraham Geiger (1810–1874) den Versuch, Jesus ohne christliche Deutungsmuster zu verstehen: »Er war ein Jude, ein pharisäischer Jude mit galiläischer Färbung, ein Mann, der die Hoffnungen der Zeit teilte und diese Hoffnung in sich erfüllt glaubte. Einen neuen Gedanken sprach er keineswegs aus.«

Einer der Väter des Zionismus, Max Nordau (1849–1923), steigerte danach den Versuch, Jesus als Juden wiederzukennen: »Jesus ist die Seele unserer Seele, wie er das Fleisch unseres Fleisches ist. Wer möchte ihn ausscheiden aus dem jüdischen Volk?«

Diese Sicht hat erstmals Joseph Klausner in einem eigenen Buch aufgegriffen und breit entfaltet. Ihm folgten später David Flusser, Martin Buber, Schalom Ben-Chorin, Pinchas Lapide, Gesa Vermes u. a. Leo Baeck, der bedeutendste Vertreter nicht nur des deutschen Reformjudentums, fasste 1938 sein Urteil über Jesus so zusammen: »Einen Mann sehen wir vor uns, der nur aus dem Boden des Judentums hervorwachsen konnte und nur aus diesem Boden seine Schüler und Anhänger, so wie sie waren, erwerben konnte …«

Viele Jahre schrieb Onkel Joseph an seinem Buch über Jesus von Nazareth, ein Buch, in dem er – zum Erstaunen von Christen und Juden gleichermaßen – behauptete, Jesus sei als Jude geboren und als Jude gestorben und habe gar keine neue Religion begründen wollen. Mehr noch: Jesus erschien ihm als der jüdische Moralist par excellence.

Der Journalist Achad Ha'am bat ihn eindringlich, dies wie auch anderes zu streichen, um einen ungeheuren Skandal in der jüdischen Welt zu vermeiden, den das Buch dann auch prompt auslöste – unter Juden wie unter Christen –, als es 1921 in Jerusalem erschien: Ultraorthodoxe Juden beschuldigten Klausner, die Missionare hätten ihn mit Geld bestochen, damit er »jenen Mann« lobe und preise. Und die anglikanischen Missionare in Jerusalem forderten, der Erzbischof solle den Missionar Dr. Danby, der *Jesus von Nazareth* ins Englische übersetzt hatte, seines Amtes entheben, da das Buch das Gift der Ketzerei in sich trage, denn »es präsentiert unseren Heiland als eine Art Reformrabbiner, als einen gewöhnlichen Sterblichen und vollgültigen Juden, der rein gar nichts mit der Kirche zu tun hat«. Seinen Weltruhm verdankte Onkel Joseph in erster Linie diesem Buch und dem Fortsetzungsband *Von Jesus zu Paulus*, den er einige Jahre später veröffentlichte.

Einmal sagte Onkel Joseph zu mir: »In deiner Schule, mein Lieber, wird man dich gewiss lehren, diesen tragischen und wunderbaren Juden zu verabscheuen, und ich hoffe nur, man bringt dir nicht auch noch bei, auszuspucken, wann immer du seinem Bildnis oder einem Kruzifix begegnest. Wenn du einmal groß bist, mein Lieber, lies bitte deinen Lehrern zum Trotz das Neue Testament, und du wirst entdecken, dass er von unserem Fleisch und Blut gewesen ist, durch und durch eine Art Zaddik oder Wundertäter. Zwar war er ein Träumer ohne jeglichen Sinn für Politisches, aber es gebührt ihm, sehr gebührt ihm ein Platz im Pantheon der Großen Israels.«

Amos Oz wurde 1939 in Jerusalem als Amos Klausner geboren. Er ist der Großneffe von Joseph Klausner. Nach dem Tod seiner Mutter nahm er den Familiennamen »Oz« (hebr. Kraft) an. Er ist einer der international bekanntesten israelischen Schriftsteller. 1992 erhielt er den Friedenspreis des Deutschen Buchhandels.

Joseph Klausner (1874–1958), überzeugter Zionist, erhielt schon in jungen Jahren eine Professur für hebräische Literatur. 1919 übernahm er diesen Lehrstuhl in Jerusalem, später auch den für die Erforschung der Geschichte des Zweiten Tempels. Klausner war kein orthodoxer Jude, sondern eher ein nationalliberaler Zionist, hatte aber eine umfassende Kenntnis des Talmud und der gesamten hebräischen Literatur. Seine Bücher *Jesus von Nazareth* und die Fortsetzung *Von Jesus zu Paulus* haben ihn ebenso berühmt wie umstritten gemacht.

Clara Asscher-Pinkhoff: Haben Lügen kurze Beine?

Die Beschaffung von Lebensmitteln ist sehr schwierig, für alle Menschen in der Stadt, aber für die Juden am schwierigsten. Die jüdischen Fischläden dürfen keinen Fisch verkaufen, die jüdischen Gemüseläden kein Obst und fast kein Gemüse, sie müssen mit den Resten vorlieb nehmen, die bei der allgemeinen Verteilung übrig bleiben. Manche Juden bekommen zuweilen Pakete mit Obst geschickt, aber das ist gefährlich. Wenn die Grünen kommen und Schalen im Abfalleimer finden, dann kann man noch so beteuern, dass man die Äpfel oder Birnen von außerhalb geschenkt bekommen hat, bestraft wird man doch, und alle, die im Haus wohnen, mit. Einmal haben sie von einem Freund des Vaters einen Fisch erhalten. Der Freund ist kein Jude und darf draußen angeln. Nach dem Essen haben sie die Gräten in die Wasserspülung geworfen.

Und dann wurde nach acht Uhr geklingelt! Zum Glück war es nur jemand, der zu einem Nachbarn wollte und aus Versehen die Tür verwechselt hatte. Erschrocken waren sie trotzdem. Aber auch froh, dass sie die Fischgräten so gut weggebracht hatten.

Nun möchte Mutter zu Vaters Geburtstag so gerne Äpfel haben. Es gibt eine Möglichkeit, doch sie ist gefährlich. Er will das Risiko gerne auf sich nehmen. Er ist acht Jahre alt, aber so klein, dass er ohne Weiteres sagen kann, er sei sechs. Zwischen sechs und fünf ist kein großer Unterschied, und wer erst fünf ist, braucht keinen Stern zu tragen. Sonst trägt er natürlich immer einen, aber er hat noch eine alte Strickjacke ohne Stern. Klar? Außerdem ist er blond. Er kann also ohne Schwierigkeiten in einen nichtjüdischen Gemüseladen gehen und zwei Kilo Äpfel kaufen. Ganz einfach. Mutter hält es nicht für so einfach. Es können ihm Leute begegnen, die wissen, dass er ein jüdischer Junge ist. Er kann nach seinem Familiennamen gefragt werden … »Wenn sie wissen wollen, warum du keinen Stern trägst, dann sagst du, dass du erst fünf bist, verstehst du?« Er nickt verständnisvoll. Bisher fühlte er sich immer bedrückt, weil er so klein war, nun freut er sich darüber. »Und wenn sie sich erkundigen, wie du heißt, sagst du einfach … de Jong. So können andere auch heißen.« »De Jong«, wiederholt er leise. In der Schule gibt es keine Kinder, die de Jong heißen. Doch wenn Mutter meint, dass andere auch so heißen können, wird es wohl stimmen. De Jong also.

Alles klappt ausgezeichnet. Niemand fragt ihn, warum er keinen Stern trägt. Es ist ganz sonderbar, einmal ohne Stern zu gehen. Als er einen Grünen sieht, denkt er: Der kann mir nichts tun, denn er weiß nicht, dass ich ein Jude bin. Es ist ein richtig angenehmes Gefühl.

Im Laden muss er lange warten. Viele Frauen werden vor ihm bedient. Als er an die Reihe kommt, sagt er schnell: »Zwei Kilo Äpfel

---

Noch leben die jüdischen Familien in Holland in ihrer gewohnten Umgebung, sind aber durch viele antisemitische Gesetze und Verordnungen bereits ausgesondert: Juden dürfen in regulären Geschäften nicht einkaufen; jüdische Geschäfte werden boykottiert; für jüdische Kinder sind öffentliche Schulen verboten. Die holländische Polizei, die »Grünen«, arbeitet mit der deutschen Besatzungsmacht zusammen und kontrolliert alles.

Seit dem 1. September 1941 gilt die Polizeiverordnung über die Kennzeichnung der Juden: »§ 1. (1) Juden …, die das sechste Lebensjahr vollendet haben, ist es verboten, sich in der Öffentlichkeit ohne den Judenstern zu zeigen. (2) Der Judenstern besteht aus einem handtellergroßen, schwarz ausgezogenem Sechsstern aus gelbem Stoff mit der schwarzen Aufschrift ›Jude‹. Er ist sichtbar auf der linken Brustseite des Kleidungsstücks fest aufgenäht zu tragen …
§ 4. (1) Wer dem Verbot der Paragraphen 1 und 2 vorsätzlich oder fahrlässig zuwider handelt, wird mit Geldstrafen bis zu 150 RM oder mit Haft bis zu sechs Wochen bestraft.«

Clara Asscher-Pinkhoff (1896–1984), gebürtige Holländerin und Jüdin, schreibt aus eigenem Erleben. Sie war mit dem späteren Oberrabbiner von Groningen verheiratet. Nach der Okkupation unterrichtete sie als Lehrerin in Amsterdam jüdische Kinder. Im Mai 1943 wurde sie zusammen mit ihren Zöglingen in das Lager Bergen-Belsen abtransportiert. Im Juli 1944 wurden zweihundertfünfzig Insassen des Lagers gegen die gleiche Anzahl Gefangener in Palästina ausgetauscht – das einzige Mal, dass es gelang, eine solche Möglichkeit zu verwirklichen. Clara Asscher-Pinkhof wurde der Gruppe in allerletzter Minute zugeteilt.

Die unmittelbaren Akteure sind »drei Männer«, die am Eingang ihres Dorfes gut sichtbar ein Schild aufstellen sollen, gewissermaßen als Abschluss aller bereits geleisteten Vorbereitungen für die bald beginnende Fremdenverkehrssaison. Sie sind lediglich Ausführende, die ihren Auftrag, auch wenn es nicht gesagt wird, von der Gemeinde- oder Kurverwaltung bekommen haben, ebenso wie vorweg Schreiner und Maler. Dass hinter der örtlichen Verwaltung wiederum ein bürokratisch-politischer Apparat wirkt, der die mit diesem Schild verbundene »Botschaft« betreibt, deren Erwartungen der Kurort besonders lobenswert entsprechen möchte, ist der übergreifende Rahmen des Geschehens. Die drei Arbeiter jedenfalls haben ein fertiges Schild zum Aufstellen am Ortseingang bekommen. Sie wollen diesem Auftrag gewissenhaft nachkommen, deshalb sind sie ganz damit beschäftigt, den wirkungsvollsten Platz für das Schild zu wählen, ohne damit vorhandene Einrichtungen zu stören, weder die Tankstelle noch das seit je dort stehende Wegkreuz. Sie probieren verschiedene Standorte aus, bis sie schließlich mit der Aufstellung des Schildes neben dem Kreuz, gewissermaßen »am Platz des Schächers zur Linken«, zufrieden sind.

Im Fortgang der Geschichte wird der Blick auf die Menschen dieses Dorfes gelenkt, auf jene zufälligen Personen, deren Weg gerade

bitte.« Beim Abwiegen fragt die Frau freundlich, weil er so klein ist: »Wie heißt du denn, Kerlchen?« Er muss sich besinnen. »De Jong«, antwortet er endlich. »Nein«, lacht die Frau. »Ich meine deinen Vornamen!« Damit hat er nicht gerechnet. Er weiß nicht, ob Jopie ein jüdischer Vorname ist oder ob auch die anderen so heißen können. Auf jeden Fall scheint es ihm besser, nicht Jopie zu sagen. Aber was sonst? »Na, verrat es nur!«, lächelt die Frau. »Jesus«, sagt er heiser.«

Elisabeth Langgässer: Saisonbeginn

Die Arbeiter kamen mit ihrem Schild und einem hölzernen Pfosten, auf den es genagelt werden sollte, zu dem Eingang der Ortschaft, die hoch in den Bergen an der letzten Passkehre lag. Es war ein heißer Spätfrühlingstag, die Schneegrenze hatte sich schon hinauf zu den Gletscherwänden gezogen. Überall standen die Wiesen wieder in Saft und Kraft; die Wucherblume verschwendete sich, der Löwenzahn strotzte und blähte sein Haupt über den milchigen Stengeln; Trollblumen, welche wie eingefettet mit gelber Sahne waren, platzten vor Glück, und in strahlenden Tümpeln kleinblütiger Enziane spiegelte sich ein Himmel von unwahrscheinlichem Blau. Auch die Häuser und Gasthöfe waren wie neu: ihre Fensterläden frisch angestrichen, die Schindeldächer gut ausgebessert, die Scherenzäune ergänzt. Ein Atemzug noch: dann würden die Fremden, die Sommergäste kommen, die Lehrerinnen, die mutigen Sachsen, die Kinderreichen, die Alpinisten, aber vor allem die Autobesitzer in ihren großen Wagen … Ford und Mercedes, Fiat und Opel, blitzend von Chrom und Glas. Das Geld würde anrollen. Alles war darauf vorbereitet. Ein Schild kam zum anderen, die Haarnadelkurve zu dem Totenkopf, Kilometerschilder und Schilder für Fußgänger: Zwei Minuten zum Café Alpenrose.

An der Stelle, wo die Männer den Pfosten in die Erde einrammen wollten, stand ein Holzkreuz, über dem Kopf des Christus war auch ein Schild angebracht. Seine Inschrift war bis heute die gleiche, wie sie Pilatus entworfen hatte: J. N. R. J., die Enttäuschung darüber, dass es im Grunde hätte heißen sollen: er behauptet nur, dieser König zu sein, hatte im Lauf der Jahrhunderte an Heftigkeit eingebüßt. Die beiden Männer, welche den Pfosten, das Schild und die große Schaufel, um den Pfosten in die Erde zu graben, auf ihren Schultern trugen, setzten alles unter dem Wegkreuz ab; der dritte stellte den Werkzeugkasten, Hammer, Zange und Nägel daneben und spuckte ermunternd aus.

Nun beratschlagten die drei Männer, an welcher Stelle die Inschrift des Schildes am besten zur Geltung käme; sie sollte für alle, welche das Dorf auf dem breiten Passweg betraten, besser: befuhren, als Blickfang dienen und nicht zu verfehlen sein. Man kam also überein, das Schild kurz vor dem Wegekreuz anzubringen, gewissermaßen als Gruß, den die Ortschaft jedem Fremden entgegenschickte. Leider stellt sich aber heraus, dass der Pfosten dann in den Pflasterbelag einer Tankstelle hätte gesetzt werden müssen, eine Sache, die sich selbst verbot, da die Wagen, besonders die größeren, dann am Wenden behindert waren. Die Männer schleppten also den Pfosten noch ein Stück weiter hinaus bis zu der Gemeindewiese und wollten schon mit der Arbeit beginnen, als ihnen auffiel, dass diese Stelle bereits zu weit von dem Ortsschild entfernt war, das den Namen angab und die Gemeinde, zu welcher der Flecken gehörte. Wenn also das Dorf den Vorzug dieses Schildes und seiner Inschrift für sich beanspruchen wollte, musste das Schild wieder näherrücken, am besten gerade dem Kreuz gegenüber, sodass Wagen und Fußgänger zwischen beiden hätten passieren müssen.

Dieser Vorschlag, von dem Mann mit den Nägeln und dem Hammer gemacht, fand Beifall. Die beiden anderen luden von Neuem den Pfosten auf ihre Schultern und schleppten ihn vor das Kreuz. Nun sollte also das Schild mit der Inschrift zu dem Wegekreuz senkrecht stehen; doch zeigte es sich, dass die uralte Buche, welche gerade hier ihre Äste mit riesiger Spanne nach beiden Seiten wie eine Mantelmadonna ihren Umhang entfaltete, die Inschrift im Sommer verdeckt und ihr Schattenspiel deren Bedeutung verwischt, aber mindestens abgeschwächt hätte.

Es blieb daher nur noch die andere Seite neben dem Herrenkreuz, und da die erste, die in das Pflaster der Tankstelle überging, gewissermaßen den Platz des Schächers zur Linken bezeichnet hätte, wurde jetzt der Platz zur Rechten gewählt und endgültig beibehalten. Zwei Männer hoben die Erde aus, der dritte nagelte rasch das Schild mit wuchtigen Schlägen auf; dann stellten sie den Pfosten gemeinsam in die Grube und rammten ihn rings von allen Seiten mit größeren Feldsteinen an.

hier vorbei führt, während die Arbeiter das Schild eingruben. Da sind Schulkinder, die ein paar Handlangerdienste leisten, zwei Nonnen, die das Blumenwasser vor dem Kruzifix auffrischen, Männer, die vom Feld zurückkehren, und andere mehr. Die meisten bleiben gleichgültig gegenüber dem Geschehen; die Nonnen verunsichert es, andere lachen oder schütteln mit dem Kopf, aber niemand nimmt Stellung oder deutet gar einen Protest an. So vollenden die Arbeiter ihren Auftrag, sind mit der Ausführung auch sichtlich zufrieden, und nunmehr kann jeder, der das Dorf aufsucht, gleich an dessen Eingang neben dem alten, aber stets mit frischen Blumen versorgten Kreuz »schwarz auf weiß« und »weithin sichtbar« lesen: »In diesem Kurort sind Juden unerwünscht.«

Es scheint, dass der gekreuzigte Jesus, der »immer schon« zum Dorf gehörte, und die nun zu seiner Rechten als »unerwünscht« erklärten Juden im Bewusstsein der Arbeiter und Passanten wenig oder gar nicht berührt. Selbst wenn die hier ausgesprochene Exkommunikation der Juden nicht der Einstellung aller Dorfbewohner entspricht, dass sie mit stringenter Konsequenz auch zur Entfernung des Kreuzes und zur Einstellung des Gottesdienstes führen müsste, der ja doch Jesus, den Juden, feiert, dürfte zu jener Zeit nicht allein den Bewohnern dieses Kurortes, sondern ebenso dem Klerus, der Theologenschaft, dem Episkopat wie dem getauften »deutschen Volk« insgesamt ziemlich verschleiert geblieben sein.

Elisabeth Langgässer (1899–1950) wurde in besonderem Maße von ihrem deutsch-jüdischen Schicksal geprägt. Sie war die Tochter eines katholischen Vaters jüdischer Herkunft. 1929 bekam sie ihre Tochter Cordelia, deren Vater ebenfalls Jude war. Nach den »Nürnberger Gesetzen« galt das Kind als »Dreivierteljüdin«. Ab 1941 musste Cordelia den Judenstern tragen, wurde 1944 über Theresienstadt nach Auschwitz deportiert, überlebte aber. Nach 1945 sparte Langgässer nicht an Kritik an den Schriftstellern der »inneren Emigration« und ihrer eigenen Haltung während der NS-Zeit, die sie als »Tändeln mit Blumen und Blümchen über dem scheußlichen, weit geöffneten, aber eben mit diesen Blümchen überdeckten Abgrund der Massengräber« bezeichnete. Sie starb mit 51 Jahren an Multipler Sklerose. Posthum erhielt sie den Georg-Büchner-Preis.

Ihre Tätigkeit blieb nicht unbeobachtet. Schulkinder machten sich gegenseitig die Ehre streitig, dabei zu helfen, den Hammer, die Nägel hinzureichen und passende Steine zu suchen; auch einige Frauen blieben stehen, um die Inschrift genau zu studieren. Zwei Nonnen, welche die Blumenvase zum Fuße des Kreuzes aufs Neue füllten, blickten einander unsicher an, bevor sie weitergingen. Bei den Männern, die von der Holzarbeit oder vom Acker kamen, war die Wirkung verschieden: einige lachten, andere schüttelten nur den Kopf, ohne etwas zu sagen; die Mehrzahl blieb davon unberührt und gab weder Beifall noch Ablehnung kund, sondern war gleichgültig, wie sich die Sache auch immer entwickeln würde. Im Ganzen genommen konnten die Männer mit der Wirkung zufrieden sein. Der Pfosten, kerzengerade, trug das Schild mit der weithin sichtbaren Inschrift, die Nachmittagssonne glitt wie ein Finger über die zollgroßen Buchstaben hin und fuhr jeden einzelnen langsam nach wie den Richtspruch an einer Tafel …

Auch der sterbende Christus, dessen blasses, blutüberronnenes Haupt im Tod nach der rechten Seite geneigt war, schien sich mit letzter Kraft zu bemühen, die Inschrift aufzunehmen: Man merkte, sie ging ihn gleichfalls an, welcher bisher von den Leuten als einer der Ihren betrachtet und wohl gelitten war. Unerbittlich und dauerhaft wie sein Leiden, würde sie ihm nun für lange Zeit schwarz auf weiß gegenüberstehen.

Als die Männer den Kreuzigungsort verließen und ihr Handwerkszeug wieder zusammenpackten, blickten alle drei noch einmal befriedigt zu dem Schild mit der Inschrift auf. Sie lautete: »In diesem Kurort sind Juden unerwünscht.«

Jesus und Paulus: Zweierlei Evangelium

Das Evangelium Jesu vom Reich Gottes

Die Literatur hatte und hat es schwer, die Verquickung des historischen Jesus von Nazaret mit dem späteren Christus zu durchschauen. Bei Jesus geht es um das »Reich Gottes« als dem Zentrum seiner Botschaft. Die von Paulus gelehrte »Christologie« ist eine Botschaft ohne Reich Gottes.

Für Jesus war das Reich Gottes keine jenseitige Welt, sondern eine Lebensweise in der Welt der Menschen. Im Gleichnis vom großen Festmahl (Lk 14,12–24) konkretisiert er seinen Traum von dieser Herrschaft Gottes: dass Arme und Reiche, Sklaven und Freie, Frauen und Männer, Schriftgelehrte zwischen Zöllnern und Sündern miteinander an einem Tisch sitzen. Die aus den reichen Häusern kommen zusammen mit denen von den Hecken und Zäunen, Hinterhöfen und Favelas.

Der Gott, den Jesus vertritt, ist der Gott der Propheten Israels. Bei Amos heißt es: »Ich hasse eure Feste, ich verabscheue sie. Ich kann eure Versammlungen nicht riechen…, eure Brandopfer sind mir zuwider… Stattdessen ströme das Recht wie Wasser, die Gerechtigkeit wie ein nie versiegender Bach« (Am 5,21ff.). Der von Jesus vertretene Gott ist kein Gott der Heiligtümer, der Opfer und Wallfahrten. Er will nicht kultische, sondern soziale Frömmigkeit. Jerusalem und dem Tempel stand Jesus in kritischer Distanz gegenüber. Seine Bewegung war eine Laienbewegung.

Auch wenn Jesus Jude war und zum eigenen Volk sprach, vertrat er doch ein Ethos, das Juden, Samariter und Heiden – also Menschen schlechthin – verbindet. Die Tora fasste er so zusammen: »Du sollst den Herrn, deinen Gott lieben mit ganzem Herzen, mit ganzer Seele und mit allen deinen Gedanken. Das ist das wichtigste und erste Gebot. Ebenso wichtig ist das zweite: Du sollst deinen Nächsten lieben wie dich selbst. An diesen beiden Geboten hängt das ganze Gesetz samt den Propheten« (Mt 22, 37–40). In seinen Gleichnissen handeln *Menschen*, nicht in Juden, Griechen oder sonstige Gruppen geschieden: Ein *Mensch* sät Samen auf seinen Acker, sät ein Senfkorn aus, findet einen Schatz im Acker, sucht ein verlorenes Schaf, bereitet ein großes Mahl…; ein *Mann* lädt zum Gastmahl, hatte zwei Söhne, war reich, hatte einen Verwalter…; eine *Frau* mengt Sauerteig in drei Saton Mehl, sucht ihre Drachme; eine *Witwe* kam zu einem Richter… und so weiter.

Entsprechend ist sein Gottesverständnis universal: »Er lässt seine Sonne aufgehen über die Bösen und über die Guten und lässt regnen über Gerechte und Ungerechte« (Mt 5,45). Stets gilt größte Allgemeinheit.

Man kann diese Vorstellung Jesu von der Herrschaft Gottes ein Evangelium der Liebe nennen. Doch schließt es ein ungewöhnliches Leben ein: den Bruch mit Familienzwängen; die Freiheit von Besitz und Sicherheit,

---

Der Gott Jesu ist ein Gott, der jeden Menschen annimmt – darum können und sollen auch die Menschen sich gegenseitig annehmen… Gott und Mensch stehen sich in einer sehr einfachen – unmittelbaren – Beziehung ohne Zwischeninstanzen gegenüber. In dieser Situation werden gesetzliche Festlegungen, kultische Vorschriften und Rituale zum Hindernis für die Ganzheit und Einfachheit der Beziehung zwischen Gott und Mensch, gerade weil sie Gott festlegen und dem Menschen die Möglichkeiten geben, sich vor Gott, vor sich selbst und vor seinem Nächsten zu verstecken…

Wenn in der christlichen Überlieferung die Gebote der Gottes- und Nächstenliebe auf das Engste miteinander verbunden werden (Mk 12,28–34), so entspricht dies der Intention Jesu. Ihre Zusammenordnung ist nicht als ein Nebeneinander zu verstehen, sodass wieder zwei Bereiche (hier Gottes-, dort Nächstenliebe) unterschieden werden könnten. Vielmehr ist für Jesus die Koinzidenz beider kennzeichnend.

Paul Hoffmann

Wo aber eine Gehorsamsform angemessen ist, kann kein Evangelium sein, sondern nur das Gesetz, in diesem Fall das Gesetz der althergebrachten kirchlichen Lehre, in die mit »Ich glaube« feierlich einzustimmen nichts anderes ist als ein Gehorsamsvorgang, der allermeist als solcher nicht mehr empfunden wird, weil er zur puren Gewohnheit geworden ist.

Herbert Koch

Der barmherzige Samariter

Ein Raubüberfall auf dem Weg von Jerusalem nach Jericho. Das Opfer bleibt anonym – »ein Mann«. Ihn für einen Juden zu halten, liegt nahe. An diesem zusammengeschlagenen Mann führt der Weg drei anderer Menschen vorbei. Priester und Levit gehören zum Tempelpersonal. Dies lässt erwarten, dass sie dem Überfallenen beistehen. Stattdessen heißt es zweimal: »Er sah ihn und ging vorüber.« Der Erzähler gibt keinen Kommentar.

manchmal sogar Verstöße gegen das Regelwerk der Tora. Am Anfang seines öffentlichen Auftretens erklärte ihn seine Familie für verrückt. Als er sich schließlich die Freiheit nahm, in Jerusalem am Tempel Kritik zu üben, nahm man ihn als Störenfried fest und schaltete ihn aus durch Hinrichtung am Kreuz.

Seine Geschichte vom barmherzigen Samariter lehrt, dass »der Wille Gottes« nicht auf Schrift oder Tempel eingeengt werden darf. Der Gedanke, in einem Straßengraben zwischen Jerusalem und Jericho Gottes Willen begegnen zu können, hat weder Priester noch Levit berührt.

Rembrandt, Der barmherzige Samariter, 1633.

Der dritte Passant kommt aus Samaria. Für Juden war das keine Empfehlung; Juden hielten Distanz zu den Samaritanern. Umso mehr musste es sie überraschen, dass allein dieser Fremdling einhält und Hilfe leistet. Zug um Zug wird nun erzählt, was er alles tut, um dem Verwundeten zu helfen: Er wäscht dessen Wunden mit Wein und Öl aus, verbindet sie, hebt den Mann auf sein Reittier, bringt ihn zu einer Herberge, sorgt für ihn dort, bezahlt sogar Unterkunft und Verpflegung für die folgenden Tage im Voraus und verspricht, wenn dies nicht reiche, bei seiner Rückreise auch für die Restsumme aufkommen zu wollen.

Lk 10,25–37: Das Beispiel vom barmherzigen Samariter

Und da! Ein Gesetzeslehrer stand auf. Er sagte, um Jesus auf die Probe zu stellen: Lehrer, was muss ich tun, um unendliches Leben zu gewinnen? Jesus sagte zu ihm: Was steht im Gesetz? Was liest du dort? Er antwortete: Liebe den Herrn, deinen Gott; aus deinem ganzen Herzen und deinem ganzen Leben, mit all deiner Kraft und allen Sinnen! Und: Deinen Nächsten liebe wie dich selbst!

Jesus sagte zu ihm: Richtig hast du geantwortet. Tu das! Dann wirst du leben. Der aber wollte sich rechtfertigen und sagte zu Jesus: Und nun, wer ist mein Nächster?

Jesus nahm das auf und sprach: Ein Mann ging von Jerusalem nach Jericho hinab und wurde von Räubern überfallen. Sie plünderten ihn aus und schlugen ihn nieder; dann machten sie sich davon und ließen ihn halbtot liegen. Zufällig kam ein Priester denselben Weg herab; er sah ihn an und ging weiter. Desgleichen auch ein Levit. Der kam dorthin, sah ihn an und ging weiter.

Ein Samariter, der auf der Reise war, kam ebenfalls daher, sah ihn an, und es ward ihm weh ums Herz. Er ging zu ihm hin, goss Öl und Wein auf seine Wunden und verband sie. Dann hob er ihn auf sein Reittier, brachte ihn zu einer Herberge und versorgte ihn. Am andern Morgen zog er zwei Denare heraus, gab sie dem Wirt und sagte: Sorge für ihn, und wenn du mehr für ihn brauchst, werde ich es dir bezahlen, wenn ich wiederkomme.

Was meinst du: Wer von diesen Dreien ist der Nächste dessen geworden, der unter die Räuber gefallen ist? Der Gesetzeslehrer antwortete: Der, der barmherzig an ihm gehandelt hat. Da sagte Jesus zu ihm: Dann geh und handle genau so!

Lk 15,11–32: Die Geschichte vom verlorenen Sohn

Weiter sagte Jesus: Ein Mann hatte zwei Söhne. Der jüngere von ihnen sagte zu seinem Vater: Vater, gib mir das Erbteil, das mir zusteht. Da teilte der Vater das Vermögen auf. Wenige Tage danach, als er alles zusammen hatte, zog der jüngere Sohn in ein fernes Land. Dort führte er ein zügelloses Leben und verschleuderte sein Vermögen. Als er alles durchgebracht hatte, kam eine schwere Hungersnot über das Land. Es ging ihm schlecht. Da drängte er sich einem Bürger jenes Landes auf. Der schickte ihn auf seine Felder zum Schweinehüten. Er hätte gern seinen Hunger mit den Schoten gestillt, welche die Schweine fraßen; aber niemand gab ihm davon.

Da ging er in sich und sagte: Wie viele Tagelöhner meines Vaters haben mehr als genug zu essen, und ich komme hier vor Hunger um. Aufbrechen will ich, zu meinem Vater gehen und zu ihm sagen: Vater, ich habe mich gegen den Himmel und gegen dich versündigt. Ich bin nicht mehr wert, dein Sohn zu heißen. Stell mich einem deiner Tagelöhner gleich. Und er brach auf und ging zu seinem Vater. Der Vater sah ihn schon von Weitem kommen, und es ward ihm weh ums Herz. Er lief dem Sohn entgegen, fiel ihm um den Hals und liebkoste ihn.

Da sagte der Sohn: Vater, ich habe mich versündigt gegen den Himmel und gegen dich. Ich bin nicht mehr wert, dein Sohn zu heißen.

Der Vater aber sagte zu seinen Knechten: Schnell! Holt das beste Gewand, und zieht es ihm an. Steckt ihm einen Ring an die Hand und Schuhe an die Füße. Und bringt das Mastkalb her; schlachtet es. Wir wollen essen und fröhlich sein. Denn dieser mein Sohn war tot und lebt wieder; er war verloren und ist wiedergefunden. Und sie begannen, ein fröhliches Fest zu feiern.

Sein älterer Sohn war unterdessen auf dem Feld. Als er heimkam und dem Haus nahte, hörte er Musik und Tanzlieder. Da rief er einen der Knechte und fragte, was das bedeuten solle. Der Knecht antwortete: Dein Bruder ist gekommen, und dein Vater hat das Mastkalb schlachten lassen, weil er ihn heil und gesund zurückbekommen hat. Da wurde er zornig und wollte nicht hineingehen. Sein Vater aber kam heraus und redete ihm gut zu.

Doch er erwiderte dem Vater: So viele Jahre schon diene ich dir, nie habe ich gegen deinen Willen gehandelt; mir aber hast du nie auch nur ein Böcklein geschenkt, damit ich mit meinen Freunden hätte ein Fest feiern können. Kaum aber ist der hier gekommen – dein Sohn, der dein Vermögen mit Dirnen durchgebracht hat –, da hast du für ihn das Mastkalb geschlachtet.

Der Vater aber sprach zu ihm: Mein Kind, du bist immer bei mir, und alles, was mein ist, ist auch dein. Aber jetzt müssen wir uns doch freuen und ein Fest feiern; denn dein Bruder war tot und lebt wieder; er war verloren und ist wiedergefunden worden.

Das Übermaß an Zuwendung, das der Fremdling hier aufbringt, tritt in enttäuschenden Gegensatz zu den beiden Männern vom Tempeldienst. Doch ist deren unmenschliches Verhalten in Wirklichkeit das Allergewöhnlichste. Es gibt immer genügend Gründe, um sich den Hilflosen nicht zuwenden zu müssen.

Von Gott scheint in alldem nicht die Rede zu sein, doch der Eindruck täuscht. Die Geschichte erzählt vom Wunder einer Liebe, in der sich »das Reich der Himmel« ereignet. Wer je der Nächste ist, wird nicht von außen bestimmt, nicht vom Volk, zu dem einer zugehört, nicht von der Sprache, die er spricht, nicht durch Nachbarschaft, Beruf oder Religion, sondern durch den Menschen selbst.

Der wichtigste Gottesdienst ist der Dienst am Menschen. Solche Religion ist weltlich.

Christian Rohlfs, Die Heimkehr des verlorenen Sohnes, 1916.

Der verlorene Sohn

Der Vater kritisiert nicht, dass der Sohn sich aus dem Elternhaus löst. Er gibt ihm sein volles Erbe mit. Es entsteht kein Konflikt. Der Sohn zieht in ein fernes Land – um das Erbe dort mit beiden Händen zu vergeuden. Dass führt irgendwann ans Ende. Da es nun nicht mehr weitergeht, erinnert er sich des gesicherten Lebens im Vaterhaus. Zwar hat er dort alle Rechte verspielt, aber denkbar bleibt, dass der Vater ihn als Tagelöhner übernimmt. »Besser ein lebendiger Hund als ein toter Löwe« (Koh 9,4) könnte seine

Überlegung sein. »Und er machte sich auf und ging zu seinem Vater«.

Nun erfolgt ein Perspektivenwechsel: »Der Vater sah ihn schon von weitem kommen, und es ward ihm weh ums Herz. Er lief dem Sohn entgegen, fiel ihm um den Hals und liebkoste ihn.« Vor jeder Entschuldigung und jeder Bitte des Sohnes ist ihm allein dessen Rückkehr wichtig. Noch ehe der Sohn sagen kann: »Nimm mich als einen deiner Tagelöhner«, empfängt ihn der Vater überschwänglich: Er bekommt neue Kleider und Schuhe; einen Ring als Zeichen seiner Würde; ein Fest wird angeordnet, um die Heimkehr des Sohnes zu feiern.

Erneut ein Perspektivenwechsel, jetzt aus der Sicht des älteren Sohnes: Der reagiert gegenüber dem Aufwand, der für den Nichtsnutz getrieben wird, mit Unwillen und Zorn. Er will das Fest der Heimkehr boykottieren. Er urteilt nach Angemessenheit und Gerechtigkeit. Darauf antwortet der Vater: Unser Verhältnis ist nicht das von Herr und Knecht. Du bist frei, dir alles zu nehmen, was das Haus bereit hält. Aber die Heimkehr deines Bruders müssen wir feiern … Es wird nicht erzählt, wie der Angeredete reagiert.

Das Gleichnis erzählt, wie Gott sich zu Menschen verhält. Es ist ein Evangelium befreiender Güte.

*

Das Verhältnis eines jeden Menschen zu Gott ist unmittelbar. Es bedarf keiner Vermittlung.

Die Lehre des Paulus vom Sühnetod Jesu

Paulus hat den historischen Jesus nicht gekannt, er wollte von dessen Lebensgeschichte auch nicht viel wissen. Gäbe es nur die von Paulus vertretene Lehre, wäre von Jesus bis auf seinen Kreuzestod nichts bekannt: kein Gleichnis, keine Bergpredigt, kein Vaterunser, nicht die geringste Vorstellung, wie Jesus sich unter den Menschen seiner Zeit bewegt hat. Paulus wollte Jesus »dem Fleische nach« nicht kennen. Darum blieb ihm auch das Evangelium Jesu vom Reiche Gottes fremd.

Das einzige historische Faktum, das für Paulus wichtig war, ist der Kreuzestod Jesu, »der für unsere Sünden gestorben ist« (1 Kor 15,3). Das Evangelium Jesu kennt diesen Gedanken eines Sühnetodes nicht. Im Gleichnis vom »verlorenen Sohn« oder vom »barmherzigen Vater« (Lk 15,11–32) spricht Jesus mit keinem Wort von einer notwendigen Sühne, »was er doch hätte tun müssen, wenn die göttliche Vergebung nur um den Preis der Hingabe Jesu in den blutigen Tod zu haben gewesen wäre. In diesem Gleichnis erwartet der Vater den heimgekehrten Sohn mit offenen Armen – keinerlei Sühneleistung war notwendig« (Herbert Vorgrimler). Der Gott Jesu hat nichts mit Opfertod und Satisfaktion zu tun. Im Gleichnis vom Pharisäer und Zöllner genügt die Bitte: »Gott sei mir Sünder gnädig«, um angenommen zu sein. Kein Beichtstuhl, keine Absolution, keine Gnadenvermittlung durch Sakramente und Kirche, nichts, was eine Priesterschaft exklusiv zu vermitteln hätte.

Dennoch bestimmt die paulinische Lehre das christliche Selbstverständnis bis zum heutigen Tag. Die Christologie hat das Reich-Gottes-Programm Jesu verschluckt und in den weiteren Jahrhunderten damit imperiale Interessen abgedeckt. Die Bergpredigt wurde nahezu vergessen. Diese Entwicklung spiegelt sich im Apostolischen Glaubensbekenntnis, das ausschließlich Christologie ohne Jesu Reich-Gottes-Programm ist. Das hat den historischen Jesus verharmlost, entpolitisiert und für die private Andacht verkitscht. In den literarischen Beiträgen dieses Kapitels spiegelt sich dieser Prozess.

Allerdings: vielleicht wäre unter den Wirren des Jüdisch-Römischen Kriegs und des nachfolgenden jüdischen Schicksals die jesuanische Botschaft ganz verloren gegangen, wenn nicht Paulus, der anfangs die Jesusbewegung verfolgte, nicht ihr leidenschaftlicher Missionar in der griechischen Welt geworden wäre. Erst Paulus hat das »Christentum« geschaffen und in die Weltgeschichte eingefädelt. Rund zwanzig Jahre nach dem Tode Jesu schreibt er an die christliche Gemeinde in Korinth:

1 Kor 15,3–9: Christus ist für unsere Sünden gestorben

Vor allem habe ich euch überliefert, was auch ich empfangen habe: Christus ist für unsere Sünden gestorben, gemäß den Schriften, und ist begraben worden. Er ist am dritten Tag auferweckt worden, gemäß den Schriften, und erschien dem Kephas, dann den Zwölf. Danach erschien er mehr als fünfhundert Brüdern zugleich; die meisten von ihnen sind noch am Leben, einige sind entschlafen. Danach erschien er dem Jakobus, dann allen Aposteln. Als Letztem von allen erschien er auch mir, dem Unerwarteten, der »Missgeburt«. Denn ich bin der geringste von den Aposteln; ich bin nicht wert, Apostel genannt zu werden, weil ich die Kirche Gottes verfolgt habe.

Paulus zählt die Reihe derer auf, denen der Auferstandene »erschienen« ist. Als letzten in dieser Reihe nennt er sich selbst. Er ist überzeugt, dass die Erscheinung, die er hatte, sich von den Erscheinungen, welche die Genannten vor ihm hatten, nicht unterschied. Darum sah er sich auch in gleicher Augenhöhe mit den Jerusalemer Aposteln. »Bin ich nicht ein Apostel? Habe ich nicht Jesus, unseren Herrn, gesehen?«, fragt er (1 Kor 9,1) und berichtet im 2. Brief an die Korinther von einer Vision:

Marc Chagall, Die weiße Kreuzigung, 1938. Das Bild aktualisiert die Kreuzigung Jesu im Rahmen des Judenpogroms am Abend des 9. November 1938, als in Deutschland die Synagogen brannten. Chagall sieht Jesus als den repräsentativen Juden, dessen Kreuzigung Mahnmal für die sich fortsetzende Passion seines Volkes ist. Während im kirchlichen Kult die »Vergegenwärtigung des Kreuzesopfers« begangen wird, bleibt die millionenfach wiederholte Hinrichtung des Juden Jesus außerhalb des Glaubensbewusstseins.

2 Kor 12,1–4: Ob mit dem Leib oder ohne den Leib, nur Gott weiß es

Ich muss mich ja rühmen; zwar nützt es nichts, trotzdem will ich jetzt von Erscheinungen und Offenbarungen sprechen, die mir der Herr geschenkt hat. Ich kenne jemand, einen Diener Christi, der vor vierzehn Jahren bis in den dritten Himmel entrückt wurde; ich weiß allerdings nicht, ob es mit dem Leib oder ohne den Leib geschah, nur Gott weiß es. Und ich weiß, dass dieser Mensch in das Paradies entrückt wurde; ob es mit dem Leib oder ohne den Leib geschah, weiß ich nicht, nur Gott weiß es. Er hörte unsagbare Worte, die ein Mensch nicht aussprechen kann.

Obwohl Paulus die Umstände seiner Erfahrung nicht beschreibt, ist anzunehmen, dass sie mit einer Ekstase verbunden war. Das lässt fragen, wie solche Erlebnisse zu verstehen sind. Insgesamt wurde der Auferstehungsglaube durch Visionen gestiftet. Paulus bestätigt dies. Er spricht von einer Erkenntnis, die ihn in seiner ganzen Existenz ergriffen hat. Er sagt, dass Gott »in unseren Herzen aufgeleuchtet« sei (2 Kor 4,6). Ein solcher Vorgang spielt sich nicht in der äußeren Realität, sondern im Innern des Menschen ab. Seine eigene Beschreibung

Jesus oder Worin besteht das Christentum?

lässt schließen, dass diese Erfahrung in Trance stattfand.

Zwar ist der Visionär überzeugt, das Geschaute spiele sich außerhalb seiner selbst ab, doch sieht die Tiefenpsychologie darin eine symbolische Gestaltung des Unbewussten.

Ähnlich wie Paulus, der »bis in den dritten Himmel entrückt wurde … und unsagbare Worte hörte, die ein Mensch nicht aussprechen kann«, erlebte der Schweizer Psychologe Carl Gustav Jung (1875-1961) eine Vision: »Ich hätte nie gedacht, dass man so etwas erleben könnte, dass eine immerwährende Seligkeit überhaupt möglich sei. Die Visionen und Erlebnisse waren vollkommen real; nichts war anempfunden, sondern alles war von letzter Objektivität.« Das heißt aber: Offenbarung kommt nicht vom Himmel, sondern aus den Tiefen der Seele.

Grundsätzlich gilt: Das Evangelium Jesu und das Evangelium des Paulus sind zu unterscheiden. Der Gott Jesu verlangt kein Sühneopfer. In der Literatur begegnet diese Position, bevor sie in der Theologie diskutiert wird. Sowohl die katholische Kirche als auch die reformatorischen Kirchen freilich haben ihr Selbstverständnis in der Spur des Paulus gefunden. Ob es ihnen gelingt, »den apfel wieder zurückzuwerfen, den neuen gott der liebe, der kein blut braucht«, wie Ernst Eggimann die Aufgabe beschreibt, in ihr Glaubensbekenntnis zu übernehmen, wird nicht in einer Generation entschieden – doch könnte die Zeit für Reformen vorbei sein, bevor das Christentum zum verlorenen Anfang zurückkehrt.

Ernst Eggimann: jesus

jesus
seit der alte gott
des gehorsams
im paradies
eine falle stellte
brauchen wir dich
als opferlamm

jesus
wirf den apfel zurück
zeige uns den neuen gott
der liebe
der kein blut braucht
wir wollen keine kreuze mehr

*

jesus
knete den sauerteig
in meinem verstand
lass ihn aufgehen
phantastisch und närrisch
lehre mich die anderen
    rechnungen
ich verschenke und
werde reich
ich halte nichts fest und
erhalte in fülle
weil ich schwach bin
weil ich die andere backe hinhalte
trifft mich keiner
weil ich ja sage
weil ich mitleide
weil ich mich mitfreue
gewinne ich das leben

jesus
wenn wir dir nachfolgen
folgen wir
deinen nachfolgern und
deren nachfolgern und
nachfolgern
nach

erlöse uns
in deinem namen
von den christen
und ihrer erfolgreichen
nachfolge

vor uns aber
verfolgt und
verkannt
bist du

*

jesus
du glaubst
zweitausend jahre nach christus
immer noch
an das reich das bald kommt
du glaubst
an unsern glauben
der berge versetzt

Nicht Almosen, sondern Tischgemeinschaft

Eine Tischgemeinschaft unterliegt – früher ebenso wie heute – festen Regeln: was, wo, wie, wann und mit wem die Leute essen. Hier aber wird gesagt, das Reich Gottes hebe diese Unterschiede auf. Die von Jesus gedeutete Gottesherrschaft wird beschrieben als eine Mahlgemeinschaft, die sich mit jedem Hergelaufenen gemein macht und alle Unterschiede des Standes, Ranges und Geschlechts missachtet. Angesichts der Regeln, die unser Leben bestimmen, kann man das für geschmacklos und provokant halten.

Lk 14,12–24: Das Gleichnis vom großen Festmahl

Als Jesus an einem Sabbat in das Haus eines führenden Pharisäers zum Essen kam..., sagte er zu dem Gastgeber: Wenn du mittags oder abends ein Essen gibst, so lade nicht deine Freunde oder deine Brüder, deine Verwandten oder reiche Nachbarn ein. Sonst laden auch sie dich wieder ein, und damit ist alles vergolten. Nein, wenn du ein Essen gibst, dann lade Arme, Krüppel, Lahme und Blinde ein. Du wirst selig sein, denn sie können es dir nicht vergelten... Als einer der Gäste das hörte, sagte er zu Jesus: Selig, wer im Reich Gottes am Mahl teilnehmen darf.

Jesus sagte zu ihm: Ein Mann veranstaltete ein großes Festmahl und lud viele dazu ein. Als das Fest beginnen sollte, schickte er seinen Diener und ließ den Gästen, die er eingeladen hatte, sagen: Kommt, es steht alles bereit! Aber einer nach dem andern ließ sich entschuldigen. Der erste ließ ihm sagen: Ich habe einen Acker gekauft und muss jetzt gehen und ihn besichtigen. Bitte, entschuldige mich! Ein anderer sagte: Ich habe fünf Ochsengespanne gekauft und bin auf dem Weg, sie mir genauer anzusehen. Bitte, entschuldige mich! Wieder ein anderer sagte: Ich habe geheiratet und kann deshalb nicht kommen. Der Diener kehrte zurück und berichtete alles seinem Herrn. Da wurde der Herr zornig und sagte zu seinem Diener: Geh schnell auf die Straßen und Gassen der Stadt und hol die Armen und die Krüppel, die Blinden und die Lahmen herbei. Bald darauf meldete der Diener: Herr, dein Auftrag ist ausgeführt; aber es ist immer noch Platz. Da sagte der Herr zu dem Diener: Dann geh auf die Landstraßen und vor die Stadt hinaus und nötige die Leute zu kommen, damit mein Haus voll wird.

In seiner Erzählung *Am Rande der Welt* schildert Nikolai Lesskow die Bekehrung eines Bischofs, dessen Missionierungsversuche unter Buddhisten und Lamaisten der sibirischen Steppe fehlschlagen. Der weise Mönch Kiriak sagt zu ihm:

»Ich denke so, Eminenz, dass wir alle zu einem Gastmahl gehen... Siehst du, wir beide sind getauft – nun, und das ist gut so. Uns ist damit gleich eine Eintrittskarte zum Festmahl gegeben. Und wir gehen auch hin und wissen, dass wir eingeladen sind, weil wir ja eine Karte haben... Jetzt sehen wir aber, dass neben uns ein Menschlein ohne Karte auch dorthin wandert. Wir denken: Das ist ein Dummkopf. Es hat doch gar keinen Sinn, dass er hingeht, man wird ihn gar nicht hereinlassen! Wenn der hinkommt, jagen ihn die Türhüter davon. Wenn wir aber angekommen sind, werden wir sehen: Die Türhüter jagen ihn freilich davon, weil er keine Karte hat, der Gastgeber aber sieht es, und vielleicht befiehlt er, ihn hereinzulassen und sagt: »Ist nicht schlimm, dass er keine Karte hat, ich kenne ihn auch so. Komm nur her, tritt ein!« Und wird ihn hereinführen, und siehe da, womöglich erweist er ihm größere Ehre als manchem, der mit einer Karte gekommen ist.«

Oben: Luis Bunuel, Viridiana, Filmszene, 1961.

Die Brotvermehrung des Elischa findet hier ihre unüberbietbare Steigerung. Jesus erscheint als guter Hirte und Gastgeber seines Volkes. Die Erzählung ist »von vornherein symbolisch angelegt« (Rudolf Pesch), was auch für die Zahlenangaben gilt. Sie greift nirgendwo auf konkrete Vorgänge im Leben Jesu zurück. Markus verbindet mit der in langer Tradition vorgebildeten Szene das Bild des messianischen Lehrers, der sein Volk mit dem Brot der Lehre speist.

Auf den Vorschlag der Jünger, die Leute wegzuschicken, »damit sie hingehen in die Dörfer und sich selber Speise kaufen«, lässt Markus Jesus antworten: »Gebt *ihr* ihnen zu essen!« Das ist eine überraschende Akzentsetzung. Des Weiteren wird die Gemeinde nicht unmittelbar von Jesus gespeist, sondern durch Vermittlung der Jüngerschaft. Selbst die Tischordnung sollen die Jünger regeln und »den Leuten sagen, sich in Gruppen ins Grüne zu setzen«. Und schließlich wird das Brot nur von den Jüngern ausgeteilt, die auch die Mahlreste einsammeln: Ein beachtenswertes Beispiel, wie Markus hier in die zu Jesu Zeiten offene Mahlsituation eine Hierarchie- und Autoritätsstruktur einführt.

Die alte Überlieferung führt in die Welt Norwegens. König Magnus I., der Gute, geboren 1024, war seit 1035 König von Norwegen, seit 1042 auch König von Dänemark. Die innere Einheit der skandinavischen Reiche bestand zu jener Zeit im König allein. Die einzelnen Landschaften regierten sich selbst nach Volksgesetz und Herkommen unter dem Einfluss mächtiger Sippen, mit denen das Königtum ständig im Kampf lag. Der altgermanische Lebensstil wandelte sich bis tief ins 12. Jahrhundert nur wenig. Das Christentum wurzelte sehr langsam ein. Die Überlieferung sieht diese Verhältnisse im Hintergrund. Ein Gefolgsmann des Königs, Thorfin, hatte ein Komplott unternommen und einen Angehörigen der Königssippe erschlagen. Seitdem unterlag er der Fehde. So sehr sich im Namen des Königs bereits christliche Tradition spiegelt, so eindeutig verweist der Name des Gegenspielers

Mk 6,32-44: Gebt ihr ihnen zu essen. Die Speisung der Fünftausend

Sie fuhren mit dem Boot in eine einsame Gegend, um allein zu sein. Aber man sah sie abfahren, und viele erfuhren davon. Sie liefen zu Fuß aus allen Städten dort zusammen und kamen ihnen zuvor. Als er ausstieg und die vielen Menschen sah, hatte er Mitleid mit ihnen, weil sie wie Schafe waren, die keinen Hirten haben. Und er lehrte sie lange.

Gegen Abend kamen seine Schüler zu ihm und sagten: Der Ort ist abgelegen, und es ist schon spät. Schick sie weg, damit sie in die umliegenden Gehöfte und Dörfer gehen und sich etwas zu essen kaufen. Er erwiderte: Gebt ihr ihnen zu essen! Sie sagten zu ihm: Wir sollen gehen, für zweihundert Denare Brot kaufen und ihnen zu essen geben? Er aber sagte: Wie viele Brote habt ihr? Geht, seht nach! Sie sahen nach und berichteten: Fünf Brote, und außerdem zwei Fische. Da befahl er ihnen, den Leuten zu sagen, sie sollten sich zu Mahlgemeinschaften ins grüne Gras setzen. Und sie setzten sich zu Mahlgemeinschaften zu hundert und zu fünfzig.

Darauf nahm er die fünf Brote und die zwei Fische, blickte zum Himmel auf, sprach den Lobpreis, brach die Brote und gab sie den Schülern, damit sie alles an die Leute austeilten. Auch die zwei Fische ließ er unter allen verteilen. Und alle aßen und wurden satt. Als die Schüler die Reste der Brote und auch der Fische einsammelten, wurden zwölf Körbe voll. Es waren fünftausend Männer, die von den Broten gegessen hatten.

Gast und Gastgeber

Im Jahr 1042 war Magnus Olafson König von Dänemark geworden. Gegen ihn hatte ein Gefolgsmann, Thorfin, einen Aufstand versucht und einen Verwandten des Königs erschlagen. Die ausgesandten Häscher konnten den flüchtigen Thorfin jedoch nicht auftreiben.

Nun begab es sich, dass der König eines Tages zu einem Mahl einlud. Die Gäste trafen ein, hatten aber noch nicht Platz genommen, als ein struppiger Mann, allen unbekannt, ohne Gruß zum Tisch drängte, ein Brot davon griff und sofort in den Mund steckte. Das war eine unerhörte Missachtung des Gastgebers. Der König brauste auf: »Wer bist du?« Der Fremde kaute sein Brot zu Ende, dann sagte er: »Ich bin Thorfin.« Da wurde Magnus Olafson bleich; er rang um seine Fassung, bis er schließlich sagen konnte: »Wahrhaftig, Thorfin, ich hatte geschworen, du solltest für deinen Totschlag mit dem eigenen Tode büßen ...« Nach einer Pause dann: »Doch nachdem, was geschehen ist, muss Friede zwischen uns sein!« Und er lud den Todfeind an seinen Tisch.

Und was war geschehen? Der Rebell und Totschläger Thorfin hatte mit hintersinniger List Brot vom Tisch des Königs geraubt und es sogleich gegessen. Warum sollte das Todfeindschaft in Frieden wenden?

Der Vorgang ist unbegreiflich, wenn man nicht weiß, wie hoch bei germanischen Völkern die Tischgemeinschaft geachtet war. Sie schloss die Unverletzlichkeit des Gastes ein. Doch wer Gastfreundschaft gewährte, wurde auch in die Schwierigkeiten seines Gastes mitverwickelt. Der Wirt geriet in die Gewalt des Gastes, weil er für dessen Leib und Leben einstehen musste, selbst wenn er nicht wusste, wen er in sein Haus aufgenommen hatte. Jeder Fremde, der abends an die Tür klopfte, konnte ein Verfolgter sein. Der Gastgeber riskierte mitunter das eigene Leben, wenn er den Fremden nun offen wie geheim beschützen musste.

Mehr noch: Der Gast war der Stärkere. Er konnte sich mit List und sogar Gewalt Zutritt erzwingen und die Gastfreundschaft fremder Menschen an sich reißen. Denn war der Gast erst einmal innerhalb der Tür, so brauchte er sich nicht zu ducken und seine Anwesenheit demütig in der dunkelsten Ecke verbergen, nein, er hielt oft genug seine Sache keck ans Licht und fragte seine Wirtsleute, wann sie denn nun Anstrengungen machen wollten, ihm zu helfen.

Diesen Einblick in germanische Gastfreundschaft hatte schon Julius Caesar erhalten, als er notierte: »Sie betrachten es als eine Schande, einen Gast zu kränken. Wer er auch sein mag, und welche Gründe ihn auch veranlassen, die Gastfreundschaft anderer zu suchen, sie beschützen ihn gegen Unrecht. Er ist heilig. Alle Häuser stehen ihm offen, und das Essen steht für ihn bereit.«

Selbst wenn es nur ein Bissen Brot vom Tisch des Hauses war, dieser Bissen Brot oder ein Schluck Wasser genügten, eine neue Situation zu schaffen. Dabei tat die Erschleichung des Brotes oder des Bechers durch eine List der Wirksamkeit keinen Abbruch.

Streitigkeiten wurden deshalb immer durch gemeinschaftliches Essen und Trinken beigelegt. Der Friede war hergestellt, wenn ihn Tischgenossenschaft bestätigte.

So machten die Mahlzeiten und das Beisammensein am Tisch das tiefe Atemholen des Friedens sichtbar. Die tägliche Wiederkehr an den gemeinsamen Tisch bedeutete eine ständig wiederholte Erneuerung des Friedens durch die Speise und besonders durch den Trank, der mit dem eigenen Heil des Hauses gesättigt war.

Thorfin auf den alten religiösen Hintergrund. Thor ist der nordische Name des germanischen Gottes Donar, des Donner-Gottes. Die Bezeichnung Jarl ist ein Titel (vgl. englisch Earl). Ursprünglich benannte er nur Krieger, dann den adligen Mann und Heerführer, seit etwa 900 aber war er als Hoheitsbezeichnung dem königlichen Statthalter einer Landschaft vorbehalten.

Das Flateyjarbók ist eine isländische Sammelhandschrift, die 1387–1390 entstand. Ihr Inhalt ist hauptsächlich historischer Art, wobei die Sagas der Könige, die das Christentum einführten, im Mittelpunkt des Interesses stehen. Daneben sind kleinere Sagas und Erzählungen eingeschoben, wie die Begebenheit von König Magnus und dem Jarl Thorfin.

Josef Schelbert, Mahlzeit in einem palästinischen Haus, 1983.

Jesus oder Worin besteht das Christentum?

Der Gast – nach Albert Camus

In Algerien ist es unruhig. Alles deutet darauf hin, dass die Araber einen Aufstand vorbereiten. Daru, der Lehrer einer Dorfschule im Hochland, soll einen arabischen Gefangenen in die Stadt bringen. Er sträubt sich. Würden die Franzosen angegriffen, so würde Daru wohl auf ihrer Seite kämpfen. Aber Polizeidienste für sie leisten? Der Gefangene ist über Nacht sein Gast. Muss er ihm da nicht den Weg in die Freiheit eröffnen?

»Hast du Hunger?« »Ja«, sagte der Gefangene. Daru legte zwei Gedecke auf. Er nahm Mehl und Öl, knetete in einer Schüssel Fladenteig und zündete den kleinen Butangas-Backofen an. Während der Fladen buk, ging er hinaus, um im Schuppen Käse, Eier, Datteln und Kondensmilch zu holen. Als er wieder ins Zimmer trat, war die Dämmerung hereingebrochen. Er zündete Licht an und bediente den Araber. »Iss«, sagte er. Als sie gegessen hatten, sah der Araber den Lehrer an. »Bist du der Richter?« »Nein. Ich behalte dich bis morgen hier.« Später holte Daru ein Feldbett aus dem Schuppen und stellte es quer zu seinem eigenen Bett auf. Der Gefangene legte sich auf die Decken. Als Daru ihn am nächsten Morgen wachrüttelte, schaute er ihn mit einem so angstvollen Ausdruck an, dass der Lehrer einen Schritt zurückwich. »Hab keine Angst. Ich bin's. Komm und iss.«

Später brachen sie auf. Daru sollte den Gefangenen in die Stadt bringen. Sie machten sich auf den Weg und gelangten nach einer Stunde Wegs an eine Gabelung. Daru steckte dem Araber ein Päckchen hin. »Nimm«, sagte er. »Es sind Datteln, Brot und Zucker drin. Damit kannst du zwei Tage durchhalten. Und da hast du tausend Francs.«

Der Araber nahm das Päckchen, als wisse er nicht, was er mit diesen Gaben anfangen soll. »Jetzt pass auf«, sagte der Lehrer, »das ist der Weg nach Tinguit. Du hast zwei Stunden zu gehen. In Tinguit befinden sich die Behörden und die Polizei. Sie erwarten dich.« Dann zwang er ihn zu einer Vierteldrehung nach Süden. »Das ist die Piste, die über die Hochebene führt. In einem Tagesmarsch kommst du zu den ersten Nomaden. Sie werden dich aufnehmen und beschützen, wie ihr Gesetz es verlangt.« Panische Angst erfüllte das Gesicht des Arabers. »Ich gehe jetzt«, sagte Daru und wandte sich um.

Er war schon ein gutes Stück entfernt, als er stehen blieb und zurückblickte. Der Hügel war leer. Daru zögerte, dann kehrte er um und keuchte erneut die Anhöhe hinauf. Oben blieb er atemlos stehen. Im leichten Dunst entdeckte er den schon weit entfernten Araber mit beklommenem Herzen, der langsam dahin schritt auf dem Weg zum Gefängnis.

Das antike Mahl

Im ersten Gesang der Ilias wird ein Opfermahl geschildert – »in der silbernen Stimme der Voß'schen Übersetzung, die den goldenen Klang Homers nachzuahmen versucht«:

»Als sie den Schenkel verbrannt und die Eingeweide gekostet,

Schnitten sie auch das übrige klein und steckten's an Spieße,

Brieten es dann vorsichtig und zogen es alles herunter.

Aber nachdem sie ruhten vom Werk und das Mahl sich bereitet,

Schmausten sie, und nicht mangelt' ihr Herz des gemeinsamen Mahles,

Aber nachdem die Begierde des Tranks und der Speise gestillt war,

Füllten die Jünglinge schnell die Krüge zum Rand mit Getränke,

Wandten von Neuem sich rechts und verteilten allen die Becher.

Schön anstimmend den Paian [Gesang zu Ehren Apollons], die blühenden Männer Achaias,

Preisend des Treffenden Macht; und er hörte freudigen Herzens.«

Das antike Mahl war niemals nur materiell, sondern stets auf eine göttliche Gegenwart bezogen, auf einen oder auch mehrere göttliche Teilnehmer als Mitgenießer. Eben dadurch geriet es zum Fest.

Nikolai Lesskow: Der Gast beim Bauern

Diese wahre Geschichte, die davon handelt, wie Christus an einem Weihnachtsfeste selbst zu Gast zu einem Bauern kam, und davon, was er ihn da lehrte, vernahm ich von einem alten Sibirjaken, der die Begebenheit in nächster Nähe miterlebt hatte. Was er mir erzählte, werde ich mit seinen eigenen Worten wiedergeben:

Unsere Gegend ist eine Verbanntensiedlung, doch eine gute, handeltreibende Gegend. Mein Vater kam hin zu der Zeit, als in Russland noch die Leibeigenschaft herrschte, ich aber bin bereits dort geboren. Wir hatten Vermögen, ausreichend für unsere Verhältnisse, sind auch jetzt nicht arm. Wir halten uns an den üblichen schlichten russischen Glauben. Mein Vater war belesen und brachte auch mir die Lust am Lesen bei. Wer das Wissen liebte, galt mir für den vornehmsten Freund; ich war bereit, für ihn durch das Feuer oder das Wasser zu gehen. Und nun bescherte der Herr, mir zur Freude, einst den Freund Timofei Ossipowitsch, von dem ich Ihnen gerade erzählen will, wie ihm ein Wunder widerfuhr.

Timofei Ossipow geriet zu uns noch als ein junger Mann. Ich war damals achtzehn Jahre alt, er aber vielleicht so einige zwanzig. Timoschas Lebensführung war die allerbeste. Warum er vom Gericht zur Verbannung verurteilt worden war, danach fragte man aus Rücksicht unter unseren Verhältnissen nicht, doch hieß es, ein Oheim habe ihn geschädigt. Jener sei des Waisenknaben Vormund gewesen und habe fast dessen gesamtes Gut entweder durchgebracht oder sich angeeignet, Timofei Ossipow aber habe damals, entsprechend seinen jungen Jahren, der Geduld ermangelt; es sei zwischen ihm und dem Oheim zum Streit gekommen, er habe auf den Oheim mit der Waffe eingestochen. Dank Gottes Barmherzigkeit sei nun diese sündige Wahnwitztat nicht zur Vollendung gekommen, Timofei habe nur die Hand des Oheims durchstochen. Seiner Jugend wegen sei ihm keine schwere Strafe zuerkannt worden: Er ward als einer vom Stande der Kaufleute erster Gilde zu uns zum Siedeln verbannt.

Obwohl Timoschas Vermögen ihm zu neun Zehnteln geraubt worden war, auch mit dem letzten Zehntel ließ sich's leben. Er baute sich bei uns ein Haus und begann darin zu wohnen; das Unrecht jedoch, das er erlitten hatte, kochte in seiner Seele, und lange hielt er sich von jedermann fern. Er saß andauernd zu Hause, und nur sein Knecht und dessen Weib bekamen ihn zu sehen; zu Haus aber las er immerzu Bücher, und zwar die allerfrömmsten. Schließlich wurden wir miteinander bekannt, gerade durch die Bücher, und ich begann, ihn zu besuchen, er aber nahm mich gern an. Wir fanden Wohlgefallen aneinander.

Zu Anfang ließen meine Eltern mich nur ungern zu ihm gehen. Sie wurden aus ihm nicht recht klug: »Man weiß nicht, wer er ist, und

Nikolai Lesskow (1831–1895) begann seine berufliche Laufbahn 1847 als Kanzleibeamter beim Kriminalgericht von Orjol und ging 1850 als Sekretär für die Rekrutierungsbehörde der Armee nach Kiew. Dort förderte ein Onkel seine weitere Ausbildung.

Ab 1857 arbeitete Lesskow für ein englisches Handelsunternehmen, musste in dessen Auftrag viel reisen und lernte weite Teile Russlands kennen. 1860 ließ er sich in Sankt Petersburg als Journalist nieder. In dieser Zeit begann er erste Erzählungen zu schreiben. 1874 nahm Lesskow eine Anstellung im Kultusministerium an, wurde aber entlassen, nachdem er sich kritisch über Kirche und Staat geäußert hatte. Auch mit seinen literarischen Arbeiten kam er in den Folgejahren immer häufiger mit der staatlichen Zensur in Konflikt.

Lesskow war ein kenntnisreicher und kritischer Beobachter Russlands. Er trat für Reformen ein, doch lehnte er jede Art von umstürzlerischer Bewegung ab. Gerne griff er traditionelle religiöse Erzählformen, wie die Legende, auf und gab ihnen eine mystische Prägung.

Das Motiv des Gastmahls begegnet bei Lesskow in mehreren seiner Geschichten und Legenden. Hier wird von einem wohlhabenden Bauer erzählt, der noch eine offene Rechnung mit einem Onkel zu begleichen hat. In jungen Jahren war der Onkel sein Vormund und hat ihn in dieser Zeit um Haus und Hof betrogen. Hintergrund der angedeuteten gesellschaftlichen Verhältnisse ist die Aufhebung der Leibeigenschaft durch Zar Alexander II. (1855–1881). Das komplizierte Reformwerk bestimmte, dass 22,5 Millionen Leibeigene ohne Entschädigung des Gutsherrn frei wurden. Das hatte riesige Arbeitslosigkeit, Hunger und Elend zur Folge. Der Landhunger der an extensives Wirtschaften gewohnten Bauern trieb die Preise hoch und konnte insgesamt nicht befriedigt werden. So entstand eine Abwanderungswelle nach Sibirien, in deren Zug auch Timofei Ossipow, der freilich aus Gründen des verwandtschaftlichen Betrugs verarmt war, nach Sibirien kommt. Hier jedoch ist das Glück ihm gesonnen; er erarbeitet neuen Besitz, heiratet eine tüchtige Frau und könnte zufrieden sein – wenn nicht die Vergangenheit wie bohrend in ihm säße, Gram und Groll, die kein Vergessen und Vergeben zulassen.

warum er sich vor allen verbirgt. Möchte er dir nur nichts Schlechtes beibringen.« Ich aber, der ich dem Elternwillen gehorchte, ich sagte ihnen, Vater und Mutter, wahrheitsgemäß, dass ich von Timofei nichts Schlechtes zu vernehmen bekäme und dass wir uns damit beschäftigten, zusammen zu lesen und vom Glauben zu sprechen, in welcherweis man gemäß Gottes heiligem Willen zu leben habe, um das Bild des Schöpfers in sich nicht zu erniedrigen und zu schänden.

So erlaubte man mir, bei Timofei zu sitzen, sooft ich wollte, und mein Vater ging selbst zu ihm; danach kam Timofei Ossipow auch zu uns. Meine Alten sahen, dass er ein guter Mensch war, und gewannen ihn lieb, und es begann ihnen sehr leid zu tun, dass er häufig düster war. Gedachte er nämlich des Unrechtes, das man ihm angetan hatte, besonders auch, wenn man vor ihm nur mit einem Wörtchen seines Oheims erwähnte, so wird er ganz bleich, ist hernach ganz durcheinander und lässt, ganz mutlos, die Hände sinken. Dann will er auch nicht mehr lesen und – anstatt seiner üblichen Freundlichkeit – leuchtet Zorn in seinen Augen. Er war von musterhafter Ehrlichkeit und ein kluger Kopf; infolge seines Grames jedoch enthielt er sich jedes Unternehmens.

Doch seiner Schwermut half der Herr bald ab; ihm gefiel meine Schwester, er heiratete sie, hörte auf, sich zu grämen, begann vielmehr zu leben und zu gedeihen und zu verdienen und erwies sich nach zehn Jahren vor aller Welt Augen als ein höchst kapitalkräftiger Mann. Er errichtete sich ein Haus mit schönen Stuben; es war mit allem erfüllt, alles hatte er zur Genüge, er genoss die Achtung aller, und sein Weib war wacker, die Kinder gesund.

Was bedurfte es da noch mehr? Man möchte meinen, alles vergangene Leid ließe sich vergessen, aber er gedachte dennoch des Unrechtes, das ihm widerfahren, und einmal, als wir zusammen in einem Wägelchen fuhren und in aller Freundschaft plauderten, fragte ich ihn:

»Wie nun, Bruder Timoscha, bist du nun mit allem zufrieden?«

»Wie meinst du das?«, fragte er.

»Hast du jetzt alles wieder, was du in deiner Heimat verloren hast?«

Er aber wurde auf der Stelle ganz bleich und antwortete kein Wort, sondern lenkte nur schweigsam das Pferd.

Da bat ich um Entschuldigung. »Du, Bruder«, sagte ich, »vergib, dass ich so fragte. Ich dachte, jenes Böse sei schon lange ... vorbei und vergessen.«

»Es kommt nicht darauf an«, antwortete er, »dass es lange vorbei ist ... Es ist vorbei, dennoch denkt man daran.«

Es tat mir leid, nicht jedoch, weil er ehemals mehr besessen hatte, sondern weil er sich in einer solchen Verfinsterung befand: dass er die Heilige Schrift zwar kannte und gut vom Glauben zu reden verstand, doch das Unrecht so ständig im Gedächtnis bewahrte, das will doch heißen, das Wort Gottes sei ihm nichts nütze.

Ich wurde nachdenklich, zumal da ich ihn in allem für klüger als mich selber hielt und von ihm durch gute Gespräche Förderung erhoffte – er indessen gedenke des ihm angetanen Übels.

Er bemerkte das und spricht: »Woran denkst du eben?«

»Nur so«, sagte ich, »daran, was mir gerade einfällt.«

»Nein, du denkst nach über mich.«

»Ich denke nach auch über dich.«

»Was denkst du da von mir?«

»Du, bitte sei nicht böse, Folgendes dachte ich von dir: Du kennst die Schrift, doch dein Herz ist voller Zornes und unterwirft sich nicht Gott. Hast du denn unter solchen Umständen irgendeinen Nutzen von der Schrift?«

Timofei wurde nicht böse, nur ward er im Antlitz betrübt und finster, und er spricht: »Du bist nicht kundig genug in der Heiligen Schrift, dich auf sie zu berufen.«

»Da hast du«, sage ich, »recht. Ich bin nicht kundig.«

»Kundig bist du auch nicht hinsichtlich dessen, was es in der Welt für Unrecht gibt.«

Ich stimmte ihm auch hierin zu; er aber hub an zu sagen, es gäbe derartiges Unrecht, dass man es nicht ertragen könne – und erzählte mir, er sei nicht des Geldes wegen gegen seinen Oheim so zornig geworden, sondern aus einem anderen Grunde, der nicht zu vergessen sei.

»In alle Ewigkeit wollte ich darüber schweigen, jetzt aber will ich mich vor dir, als vor meinem Freund, aussprechen.«

Ich sage. »Sollte dir's frommen, sprich dich aus.«

So eröffnete er mir, dass schon sein Oheim seinen Vater tödlich gekränkt hatte, seine Mutter durch Kummer, den er ihr bereitet, ins Grab gebracht, ihn selber verleumdet und, alt, wie er gewesen, mit Schmeicheleien und Drohungen gewisse Leute bestimmt, ihm, dem Greise, zur Frau das junge Mädchen zu geben, das der Timofei von Kind auf geliebt und von jeher zu heiraten sich vorgenommen hatte.

»Kann man denn«, spricht er, »alles das vergeben? Ich vergebe es ihm zeitlebens nicht.«

»Gewiss«, erwiderte ich, »das Unrecht, das man dir angetan hat, ist groß – das stimmt. Dass aber die Heilige Schrift dir zu nichts nütze ist, ist ebenfalls keine Lüge.«

Er aber führte mir wieder zu Gemüte, dass meine Schriftkunde schwächer als die seine sei, und begann mir auseinanderzusetzen, wie doch nach dem Alten Testamente die heiligen Männer selber der Gesetzesbrecher nicht geschont, ja sie mit eigenen Händen abgeschlachtet hätten. Wollte doch der Arme derart seine Gesinnung vor mir rechtfertigen.

Die Geschichte wird von Timofeis Schwager erzählt. Diese Perspektive erlaubt genügend Distanz und kritische Beobachtung bei aller Einbezogenheit in die Handlung. Was sich ehedem in Timofeis Jugend ereignet hat, tritt aus einem ungenauen Halbdunkel nicht hervor. Die Erzählung verharrt im Konjunktiv: »Man munkelt, seine Eltern wären früh verstorben, ein Oheim habe ihn betrogen…« Und auch die spätere teilnehmende Frage: »Hast du jetzt alles wieder, was du in deiner Heimat verloren hast?«, klärt die alten Vorgänge nicht vollends auf, sondern zeigt nur, wie wenig wirklich verarbeitet und verziehen wurde: »Timofei wurde auf der Stelle bleich, antwortete kein Wort.« Das erlittene Unrecht rumort weiter ihn ihm. Der Erzähler kommentiert: »Das will doch heißen, das Wort Gottes sei ihm nichts nütze.« Er befürchtet, wenn Timofei irgendwo seinen Oheim träfe, würde er »Frau und Kinder und allen Glauben vergessen und dem Rachesatan verfallen.«

Ich aber antwortete ihm bei meiner Einfalt einfältig. »Timoscha«, spreche ich, »du bist ein kluger Kopf, bist belesen und weißt alles, und ich kann, in Sachen der Schrift, dir nicht widersprechen. Was ich gelesen habe, gestehe ich dir, verstehe ich nicht durchweg, weil ich ein sündiger Mensch und beschränkten Verstandes bin. Doch möchte ich dir sagen, dass man im Alten Testamente alles so altertümlich und dem Verstande irgendwie zweideutig schildert; im Neuen aber steht es deutlicher. Dort leuchtet über allem das ›liebe und vergib‹, und das ist köstlicher als alles, ist wie ein goldener Schlüssel, der jedes Schloss aufschließt. Was aber ist denn zu vergeben? Etwa irgendeine geringe Verfehlung und nicht gerade die ärgste Schuld?«

Er schwieg. Da dachte ich: »Herr, gefiele dir's doch, durch mich ein Wort der Seele meines Bruders zu sagen!« Und ich hielt ihm vor, wie sie Christus schlugen, misshandelten, bespien und mit ihm so verfuhren, dass er nirgends eine Stätte hatte; er aber vergab allen. »Folge«, sagte ich, »lieber diesem Beispiel und nicht dem Rachebrauche.«

Er aber hub an mit weitläufigen Auslegungen des Inhaltes, es habe jemand geschrieben, gewisse Dinge vergeben, wäre dasselbe, wie das Übel mehren. Dem konnte ich nicht widersprechen, so sagte ich nur, ich besorgte, dass »viele Bücher einen um den Verstand brächten« – »Du«, sagte ich, »wappne dich wider dich selber. Solange du des Bösen, das dir widerfahren, gedenkst, ist das Böse lebendig. Lass es nur sterben, dann wird auch deine Seele in Frieden leben.«

Timofei hörte mich an bis zu Ende und drückte mir fest die Hand, redete von nun an nicht mehr weitläufig, sondern sagte nur kurz: »Ich kann nicht. Lass ab, du machst das Herz mir schwer.«

Ich ließ ab. Ich wußte, er hatte Leid, und schwieg.

Doch die Zeit ging hin, und es verstrichen noch sechs Jahre, und all die Zeit beobachtete ich ihn und sah, dass er immer noch litt und dass er, wenn man ihn völlig frei ließe und er irgendwo den Oheim träfe, die ganze Heilige Schrift vergessen sei und er dem Rachesatan verfallen werde. In meinem Herzen aber war ich getrost, weil ich da den Finger Gottes wahrnahm: Schon begann dieser, sich ein wenig zu zeigen; nun, so würden wir gewiss auch die ganze Hand zu sehen bekommen; der Herr werde meinen Freund aus der Sünde des Zorns erretten.

Das aber verwirklichte sich auf höchst wunderbare Weise.

Damals lebte Timofei schon das sechzehnte Jahr bei uns als ein Verbannter, und schon waren fünfzehn Jahre vergangen, seit er sich beweibt hatte. Er mochte wohl siebenunddreißig bis achtunddreißig Jahre zählen, hatte drei Kinder und ein schönes Leben. Besonders lieb hatte er die Blumen – Rosen – und hatte deren viele bei sich, an den Fenstern wie auch am Bretterzaun. Der ganze Platz vor dem Hause war mit Rosen bepflanzt, und dank ihrem Dufte war das ganze Haus voller Wohlgeruches.

Da wollte einer wissen, wie es um Himmel und Hölle bestellt sei. Er befragte den Propheten Elia. Elia nahm ihn bei der Hand und führte ihn in einen großen Raum. Darin saßen Menschen mit langen Löffeln. Sie sahen elend aus und versuchten zu essen. Aber mit den zu langen Löffeln konnten sie nichts zum Munde führen.

Und nun hatte Timofei die folgende Gewohnheit: Regelmäßig, sobald die Sonne tief stand, trat er aus dem Haus, putzte selbst seine Rosenstöcke aus und las alsdann auf der Bank ein Buch. Außerdem, soviel ich weiß, betete er auch häufig dort.

Derart begab er sich auch einmal nach dem Platze und hatte das Evangelium mitgenommen. Er sah nach den Rosenstöcken, dann setzte er sich, schlug das Buch auf und begann zu lesen. Da las er nun, wie Christus zu Gaste zum Pharisäer kam, und sie gaben ihm nicht einmal Wasser, die Füße zu waschen. Da fühlte Timofei ganz unerträglich die dem Herrn angetane Kränkung, und dieser tat ihm so leid, dass er zu weinen anhub darüber, wie jener reiche Hausherr mit seinem heiligen Gaste umgegangen. Und siehe: in diesem nämlichen Augenblick ereignet sich der Beginn des Wunders, worüber mir Timofei Folgendes mitteilte:

»Ich blicke«, spricht er, um mich und denke: Was habe ich doch für ein Auskommen und einen Überfluss, aber mein Herr ging einher in solcher Armut und Niedrigkeit! ... Und meine Augen füllten sich ganz mit Tränen, und ich konnte trotz allen Blinzelns ihrer nicht Herr werden; alles um mich herum aber wurde rosenfarbig, selbst meine Tränen. In diesem Zustand, gleichsam ungewusst oder in einer Ohnmacht, rief ich aus: Herr, kämest du zu mir, ich gäbe mich selbst dir hin!«

Ihm aber wehte da plötzlich irgendwoher durch das Rosenlicht im Windhauch die Antwort zu: »Ich werde kommen.«

Timofei kam zitternd zu mir gerannt und fragte: »Wie dünkt dich? Kann der Herr wirklich zu mir zu Gaste kommen?«

Ich antwortete: »Das, Bruder, geht mir über den Verstand. Ließe sich darüber nicht etwas in der Heiligen Schrift finden?«

Timofei aber spricht: »Es ist immer derselbe Christus heute und in Ewigkeit. Ich wage nicht, es zu glauben.«

»Dann«, sage ich, »glaub es«.

»Ich werde befehlen, dass man tags ein Gedeck auf dem Tische für ihn bereit halte.«

Ich zuckte die Achseln und antwortete: »Frag mich nicht weiter. Sieh du nur selber zu, was ihm am wohlgefälligsten wäre. Übrigens meine ich nicht, dass ein Gedeck auf deinem Tische ihn kränkte; immerhin, wäre das nicht Hochmut?«

»Es steht geschrieben«, sagte er: »Dieser nimmt die Sünder an und isst mit den Zöllnern.«

»Es steht aber auch das geschrieben«, antwortete ich: »Herr, ich bin nicht wert, dass du unter mein Dach gehst. Auch das scheint mir am Platze.«

Timofei erwiderte: »Das verstehst du nicht.«

»Gut – wie du willst.«

Timofei ließ sein Weib seit dem folgenden Tage einen überzähligen

Elia führte ihn in einen weiteren Raum, dem ersten vergleichbar. Auch hier saßen Menschen mit langen Löffeln beieinander. Aber sie waren fröhlich und zufrieden. Sie nutzten ihre langen Löffel, um ihren Nachbarn das Essen zu reichen. »Nun weißt du, wie es um Himmel und Hölle bestellt ist«, sagte Elia.

Günter Kunert: Der ungebetene Gast

1
Stellt noch einen Stuhl an den Tisch.

2
Es ist ein Gast gekommen
(aus der Gegend um Warschau dort)
und hat am Tisch Platz genommen
und sagte kein einziges Wort.

3
Füllet ihm ein Glas.

4
Die Füße mit Lappen umwunden,
und die Augen halb gefehlt.
An der Kehle klaffende Wunden
haben stumm seine Geschichte erzählt.

5
Was steht dem Gast zu Diensten?

6
Er schwieg gleich der dunklen Tiefe
im allermeisten Meer.
Dann hob er den Kopf, als riefe
seine Nummer irgendwer.

7
Öffnet ihm bitte die Tür.

8
So ist der Gast gegangen
sacht wie ein Licht erlischt.
Sich doch zum Essen zwangen,
denen man aufgetischt.

9
Wohl bekomm es.

10
Da schmeckten nach Asche die Bissen,
und die Esser senkten den Blick;
voreinander ihre Gewissen
verbargen sie ohne Geschick.

11
So rückt doch den Stuhl wieder fort.

Platz bei Tische bereit halten. Setzten sie sich zu Tische, zu fünfen, er, seine Frau und drei Kinder – immer ist da noch ein sechster Platz bereit, der Ehrenplatz am Tischende, und davor ein großer Lehnsessel.

Die Frau war neugierig; was heißt das, wozu und für wen sei das bestimmt? Timofei jedoch weihte sie nicht in alles ein. Seinem Weibe und anderen sagte er nur, so müsse es seines innerlichen Gelübdes wegen gehalten werden »für den vornehmsten Gast«. Wer damit wirklich gemeint war, das wusste – außer ihm und mir – kein Mensch.

Timofei erwartete den Erlöser am Tage, nachdem er das Wort im Rosengarten vernommen hatte, er erwartete ihn auch noch am dritten Tage, danach am nächstfolgenden Sonntag, doch dieses Warten fand keine Erfüllung. Lange noch hielt er mit seinem Warten an. An jedem Feiertage erwartete Timofei immer wieder Christus zu Gaste, und er erschöpfte sich vor lauter Unruhe, ließ aber nicht nach im Vertrauen, dass der Herr sein Versprechen halten, dass er kommen werde. Das gestand Timofei mir mit folgenden Worten: »Tagtäglich«, spricht er, »bete ich: Ja, komm, Herr! und warte. Doch höre ich nicht die ersehnte Antwort: Ja, ich komme bald!«

Ich war ungewiss im Geiste, was ich Timofei darauf antworten sollte, und oft dachte ich, mein Freund wäre hochmütig geworden und dafür verwirre ihn jetzt eine trügerische Versuchung. Gottes Vorsehung aber fügte es anders.

Das Christfest kam. Es war harte Winterszeit. Timofei kam zu mir am Heiligen Abend und spricht: »Lieber Bruder, morgen erwarte ich den Herrn.«

Ich pflegte schon lange nicht mehr auf dergleichen Reden zu antworten und fragte damals nur: »Was gibt dir dazu die Gewissheit?«

»Diesmal«, antwortete er, »sobald ich nur das Komm, Herr, gebetet hatte, geriet meine ganze Seele in Wallung, und es klang in ihr auf wie mit Posaunenschall, ja, ich komme bald! Morgen ist sein heiliges Fest, sollte er nicht an diesem Tag mich besuchen wollen? Komm du zu mir mit der ganzen Verwandtschaft, sonst bebt mir die Seele nur immer vor lauter Furcht.«

Ich sagte: »Timofei, du weißt, dass ich über dieses alles kein Urteil habe, auch nicht erwarte, den Herrn zu schauen, weil ich ein sündiger Mann bin. Doch du bist von unserer Sippe, wir werden zu dir kommen ... Du aber, wenn du bestimmt einen so großen Gast erwartest, ruf du dann nicht deine Freunde zusammen, sondern suche nach einer wohlgefälligen Gesellschaft.«

»Ich verstehe«, antwortete er, »ich werde sofort meine Knechte und meinen Sohn durch das ganze Dorf schicken und alle Verbannten einladen, die da in Not und Bedürftigkeit wären. Sollte Gott mir die wunderbare Gnade erweisen, dass er käme, soll er alles, wie er es geboten hat, vorfinden.«

Mir schien auch dieses sein Wort nicht recht. »Timofei«, sagte ich, »wer vermöchte alles, so wie es geboten, ausrichten? Das eine verstehst du nicht, das andere wirst du vergessen, das dritte wiederum vermagst du nicht zu erfüllen. Doch wenn dieses alles so stark in deiner Seele posaunt, so sei dem so, wie es dir offenbart wird. Wird der Herr kommen, so wird er alles, was noch gebräche, ergänzen, und solltest du jemand, den er haben will, vergessen, wird er den Erforderlichen schon selbst herbeiführen.«

Wir kamen am Weihnachtstage zu Timofei mit der ganzen Familie, ein wenig später, als man sonst zu einem Mittagsmahle auf Einladung kommt. Denn so hatte er eingeladen, damit man erst, wenn alle Erwarteten zur Stelle wären, mit dem Mahl beginne. Wir fanden seine geräumige Stube voller Leute, in der sibirischen Verbannten Art: Männer und Weiber und das heranwachsende Kindergeschlecht, Leute aus jedem Beruf und aus verschiedenen Gegenden, so Russen wie Polen und Bekenner des estnischen Glaubens. Timofei hatte alle die armen Siedler, die seit Ankunft in ihren Wirtschaften noch nicht auf die Beine gekommen waren, versammelt.

Die Tische waren groß, mit Leinen gedeckt und bestellt mit allem Erforderlichen. Die Mägde liefen hin und her und stellten Kwas und Schüsseln mit Fleischpasteten darauf. Draußen begann es schon zu dämmern; auch war niemand mehr zu erwarten; alle Boten waren wiedergekehrt, von nirgendher mehr waren noch Gäste zu erwarten, weil draußen ein Schneegestöber begonnen hatte, ein Stürmen und Wehen, als wäre der jüngste Tag hereingebrochen.

Ein Gast nur fehlt und fehlt, der werter ist denn alle.

Schon hätte man die Kerzen anzünden und sich zu Tisch setzen müssen, denn es war schon ganz dunkel geworden, und wir alle harrten im Finstern beim schwachen Licht der Lämpchen vor den Heiligenbildern.

Timofei ging bald umher, bald saß er; er befand sich augenscheinlich in quälender Unruhe. Seine ganze Zuversicht war ins Wanken geraten, schien es doch schon gewiß, dass »der große Gast« nicht kommen würde.

Es verging noch eine Minute, und Timofei seufzte auf, sah mich traurig an und spricht:

»Nun, lieber Bruder, ich sehe, entweder ist es Gottes Wille, mich zum Gespötte zu machen, oder du hast recht: Ich habe nicht verstanden, alle die Erforderlichen zu versammeln, denen er begegnen möchte. Alles geschehe nach Gottes Willen; lasst uns beten und uns zu Tische setzen.«

Ich antwortete: »Also bete.«

Er trat vor das Heiligenbild und begann laut zu beten: »Vater unser, der du bist im Himmel ...« und danach: »Christus wird geboren, lobsinget, Christ kommt vom Himmel, verkündet es, Christ ist auf Erden ...«

Nach dieser Disposition setzt die eigentliche Handlung der Erzählung ein. Über die Geschichte Lk 7,36–50 kommt Timofei ins Sinnieren und spricht – wie es der Gebetssprache nicht selten eigen ist: »Herr, kämest du zu mir, ich gäbe mich selbst dir hin!« Dabei wähnt er, »irgendwoher im Windhauch« sei ihm die Antwort zugeweht worden: »Ich werde kommen!«

Mit dieser Szene ist die Zuspitzung der Handlung auf den dramatischen Punkt hin angelegt. Der Brauch des leeren Stuhls am Tisch symbolisiert die Erwartung und die eigene Bereitschaft. Die Vergeblichkeit des Wartens und die retardierenden Gespräche verstärken die Spannung. Der Ratschlag des Schwagers, nicht nur die eigenen Freunde einzuladen, sondern eine Gesellschaft »Wie er sie liebt«, intensiviert die Erzählung zu einem gleichnishaften Geschehen, indem sich eine Summe des Evangeliums verdichtet. So ist am Weihnachtsmittag die Stube voller Leute »von jedem Beruf und Glauben, Alte und Kranke und auch viel armes Volk«.

Dass schließlich als schon nicht mehr erwarteter Gast in Lumpengestalt der ärgste Feind des gläubigen Timofei erscheint, dessen er bis zum Tage ohne Rachewut nicht gedenken konnte, ist zwar in der Erzählung von Beginn her angelegt, gibt ihr nun aber doch ihre bleibende Hintergründigkeit, die Timofei selbst mit Verweis auf Mt 25,35 benennt: »Ich, Oheim, kenne deinen Geleiter. Das ist der Herr, der gesagt hat, hungert dein Feind, speise ihn mit Brot, dürstet ihn, tränke ihn mit Wasser. Setz dich und bleibe in meinem Hause bis zu deinem Lebensende.«

Kaum aber hatte er dieses Wort ausgesprochen, als plötzlich irgendetwas so fürchterlich von außen an die Wand schlug, dass alles zu wanken anhub, dann aber fuhr ein breites Getöse durch den Flur, und unversehens sprang die Stubentür von selbst, sperrangelweit auf.

Alle Leute, so viele dort waren, warfen sich in unbeschreiblichem Schrecken in eine der Zimmerecken, viele stürzten zu Boden, nur die Wagemutigsten blickten auf die Tür. In der Tür auf der Schwelle steht ein uralter Mann, bekleidet mit nichts als schlechten Lumpen, zittert und hält sich, um nicht umzufallen, mit beiden Händen an den Wandbrettern fest; hinter ihm her jedoch, aus dem Flur, der unbeleuchtet war, fällt ein unsäglicher rosenfarbener Schein, und über die Schulter des Alten streckt sich in die Stube vor eine schneeweiße Hand; und sie hält eine länglich gestaltete tönerne Lampe mit einer Flamme, wie man sie auf Darstellungen des Nikodemusgespräches gemalt sieht. Der Wind mit dem Schneegestöber tobt da draußen, aber die Flamme bringt er nicht zum Flackern. Und diese Flamme scheint dem Alten ins Antlitz und auf die Hand, auf der Hand aber fällt einem in die Augen eine vernarbte alte Schramme, die von der Kälte ganz weiß geworden ist.

Kaum erblickte ihn Timofei, so schrie er auf: »Herr, ich sehe ihn und nehme ihn auf in deinem Namen: Du selbst aber gehe nicht bei mir ein, ich bin ein böser und sündiger Mensch.« Und damit verneigte er sich mit dem Antlitz bis zu dem Boden.

Mit ihm zugleich aber fiel auch ich nieder, aus Freude darüber, dass ihn die echte christliche Demut angerührt hatte, und rief aus, dass alle es hörten: »Seien wir des inne, Christus ist mitten unter uns!« Alle aber antworteten: »Amen«, das bedeutet: »Es ist gewisslich wahr.«

Nun brachte man Licht. Timofei und ich, wir richteten uns auf vom Boden, die weiße Hand war schon nicht mehr zu sehen, nur der Alte war geblieben.

Timofei stand auf, nahm ihn an beiden Händen und setzte ihn auf den vornehmsten Platz. Wer aber dieser Alte war – vielleicht erraten Sie es selber – es war des Timofeis Feind, der Oheim, der ihn so völlig zugrunde gerichtet hatte. Mit knappen Worten berichtete jener, dass bei ihm alles in Trümmer gegangen sei: Familie und Reichtum seien verloren, er wandere schon lange, um den Neffen aufzufinden und ihn um Verzeihung zu bitten, er habe danach gedürstet und sich dennoch vor Timofeis Zorn gefürchtet, in diesem Schneegestöber jedoch den Weg verloren und, dem Erfrieren nahe, nur sterben zu müssen gewähnt.

»Plötzlich jedoch«, erzählte er, »leuchtete mir irgendein Unbekannter und sagte, gehe hin und wärme dich an meinem Platze und iss aus meiner Schale, griff mich an beiden Händen, und so war ich denn hier, weiß selber nicht, woher.«

Georg Trakl: Ein Winterabend

Wenn der Schnee ans Fenster fällt,
Lang die Abendglocke läutet,
Vielen ist der Tisch bereitet
Und das Haus ist wohl bestellt.

Mancher auf der Wanderschaft
Kommt ans Tor auf dunklen Pfaden.
Golden blüht der Baum der Gnaden
Aus der Erde kühlem Saft.

Wanderer tritt still herein;
Schmerz versteinerte die Schwelle.
Da erglänzt in reiner Helle
Auf dem Tische Brot und Wein.

Timofei jedoch antwortete vor allen: »Ich, Oheim, kenne deinen Geleiter. Das ist der Herr, der da gesagt hat: Hungert dein Feind, so speise ihn mit Brot; dürstet ihn, so tränke ihn mit Wasser. Setz dich bei mir auf den vornehmsten Platz und iss und trink ihm zur Ehre und bleibe in meinem Hause nach Herzenslust bis zu deinem Lebensende.«

Dino Buzzati: Die Nacht im Dom

Düster ist der alte, gotische Palast der Bischöfe. Salpeter sickert aus den Wänden. In den Winternächten ist es eine Qual, sich hier aufzuhalten. Neben dem Palast steht die gewaltige Kathedrale. Ein Leben würde kaum ausreichen, sie ganz zu erforschen. Da ist ein solcher Wust von Kapellen und Sakristeien, dass manche von ihnen jahrhundertelang vergessen standen und bis heute fast unbekannt geblieben sind.

Was wird, am Weihnachtsabend, so fragt man sich, der hagere Erzbischof ganz allein tun, während die Stadt feiert? Wie wird er mit der Schwermut fertig werden? Alle haben sie einen Trost: der kleine Junge die Eisenbahn und den Kasperle, das Schwesterchen die Puppe; die Mutter hat die Kinder um sich geschart; der Kranke hat eine neue Hoffnung, der alte Junggeselle den Kumpan, der Gefangene die Stimme eines Mitgefangenen aus der Nebenzelle. Was aber wird der Erzbischof machen? Der eifrige Don Valentino, Sekretär seiner Exzellenz, lächelte, wenn er die Leute so reden hörte. Der Erzbischof hat Gott am Weihnachtsabend! Auf den ersten Blick könnte er einem ja fast leid tun, wenn er so ganz allein inmitten der eisigen, verlassenen Kathedrale kniet. Aber man hat ja keine Ahnung! Er ist nicht allein; er friert auch nicht und verlassen fühlt er sich gewiss nicht. In der Weihnachtsnacht erfüllt Gott die Kirche für den Erzbischof. Die Schiffe quellen buchstäblich so über von seiner Fülle, dass die Portale sich nur mühsam schließen. Und auch ohne Heizung ist es so warm, dass die alten weißen Schlangen in den Gräbern der verstorbenen Äbte erwachen. Sie kriechen durch die Luftschächte empor aus den Kellergewölben und züngeln freundlich von den Balustraden der Beichtstühle herab. So ist an jenem Abend der Dom – überquellend von Gott. Don Valentino weiß sehr wohl, dass es ihm nicht ansteht. Aber er hält sich nur zu gern hier noch auf, um den Betschemel für den Erzbischof zurechtzurücken. Das ist doch etwas anderes als Weihnachtsbäume, Truthähne und Sekt!

Das ist eine wahre Weihnachtsnacht.

Mitten in diesen Gedanken hörte er jemand an die Tür klopfen. »Wer klopft in der Weihnachtsnacht an die Pforten des Doms?«, fragte sich Don Valentino. »Haben sie denn noch nicht genug gebetet?

Dino Buzzati (1906–1972), italienischer Schriftsteller und Journalist. Von 1928 bis zu seinem Tode war er Mitarbeiter, zeitweilig Chefredakteur der Mailänder Tageszeitung *Corriere della Sera*. Buzzatis Werke gelten als von Franz Kafka beeinflusst und werden dem Surrealismus zugerechnet.

Die mit Humor und leicht ironischen Stilmitteln geschriebene Erzählung illustriert in konkreten Bildern die Erfahrung göttlicher Nähe oder Ferne.

Die Erzählung führt durch vier Szenen: In der ersten Szene wird ein Bettler mit einem schäbigen Fünf-Lire-Schein aus dem Dom getrieben. »Aber als der Unglückliche aus der Kirche hinausging, verschwand im gleichen Augenblick auch Gott.«

Unglücklich über diesen Verlust bittet Don Valentino eine befreundete Familie um ihren Gott: »Sie vergessen, dass heute Weihnachten ist. Gerade heute sollen meine Kinder ohne Gott auskommen?«, antwortet der Vater, und im gleichen Augenblick »schlüpfte Gott aus dem Hause«.

Auf den Feldern vor der Stadt bittet Valentino einen Bauern um »ein wenig« von seinem Gott. Aber der Bauer lehnt ab, »und im gleichen Augenblick hob sich Gott von seinen Feldern und verschwand im Dunkel«.

Don Valentino denkt nur noch daran, dass allein durch seine Schuld der Bischof zu Weihnachten ohne Gott bleiben muss. Doch nur Valentino war ohne Gott; seine Zurückweisung des zerlumpten Mannes hat nicht auch den Bischof gott-los gemacht.

Sind sie rasend geworden?« Und während er so zu sich sprach, ging er, um zu öffnen. Mit einem Windstoß kam ein Armer in Lumpen hereingeweht.

»Welche Fülle Gottes«, rief er lächelnd aus und blickte sich um. »Welche Herrlichkeit! Man spürt es bis draußen. Monsignore, könnt Ihr mir nicht etwas davon abgeben? Bedenkt, heute ist Weihnachten!«

»Gott gehört Seiner Exzellenz, dem Erzbischof. Er ist für ein paar Stunden nur für ihn da. Seine Exzellenz lebt schon wie ein Heiliger. Du wirst doch wohl nicht verlangen, dass er nun auch noch auf Gott verzichtet! – Außerdem bin ich nie Monsignore gewesen.«

»Nicht einmal ein klein wenig, Hochwürden? Hier ist so viel von ihm. Seine Exzellenz würde es gar nicht merken!«

»Ich habe dir gesagt, dass es nicht möglich ist. Du kannst gehen! Der Dom ist für das Publikum geschlossen«, und er entließ den Armen mit einem Fünf-Lire-Schein.

Aber in demselben Augenblick, als der Unglückliche aus der Kirche trat, verschwand auch Gott. Entsetzt blickte Don Valentino sich um; er spähte die dunklen Wölbungen ab: Nicht einmal dort oben war Gott. Der ganze glänzende Pomp von Säulen und Statuen, Baldachinen und Altären, Katafalken, Kandelabern und Brokatstoffen – sonst so geheimnisvoll und erhebend – war plötzlich ungastlich und finster geworden. Und in ein paar Stunden würde der Erzbischof kommen.

Erregt zog Don Valentino eines der Außenportale hinter sich zu und schaute auf den Vorplatz. Auch draußen war keine Spur von Gott, obgleich es doch Weihnachten war. Aus all den erleuchteten Fenstern tönte der Widerhall von Gelächter, Gläserklang und Musik, ja sogar von Flüchen. Keine Glocken, keine Lieder.

Don Valentino trat in die Nacht hinaus und ging durch die entweihten Straßen. Um ihn der Lärm ausgelassener Bankette.

Aber er wußte die richtige Adresse. Die Familie seiner Freunde setzte sich gerade zu Tisch, als er das Haus betrat. Sie alle sahen einander wohlwollend an. Um sie wehte ein wenig von Gottes Hauch.

»Gesegnete Weihnachten, Hochwürden«, sagte der Hausvater. »Wollen Sie nicht unser Gast sein?«

»Ich bin in Eile, Freunde«, erwiderte dieser. »Durch meine Unachtsamkeit hat Gott den Dom verlassen, und Seine Exzellenz wird bald zum Beten kommen. Könntet ihr mir nicht den eurigen geben? Schließlich seid ihr ja in Gesellschaft und bedürft seiner nicht unbedingt.«

»Mein lieber Don Valentino«, sprach der Hausvater. »Mir scheint, Sie vergessen, dass heute Weihnachten ist. Ausgerechnet heute sollten meine Kinder ohne Gott auskommen? Ich bin erstaunt, Don Valentino!«

In dem gleichen Moment, als der Mann das sagte, glitt Gott aus dem Zimmer.

Das fröhliche Lachen verstummte. Der gebratene Kapaun war wie Sand zwischen den Zähnen.

Weiter durch die Nacht, die verlassenen Straßen entlang. Don Valentino läuft und läuft, bis er ihn wiedersieht. Es war an den Toren der Stadt. Vor ihm breitete sich in der Dunkelheit das weite Land. Es schimmerte matt vom Schnee. Über den Feldern und Maulbeeralleen wogte Gott, so als ob er wartete. Don Valentino fiel in die Knie.

»Aber was machen denn Sie, Hochwürden?«, fragte ihn ein Bauer. »Sie wollen sich wohl den Tod holen bei dieser Kälte!«

»Schau empor, mein Sohn! Siehst du nicht?« Der Bauer blickte ohne Erstaunen auf: »Das ist unserer! Jeden Weihnachten kommt er, um unsere Felder zu segnen.«

»Höre«, sprach der Priester. »Könntest du mir nicht etwas von ihm abgeben? In der Stadt ist er uns verloren gegangen. Sogar die Kirchen sind leer. Lass mir etwas ab von ihm, damit der Erzbischof wenigstens ein anständiges Weihnachten feiern kann!«

»Aber nicht im Traum, lieber, hochwürdiger Vater. Wer weiß, was für schändliche Sünden ihr in eurer Stadt begangen habt. Eure Schuld! Nun seht zu, wie ihr fertig werdet!«

»Ja gewiss, es ist Sünde. Wer von uns sündigt nicht? Aber du kannst viele Seelen retten, mein Sohn, wenn du nur ja sagst!«

»Ich hab genug damit zu tun, meine eigene Seele zu retten«, grinste der Bauer. In dem Augenblick, als er das sagte, erhob sich Gott von seinen Feldern und verschwand in der Dunkelheit.

Don Valentino ging weiter und suchte. Gott schien sich immer mehr zu verbergen. Wer etwas von ihm besaß, wollte es nicht hergeben, aber sobald er »nein« sagte, entschwand Gott und entfernte sich immer mehr.

Schließlich kam Don Valentino an einer riesigen Brache an. An ihrem Ende, direkt am Horizont, war ein sanftes Leuchten wie von einer länglichen Wolke.

Das war Gott. Der arme Priester warf sich im Schnee auf die Knie.

»Erwarte mich, o Herr«, flehte er. »Durch meine Schuld ist der Erzbischof allein, und heute ist Weihnachten.«

Seine Füße waren erstarrt. Er wankte in den Nebel; er sank bis zu den Knien ein. Immer wieder strauchelte er und fiel. Wie lange würden seine Kräfte reichen?

Schließlich hörte er einen gedehnten, feierlichen Chor. Engelstimmen. Ein Lichtstrahl sickerte durch den Nebel. Er öffnete eine kleine Holztür: Sie führte in eine gewaltige Kirche. In ihrer Mitte, zwischen ein paar Kerzen, betete ein Priester. Und die Kirche war voll des Paradieses.

Die ungewöhnliche Art – nahezu quantifizierend – von Gott zu sprechen, schafft Distanz: »Wieviel von Gott ist hier!« – »Ein kleines bisschen …« – »ein wenig von Gott«.

Gottes Anwesenheit: »Wieviel Schönheit! Man spürt es sogar von draußen.« – Alle sahen einander wohlwollend an, und um sie herum war ein wenig von Gott.« – »Am Horizont leuchtete Gott sanft wie eine längliche Wolke.«

Der Verlust Gottes: »Dunkle Gewölbe.« – »Echo von Gelächter, zerbrochenen Gläsern, Musik und sogar von Flüchen.« – »Keine Glocken, keine Lieder.« – »Das freundliche Lächeln erlosch, und der Truthahn war wie Sand zwischen den Zähnen.«

Buzzati gibt selbst die Interpretation: »Gott schien sich immer mehr zu verbergen. Wer etwas von ihm besaß, wollte es nicht hergeben, aber sobald er »nein« sagte, entschwand Gott und entfernte sich immer mehr.« So sehr »Gott« in der hintergründig naiven Art der Erzählung als Objekt erscheint, das man »haben«, »besitzen«, »festhalten« kann, so sehr erweist sich dieses Denken als falsch. Wer »Gott« für die eigene Privatheit reklamiert, ist alleine, also in Wahrheit gott-los.

»Bruder«, stöhnte Don Valentino. Er war am Ende seiner Kraft. Kleider und Haare starrten von Eiskristallen. »Hab Erbarmen mit mir! Mein Erzbischof ist durch meine Schuld ohne Gott, und er bedarf seiner. Gib mir etwas von ihm ab, ich bitte dich.«

Langsam wandte sich der Betende um. Als Don Valentino ihn erkannte, wurde sein bleiches Gesicht noch fahler.

»Ich wünsche dir ein gesegnetes Weihnachten, Don Valentino«, rief der Erzbischof und trat ihm entgegen, ganz umgürtet von Gottes Glanz.

»Wo warst du nur hingeraten? Darf man wissen, was du in dieser grausigen Eisnacht draußen gesucht hast?

Ignazio Silone: Wein und Brot

Das Haus der Murica war einstöckig, breit und behäbig, halb Wohnhaus, halb Stall. Die Fenster waren alle geschlossen, auch die Läden, aber die Eingangstür stand weit offen, wie es bei Trauerfällen üblich ist. Besucher, die ihr Beileid bezeugen wollten, gingen ein und aus. Pietro trat zögernd ein. Niemand achtete auf ihn. Von der Tür kam man gleich in einen großen gepflasterten Raum, der gewöhnlich als Küche und Aufbewahrungsort für landwirtschaftliche Geräte dienen mochte und jetzt voller Menschen war. Einige Frauen mit schwarzen und gelben Umschlagtüchern saßen am Boden vor dem Kamin. An einem Tisch standen mehrere Männer und sprachen von der Ernte. Weiter hinten entdeckte Pietro Annina, die ganz allein, blass und verwirrt, vor Kälte und Angst zitternd unter all den fremden Menschen saß. Sie weinte nicht; um weinen zu können, hätte sie allein sein müssen oder unter Freunden. Aber als sie Pietro erkannte, konnte sie sich nicht mehr beherrschen und fing an zu schluchzen. Aus einem Nebenraum kamen der Vater und die Mutter des Verstorbenen, beide schwarz gekleidet. Die Mutter ging auf Annina zu, trocknete ihr die Tränen, legte ihr ein großes schwarzes Tuch um und setzte sich mit ihr zusammen auf eine kleine Bank dicht an das Feuer.

»Wer ist das?«, fragten die Frauen einander.

»Das ist die Braut«, gab jemand zur Antwort. »Die Braut aus der Stadt.«

Der Vater nahm am oberen Ende des Tisches Platz, die anderen Männer setzten sich zu ihm. Verwandte aus dem Nachbardorf traten ein. Die Mutter sprach, wie es Sitte ist, zum Lobe des verstorbenen Sohnes. Sie erzählte, dass sie ihn hatte retten wollen, dass sie ihn fortgeschickt hatte, damit er dem Los entgehen sollte, das seine schwache Gesundheit befürchten ließ. Sie hatte ihn nicht retten können. Die Stadtluft war nicht das richtige für ihn gewesen. Die

Ignazio Silone (1900–1978) engagierte sich bereits in jungen Jahren in den Kämpfen der Landarbeiter, denen gerade in seiner Heimatregion L'Aquila noch Überreste des feudalen Großgrundbesitzes gegenüberstanden. Das brachte ihn in Kontakt mit sozialistischem Gedankengut. Der Sieg der Faschisten in Italien zwang ihn in den Untergrund. Etwa 1930 ging er ins Schweizer Exil. Hier begann er als Schriftsteller zu arbeiten – als »Christ ohne Kirche und Sozialist ohne Partei«. Schon in seinem zweiten Buch *Brot und Wein*, wird die Figur des Pietro Spina in ähnlicher Weise geschildert.

Erde hatte ihn zurückgerufen. Er hatte auf dem Feld gearbeitet, um dem Vater zu helfen. Man hätte annehmen können, dass er bald ermüden und die Lust verlieren würde, denn Tag für Tag auf dem Felde zu arbeiten ist eine Strafe des Himmels. Aber er weckte den Vater am Morgen, er schirrte das Pferd an, er las den Samen aus, er füllte die Fässer, und er besorgte den Garten.

Von Zeit zu Zeit hielt die Mutter inne, um das Feuer anzufachen und einen trockenen Ast aufzulegen. Marta, Don Benedettos Schwester, trat ein. Mehrere Cafoni aus der Nachbarschaft traten ein. Andere Männer machten ihnen Platz und verließen den Raum. Der alte

Murica stand am oberen Ende des Tisches und ermahnte die Männer, die ihn umgaben, zu essen und zu trinken. »Er war es«, sagte er, »der mir geholfen hat, das Korn zu säen, zu ernten, zu dreschen und zu mahlen, aus dem dieses Brot gemacht ist. Nehmt es und esst, es ist sein Brot.«

Andere Gäste traten ein. Der Vater füllte die Gläser und sagte: »Er war es, der mir geholfen hat, die Weinstöcke zu beschneiden und zu schwefeln und die Trauben zu ernten, von denen dieser Wein stammt. Trinkt, es ist sein Wein.«

Die Männer aßen und tranken, manche von ihnen tauchten das Brot in den Wein.

Einige Bettler erschienen an der Tür.

»Lasst sie eintreten«, sagte die Mutter.

»Vielleicht sind sie hergeschickt worden, um zu spionieren«, sagte einer der Gäste leise.

Erzählt wird die Geschichte des jungen Widerstandskämpfers Pietro Spina, der sich, vom faschistischen Regime abgestoßen, den Kommunisten zuwendet. Um illegale Untergrundarbeit leisten zu können, gibt er seine Identität auf und schlüpft in die Rolle des Priesters Don Paolo Spada, der zwar keine Sakramente spendet, sich aber der Nöte des Volkes annimmt. Ein Kommunist in der Identität eines Priesters, ein Ungläubiger als Seelsorger unter den Bauern der Abruzzen. Das schafft eine dramatische Romankonstellation, die das Sakrale und das Profane wechselseitig spiegelt:

»Die literarische Technik (des Romans) ist die der Aufhebung der Trennungen von Kirchlich und Weltlich. Der Ungläubige in der Rolle des Gläubigen, der Gläubige in der Rolle des Ungläubigen: Silone praktiziert eine Ästhetik der ständigen Perspektivenwechsel ...

Wo Gott ist, entscheidet nicht mehr die kirchliche Dogmatik, sondern die Praxis der Menschlichkeit. Gott lebt unter vielen Namen in der Welt Silones. Er hat viele ›Pseudonyme‹. Gott lebt vor allem dort, wo Menschen sich für andere Menschen einsetzen, ja aufopfern. Da geschieht Präsenz Christi, leibhaftig. Da vollzieht sich

Abendmahl, nicht mehr in den abgegrenzten sakralen Räumen der Kirche, sondern mitten im Alltag der Cafoni in den Dörfern der Abruzzen.

Höhepunkt des Romans ist denn auch zweifellos die Szene, in der Don Paolo mit den Eltern von Luigi Murica dessen Tod betrauert. Der Vater nimmt Brot und Wein, und nachdem er auf Luigis Hilfe bei Saat, Ernte und Pflege hingewiesen hat, teilt er aus mit den Worten: ›Nehmt es und esst, es ist sein Brot!‹ und ›Trinkt, es ist sein Wein.‹

... Das Humane bekommt die Würde einer sakralen Weinhandlung.«

Karl-Josef Kuschel

»Lasst sie eintreten. Man darf nicht ängstlich sein. Manch einer, der die Armen speiste, hat Jesus zu Gast gehabt, ohne es zu wissen.«

»Esst und trinkt«, sagte der Vater.

Als Pietro ihm gegenüberstand, sah er ihn aufmerksam an und fragte:

»Woher kommst du?«

»Aus Orta«, antwortete Pietro.

»Wie heißt du?«

Annina trat auf den alten Mann zu und flüsterte ihm einen Namen ins Ohr. Er sah Pietro freundlich an und umarmte ihn.

»Als ich jung war, habe ich deinen Vater gekannt«, sagte er. »Einmal kaufte er auf dem Viehmarkt eine Stute von mir. Mein Sohn, der mir genommen worden ist, hat von dir gesprochen. Setz dich zwischen seine Mutter und seine Braut und iss und trink.«

Die Männer, die um den Tisch saßen, aßen und tranken.

»Bis das Brot entsteht, dauert es neun Monate«, sagte der alte Murica.

»Neun Monate?« fragte die Mutter.

»Im November wird der Weizen gesät, im Juli wird geerntet und gedroschen.« Er zählte die Monate: »November, Dezember, Januar, Februar, März, April, Mai, Juni, Juli. Das macht genau neun Monate, von März bis November.«

»Neun Monate«, wiederholte die Mutter. Das war ebenso lange, wie es dauert, bis ein Mensch entsteht. Sie hatte noch nie darüber nachgedacht.

Henri Perrin: Gemeinschaft des Brotbrechens

Mitte des Jahres 1943 meldete sich der französische Jesuit Henri Perrin freiwillig nach Deutschland, um das Schicksal der dorthin dienstverpflichteten französischen Arbeiter zu teilen und unter ihnen als Seelsorger zu wirken. Überlegungen zu solchem Engagement waren schon vor dem Krieg in Frankreich erörtert worden, angesichts einer Arbeiterschaft, von der sich nur noch zwei Prozent als christlich verstanden. Man erkannte, dass die meisten Arbeiter aus einem stolzen Atheismus der Kirche das Recht bestritten, in der Gesellschaft das Evangelium zu vertreten, da diese allzu lange mit dem Kapitalismus gemeinsame Sache gemacht habe.

Perrin arbeitete als Priester inkognito unter den Zwangsarbeitern in Deutschland, kam aber bereits nach wenigen Monaten ins Gefängnis. Hier teilte er die Zelle mit Leidensgenossen unterschiedlicher Herkunft. In seinem Tagebuch (in dem er erstmals den später berühmt gewordenen Begriff »Arbeiterpriester« gebrauchte) erinnert er sich an die ersten Tage der Gefangenschaft:

Gegen drei Uhr öffnet sich die Tür, und ein zwanzig- bis fünfundzwanzigjähriger Bursche wird hereingelassen. Wir wechseln ein paar Worte auf deutsch, und ich merke, dass ich einen Weißrussen vor mir habe, der wegen Plünderung verhaftet wurde. Kein übler Kerl, denn er bietet mir gleich eine Zitrone und die Hälfte seines einzigen Apfels an. Gegen vier Uhr werden vier russische Kriegsgefangene in die Zelle geschoben, kräftige Burschen mit teilnahmslosen Gesichtern. Alle setzen sich auf die Erde. Ab und zu fallen ein paar Worte, zwischendurch langes Schweigen. Zum ersten Mal komme ich mit sowjetischen Kriegsgefangenen in Berührung und betrachte sie wie Wundertiere. Sie wurden in ihrer Fabrik wegen Sabotage verhaftet.

Einer von ihnen zieht ein Päckchen aus der Tasche und wickelt ein großes Butterbrot aus. Halb aus quälendem Hunger – der Zitronensaft brennt in meinem leeren Magen –, halb aus dem lebhaften Wunsch zu sehen, wie weit ihr Gemeinschaftsgefühl reicht, verfolge ich jede seiner Bewegungen mit den Augen: Teilt er? Teilt er nicht? Das wird – gegen meinen Willen – für mich ein Zeichen sein, ein Zeugnis, das mein Urteil über das Ideal, dem er sich verschrieben hat, entscheidend beeinflusst; das ist zwar lächerlich, aber man sage das einmal einem hungrigen Gefangenen; und es ist schon so, dass man den Menschen am Brotbrechen erkennt ... Das Butterbrot verschwindet langsam. Bin ich enttäuscht? Zehn Minuten vergehen. Da zieht sein Gegenüber, ein Mann von 30 Jahren, Büroangestellter in Moskau und Parteimitglied, einen großen Kanten Brot heraus. Noch einer, der zu essen anfängt! Aber er schneidet das Brot in vier Stücke und reicht jedem von uns seinen Teil. »Alle Kameraden.« Als der andere das sieht, kriegt er doch ein schlechtes Gewissen. Er holt ein zweites Butterbrot aus der Tasche und teilt es. Im Gefängnis hat ein solcher Vorgang etwas Heiliges; ich glaube, wenn Christus selbst mir das Brot gebrochen hätte, würde es mich nicht stärker ergriffen haben, und es war mir auch Christus selbst, dem sie in mir ihr Brot gaben.

Das Gefängnis hielt Henri Perrin bis 1945 fest. Immer wieder versuchte er während dieser Zeit, unter den kärglichen Bedingungen der Haft heimlich eine Hl. Messe zu feiern. Am Palmsonntag 1944 geschah dies so:

Heute nacht um fünf Uhr habe ich die heilige Messe gelesen. Ich wollte es nicht gestern abend tun, aus Angst, der Wärter könnte noch eine verspätete Runde machen. Um halb fünf Uhr habe ich Raymond geweckt, weil er auf dem Tisch schlief, dann Marcel und Remy, die mich gebeten hatten, dabei sein zu dürfen. Von den anderen hatte keiner diesen Wunsch geäußert. Sie waren spät und müde in die Zelle gekommen und müssen schon um halb sieben Uhr wieder aufbrechen. Viel besser, ihnen keine heilige Messe zuzumuten; sie würden

Arbeiterpriester

Seit den 1920er-Jahren wurde in Frankreich unübersehbar, in welchem Ausmaß sich die Industriearbeiterschaft und das kirchliche Christentum entfremdet hatten. Um diese Distanz zu überwinden, gründeten die Dominikaner Jacques Loew und Louis Lebret 1941 das Studienzentrum *Économie et humanisme*, und Loew zog noch im selben Jahr ins Hafenviertel von Marseille, um aus erster Hand die Lebensbedingungen der Arbeiter kennenzulernen. Er nahm eine Arbeit als Hafenarbeiter an und wurde so zum ersten Arbeiterpriester Frankreichs.

1942 wurde in Lisieux ein Seminar der *Mission de France* gegründet, dem zwei weitere folgten. Die Zielsetzung war, Priesteramtskandidaten für die Arbeit in kirchenfernen Gebieten auszubilden; dabei legte man Wert auf eigene Arbeit in Industrie und Landwirtschaft, um in voller Solidarität mit der Arbeiterschaft zu leben.

Ein anderer Ansatz entwickelte sich während des Zweiten Weltkrieges, als viele Franzosen als Zwangsarbeiter in die deutsche Rüstungsindustrie geholt wurden. Deren Betreuung durch französische Geistliche war verboten. Um dieses Verbot zu umgehen, wurden 25 Geistliche von der französischen Kirchenleitung als einfache Arbeiter getarnt zwischen 1943 und 1944 nach Deutschland entsandt. Die meisten von ihnen wurden enttarnt und von der Gestapo inhaftiert. Die illegalen Seelsorger bemerkten in dieser Umgebung, wie stark sich das Arbeitermilieu von ihren eigenen Wurzeln unterschied, und schlossen teilweise Freundschaften mit Mitgliedern der KPD oder der Résistance.

1943 veröffentlichten Henri Godin und Yvan Daniel das Buch *La France, Pays de Mission?*, das die einzige Möglichkeit einer Annäherung zwischen Kirche und Arbeiterschaft in der Einrichtung von Pfarreien sah, die den Bedürfnissen der Arbeiter entsprechen. Ein Befürworter dieser Studie war der Kardinal von Paris, Emmanuel Suhard. Bis 1945 förderten oder duldeten sowohl die französischen Bischöfe als auch die Kurie diese Bewegung. Jedoch änderten sich Zustimmung oder Duldung nach dem Tod von Kardinal Suhard. Zu diesem Zeitpunkt gab es etwa 100 Priester, die ihren Hauptwirkungsort ganz in die Fabriken verlegt hatten. Viele traten der kommunistischen Gewerkschaft bei, da sie in den christlichen Gewerkschaften die Interessen der Arbeiter nicht vertreten sahen. Sie engagierten sich auch bei Demonstrationen und Streiks, was für Aufsehen sorgte.

Diese stattfindende Annäherung an kommunistische Gedanken, die zunehmende Identifikation mit den Interessen der Arbeiter sowie ein Hinterfragen des traditionellen Priesterbildes missfielen der Amtskirche. Der Druck der Kurie sorgte dafür, dass die Arbeiterpriester zunehmend isoliert wurden. Zunächst erfolgte ein Verbot körperlicher Arbeit für alle Priesteramtskandidaten im Herbst 1953. Kurz darauf wurde durch den päpstlichen Nuntius mitgeteilt, dass alle Arbeiterpriester ihre Posten zu verlassen hätten. Das Ultimatum lief am 1. März 1954 aus.

1959 folgte das theologisch begründete Verbot, da nach Ansicht des Hl. Offiziums Priester nicht durch Arbeit, sondern durch Verkündigung des Evangeliums und die Spendung der Sakramente wirken sollten.

Im Zuge des Zweiten Vatikanischen Konzils wurde die Rolle des Priesters soweit überdacht, dass eine Verbindung zwischen Priesteramt und körperlicher Arbeit wieder möglich war. Durch die faktische Aufhebung des Verbots der Arbeiterpriester durch das Konzil nahm deren Zahl wieder zu. Auch außerhalb Frankreichs gingen Priester in die Fabriken, so in Italien, Belgien und Spanien. In Deutschland gründeten die Dominikaner in Bottrop eine Kommunität, von der aus Brüder sowohl in Betrieben als auch im Bergbau arbeiteten.

nur widerwillig daran teilnehmen und, Gott sei's geklagt, überhaupt nichts davon verstehen. Aus ihren Betten, die im Halbkreis um den Tisch stehen, können die meisten das Licht sehen und mir zuschauen, wenn sie wollen.

Alles ist bereit: Drei Taschentücher dienen als Altartuch, ein ganz neues ist das Corporale, das über dem Blechnapf liegt, der gleich das »Kostbare Blut« enthalten wird. Eine Kerze erhellt den deutschen Schrifttext, aus dem ich eine Paulusstelle und einen Abschnitt aus dem Evangelium nach Lukas lesen werde; hier ist Brot, Wasser und Wein.

»Im Namen des Vaters und des Sohnes und des Heiligen Geistes.« Marcel und Remy können mir nur in Erinnerung an ganz ferne Zeiten folgen. Allein spreche ich den Psalm, der das öffentliche Schuldbekenntnis am Anfang der Messe darstellt. Beim letzten Kyrie erinnert Marcel sich, dass er antworten müsste. Aber als ich die Hostie zwischen meinen Fingern aufopfere, da halte ich in unerschütterlicher Glaubensgewissheit auch das Leben all derer in meinen Händen, die rings um mich her schlafen. Nachher muss ich mich selber darüber wundern, wie ich ohne große Gemütsbewegung und erst recht ohne Gefühlsüberschwang, einfach in nacktem Glauben vom Grunde meines Herzens, alle Leiden in diesem Gefängnis, die Trübsal all der Unglücklichen, die unter diesem Dach schlafen, dem himmlischen Vater darbringe. Durch Christus opfere ich sie auf zur Vergebung aller Niederträchtigkeit, aller Verbrechen der Menschen und zum »Heil der Welt«. Meine Kameraden schlafen, aber die Kirche wacht mit mir.

Ein Pole steht auf und geht, wie ein Tier seinem natürlichen Drang folgt, zum Klosett; zwei Meter von mir entfernt. Er spürt gar nicht, dass sich das nicht gehört. Glücklicherweise sind unsere Kategorien des Anständigen und Unanständigen ganz andere als die Gottes ... »Der Leib unseres Herrn Jesus Christi bewahre meine Seele zum ewigen Leben.« Bei dieser Kommunion bin ich allein. Aber im Leib Christi bin ich mit der ganzen Kirche vereinigt, mit allen meinen Brüdern, mit denen hier in der Stube und im ganzen Gefängnis, mit denen in all unseren jungen Christengemeinden.

Die Messe ist zu Ende. Raymond hat sich nicht mehr hingelegt. Er bleibt in seinem Winkel sitzen und schaut mir zu, was ich mache. Als ich bei ihm vorbeikomme, sagt er mir: »Das ist aber eine tolle Sache, deine Messe hier.« Das ist alles.

Das Jesus-Klischee steht jeder Nachfolge im Weg

Es war Weihnacht. Ich ging über die weite Ebene. Der Schnee war wie Glas. Es war kalt. Die Luft war tot. Keine Bewegung, kein Ton. Der Horizont war rund. Der Himmel schwarz. Die Sterne gestorben. Der Mond gestern zu Grabe getragen. Die Sonne nicht aufgegangen. Ich schrie. Ich hörte mich nicht. Ich schrie wieder. Ich sah einen Körper auf dem Schnee liegen. Es war das Christkind. Die Glieder weiß und starr. Der Heiligenschein eine gelbe gefrorene Scheibe. Ich nahm das Kind in die Hände. Ich bewegte seine Arme auf und ab. Ich öffnete seine Lider. Es hatte keine Augen. Ich hatte Hunger. Ich aß den Heiligenschein. Er schmeckte wie altes Brot. Ich biss ihm den Kopf ab. Alter Marzipan. Ich ging weiter.

Friedrich Dürrenmatt

Urs Widmer: Weihnachten

Es sprach der Ochs zum Es:
Wie lieb er trinkt, der Jes.
Auch wir woll bisschen prostern
So bis so gegen Ostern.

Die Tier im heilig Stall
Griff froh zur Flaschen all.
Wed Es noch Ochs warn schüchtern.
Mar, Jos und Jes blieb nüchtern.

Jes schlief, Mar träumt, doch Jos
Schaut auf sein Frau ziem bos.
Der Es sagt: Jos, übs Jahr
Hast du vergess wies war.
Dann weihnacht es schon wieder
Und du sing Weihnachtslieder.

Günter Grass: Jesus trommelte nicht

»Der Gips-Jesus ist buchstäblich unbrauchbar. Zum ›wahren Jesus‹ wird derjenige, der in verblendeter Zeit sich einen letzten Rest an Freiheitsbewusstsein gerettet hat«, bemerkt Karl-Josef Kuschel und zitiert aus den von Manfred Jurgensen herausgegebenen *Lästerungen bei Günter Grass* ein Wort von H.-G. Jung: »Echte Jesus-Nachfolge kann sich heute gar nicht mehr anders vollziehen als im Bruch mit dem Klischee frommer Jesus-Nachfolge, wenn es stimmt, dass dieses Klischee durch den frommen Missbrauch untauglich geworden ist. Gewiss bereitet es uns große Schwierigkeiten, ausgerechnet Oskar als ›Nachfolger Jesu‹ zu verstehen.« Doch betreibt der Roman nur strategisch Blasphemie, um der Zerschlagung falscher Jesusbilder willen.

Jesus, nach dessen Herz die Kirche benannt war, zeigte sich, außer in den Sakramenten, mehrmals malerisch auf den bunten Bildchen des Kreuzganges, dreimal plastisch und dennoch farbig in verschiedenen Positionen. Da gab es jenen in bemaltem Gips. Langhaarig stand er in preußisch-blauem Rock auf goldenem Sockel und trug Sandalen. Er öffnete sich das Gewand über der Brust und zeigte in der Mitte des Brustkastens, aller Natur zum Trotz, ein tomatenrotes, glorifiziertes und stilisiert blutendes Herz, damit die Kirche nach diesem Organ benannt werden konnte.

Gleich bei der ersten Besichtigung des offenherzigen Jesus mußte ich feststellen, in welch peinlicher Vollkommenheit der Heiland meinem Taufpaten, Onkel und mutmaßlichem Vater Jan Bronski glich. Diese naiv selbstbewußten, blauen Schwärmeraugen! Dieser blühende, immer zum Weinen bereite Kußmund! Dieser die Augenbrauen nachzeichnende männliche Schmerz! Volle, durchblutete Wangen,

Der Roman *Die Blechtrommel* ist ein Stück deutscher Zeitgeschichte: Er umspannt die fünf Jahrzehnte von 1899 bis in die Anfänge der Bundesrepublik. Der infantile Sonderling Oskar Matzerath beschreibt darin aus seiner »Kinderperspektive« die Erwachsenenwelt und kann Dank seiner Blechtrommel auch über Ereignisse berichten, an denen er nicht unmittelbar beteiligt war. Mit dieser Figur bearbeitete Grass erstmals historische Vorgänge in einer surreal-grotesken Bildersprache und gewann damit seinen Stil. Als einer der ersten deutschsprachigen Schriftsteller griff er die monströsen Ereignisse des Zweiten Weltkriegs auf wie auch die nachfolgende Zeitgeschichte.

die gezüchtigt werden wollten. Es hatten beide jenes die Frauen zum Streicheln verführende Ohrfeigengesicht, dazu die weibisch müden Hände, die gepflegt und arbeitsscheu ihre Stigmata wie Meisterarbeiten eines für Fürstenhöfe schaffenden Juweliers zur Schau stellten. Mich peinigten die dem Jesus ins Gesicht gepinselten, mich väterlich mißverstehenden Bronskiaugen. Hatte doch ich denselben blauen Blick, der nur begeistern, nicht überzeugen konnte (...)

»Laß mich erst beten, wenn ich dich dreimal gesehen habe«, stammelte ich dann, fand wieder mit den Fußsohlen die Fliesen, benutzte das Schachmuster, um zum linken Seitenaltar zu kommen, und spürte bei jedem Schritt: Er schaut dir nach, die Heiligen schauen dir nach, Petrus, den sie mit dem Kopf nach unten, Andreas, den sie aufs schräge Kreuz nagelten – deshalb Andreaskreuz. Außerdem gibt es ein Griechisches Kreuz neben dem Lateinischen Kreuz oder Passionskreuz. Wiederkreuze, Krückenkreuze und Stufenkreuze werden auf Stoffen, Bildern und in Büchern abgebildet. Das Tatzenkreuz, Ankerkreuz oder Kleeblattkreuz sah ich plastisch gekreuzt. Schön ist das Glevenkreuz, begehrt das Malteserkreuz, verboten das Hakenkreuz, de Gaulles Kreuz, das Lothringer Kreuz, man nennt es das Antoniuskreuz bei Seeschlachten: Crossing the T. Am Kettchen das Henkelkreuz, häßlich das Schächerkreuz, päpstlich des Papstes Kreuz, und jenes Russenkreuz nennt man auch Lazaruskreuz. Dann gibt's das Rote Kreuz. Blau ohne Alkohol kreuzt sich das Blaue Kreuz. Gelbkreuz vergiftet dich, Kreuzer versenken sich, Kreuzzug bekehrte mich, Kreuzspinnen fressen sich, auf Kreuzungen kreuzt ich dich, kreuzundquer, Kreuzverhör, Kreuzworträtsel sagt, löse mich. Kreuzlahm, ich drehte mich, ließ das Kreuz hinter mir, und auch dem Turner am Kreuz wandte ich meinen Rücken auf die Gefahr hin zu, daß er mich ins Kreuz träte, weil ich mich der Jungfrau Maria näherte, die den Jesusknaben auf ihrem rechten Oberschenkel hielt.

Oskar stand vor dem linken Seitenaltar des linken Kirchenschiffes. Maria hatte den Gesichtsausdruck, den seine Mama gehabt haben mußte, als sie als siebzehnjähriges Ladenmädchen auf dem Troyl kein Geld fürs Kino hatte, sich aber ersatzweise und einfühlsam Filmplakate mit Asta Nielsen ansah.

Sie widmete sich nicht Jesus, sondern betrachtete den anderen Knaben an ihrem rechten Knie, den ich, um Irrtümer zu vermeiden, sogleich Johannes den Täufer nenne. Beide Knaben hatten meine Größe. Dem Jesus hätte ich, genau befragt, zwei Zentimeter mehr

Günter Grass, Mit Handschuh nachdenklich, 1981.

Günter Grass (1927–2015) war ein deutscher Schriftsteller und Grafiker, der nach einem Studium der Bildhauerei und Grafik 1959 mit dem Roman *Die Blechtrommel* den literarischen Durchbruch schaffte. In den folgenden Jahrzehnten wurde er zum bedeutendsten deutschsprachigen Autor, dessen politisches Engagement ihm großes Gewicht im öffentlichen Leben der Bundesrepublik verschaffte. 1999 erhielt er für sein Lebenswerk den Literaturnobelpreis.

gegeben, obgleich er den Texten nach jünger war als der Täuferknabe. Es hatte dem Bildhauer Spaß gemacht, den dreijährigen Heiland nackt und rosarot darzustellen. Johannes trug, weil er ja später in die Wüste ging, ein schokoladenfarbenes Zottelfell, das seine halbe Brust, den Bauch und sein Gießkännchen verdeckte.

Oskar hätte besser vor dem Hochaltar oder unverbindlich neben dem Beichtstuhl verweilt als in der Nähe dieser zwei recht altklug und ihm erschreckend ähnlich dreinblickenden Knaben. Natürlich hatten sie blaue Augen und sein kastanienbraunes Haar. Es hätte nur noch gefehlt, daß der bildhauernde Friseur den beiden Oskars Bürstenfrisur gegeben, ihnen die albernen Korkenzieherlocken abgeschnitten hätte.

Nicht zu lange will ich mich bei dem Täuferknaben aufhalten, der mit dem linken Zeigefinger auf den Jesusknaben deutete, als wolle er gerade abzählen: »Ich und du, Müllers Kuh ...« Ohne mich auf Abzählspiele einzulassen, nenne ich Jesus beim Namen und stelle fest: eineiig! Der hätte mein Zwillingsbruder sein können. Der hatte meine Statur, mein damals noch nur als Gießkännchen benutztes Gießkännchen. Der schaute mit seinen Bronskiaugen kobaltblau in die Welt und zeigte, was ich ihm am meisten verübelte, meine Gestik.

Beide Arme hob mein Abbild, schloß die Hände dergestalt zu Fäusten, daß man getrost etwas hätte hineinstecken können, zum Beispiel meine Trommelstöcke; und hätte der Bildhauer das getan, ihm dazu auf die rosa Oberschenkel meine weißrote Blechtrommel gegipst, wäre ich es gewesen, der perfekteste Oskar, der da auf dem Knie der Jungfrau saß und die Gemeinde zusammentrommelte. Es gibt Dinge auf dieser Welt, die man – so heilig sie sein mögen – nicht auf sich beruhen lassen darf!

Drei einen Teppich mitziehende Stufen führen zur grünsilbrig gewandeten Jungfrau, zum schokoladenfarbenen Zottelfell des Johannes und zum kochschinkenfarbenen Jesusknaben hinauf. Es gab da einen Marienaltar mit bleichsüchtigen Kerzen und Blumen in allen Preislagen. Der grünen Jungfrau, dem braunen Johannes und dem rosigen Jesus klebten tellergroße Heiligenscheine an den Hinterköpfen. Blattgold verteuerte die Teller.

Hätte es nicht die Stufen vor dem Altar gegeben, wäre ich nie hinaufgestiegen. Stufen, Türdrücker und Schaufenster verführten Oskar zu jener Zeit und lassen ihn selbst heute, da ihm sein Anstaltsbett doch genug sein sollte, nicht gleichgültig. Er ließ sich von einer Stufe zur nächsten verführen und blieb dabei immer auf demselben Teppich. Um das Marienaltärchen herum waren sie Oskar ganz nah und erlaubten seinem Knöchel ein teils geringschätziges, teils respektvolles Abklopfen der Dreiergruppe. Seinen Fingernägeln ermöglichte sich jenes Schaben, welches unter der Farbe den Gips deutlich

Seine Danziger Herkunft beschreibt Grass so: »Meine Mutter war katholisch, mein Vater Protestant lutherischer Kirche. Also eine Mischehe, wie man im Kirchengebrauch sagt. Wobei sich natürlich jeweils der stärkere Teil – und das ist der katholische Teil – durchzusetzen pflegte. So war es auch bei uns zu Hause. Eine katholische Erziehung, aber auf lässige Art und Weise, weil durch das Mischverhältnis eine Toleranz von vornherein geboten war, auch im Umgang mit meinem Vater. Und so fiel es mir nicht schwer, gläubig katholisch zu sein und gleichzeitig auch meiner Veranlagung, meinen Träumen, meinen Verstiegenheiten entsprechend, das im Katholizismus zu suchen und auch zum Teil zu finden, was mir heute noch eine gewisse Bedeutung vermittelt: ein optischer, ein akustischer, ein riechbarer Reiz, etwas Heidnisches, das sich – im Gegensatz zur protestantischen Kirche – dort gehalten hat, mit politischem Hintergrundland. Meine Mutter kam aus einer kaschubischen Familie, und da spielte das eine große Rolle.«

Von hierher begründet sich auch Grass' ambivalentes Verhältnis zur katholischen Tradition. Oskar räumt ein, dass ihn der ganze Katholizismus »heute noch« fasziniere, und zwar »unerklärlicherweise«. Doch ist es zugleich ein Anlass zu beißender Satire, gerade im Blick auf die neugotische Herz-Jesu-Kirche mit ihrem Jesus, der in seiner eingegipsten Leere Oskar zu wütendem Spott herausfordert.

Eine aktuelle Internet-Werbung:

»Was Du bisher nicht für möglich gehalten hast: Es existiert jemand, der unserem Elend ein Ende macht, – JESUS CHRISTUS! Gott in Person.

Vier Wörter, die Dein Leben verändern. Vier Wörter, die lebensentscheidend für Dich sind: Gerade Du brauchst JESUS!

Er löst Deine Probleme, die Du nicht lösen kannst. Stell Dir vor, Gott interessiert sich für Deine Lage. Er setzt alle Hebel in Bewegung, um Dich aus Deinem Dilemma herauszuholen. Du brauchst IHN! Gerade Du!

Ob Du Dich mit Ihm einlässt? Das wäre die Wende. Augenblicklich würde Dein Seelenkater in trostvolle Zuversicht gewandelt. Bei Ihm bist Du in allerbesten Händen. Er hört, wenn Du zu Ihm rufst.

Und was will der Herr Jesus Dir schenken:
– Ein durch Vergebung befreites Gewissen!
– Einen wunderbaren Gottesfrieden im Herzen!
– Ein Leben, von dem Du nie zu träumen wagtest!
– Eine ewig herrliche und helle Zukunft!
– Eine nie gekannte Lebensfreude!
– Einen unbändigen Glaubensoptimismus!
– Einen sicheren Schutz in kritischen Situationen!

Gibt es irgendeinen Grund, weshalb Du dieses Angebot nicht annehmen solltest? Es ist schrecklich, in die Ewigkeit zu gehen, ohne mit Gott versöhnt zu sein. Keiner kann dem gerechten Gericht Seiner Heiligkeit entfliehen. Darum noch einmal: Gerade Du brauchst JESUS!«

Warum Jesus Christus? Frohmachende Zeugnisse von Christen, die um eine helle Zukunft wissen.

Jeder, der uns schreibt, erhält diese Broschüre kostenlos!

macht. Der Faltenentwurf der Jungfrau verfolgte sich, Umwege machend, bis zu den Fußspitzen auf der Wolkenbank. Das knapp angedeutete Schienbein der Jungfrau ließ ahnen, daß der Bildhauer zuerst das Fleisch angelegt hatte, um es hinterher mit Faltenwurf zu überschwemmen. Als Oskar das Gießkännchen des Jesusknaben, das fälschlicherweise nicht beschnitten war, eingehend betastete, streichelte und vorsichtig drückte, als wolle er es bewegen, spürte er auf teils angenehme, teils neu verwirrende Art sein eigenes Gießkännchen, ließ daraufhin dem Jesus seines in Ruhe, damit seines ihn in Ruhe lasse.

Beschnitten oder unbeschnitten, ich ließ das auf sich beruhen, zog meine Trommel unter dem Pullover hervor, nahm sie mir vom Hals und hing sie, ohne dabei den Heiligenschein zu zerbrechen, dem Jesus um. Das machte mir bei meiner Größe etwas Mühe. Die Skulptur musste ich besteigen, um von der Wolkenbank aus, die den Sockel ersetzte, Jesus instrumentieren zu können.

Oskar tat das nicht etwa anläßlich seines ersten Kirchenbesuches nach der Taufe, im Januar siebenunddreißig, sondern während der Karwoche desselben Jahres. Seine Mama hatte den ganzen Winter hindurch Mühe gehabt, mit der Beichte ihrem Verhältnis zu Jan Bronski nachzukommen. So fand Oskar Zeit und Sonnabende genug, sein geplantes Vorhaben auszudenken, zu verdammen, zu rechtfertigen, neu zu planen, von allen Seiten zu beleuchten, um es endlich, alle vorherigen Pläne verwerfend, schlicht, direkt, mit Hilfe des Stufengebetes am Karmontag auszuführen.

Da Mama noch vor dem Höhepunkt des Ostergeschäftes die Beichte verlangte, nahm sie mich am Abend des Karmontag bei der Hand, führte mich Labesweg, Ecke Neuer Markt in die Elsenstraße, Marienstraße, am Fleischerladen Wohlgemuth vorbei, am Kleinhammerpark links einbiegend durch die Eisenbahnunterführung, in der es immer gelblich und ekelhaft tropfte, zur und in die Herz-Jesu-Kirche, dem Bahndamm gegenüber.

Wir kamen spät. Nur noch zwei alte Frauen und ein verhemmter junger Mann warteten vor dem Beichtstuhl. Während Mama bei der Gewissenserforschung war – sie blätterte im Beichtspiegel wie über Geschäftsbüchern, den Daumen anfeuchtend, eine Steuererklärung erfindend – glitt ich aus dem Eichenholz, suchte, ohne dem Herz Jesu und dem Turner am Kreuz unter die Augen zu geraten, den linken Seitenaltar auf.

Obgleich es schnell gehen mußte, tat ich es nicht ohne Introitus. Drei Stufen: Introibo ad altare Dei. Zu Gott, der mich erfreut von Jugend auf. Die Trommel vom Hals, das Kyrie ausdehnend hinauf auf die Wolkenbank, kein Verweilen beim Gießkännchen, vielmehr, kurz vor dem Gloria, dem Jesus das Blech umgehängt, Vorsicht beim Heiligenschein, runter von der Wolkenbank, Nachlass, Vergebung und Verzeihung, aber zuvor noch die Knüppel in Jesu maßgerechte Griffe, eins, zwei, drei Stufen, ich erhebe meine Augen zu den Bergen, noch etwas Teppich, endlich die Fliesen und ein Betschemelchen für Oskar, der niederkniete auf dem Pölsterchen und die Trommlerhände vor dem Gesicht faltete – Gloria in excelsis Deo – an den gefalteten Händen vorbei zum Jesus und seiner Trommel hinblinzelte und auf das Wunder wartete: Wird er nun trommeln, oder kann er nicht trommeln, oder darf er nicht trommeln, entweder er trommelt, oder er ist kein echter Jesus, eher ist Oskar ein echter Jesus als der, falls er nicht doch noch trommelt.

Wenn man ein Wunder will, muß man warten können. Nun, ich wartete, tat's anfangs geduldig, vielleicht nicht geduldig genug, denn je länger ich mir den Text »Alle Augen warten auf dich, o Herr« wiederholte, dabei für Augen zweckentsprechend Ohren einsetzte, um so enttäuschter fand sich Oskar auf dem Betschemelchen. Zwar bot er dem Herrn allerlei Chancen, schloß die Augen, damit sich jener, weil unbeobachtet, eher zu einem vielleicht noch ungeschickten Anfang entschlöße, doch schließlich, nach dem dritten Credo, nach Vater, Schöpfer, sichtbarer und unsichtbarer, und den eingeborenen Sohn, aus dem Vater, wahrer vom wahren, gezeugt, nicht geschaffen, eines mit dem, durch ihn, für uns und um unseres ist er von herab, hat angenommen durch, aus, ist geworden, wurde sogar für, unter hat er, begraben, auferstanden gemäß, aufgefahren in, sitzt zur des, wird in zu halten über und Tote, kein Ende, ich glaube an, wird mit dem, zugleich, hat gesprochen durch, glaube an die eine, heilige, katholische und ...

Nein, da roch ich ihn nur noch, den Katholizismus. Von Glaube konnte wohl kaum mehr die Rede sein. Auch auf den Geruch gab ich nichts, wollte etwas anderes geboten bekommen: Mein Blech wollte ich hören, Jesus sollte mir etwas zum Besten geben, ein kleines halblautes Wunder! Mußte ja nicht zum Gedröhn werden, mit herbeistürzendem Vikar Rasczeia und mühsam sein Fett zum Wunder hinschleppenden Hochwürden Wiehnke, mit Protokollen zum Bischofssitz nach Oliva und bischöflichen Gutachten in Richtung Rom. Nein, ich hatte da keinen Ehrgeiz, Oskar wollte nicht heilig gesprochen werden. Ein kleines privates Wunderchen wollte er, damit er hören und sehen konnte, damit ein für allemal feststand, ob Oskar dafür oder dagegen trommeln sollte, damit laut wurde, wer von den beiden Blauäugigen, Einen sich in Zukunft Jesus nennen durfte.

Ich saß und wartete. Inzwischen wird Mama im Beichtstuhl sein und womöglich das sechste Gebot schon hinter sich haben, sorgte ich mich. Der alte Mann, der immer durch die Kirchen wackelt, wackelte am Hauptaltar, schließlich am linken Seitenaltar vorbei, grüßte die Jungfrau mit dem Knaben, sah vielleicht die Trommel, doch begriff er sie nicht. Er schlurfte weiter und wurde älter dabei.

Günter Grass, David als Oscar II, 1979.

Arnim Juhre: Anzeigen

Achtbare Väter, liebevolle Mütter,
lustige Söhne, entzückende Töchter,
zarte Babys! Ab Dezember werden
BOAC's beliebte Comet-Jets
Sie von Europa nach Johannesburg
in nur 19 1/2 Stunden fliegen.

GERADE DU BRAUCHST JESUS! Kostenlos
sende ich jedem, der mir schreibt.

Nicht am Essen sparen,
sondern beim Einkauf!
TAGESSPIEGEL, Seite neun.
Waren Sie schon bei C & A?
Zum Glück gibt's STÜCK,
ein Weinbrand, der fröhlich macht.

GERADE DU BRAUCHST JESUS! Höre auch
am Rundfunk meine Sendungen.

Spürst du nun, wie wohl das tut?
Ja, wirklich, und es hilft auch gut:
KLOSTERFRAU MELISSENGEIST!
Der gute Geist in jedem Haus,
nur echt in der blauen Packung!
Dreimal täglich einen Esslöffel voll.

GERADE DU BRAUCHST JESUS! Jeden
Abend neunzehn Uhr fünfzehn bis dreißig.

Achtbare Väter, liebevolle
Mütter – CREME MOUSSON
MIT TIEFENWIRKUNG –
lustige Söhne, entzückende Töchter –
PFLEGT GESICHT UND HÄNDE –
zarte Babys von Europa nach Johannesburg
in nur 19 1/2 Stunden.

GERADE DU – lerne lesen in der Welt.

Die Zeit verging, meinte ich, aber Jesus schlug nicht auf die Trommel. Vom Chor herunter hörte ich Stimmen. Hoffentlich will niemand orgeln, sagte ich. Die bekommen es fertig, proben für Ostern und übertünchen mit ihrem Gebrause womöglich den gerade beginnenden, hauchdünnen Wirbel des Jesusknaben.

Sie orgelten nicht. Jesus trommelte nicht. Es fand kein Wunder statt, und ich erhob mich vom Polster, ließ die Knie knacken und gängelte mich angeödet und mürrisch über den Teppich, zog mich von Stufe zu Stufe, unterließ aber alle mir bekannten Stufengebete, bestieg die Gipswolke, warf dabei Blumen in mittlerer Preislage um und wollte dem blöden Nackedei meine Trommel abnehmen.

Ich sag es heute und sag es immer wieder: Es war ein Fehler, ihn unterrichten zu wollen. Was befahl mir, ihm zuerst die Stöcke abzunehmen, ihm das Blech zu lassen, mit den Stöcken erst leise, dann jedoch wie ein ungeduldiger Lehrer, dem falschen Jesus vortrommelnd etwas vorzutrommeln, ihm dann die Knüppel wieder in die Hände zu drücken, damit jener beweisen konnte, was er bei Oskar gelernt hatte.

Bevor ich dem verstocktesten aller Schüler Knüppel und Blech, ohne Rücksicht auf den Heiligenschein, abnehmen konnte, war Hochwürden Wiehnke hinter mir – meine Trommelei hatte die Kirche hoch und breit ausgemessen – war der Vikar Rasczeia hinter mir, Mama hinter mir, alter Mann hinter mir, und der Vikar riß mich und Hochwürden patschte mich, und Mama weinte mich aus, und Hochwürden flüsterte mich an, und der Vikar ging ins Knie und ging hoch und nahm Jesus die Knüppel ab, ging mit den Knüppeln nochmals ins Knie und hoch zu der Trommel, nahm ihm die Trommel ab, knickte den Heiligenschein, stieß ihm das Gießkännchen an, brach etwas Wolke ab und fiel auf die Stufen, Knie, nochmals Knie, zurück, wollte mir die Trommel nicht geben, machte mich ärgerlicher, als ich es war, zwang mich, Hochwürden zu treten und Mama zu beschämen, die sich auch schämte, weil ich getreten, gebissen, gekratzt hatte und mich dann losriß von Hochwürden, Vikar, altem Mann und Mama, stand gleich darauf vor dem Hochaltar, spürte Satan in mir hüpfen und hörte ihn wie bei der Taufe: »Oskar«, flüsterte Satan, »schau dich um, überall Fenster, alle aus Glas, alles aus Glas!«

Und über den Turner am Kreuz hinweg, der nicht zuckte, der schwieg, sang ich die drei hohen Fenster der Apsis an, die rot, gelb und grün auf blauem Grund zwölf Apostel darstellten. Zielte aber weder auf Markus noch auf Matthäus. Auf jene Taube über ihnen, die auf dem Kopf stand und Pfingsten feierte, auf den Heiligen Geist zielte ich, kam ins Vibrieren, kämpfte mit meinem Diamanten gegen den Vogel und: Lag es an mir? Lag es am Turner, der, weil er nicht zuckte, Einspruch erhob? War das das Wunder, und keiner begriff es? Sie sahen mich zittern und lautlos gegen die Apsis hinströmen, nahmen es, außer Mama, als Beten, während ich doch Scherben wollte; aber Oskar versagte, seine Zeit war noch nicht gekommen. Auf die Fliesen ließ ich mich fallen und weinte bitterlich, weil Jesus versagt hatte, weil Oskar versagte, weil Hochwürden und Rasczeia mich falsch verstanden, sogleich von Reue faselten. Nur Mama versagte nicht. Sie verstand meine Tränen, obgleich sie froh sein mußte, daß es keine Scherben gegeben hatte.

Wolfdietrich Schnurre: Ob ich mir Jesus schon mal vorgestellt hätte?

Ob ich mir Jesus schon mal vorgestellt hätte.
»Ja«, sagte ich. »Er ist barfuß und hat ein endloses Hemd an. Schmale Hände, traurige Augen. Geht immer ein bisschen vornübergebeugt, so, als suchte er was.«
»Eben nicht«, sagte Vater. »Jesus war ein ganz gewöhnlicher junger Mann.«
»Beschreib ihn.« Gespannt ruckelte ich mich zurecht.
Vater zuckte die Schultern. »Wir haben ihn allein auf dem Arbeitsamt bestimmt schon Dutzende von Malen gesehen.«
»Dann wundert's mich«, sagte ich, »dass es nur den einen Jesus gibt und nicht zweitausenddreihundert.«
»Es gibt zweitausenddreihundert«, sagte Vater. »Es gibt nur nicht den einen.«
»Und das mit der Auferstehung?«
»Jeder kann auferstehen«, sagte Vater. »Man muss nur genügend Leute zurücklassen, die das forcieren.«
Ich war ziemlich enttäuscht. Ich hatte nicht direkt an ihn geglaubt. Aber irgendwie hatte er mir doch imponiert.
»Und was ist mit den Wundern?«
Vater lief erst ein paarmal im Nachthemd im Zimmer herum und rieb sich fröstelnd die Oberarme dabei. Dann blieb er dicht vor mir stehen.
»Liebst du die Menschen?« Er schien die Luft anzuhalten; man hörte auf einmal seinen Atem nicht mehr.
»Hör mal«, sagte ich, »wo wir so viel nette kennen.«
»Also.« Vater atmete aus und stieg wieder ins Bett.
»Was heißt ›also‹?«, fragte ich.
»›Also‹ heißt, dann kannst du auch Wunder vollbringen.«
Ich hatte auf einmal Herzklopfen bekommen. »Du meinst, Wunder kriegt jeder fertig?«
»Jeder, der liebt«, verbesserte Vater und boxte sich sein Kissen zurecht.

Der Jesus der Dichter

Der historische Jesus ist früh gegen einen griechisch gedachten Allherrscher ausgetauscht worden. Erst die neuere Forschung hat die Quellen wieder freigelegt. Doch schon bevor ein historisch-kritisches Jesusbild neu entstand, versuchten Dichter, den von dogmatischen und pietistischen Überkleidungen verhüllten Jesus wiederzufinden. Sie taten und tun es mit jener Freiheit, die der Kunst eigen ist, selbst im sakrilegisch erscheinenden Spott, ohne den der Jesus-Kitsch nicht zu liquidieren ist.

Die Identifikation von Oscar Wilde mit Jesus, den dieser für seine angegriffene literarische Existenz in Anspruch nahm, blieb Thomas Mann fern. Ihm versperrten die »dogmatischen Verballhorner« Jesu den Zugang. Anders der Grieche Nikos Kazantzakis, der sich mit Leidenschaft gegen die Christus-Interpretation Jesu wehrte, mit der Paulus seinen Erfolg behauptet und der die Kirche ihre Macht verdankt: »Ich bin nicht Gottes Sohn, ich bin ein Sohn der Menschen, sage ich dir. Geh nicht in alle Welt und verkünde lauter Lügen!« Auch der Portugiese José Saramago nimmt den Menschensohn Jesus dafür in Anspruch, kein Gottesbild zu legitimieren, das ihn zum göttlich bestimmten Opferlamm macht.

Søren Kierkegaard: Jesus, der Narr

Es ist keine modische Erscheinung, sondern eine alte christliche Tradition, Jesus im Bilde des Narren, des Clowns, gar des Irren zu deuten. Die Evangelien geben dazu selbst einen Anstoß: Mk 3,21 berichtet, die Angehörigen Jesu hätten ihn mit Gewalt am öffentlichen Sprechen hindern wollen mit dem Argument: »Er ist von Sinnen«. Herodes und die Soldaten treiben ihren Spott mit Jesus, ziehen ihm ein »Prachtgewand« an, verhöhnen ihn als Narr (Lk 22,63 ff; 23,11). Paulus aber zieht für seine Jünger die Schlussfolgerung: »Wir sind Narren um Christi willen« (1 Kor 4,10). Auch alte Legenden erzählen von Menschen, die ein Bild Jesu sein könnten, wenngleich – oder weil – sie als Narren gelten. Die folgende Parabel – nach Søren Kierkegaard – gehört hierhin:

Ein Reisezirkus brach in Flammen aus, nachdem er sich in Dorfnähe niedergelassen hatte. Der Direktor wandte sich an die Darsteller, die schon für ihre Nummer hergerichtet waren, und schickte den Clown ins Dorf, um Hilfe beim Feuerlöschen zu holen; das Feuer könne nicht nur den Zirkus zerstören, sondern über die ausgetrockneten Felder rasen und das Dorf selber vernichten. Der angemalte Clown rannte Hals über Kopf auf den Marktplatz und rief allen zu, zum Zirkus zu kommen und zu helfen, das Feuer zu löschen. Die Dorfbewohner lachten und applaudierten diesem neuen Trick, durch

---

Armer Clown! Man achtet ihn für nichts. Er ist der Letzte unter den Letzten der Manege und im Zirkus. Er ist zu nichts anderem da, als Lachen hervorzulocken, derweil sein Herz vielleicht weint. Er kommt in die Manege, während man für die echten Artisten Netze ausspannt und Trapeze anbringt, und die Kinder zeigen mit Fingern auf ihn. Armer Clown! ... Ach ja, der Clown! Ich, der Clown muss lachen, auch wenn das Herz weint ...

Sooft ich in ein neues Land komme, betrachten mich die Leute voller Neugier, weil ich nicht bin wie sie selbst. Natürlich bin ich nicht wie sie. Ich bin ein Clown, mein Glück ist es, andere glücklich und froh zu machen. Ich wurde ein Clown, weil Gott mir diese Gnade geschenkt hat.

Charlie Rivel

den sie in die Schau gelockt werden sollten. Der Clown weinte und flehte, er versicherte, dass er jetzt keine Vorstellung gebe, sondern dass das Dorf wirklich in größter Gefahr sei. Je mehr er flehte, desto mehr johlten die Dörfler, bis das Feuer über die Felder sprang, die Häuser erreichte und sich ausbreitete. Noch ehe die Menschen zur Besinnung kamen, waren ihre Häuser zerstört.

Oscar Wilde: De Profundis

Jeden Morgen, wenn ich meine Zelle gefegt und mein Blechgeschirr gereinigt habe, lese ich ein wenig in den Evangelien, ein Dutzend Verse, irgendwo herausgegriffen. Es ist ein köstlicher Tagesbeginn. Für Dich, in Deinem turbulenten, ungeregelten Leben, wäre das ebenfalls eine glänzende Idee. Es würde Dir unendlich guttun, und das Griechisch ist ganz einfach ...

Sollte ich jemals wieder schreiben, ich meine künstlerische Arbeit leisten, so möchte ich mich über und durch zwei Themen äußern: das eine ist »Christus als Vorläufer der romantischen Bewegung im Leben«, das andere »das Leben des Künstlers und wohin es führt«. Das erste Thema ist natürlich ausgesprochen faszinierend, denn ich sehe in Christus nicht nur die Wesensmerkmale des gehobensten romantischen Typus, sondern auch alle Zufälligkeiten, sogar Eigenwilligkeiten des romantischen Temperaments. Er forderte als erster die Menschen auf, ein »blumenhaftes« Leben zu führen. Er prägte das Wort. Er sagte den Menschen, sie sollten wie die Kinder werden. Er hielt die Kinder den Älteren als Beispiel vor, und darin habe auch ich stets den schönsten Daseinszweck der Kinder gesehen, wenn das Vollendete überhaupt einen Zweck haben muss ...

Seine Moral besteht im Mitgefühl; genau darin sollte die Moral bestehen. Hätte er nichts weiter gesagt als: »Ihr sind viele Sünden vergeben, denn sie hat viel geliebt«, so wäre dieses Wort den Tod wert. Seine Gerechtigkeit ist dichterische Gerechtigkeit, eben das, was die Gerechtigkeit sein sollte. Der Bettler kommt in den Himmel, weil er unglücklich gewesen ist. Ich kann mir keinen besseren Grund für die Aufnahme in den Himmel denken. Die Leute, die am kühlen Abend eine Stunde im Weinberg arbeiten, erhalten den gleichen Lohn wie die anderen, die sich den ganzen Tag lang in der heißen Sonne abgeplackt haben. Warum auch nicht? Wahrscheinlich hat keiner einen Lohn verdient. Christus mochte die stumpfen, leblosen mechanischen Systeme nicht, die Menschen wie Dinge behandeln,

»Christi Platz ist bei den Dichtern« heißt es in diesem Brief, den Oscar Wilde 1897 aus dem Gefängnis an den damals 27-jährigen Lord Alfred Douglas schrieb. Zu dieser Zeit hatte er bereits zwei Jahre Zuchthaus hinter sich. Wegen seiner sexuellen Neigungen, für die das viktorianische England kein Pardon kannte, war Wilde verurteilt worden. »Ich hatte meinen Namen verloren, mein Ansehen, mein Glück, meine Freiheit, mein Vermögen. Ich war gefangen und bettelarm.«

In seinem umfangreichen Brief *De profundis* an den jungen Freund finden sich die Sätze: »Die Religion ist mir keine Stütze. Andere glauben an das Unsichtbare, ich glaube an das, was man berühren und betrachten kann ... Wenn ich überhaupt an die Religion denke, dann mit dem Gefühl, dass ich einen Orden stiften möchte für die, die nicht glauben können.« Umso überraschender sind die Christus-Bezüge, die Oscar Wilde hier entfaltet. Damit unterwirft er sich jedoch keiner kirchlichen oder moralischen »Nachfolge Christi«, sondern konstruiert einen Christus nach eigenem Bilde. »Damit ist völlig klar, wozu die Christus-Parallelen argumentationsstrategisch taugen: Sie dienen der Legitimation des eigenen künstlerischen Selbstbewusstseins und sind zugleich der grandiose Versuch eines Legitimationsentzugs für alle diejenigen ›britischen Philister von heute‹, die Wilde in diese Lage gebracht haben. Wenn ›Christi Platz bei den Dichtern‹ ist, an der Seite eines Shelley, eines Sophokles, eines Wilde, dann soll eine solche Behauptung das ganze Moralsystem der ›christlichen‹ Gesellschaft unterminieren, deren größter Skandal die Einkerkerung des Christus-Gefährten Oscar Wilde ist« (Karl-Josef Kuschel).

Freilich steht diese Christus-Interpretation nicht mehr in der religionskritischen Tradition eines Feuerbach und Marx, sondern ist eine Konstruktion zur Absicherung der eigenen Existenz. »Deshalb bleibt einem als Leser unklar, wie man reagieren soll: mit Tränen oder mit Applaus. Mit Spott über die jetzt noch vorhandene Eitelkeit oder mit Sympathie für einen Gefallenen, der buchstäblich im Staub liegt. In jedem Fall aber zeigt dies sowohl rhetorisch effektvolle wie poetisch stilisierte Dokument den Dichter nicht als ›Verlorenen‹ sondern als Verwandelten. Nicht als zerknirschten

also jedermann gleich: als gäbe es zwei Menschen oder Dinge auf dieser Welt, die völlig gleich wären. Für ihn galten nicht Regeln, nur Ausnahmen. (...)

Wie alle Dichternaturen liebte er die Unwissenden. Er wusste, das die Seele eines Unwissenden immer Raum hat für eine große Idee. Die Dummen dagegen konnte er nicht ausstehen, besonders diejenigen, die durch Erziehung verdummt wurden. Leute, die voller Ansichten stecken, von denen sie keine einzige verstehen, ein vornehmlich moderner Typus, den Christus treffsicher als den Typus beschreibt, der den Schlüssel zum Wissen hat, ihn aber selbst nicht gebrauchen kann und nun auch anderen den Gebrauch verwehrt, wenngleich es der Schlüssel zum Himmelreich ist. Vor allem zog er gegen die Philister zu Felde. Diesen Krieg muss jedes Kind des Lichtes führen. Das Philistertum kennzeichnete die Zeit und die Gesellschaft, in der er lebte. In ihrer plumpen Unempfänglichkeit für die Ideen, ihrer muffigen Ehrbarkeit, ihrer selbstzufriedenen Rechtgläubigkeit, ihrer Ehrfurcht vor billigem Erfolg, ihrer ausschließlichen Sorge um die materielle Seite des Lebens und ihrer lächerlichen Selbstbeweihräucherung waren die Juden im Jerusalem der Tage Christi die genaue Entsprechung der britischen Philister von heute. Christus spottete über die »übertünchten Gräber« der Ehrbarkeit und prägte damit eine feststehende Wendung. Weltlichen Erfolg tat er als etwas ganz Verächtliches ab. Er bedeutete ihm gar nichts. Er sah im Reichtum nur eine Last für den Menschen. Er wollte nichts davon wissen, dass man das Leben irgendeinem philosophischen oder moralischem System opferte. Er tat dar, dass Formen und Riten für den Menschen geschaffen seien, nicht der Mensch für Formen und Riten. Die Sabbatheiligung gehörte für ihn zu den Dingen, die abgeschafft werden sollten. Die kalte Menschheitsbeglückung, die ostentative öffentliche Wohltätigkeit, die Öde der äußeren Formen, die dem Spießbürgergemüt so teuer sind, entlarvte er mit beißender, unerbittlicher Verachtung. Für uns ist die sogenannte Orthodoxie nur ein bequemes, geistloses Mittun, für sie jedoch und in ihren Händen war sie eine furchtbare und lähmende Macht. Christus fegte sie vom Thron. Er zeigte, dass allein der Geist Wert besitze. Mit großem Vergnügen tat er ihnen dar, dass sie zwar ständig das Gesetz und die Propheten lasen, in Wahrheit jedoch nicht die geringste Ahnung hätten, was beide sagen wollten. Als Antithese zu ihrer Regel, jeden einzelnen Tag aufzuzehnteln in starre Routine und bestimmte Pflichten, so wie sie von Minze und Raute den Zehnten abzwackten, predigte er die ungeheure Wichtigkeit eines in jedem Augenblick neu erfüllten Lebens.

Die er von ihren Sünden lossprach, verdankten ihre Lossprechung einfach schönen Augenblicken in ihrem Leben. Als Maria Magdalena Christus erblickt, zerbricht sie die kostbarste Alabastervase, die einer ihrer sieben Liebhaber ihr geschenkt hat, und gießt die duftenden Salben über seine müden, staubigen Füße, und um dieses Augenblicks willen sitzt sie in Ewigkeit mit Ruth und Beatrice im Blütenfächer der schneeweißen Himmelsrose. Liebevoll mahnt Christus uns, dass *jeder* Augenblick schön sein sollte, und die Seele *allezeit* bereit, den Bräutigam zu empfangen, *immer* in Erwartung der Stimme des Geliebten. Das Philistertum ist ihm einfach der Teil der Menschennatur, den die Phantasie nicht erhellt, er sieht alle schönen Aspekte des Lebens als Formen des Lichts: die Phantasie selber ist das Welt-Licht, *to phos tou Kosmou*: aus ihm ist die Welt erschaffen, doch die Welt kann es nicht verstehen, denn die Phantasie ist eine Erscheinungsform der Liebe, und durch die Liebe und die Fähigkeit zur Liebe unterscheiden sich die Menschen voneinander.

Aber Christus ist dann am romantischsten, sprich: am realsten, wenn er mit einem Sünder zu tun hat. Von jeher hat die Welt den Heiligen geliebt, da er der göttlichen Vollkommenheit am nächsten kommt. Christus scheint kraft eines göttlichen Instinkts immer den Sünder geliebt zu haben, weil er der menschlichen Vollendung am nächsten kommt. Sein höchster Wunsch war nicht, die Menschen zu bessern, so wenig, wie es sein höchster Wunsch war, Leiden zu lindern. Er trachtete nicht, aus einem interessanten Dieb einen langweiligen Ehemann zu machen. Von der »Gesellschaft für entlassene Strafgefangene« und ähnlichen modernen Einrichtungen hätte er wenig gehalten. Die Bekehrung eines Zöllners zum Pharisäer wäre ihm keineswegs als ein löbliches Werk erschienen. Nein, auf diese Weise, die von der Welt noch nicht begriffen worden ist, betrachtete er Sünde und Leiden als etwas an sich Schönes, Heiliges und als Varianten der Vollendung. Dieser Gedanke *klingt* sehr gefährlich. Und er ist es auch. *Alle* großen Ideen sind gefährlich. Dass Christus an sie geglaubt hat, steht über jedem Zweifel. Dass dieser Glaube der wahre ist, daran zweifle ich nicht.

Sünder, sondern als einen nach wie vor produktiven Künstler, nicht als verlorenen Sohn, sondern als gereiften, durch Demut und Leid im wahrsten Sinn des Wortes menschlicher gewordenen Mann, der nicht – wie erwartet – mit seiner Vergangenheit und seinem Leben bricht, sondern es auf eine höhere Stufe zu transformieren weiß – mit Christus als Vorbild« (Karl-Josef Kuschel). Dass dieser »Christus« mit dem historischen Jesus von Nazaret und seiner Reich-Gottes-Vision nichts mehr zu tun hat, in seiner spezifischen Eigenart von Wilde auch nicht wahrgenommen werden konnte, ist nicht nur aus der Interessenlage des Künstlers, sondern auch aus den Bedingungen der Zeit verständlich.

Bald nach Abschluss seines Briefes wurde Oscar Wilde aus dem Gefängnis entlassen. Krank und geächtet, zog er noch zweieinhalb Jahre durch Europa und starb am 30. November 1900 im Pariser »Hotel d'Alsace« an den Folgen einer Hirnhautentzündung.

Nikos Kazantzakis: Die letzte Versuchung

Jesus war in Erregung geraten, er konnte sein Herz nicht länger zügeln, ging auf Paulus zu, packte ihn am Arm und schüttelte ihn.
»Lügner! Lügner!«, rief er ihm zu. »Ich bin Jesus von Nazareth! Ich bin nie gekreuzigt worden, bin nie auferstanden! Ich bin der Sohn der Maria und des Zimmermannes Joseph von Nazareth! Ich bin nicht Gottes Sohn, ich bin wie alle andern, ein Sohn von Menschen! Was sind das für Lästerungen! Für Schamlosigkeiten! Für Lügen! Wagst du mit solchen Lügen die Welt zu retten, du Gottloser?«
»Du? Du?«, murmelte Paulus erstaunt; während Meister Lazarus sprach und in Raserei geriet, hatte Paulus auf Jesu Händen

Während Jesus am Kreuz hängt, seine Gottverlassenheit ausschreit und in Ohnmacht fällt, nimmt ihn ein Engel in einer Art Traumvision vom Kreuze ab und führt ihn zurück in die Welt. Er geht zu Maria Magdalena, die er schon früher geliebt hatte. Danach war sie schwanger geworden, sodass beide nun von einem gemeinsamen Leben träumen und von dem Kind, das sie erwarten. Da wird durch einen »Negerknaben« – mythischer Bote zwischen den Personen des Romans – Maria Magdalena weggeholt und von fanatischen Landsleuten wegen Hurerei gesteinigt. Unter diesen Fanatikern befindet sich auch ein gewisser Saulus, den der Ehrgeiz bestimmt, die Welt zu beherrschen. Er will Jesus kennenlernen, weil er in dessen Schicksal die Chance seines Lebens erkennt.

Jesus geht nach der Ermordung Maria Magdalenas nach Betanien und lebt dort als »Meister Lazarus« bei den Schwestern Maria und Martha, zeugt mit ihnen Kinder und ist zufrieden bei »Herd, Webstuhl, Backtrog, Tisch, Wasserkrug und Lampe«. Als aber nach Jahren eines Tages Paulus auftaucht – durch eine Lichterscheinung hat er sich vom Verfolger Jesu zu einem Christus-Verkünder gewandelt – und nun dem »Meister Lazarus«, in dem er Jesus nicht erkennt, seine »frohe

und Füßen blaue Flecken erkannt und eine Wunde an seinem Herzen.

»Weshalb rollst du deine Augen?«, fragte Jesus. »Weshalb siehst du auf meine Hände und Füße? Die Zeichen, die du siehst, hat Gott dort angeheftet, Gott oder der Böse. Ich kann es noch nicht verstehen, ich träumte, dass ich gekreuzigt würde und litt, aber ich schrie auf, erwachte und beruhigte mich. Was ich im wachen Zustand hätte leiden sollen, habe ich im Schlaf gelitten und bin frei geworden.

»Schweig! Schweig!«, rief Paulus und griff sich an die Schläfen, dass sie nicht zerspringen sollten. »Schweig!«

Aber wie hätte Jesus schweigen können? Ihm war, als ob diese Worte Jahre hindurch in seinem Herzen geruht hätten; jetzt öffnete sich sein Herz, und sie fluteten hinaus. Der Negerjunge klammerte sich an seinen Arm. »Schweig still!«, rief er. »Schweig!«

Doch Jesus warf ihn mit einem Ruck zu Boden und wandte sich wieder an Paulus.

»Ja, ich werde alles sagen, um mich zu erleichtern. Was ich im wachen Zustand hätte leiden müssen, habe ich im Schlaf gelitten. Ich bin frei geworden und bin unter einem anderen Namen, in einer anderen Gestalt in dieses Dorf gekommen und lebe das Leben der Menschen. Ich esse, trinke, arbeite, schaffe mir Kinder. Die großen lodernden Flammen haben sich gelegt, ich bin ein gutes, ruhiges Feuer geworden. Ich habe mich am Herd niedergelassen, und meine Frau bereitet das Essen für unsere Kinder. Ich zog aus, die Welt zu erobern, und habe in diesem kleinen häuslichen Backtrog Anker geworfen. So ist es, ich habe über nichts zu klagen. Ich bin nicht Gottes Sohn, ich bin ein Sohn der Menschen, sage ich dir. Geh nicht in alle Welt und verkünde lauter Lügen, ich werde aufstehen und die Wahrheit ausrufen!«

Auch Paulus erregte sich immer heftiger.

»Halte deinen schamlosen Mund!«, schrie er und stürzte vor. »Schweig, dass nicht die Menschen dich hören und rasend werden! In dieser Welt der Verworfenheit, der Ungerechtigkeit und der Armut ist der gekreuzigte Christus, der auferstandene Christus der einzige Trost für den rechtschaffenen, unrechtleidenden Menschen. Lüge oder Wahrheit, was geht es mich an? Es gilt, die Welt zu retten!«

»Es ist besser, dass die Welt mit der Wahrheit untergeht, als dass sie mit der Lüge gerettet wird! Im Herzen einer solchen Befreiung sitzt der große Wurm, Satanas!«

»Was heißt Wahrheit? Was heißt Lüge? Wahrheit ist, was dem Menschen Schwingen verleiht, was große Werke, große Seelen schafft und uns mannshoch über die Ede erhebt. Lüge ist, was den Menschen die Schwingen beschneidet!«

»Willst du nicht schweigen, du Sohn des Satanas? Wie deine Schwingen sind auch die Schwingen Luzifers.«

»Ich werde nicht schweigen, ich kümmere mich nicht um Wahrheiten oder Lügen, ich habe ihn gesehen, habe ihn nicht gesehen, er ist gekreuzigt worden. Ich bin es, ich, der mit seiner Hartnäckigkeit, seiner Sehnsucht und seinem Glauben die Wahrheit schafft! Ich kämpfe nicht darum, sie zu finden, ich schaffe sie! Ich schaffe sie größer als die Größe des Menschen, und so erhöhe ich den Menschen!

Es ist notwendig, hörst du, es ist notwendig, dass du gekreuzigt wurdest, damit die Welt gerettet wird. Und ich werde dich kreuzigen, ob du willst oder nicht! Es ist notwendig, dass du auferstanden bist, und ich werde dich auferwecken, ob du willst oder nicht! Auch wenn du hier in deinem kleinen Dorf sitzt und Wiegen, Tröge und Kinder schaffst! Wisse, ich werde den Raum zwingen, deine Gestalt anzunehmen! Dein Leib, die Dornenkrone, die Nägel, das Blut gehören zu den Werkzeugen der Rettung, sie sind nicht mehr zu entbehren. Unzählige Augen, bis ans Ende der Welt, werden sich erheben und dich im Raum am Kreuze sehen. Sie werden weinen, und die Tränen werden ihre Seelen von allen Sünden reinigen. Doch am dritten Tage werde ich dich auferwecken, denn ohne Auferstehung gibt es kein Heil. Der letzte und furchtbarste Feind ist der Tod! Ich werde ihn vernichten! Indem ich dich auferstehen lasse: Jesus Christus, Gottes Sohn, Messias!«

»Das ist nicht wahr! Ich werde in die Welt hinausrufen: Ich bin nicht gekreuzigt, ich bin nicht auferstanden, ich bin nicht Gott! Weshalb lachst du?«

»Rufe, soviel du willst. Ich fürchte dich nicht. Ich brauche dich auch nicht mehr. Das von dir in Gang gesetzte Rad hat zu rollen begonnen, wer könnte ihm Einhalt gebieten? Einen Augenblick, da du sprachst, bekam ich wirklich Lust, mich auf dich zu werfen und dich zu erwürgen, damit du nicht bekennen solltest, wer du bist, und die armen Menschen nicht sehen sollten, dass du nicht gekreuzigt wurdest. Aber ich beruhigte mich sofort, du magst gerne rufen. Die Gläubigen werden dich packen und auf einen Scheiterhaufen stellen, weil du gelästert hast, und sie werden dich verbrennen.«

»Ich habe nur ein Wort gesagt, nur eine Botschaft habe ich gebracht: Liebe! Liebe! Nichts anderes.«

»Du hast ›Liebe‹ gesagt und hast alle Engel und Dämonen, die im Innern des Menschen hausen, entfesselt. Dieses Innere ist nicht, wie

Botschaft« vom »gekreuzigten und auferstandenen Gottessohn« schildert, die er bei unverändertem Drang nach Welteroberung in alle Welt tragen will, sieht sich Jesus zum eigenen Entsetzen von Paulus grob missverstanden. Doch welche Chance hat ein »Meister Lazarus« gegenüber einem Fanatiker, dessen Programm Christus als Sohn Gottes und Heil der Welt ist? Es entwickelt sich die hier wiedergegebene Kontroverse.

José Clemente Orozco, Christus zerstört sein Kreuz, 1943.

du glaubst, einfach und friedlich, es hat viel Raum für sengende Glut, für kämpfende Heere, die zerschlagen werden, und brennende Städte. Ströme von Tränen, Ströme von Blut! Das Gesicht der Erde wird sich verändern. Räuspere dich nur und rufe, soviel du willst: ›Das habe ich nicht sagen wollen, das ist nicht Liebe, tötet mich, wir alle sind Brüder, hört auf!‹ Wie sollten sie sich aufhalten lassen, Unseliger? Es ist bereits geschehen!«

»Du lachst wie ein böser Geist.«

»Ich lache wie ein Apostel, der dein Apostel sein wird, mit deinem Willen oder gegen deinen Willen! Ich werde dich und dein Leben, deine Lehre, dein Kreuz, deine Auferstehung schaffen, wie ich es will. Nicht der Zimmermann Joseph aus Nazareth hat dich gezeugt, ich war es, ich bin es, ich, Paulus, der Schreiber, aus Tarsus in Cilicien.«

»Ich will nicht! Ich will nicht!«

»Wer fragt dich? Ich brauche deine Erlaubnis nicht! Weshalb mengst du dich in meine Arbeit?«

Jesus brach auf der Bank im Hof zusammen und ließ hoffnungslos den Kopf zwischen die Knie sinken. Wie sollte er diesen Dämon meistern?

»Wie könnte die Welt mit dir gerettet werden, Meister Lazarus!«

Paulus stand über dem zusammengebrochenen Jesus und redete verächtlich auf ihn ein.. »Was könntest du wohl für ein hohes Beispiel geben, dass man dir folge, sich über die Gesetze der Natur erhebe und die Seele Schwingen erhalte? Mich wird die Welt hören, wenn sie gerettet werden will, mich!«

Er wandte sich um, der Hof lag verlassen, der Negerjunge saß zusammengekauert in einer Ecke und rollte die Augen, dass das Weiße hervortrat, und heulte wie ein angeketteter Wachhund. Die Frauen hatten sich verborgen, die Nachbarn waren gegangen, aber Paulus sprang, als ob der Hof ein riesiger Markt voller Menschen sei, auf die Bank und begann den unsichtbaren Menschen zu verkünden:

»Brüder, hebt eure Augen auf und seht: Auf der einen Seite steht Meister Lazarus, auf der anderen ich, Gottes Diener, entscheidet! Wenn ihr mit ihm geht, wird euer Leben arm und kümmerlich bleiben, er ist im rollenden Rad stehengeblieben. Ihr werdet leben und sterben, wie die Schafe leben und sterben, sie hinterlassen ein Häufchen Wolle, ein winziges Häufchen Geblök und einen großen Haufen Mist. Wenn ihr mit mir geht, werdet ihr Liebe, Kampf und Streit erleben, wir werden die Welt beherrschen! Wählet: auf der einen Seite Christus, Gottes Sohn, das Heil der Welt, auf der anderen Meister Lazarus.

Seine runden Augen glitten über die unsichtbare Menge, der Hof verfiel, der Negerjunge und der Meister Lazarus schwanden, eine Stimme erhob sich im Raum: »Du Apostel der Völker, du große

---

> Ich habe Mühe mit Christus, nicht mit dem historischen, der ein Terrorist, ein Umstürzler, ein Neuerer war. Nein, Mühe macht mir die Christus-Figur.
>
> *Wolfdietrich Schnurre*

> Womit ich überhaupt nicht klarkomme, ist die Tatsache, dass der Außenseiter in unserer Kultur zum Insider gemacht wurde. Der Außenseiter wurde sozusagen zur Pflichtperson.
>
> *Karin Struck*

> Jesus hat alles in Frage gestellt aus der Erkenntnis, dass jeder Mensch das gleiche Existenzrecht hat; auch dass der, der privilegiert ist, eine größere Verpflichtung hat, nicht in sich selbst zu verharren.
>
> *Ingeborg Drewitz*

> Für mich ist Christus als die antikirchliche, antiinstitutionelle Existenz schlechthin auch für die künstlerische Arbeit und für die sozialen Kontakte unentbehrlich. Und für die Bereitschaft zum überraschenden Verhalten, von der ich im Evangelium lese, möchte ich, mehr als es mir heute möglich ist, auch zur Maxime meines Lebens machen.
>
> *Adolf Muschg*

Seele, der du mit Blut und Tränen die Lüge schaffst und sie zur Wahrheit machst, geh voran und zeige den Weg. Wohin werden wir gehen?«

Paulus breitete die Arme aus, umarmte die Welt und rief:

»So weit des Menschen Auge reicht, noch weiter, so weit das Herz des Menschen reicht! Groß ist die Welt! Gepriesen sei Gott! Hinter Israels Land liegen Ägypten, Syrien, Phönizien, Anatolien, Hellas und die großen mächtigen Inseln Zypern, Rhodos und Kreta. Noch weiter liegt Rom, noch weiter fort wohnen die Barbaren mit den langen blonden Haaren und den Doppeläxten ... Welche Freude, früh im Morgengrauen aufzubrechen, den Wind vom Berg oder vom Meer uns entgegenwehen zu spüren, das Kreuz zu tragen, es auf den Felsen und in den Herzen zu verankern und die Welt zu erobern! Welche Freude, sich verhöhnen, sich auspeitschen zu lassen, sich in die versiegten Brunnen werfen und um Christi willen töten zu lassen!«

Er schöpfte Atem und wurde ruhiger. Die unsichtbare Menge schwand im Raum, er wandte sich um und sah Jesus, der bebend und erschrocken vor ihm an der Mauer lehnte und lachte.

»Um Christi willen! Nicht um deinetwillen, Meister Lazarus, sondern um der Wahrheit, meiner Wahrheit willen!«

Jesus konnte sich nicht länger beherrschen, er brach in Schluchzen aus. Der Negerjunge trat zu ihm.

»Jesus von Nazareth«, sagte er leise, »weinst du? Weshalb weinst du?«

»Wie könnte man, du mein geheimer Gefährte«, murmelte Jesus.

»Wie könnte man ansehen, auf welch einzige Art die Welt zu retten ist, ohne in Tränen auszubrechen.«

Paulus stieg von der Bank, die schütteren Haare auf seinem Kopf dampften, er zog die Sandalen aus, schüttelte des Staub ab und wandte sich zum Ausgangstor.

»Ich habe den Staub deines Hauses von meinen Sandalen geschüttelt, lebe wohl!«, sprach er zu Jesus, der verlegen in der Mitte des Hofes stand.

»Gutes Essen, guter Wein, gute Liebe, Meister Lazarus und ein seliges Alter! Wage nicht, dich in meine Arbeit zu mischen, dann bist du verloren, hörst du es, Meister Lazarus? Du bist verloren! Aber ich bin sehr froh, dich getroffen zu haben; ich bin frei geworden. Frei von dir habe ich werden wollen, jetzt bin ich frei, habe keinen über meinem Kopf, lebe wohl!«

Er öffnete das Tor, sprang hinaus und schlug die große Landstraße nach Jerusalem ein.

»Wie eilig er es hatte, wie er die Ärmel aufkrempelte und sich wie ein hungriger Wolf davon machte! Jetzt geht er dahin, die Welt zu verschlingen ...«, sagte der Negerjunge, trat auf die Schwelle hinaus und sah ihm wütend nach.

Jesus von Nazaret – ob bejaht oder umstritten – bleibt auch für Schriftsteller der Gegenwartsliteratur ein Archetyp unangepasster, rebellischer, provokativer Humanität, eine Berufungsinstanz, mit der die Diskrepanz von utopischem Ideal und miserabler Realität schonungslos aufgedeckt und von der her die politische, soziale und gesellschaftliche Verwirklichung des Versprochenen eingeklagt wird. Ich fand: Wenn es einen Topos der literarischen Auseinandersetzung mit Jesus bei Schriftstellern unserer Zeit gibt, dann den der Schonung Jesu, was im Klartext heißt: Bei aller noch so bitteren Kirchen- und Religionskritik – Jesus selbst wird in den allermeisten Fällen von der Kritik ausgespart, milde geschont, ja oft selbst zum schärfsten Kritiker einer Kirche und Gesellschaft, die sich ihrer Legitimation von ihm her allzu sicher weiß.

Karl-Josef Kuschel

José Saramago (1922–2010), der bekannteste zeitgenössische Schriftsteller portugiesischer Sprache und Nobelpreisträger für Literatur. Als Querdenkender kritisierte er Faschismus und Kirche in Portugals Geschichte. Insbesondere ist sein Roman, *Das Evangelium nach Jesus Christus* eine Auseinandersetzung mit dem Neuen Testament in seiner kirchlichen Inanspruchnahme, doch keine atheistische »Tirade gegen den Gott der Bibel«, wie der Theologe Klaus Berger meint.

José Saramago: Das Evangelium nach Jesus Christus

Gott holte tief Luft, er betrachtete den Nebel da ringsum und murmelte in einem Ton, als machte er eine unerwartete, merkwürdige Entdeckung. Dies ist ja, als wären wir in der Wüste. Er wandte den Blick Jesus zu, musterte ihn lange stumm, dann, als schickte er sich in das Unabwendbare, hob er an und sprach, Die Unzufriedenheit, mein Sohn, wurde den Menschen von Gott, ihrem Schöpfer, ins Herz gelegt, von mir spreche ich, freilich, doch diese Unzufriedenheit, wie alles, was ich nach meinem Bild und Ebenbild schuf, holte ich von dort, wo sie sich befand, aus meinem eigenen Herzen, und die Zeit, die seither verstrichen ist, hat diese nicht getilgt, im Gegenteil, ich kann dir versichern, dass sie mit der Zeit noch größer geworden ist, drängender, fordernder. Gott machte eine kleine Pause, wie um sich der Wirkung seiner Einleitung zu vergewissern, dann fuhr er fort, Seit viertausendundvier Jahren, die ich nun schon Gott der Juden bin, Leuten, die ihrer Natur nach Hader und Verwicklung zugetan sind, mit denen ich aber, wenn ich unsere Beziehungen abwäge, nicht schlecht gefahren bin, vorausgesetzt, sie nahmen mich ernst, und das werden sie weiterhin tun, so weit mein Blick in die Zukunft reicht, Bist jedenfalls zufrieden, sagte Jesus, Ja und nein, vielmehr, ich würde es sein, wäre nicht dieses mein unruhiges Herz, das Tag für Tag zu mir sagt, Hast du dir da ein schönes Geschick bereitet, nach viertausend Jahren der Mühen und Besorgnisse, die dir mit Altaropfern, wie reich und verschieden sie auch ausfallen mögen, nie gelohnt werden, bist weiterhin der Gott eines nur winzigen Volkes, in einem kleinen Winkel der Welt, die du mit allem, was sie birgt, erschaffen hast, so sage mir, mein Sohn, kann ich zufrieden leben, mit diesem sozusagen offenkundigem Ärgernis stets vor Augen, Ich erschuf keine Welt, ich kann es darum nicht ermessen, sagte Jesus. Nun, ermessen nicht, aber helfen könntest du mir, Helfen wobei, Mir helfen, meinen Einfluss auszuweiten, auf dass ich Gott von viel mehr Menschen werde, Ich verstehe nicht, Wenn du deine Rolle gut ausführst, will heißen, die Rolle, die ich dir nach meinem Plan zugedacht habe, bin ich höchst gewiss, dass ich in wenig mehr als einem halben Dutzend an Jahrhunderten, obschon ich und du mit vielen Widernissen zu kämpfen haben werden, dass ich also vom Gott der Hebräer zum Gott derer aufsteigen werde, die wir dann, von einem griechischen Wort abgeleitet, Katholiken nennen, Und welche Rolle ist in deinem Plan denn mir zugedacht, Die des Märtyrers, mein Sohn, des Opfers, so lässt sich ein Glaube noch am ehesten verbreiten und entfachen. Die Worte Märtyrer und Opfer sprach Gott voll Schmelz, als wäre seine Zunge eitel Milch und Honig, doch ein eisiger Schauer flutete Jesu Glieder, als hätte sich der Nebel über ihm geschlossen, während der Teufel ihn mit rätselvoller

Miene betrachtete, halb forsch, halb ungewollt mitleidig. Du versprachst mir Macht und Ruhm, stammelte Jesus, noch zitternd vor Kälte, Sollst du haben, sollst du haben, aber erinnere dich an unsere Abmachung, sie werden dir erst nach deinem Tod zuteil, Und was nutzen mir Macht und Ruhm, wenn ich tot bin, Nun, tot im absoluten Sinn des Wortes wirst du eigentlich nicht sein, denn da du mein Sohn, bist du dann bei mir, oder in mir, noch habe ich nicht endgültig entschieden, In dem von dir genannten Sinne, was heißt da nicht eigentlich tot, Du wirst, zum Beispiel, erleben, für immer und ewig, wie sie dich in Tempeln und auf Altären verehren, in einem Maße, sage ich dir schon jetzt, dass die Menschen den ursprünglichen Gott, also mich, ein bisschen vergessen, doch es ist nicht von Belang, das Viel verträgt Teilung, das Wenig schuldet es nicht. Jesus schaute den Hirten an, sah ihn lächeln, und begriff, Jetzt verstehe ich, warum der Teufel hier ist, wenn deine Herrschaft sich auf mehr Menschen und Länder ausdehnt, weitet sich auch seine Macht über die Menschen, denn deine Grenzen sind seine Grenzen, kein Schritt mehr, kein Schritt weniger, Recht hast du, mein Sohn, sehr recht, mich freut dein Scharfsinn, und den Beweis hast du in der Tasche, dass, feststellbar, die Teufel des einen Glaubens nie in einem anderen Glauben wirksam werden, so wie ein Gott, angenommen, er würde den Streit mit einem anderen Gott suchen, jenen nicht besiegen kann, noch von ihm zu besiegen ist, Und wie wird mein Tod sein, Einem Märtyrer gebührt schmerzhafte und möglichst entwürdigende Meuchelung, auf dass die Gläubigen desto empfänglicher und entflammter werden, Red nicht drumherum, sage mir draufzu, wie wird mein Tod sein, Peinigend und schmachvoll, am Kreuz. Wie mein Vater, Dein Vater bin ich, vergiss es nicht, Sofern ich mir den Vater noch wählen kann, erwähle ich ihn mir, auch wenn er, wie bekannt, in einer gewissen Stunde seines Lebens schmählich versagte, Du wurdest erwählt, kannst selbst nicht wählen, Ich breche den Vertrag, löse mich von dir, ich will leben als ein beliebiger Mensch, Fruchtlose Worte, mein Sohn, hast wohl noch nicht gemerkt, dass du ganz in meiner Gewalt bist, für all jene unterzeichneten Vereinbarungen, die wir Abkommen, Pakt, Kontrakt, Vertrag oder Bündnis nennen und an denen ich teilhabe, wäre eine einzige Klausel ausreichend, bei Einsparung von viel Tinte und Papier, und diese Klausel lautet unmissverständlich, Alles, was Gottes Gesetz wünscht, ist zwingend, auch die Ausnahmen, nun, mein Sohn, da du in gewisser und beweglicher Weise eine Ausnahme bist, darum denn auch so zwingend wie das von mir gemachte Gesetz, Aber wäre es für dich, in deiner Allmacht, nicht einfacher und moralisch sauberer, du selbst bestrittest die Eroberung dieser Länder und dieser Menschen, Das geht nicht an, solches verbietet der unter uns Gottheiten regierende unabänderliche Pakt, dem gemäß von uns keiner eigenhändigg in

Als Saramagos *Evangelium nach Jesus Christus* 1991 erschien, behauptete der portugiesische Kulturstaatssekretär, es verletzte die Gefühle der katholischen Portugiesen, der Vatikan erklärte es für blasphemisch und missbilligte 1998 den Nobelpreis für Saramago. Der deutsche Schriftsteller Steven Uhly urteilte: »Es ist dennoch bedauerlich, dass die poetische Brillanz des Evangeliums durch die Schwarz-Weiß-Malerei der Gegner und Befürworter weitgehend unbemerkt geblieben ist. Vielleicht ist das ein Anzeichen dafür, dass Europa noch nicht reif ist für eine nichtatheistische Relativierung des Christentums und seines Gottes.«

Natürlich erzählt Saramago das Evangelium Jesu nicht nach, wie dies Luise Rinser tut, sondern nimmt sich alle dichterische Freiheit, fiktive Gegenentwürfe zu entwickeln, die den gewohnten dogmatischen Denkmustern ihre Deutungshoheit nehmen. Die Empörung, welche diese Unbekümmertheit weckt, lässt im hier gewählten Textausschnitt das Gottesverständnis neu durchdenken, damit verbunden die göttliche Bestimmung Jesu zum Opferlamm sowie die Beschwörung stets neuer notwendiger Opfer.

In der hier ausgewählten Szene fährt Jesus in dichtem Nebel aus, der nicht einmal sein Boot überschaubar macht, auf den See zum Stelldichein mit Gott. Gleich darauf ist auch der Teufel dabei, in der Gestalt eines Hirten, dem Jesus schon früher begegnete, wobei er erst jetzt bemerkt, dass sich Gott und Teufel wie Zwillinge gleichen.

Erst im Dialog mit Gott dringt Jesus zu der Erkenntnis durch, zum Märtyrer bestimmt zu sein, was ihn bewegt, seine Rolle als Gottessohn zu kündigen und sich seiner Bestimmung als Opferlamm zu entziehen. »Du wurdest erwählt, kannst selbst nicht wählen«, sagt Gott. Darauf Jesus: »Ich breche den Vertrag, löse mich von dir, ich will leben als ein beliebiger Mensch«, was Gott nicht rührt: »Alles, was Gottes Gesetz wünscht, ist zwingend, auch die Ausnahmen, nun, mein Sohn, da du in gewisser und beweglicher Weise eine Ausnahme bist, darum denn auch so zwingend wie das von mir gemachte Gesetz.«

Also gelingt es ihm auch nicht, sich seiner Hinrichtung am Kreuz zu entziehen – und noch weniger entkommt die Christenheit dem Gesetz einer ständigen Wiederholung des Kreuzesopfers. In seiner Wirkungsgeschichte entfaltet Saramago über viele Seiten ein Martyrologium, das nicht dichterischer Phantasie entstammt, sondern durch alle Jahrhunderte die unaufhörliche

Folge gequälter, gefolterter, hingerichteter Menschen dokumentiert, was fragen lässt, warum die christliche »Heilsgeschichte« mit soviel Grausamkeit und Leiden bezahlt werden muss. Schließlich fügt Saramago all die Grausamkeiten an, welche sich die Christen selbst antun: »Sie werden dem Leib hart zusetzen mit Schmerz und Blut und Schweinereien und sonstigen vielen Selbstzüchtigungen, sie werden Büßerhemden tragen und Peitschungen an sich vornehmen, manch einer wird sich sein Leben lang nicht waschen oder beinahe, manch einer wirft sich mitten ins Dorngesträuch und wälzt sich im Schnee, um die vom Teufel geweckte Fleischeslust abzuwehren…, andere verbringen in Grotten und Höhlen, bei den Wildtieren ein einsames Leben, lassen sich einmauern oder hausen auf hohen Säulen, jahrelang, ohne Ende…«

Dieser Roman zeigt den Wechsel der Sprecher nicht an, bleibt ohne Redezeichen und ohne Punkt. Der Leser muss immer wieder neu ansetzen, um den je Sprechenden wahrzunehmen, was nur die Großschreibung zu Beginn erleichtert. Das verlangt Aufmerksamkeit.

die Konflikte eingreift, stell dir vor, ich, von Ungläubigen und Heiden auf öffentlichem Platz umringt, versuchte, diese zu überzeugen, dass ihr Gott ein Betrug sei, ich aber der wahre Gott, solches tut ein Gott einem anderen nicht an, auch gefällt es keinem Gott, dass man in seinem Haus tut, was er selbst, schicklicherweise, in fremdem Hause nicht tun sollte, Also bedient ihr euch der Menschen, Ja, mein Sohn, der Mensch ist Holz zu jederart Löffel, ab der Geburt bis zum Tode stets zu dienen bereit, man schickt ihn hin und er geht, man befiehlt ihm Halt, und er steht, man heißt ihn kommen, und er kommt, der Mensch, im Frieden wie im Krieg, allgemein gesprochen, ist das Beste, was den Göttern widerfahren konnte, Und das Holz, aus dem ich Mensch gemacht bin, Du wirst der Löffel sein, den ich in die Menschheit tauche, um aus ihr, gehäuft, Kreaturen zu schöpfen, die an den neuen Gott glauben, der ich ihnen sein werde, Löffelweise Menschen, die du verschlingst, Wer sich selbst verschlingt, den brauche ich nicht zu verschlingen.

Jesus senkte die Ruderblätter ins Wasser und sagte, Ade, ich begebe mich heim, nehmt den Weg, den ihr gekommen seid, du schwimmend, und du, der du so einfach da warst, verschwinde irgendwie.

Christus hat keine Hände

Christus hat keine Hände,
nur unsere Hände,
um seine Arbeit heute zu tun.
Er hat keine Füße, nur unsere Füße,
um Menschen auf seinen Weg zu führen.
Christus hat keine Lippen,
nur unsere Lippen,
um Menschen von ihm zu erzählen.
Er hat keine Hilfe, nur unsere Hilfe,
um Menschen an seine Seite zu bringen.

Der vierte König. Eine Legende nach Edzard Schaper

Es wird erzählt, als Jesus geboren werden sollte, erschien der Stern nicht nur den weisen Königen im Morgenlande, sondern auch einem König in Russland. Er war kein mächtiger und reicher Herr, er war nur ein kleiner König, aber gutmütig und menschenfreundlich. Schon von seinen Vorvätern wusste er, dass einmal ein Stern erscheinen und den Beginn eines neuen Reiches der Güte ankündigen wür-

Zeichnungen von Celistino Piatti, 1961.

de; wer dann König sei, müsse sofort aufbrechen und dem größeren Herrn dienen.

So ließ der kleine König sein Lieblingspferdchen Wanjka satteln, nahm etliche Rollen vom zartesten Linnen, einen Vorrat seltener Edelsteine und viele kleine Lederbeutel mit Goldkörnern; von seiner Mutter ließ er sich noch ein kleines irdenes Krüglein Honig hinzutun, den die samtpelzigen Bienen in den Linden Russlands gesammelt hatten. Dies waren die Gaben, die der kleine König mitnahm, dann ritt er eines Nachts auf Wanjka davon, als der Stern am hellsten leuchtete. Er ritt durch sein ganzes Königreich, aber der Stern stand nicht still.

Zwei, drei Monde lang war er schon unterwegs, als er eines Nachts auf eine vornehme Reisegesellschaft stieß, die ebenso dem Stern folgte wie er. Es waren reiche Herren, die auf Kamelen ritten und eine große Gefolgschaft bei sich hatten. Der kleine König freute sich und versuchte mit Wanjka Schritt zu halten. In der Herberge aber nahmen die großen Herren allen Platz in Anspruch. Darum ging der kleine König in die Scheuer, wie er's kannte, und schlief tief, als läge er auf einem russischen Ofen.

Es war aber auch ein junges Bettelweib hier untergekrochen, und während der kleine König schlief, hatte sie einem Mädchen das Leben geschenkt. Als der kleine König ihre Armut sah, holte er Essen und Trinken aus der Herberge und füllte auch ihren leeren Beutel mit ein paar Prisen Geld, und weil das Kindchen nichts als die eigene dünne Haut mit auf die Welt bekam, trennte er vom Linnen ein halbes Dutzend der schönsten Windeln, volles, breites, russisches Maß, davon ab.

Nie mehr holte der kleine König die Karawane der Herren aus dem Morgenlande ein. Solange aber der Stern am Himmel stand, zog er unverdrossen seinen eigenen Weg. Krankheit und Hunger fraßen um sich, die Menschen verzagten und verstummten. Aber wenn die Not gar zu grausig wurde, dann griff er in seinen Gabenschatz und streckte daraus für den Allherrscher bereits etwas vor. Auf diese Weise schrumpfte sein Gold zusammen, und es war abzusehen, wann der letzte Beutel leer sein würde.

Eines Abends war der kleine König Zeuge, wie zwei Aufseher die Arbeiterinnen und Arbeiter einer Pflanzung mit Stöcken schlugen, weil sie nicht schnell genug gewesen seien, und wie einige von ihnen zusammenbrachen. Da konnte er nicht weitergehen, sondern kaufte die ganze Schar frei. Diese aber kamen schon am nächsten Morgen und fragten, wer ihnen nun zu essen gäbe. Sie waren nicht nur den Stock, sondern auch die Suppe gewohnt und fanden die Freiheit beschwerlich. Da gab er ihnen nochmals Geld für die nächsten drei Tage. Als der kleine König an diesem Abend den restlichen Schatz zählte, beschloss er, von nun an die Gaben des Allherrschers nicht mehr anzugreifen.

Aber schon am nächsten Tag verstieß er gegen den eigenen Vorsatz, als er Aussätzigen begegnete, für die er ganze Rollen Linnen in feine Streifen zerschnitt, um ihre eiternden Schwären zu verbinden. Wieder ein paar Tage später fand er einen ausgeplünderten Kaufmann am Wege, dem er helfen musste. So ging gerade ein Jahr vorbei, als der kleine König in allen Packtaschen den Boden fühlen konnte.

Auch Wanjka war ein Pferdejahr älter geworden, und das gilt mehr als ein Jahr unter Menschen. Eines Morgens lag Wanjka krank auf dem Boden, zu schwach aufzustehen, und wenig später war der treue Begleiter tot. Der kleine König nahm lange Abschied, dann ging er zu Fuß weiter. Er wusste, dass seine Reise nun länger dauern würde. Er ging und ging, ging tagsüber und nachts, und eigentlich konnte man sagen, dass der kleine König aus Russland eine Art Landstreicher wurde.

Schließlich kam er ans Meer, in eine fremdartige Hafenstadt. Er schaute einer Galeere zu, die im Hafen lag, zur Abfahrt bereit; nur fehlte ein Mann, denn von den Ruderknechten war einer tot. Es war ein Schuldner des Schiffsherrn gewesen. Nun verlangte dieser den noch jungen Sohn des Toten, während die erschreckte Mutter um Erbarmen flehte. Den kleinen König rührte die junge Frau. Als der Schiffsherr Befehl gab, mit Gewalt den Jungen seiner Mutter zu entreißen, trat der kleine König unter die Leute und sagte leise, dann gehe er statt des Knaben. Oho! Traue er sich's zu? Das solle er dreimal überlegen. Damit trete er in eine große Schuldenlast ein, und die Reise sei nicht so bald zu Ende. Der kleine König blickte die junge Witwe an, deren Augen überweit geworden waren. »Es bleibt so«, sagte er leise, stieg ins Schiff hinunter, wo der Galeerenvogt ihn in die Eisen schloss.

Nun kam die Zeit im Leben des kleinen Königs, von der so schnell erzählt ist und die doch so grausam lange währte, beinahe dreißig Jahre lang. Dreißig Jahre auf der Galeere. Derweil starb der Schiffsherr, sein Sohn erbte ihn; die Galeerenvögte wechselten mehrmals, bald wusste niemand mehr, dass er nur an Stelle eines anderen an die Ruderbank geschmiedet war. Am Ende war der kleine König nur noch ein Schatten seiner selbst. Als man ihn eines Tages aus dem Sklavendienst entließ, musste man ihn an Land tragen. Er taugte nicht mehr zur Arbeit. Er taugte nur noch zum Sterben.

Nur langsam, ganz langsam kam er wieder zu sich. Er fand Menschen, die ihm zu essen und trinken gaben, auch einen Platz zum Schlafen, solange er noch nicht wieder gehen konnte. Als seine Füße ihn wieder trugen, schwach und unsicher genug, ging er wieder auf die Landstraßen hinaus. Der Stern war ihm längst erloschen, doch von früher wusste er noch, wo sein Stern zum letzten Mal geleuchtet hatte; so folgte er weiter dieser Richtung. Mit der Zeit mehrte sich das Leben ringsum. Die Zahl der Menschen, die seine Straßen zogen, wurde größer; eine bedeutende Stadt musste voraus liegen. Gegen Abend konnte man ihre Tore und Paläste sehen. Aber der kleine König wollte in das Getümmel nicht mehr eintauchen. Er suchte sich einen Schlafplatz in einem Wäldchen von Ölbäumen dicht vor den Toren der Stadt. Sein krankes Herz fühlte am kommenden Morgen, dass es ein schwüler Tag würde. Es ging schon gegen Mittag, als er langsam den Hügel hinabstieg und mit schwerem Atem der Stadt zustrebte. Das war ein Gedränge und Gehaste, die Menschen voller Aufruhr. »Sie haben den Größten, und sie wollen ihn zum Geringsten machen«, sagte eine alte Bettlerin. »Er hat die Armen geliebt, die Blinden sehend und die Lahmen gehend gemacht. Jetzt wollen sie ihn ans Kreuz schlagen.« Der kleine König war wie von Sinnen. »Wie alt ist er?«, fragte er. »So um die dreißig.« Die Menge schob ihn weiter. Bald stand der kleine König auf dem Schindanger der Stadt. Eben richteten Knechte drei große Kreuze auf, an denen zum Tode verurteilte Menschen hingen. Schritt um Schritt kam er näher, seine Augen nur auf den in der Mitte gerichtet. Der kleine König wusste, dass Er es war, der in der Mitte hing, der Größte aller Zeiten, dem er als Kind zu huldigen vor mehr als dreißig Jahren aus Russland ausgezogen war. Er wusste es, wenn er Ihn nur anschaute und von Ihm angeschaut wurde. Aber das war zu viel für des kleinen Königs Herz. Einen Augenblick dachte er gequält: Ich habe nichts mehr von allem, was ich dir mitbringen wollte. Alles ist hin und vertan. Doch dann flüsterten seine Lippen, ohne dass er es da noch wusste: »Aber mein Herz, Herr, mein Herz, nimmst du es an?«

Meister Eckhart: Alles, was von Christus gesagt ist, gilt auch von mir

Schon Meister Eckhart gab der kirchlichen Christologie eine andere Deutung, indem er die christologische Dogmatik entgrenzte. Was die Schultheologie Christus alleine vorbehält, spricht er jedem Menschen zu:

Alles, was die Heilige Schrift über Christus sagt, das bewahrheitet sich völlig an jedem guten und göttlichen Menschen.« Und: »Alles, was Gott Vater seinem eingeborenen Sohn in der menschlichen Natur gegeben hat, das hat er alles auch mir gegeben: hiervon nehme ich nichts aus, weder Einigung noch Heiligkeit, sondern er hat mir alles ebenso gegeben wie ihm.«

Damit aber wird aus Theologie Anthropologie. Die der Christus vorbehaltenen Formel des Konzils von Chalcedon, dass Gott und der einmalige Mensch Jesus von Nazaret eins sind, womit sich heutige Schriftsteller in ihren Jesus-Romanen kritisch abmühen, korrigiert bereits Meister Eckhart:

Meister Eckhart (um 1260–1328) war Dominikaner, seinen Meistertitel hat er von der Universität Paris. Im 13. Jahrhundert hatten die griechisch-arabischen Wissenschaften neue Wissensgebiete erschlossen: Metaphysik, Ethik, Ökonomie, Politik… Bei den Dominikanern gewann die Philosophie großes Gewicht in der Ausbildung. Autoritäten wurden hinterfragt. Ohne diese geistige Unruhe wäre die Lehre Eckharts nicht möglich gewesen. Seine Stellung und sein Ansehen haben seine Verurteilung durch Papst Johannes XXII. erschwert. Teufelssaat nannte er Eckharts Lehre. Das Verfahren verlief professionell und gründlich. Andere Häretiker bekamen kürzere Prozesse. Die heutige Forschung resümiert: »Die unabgeschwächte Lehre Eckharts hat im Selbstverständnis der Römischen Kirche von Johannes XXII. bis Benedikt XVI. keinen Platz« (Kurt Flasch).

Die deutschen Predigten Eckharts sind das Schönste und Persönlichste, was es von Eckhart gibt, aber sie erfordern eine längere Einübung in das Verständnis von Terminologie, Problemstand und Schreibstil der Zeit um 1300.

Eckhart will den Glauben auf Wissen hin zur Sprache bringen. Er spricht in kühnen Metaphern, erwartet aber, dass diese intellektuell aufgelöst werden. Er fordert auf, richtig zu denken und richtig zu leben.

Für die Lebensführung heißt das, Gott ohne jeden Gedanken an Nutzen oder Trost zu lieben und sich allen Menschen so zuzuwenden, dass das Leid der entferntesten Menschen »jenseits der Meere« so wichtig wird wie das eigene oder das eines Freundes. Eckhart weiß aber auch, dass diese Ethik einen mehrfachen Bruch verlangt. Seine Predigten treiben massive Kritik an der zeitgenössischen Theologie. Manche Pfaffen lehrten, sagt er, was wir auf dem Weg zur ewigen Seligkeit brauchen, in einem Aufwand-Nutzen-Verhältnis. Wer aber aus Gott ein Mittel zum Zweck mache, ihn wie eine Kerze benutze, um damit etwas für sich zu suchen, verfehle ihn.

Gott und die Seele sind für Eckhart wechselseitig – korrelativ – zu denken. Gott ist in mir, ich bin in Gott, ich bin nicht geringer als er. Wer von Gott redet, aber nicht von seiner Einheit mit dem Seelengrund spricht, redet nicht vom wahren Gott. Der Seelengrund hat mit nichts etwas gemein; er ist mit nichts gleich und gerade dadurch Gott gleich. Der Mensch muss Gottes ledig werden, sofern zwischen Gott und Mensch noch Unterschied besteht.

Als Seelengrund ist die Seele eins mit Gott. Wer von Gott redet, aber nicht von seiner Einheit mit dem Seelengrund, redet nicht vom wahren Gott. Dies hat Folgen für Eckharts Sicht der Trinität. Manche Pfaffen, schreibt er, verstehen die »drei«, als wäre von drei Kühen die Rede. Aber selbst wenn in Gott hundert Personen wären, wären sie alle eins. Die Dreizahl gilt nur quasi-metaphorisch. In Gott gibt es keine Zahl.

Der Menschwerdung Gottes in Jesus nimmt Eckhart ihren einmaligen Charakter. Er sagt, die Leute glauben fälschlich, Gott sei nur in Betlehem Mensch geworden. Aber er wird in jedem anderen genauso Mensch.

Das Wörtlein, das ich euch vorgelegt habe: »Gott hat seinen eingeborenen Sohn in die Welt gesandt«, das dürft ihr nicht im Hinblick auf die äußere Welt verstehen, wie er mit uns aß und trank: ihr müsst es verstehen in Bezug auf die *innere* Welt. So wahr der Vater in seiner einfaltigen Natur seinen Sohn natürlich gebiert, so wahr gebiert er ihn in des Geistes Innigstes, und dies ist die innere Welt. Hier ist Gottes Grund mein Grund und mein Grund Gottes Grund. Hier lebe ich aus meinem Eigenem, wie Gott aus seinem Eigenen lebt.

In seiner siebten Predigt setzt Eckhart diesen Gedanken fort:

Der Vater gebiert seinen Sohn ohne Unterlass, und ich sage mehr noch: Er gebiert mich als seinen Sohn und als denselben Sohn. Ich sage noch mehr: Er gebiert mich nicht allein als seinen Sohn; er gebiert mich als sich und mich als sein Sein und als seine Natur. Im innersten Quell, da quelle ich aus im Heiligen Geiste; da ist *ein* Leben und *ein* Sein und *ein* Werk. Alles, was Gott wirkt, das ist Eins; darum gebiert er mich als seinen Sohn ohne jeden Unterschied. Mein leiblicher Vater ist nicht eigentlich mein Vater, sondern nur mit einem kleinen Stückchen seiner Natur, und ich bin getrennt von ihm; er kann tot sein und ich leben. Darum ist der himmlische Vater in Wahrheit mein Vater, denn ich bin sein Sohn und habe alles das von ihm, was ich habe, und ich bin derselbe Sohn und nicht ein anderer. Weil der Vater (nur) *ein* Werk wirkt, darum wirkt er mich als seinen eingeborenen Sohn ohne jeden Unterschied …

Wenn der Mensch etwas von außerhalb seiner selbst bezieht oder nimmt, so ist das nicht recht. Man soll Gott nicht als außerhalb von einem selbst erfassen und ansehen, sondern als mein Eigen und als das, was *in* einem ist; zudem soll man nicht dienen noch wirken um irgendein Warum, weder um Gott noch um die eigene Ehre noch um irgendetwas, was außerhalb von einem ist, sondern einzig um dessen willen, was das eigene Sein und das eigene Leben in einem ist. Manche einfältigen Leute wähnen, sie sollten Gott (so) sehen, als stünde er dort und sie hier. Dem ist nicht so. Gott und ich, wir sind *eins*.

Meister Eckhart versteht das Verhältnis von Gott und Mensch nicht so, dass die Seele eine Sache wäre und Gott eine andere und beide kämen dann zusammen. Er betont vielmehr, »wie ich schon öfters gesagt habe, dass etwas in der Seele ist, das Gott so verwandt ist, dass es eins ist und nicht vereint«. Er kann auch sagen, Gott sei der Seele näher, als diese sich selber ist.

Der Nächste: Auf der Schwelle wirft er einen Blick zurück

Heinrich Böll hat gefragt, wie es zu erklären sei, dass die Christen die Welt so wenig zu verändern vermochten: »Eine christliche Welt müsste eine Welt ohne Angst sein, und unsere Welt ist nicht christlich, solange die Angst nicht geringer wird, sondern wächst; nicht die Angst vor dem Tode, sondern die Angst vor dem Leben und den Menschen, vor den Mächten und Umständen, Angst vor dem Hunger und der Folter, Angst vor dem Krieg…« Das verfasste Christentum hat in seiner Geschichte mit Unterdrückung, Verfolgung, Krieg, Mord und Hinrichtung die Angst kräftig gefördert.

Andererseits haben Christen aber auch immer wieder die Welt in Erstaunen gesetzt. Es lassen sich viele Namen nennen, doch beeindruckender ist die Zahl der Namenlosen, die in allen Jahrhunderten sich um Kranke und Hungernde, Ausgebeutete und Rechtlose kümmerten. In seinen jungen Jahren hat Heinrich Böll gemeint, selbst die allerschlechteste christliche Welt sei noch der besten heidnischen vorzuziehen, »weil es in einer christlichen Welt Raum gibt für die, denen keine heidnische Welt je Raum gab: für Krüppel und Kranke, Alte und Schwache, und mehr noch als Raum gab es für sie Liebe, für die, die der heidnischen wie der gottlosen Welt nutzlos erschienen und erscheinen…« In späteren Jahren hat Böll diese Sicherheit verloren.

Dennoch ist nicht zu verkennen, dass der biblische Impuls, wie er von den Propheten Israels bis zu Jesus hin ausging, das soziale Gewissen der Welt geschult hat und immer noch aufrüttelt. Längst hat er die kirchlichen Horizonte überschritten, ist er in die sozialen Programme seit Beginn der Industrialisierung eingegangen und wird er in einer global vernetzten Welt auch das Denken fremder Kulturen und Religionen beeinflussen.

Otto Pankok, Christophorus, 1947.

Das soziale Programm der Propheten Israels

Die Propheten Israels trugen die Forderung nach sozialer Gerechtigkeit wie niemand vor ihnen und niemand nach ihnen in der Alten Welt in den Gang der Geschichte. Sie taten es in einer Sprache, deren Kraft und Schärfe bis zum Tage nicht gelitten hat, wenngleich die Botschaft immer noch unterwegs ist, glaubwürdig umgesetzt zu werden. Kommunismus und Sozialismus stehen in ihrem Erbe.

Die soziale Anklage der Propheten des 8. Jahrhunderts ist in dieser oppositionellen Entschiedenheit erstmalig. Sie wurde im Namen eines Gottesglaubens erhoben, mit dem sich die Würde und Rechte der Menschen verbinden. Und sie war bewusst einseitige Parteinahme. Zwar wendet die historische Forschung ein, man solle sich hüten, hinter den kritisierten sozialen Verhältnissen nur gottlose Bösewichter und Gewalttäter am Werke zu sehen. Die Oberschicht habe sich durchaus legaler Mittel zur Durchsetzung ihrer Interessen bedient. Wenn auch Rechtsbrüche und Gewalt nicht auszuschließen seien, so seien die eigentlichen Missstände Auswirkungen struktureller Gewalt, die sich aus den wirtschaftlichen und gesellschaftlichen Entwicklungen der Königszeit ergeben hätten.

Doch solche Rechtfertigungen bewegten weder Amos noch Micha noch Jesaja. Für sie waren die ungleichen Verhältnisse ein Skandal, den sie durch Parteinahme für die sozial Schwachen beantworteten. Sie warfen der Oberschicht vor, das Wertesystem der Gesellschaft korrumpiert zu haben und über die zerbrochene Solidargemeinschaft nicht einmal Trauer zu empfinden. Stand doch mit dem Unrecht, das die israelitische Gesellschaft vergiftete, zugleich die Gottesbeziehung Israels auf dem Spiel. Für Amos und die ihm folgenden Propheten hatte Israel keine Zukunft mehr, falls die Verantwortlichen des Volkes nicht sofort ihre verdrängte Schuld einsahen und ihr soziales Handeln änderten.

Emil Nolde, Prophet, 1912.

Amos 3,9–15: Das Gericht über Samaria

Versammelt euch auf den Bergen rings um Samaria, seht den maßlosen Terror in der Stadt an und die Unterdrückung, die dort herrscht. Sie treten das Recht mit Füßen – Spruch Jahwes –, sie sammeln Schätze in ihren Palästen mit Gewalt und Unterdrückung. Darum – so spricht Gott Jahwe: Ein Feind wird das Land umzingeln; er reißt deine Macht nieder, und deine Paläste werden geplündert. So spricht Jahwe: Von den Söhnen Israels, die in Samaria auf ihrem Diwan sitzen und auf ihren Polstern aus Damaskus wird genau so viel übrig bleiben, wie von einem Lamm, das ein Löwe verschlingt. So wie ein Hirt aus dem Rachen des Löwen gerade noch zwei Schenkelknochen oder ein Ohrzipfel herausreißt. Hört und schärft es ein dem

Hause Jakob – spricht der Herr Jahwe: Ja, der Tag kommt, da ich Israel für seine Verbrechen strafen werde; dann werde ich zerstören die Altäre von Bet-El; die Hörner des Altars werden abgehauen und fallen zu Boden. Ich zerschlage den Winterpalast und die Sommervillen, die elfenbeingeschmückten Häuser werden verschwinden, und mit den vielen Häusern ist es zu Ende – spricht Jahwe.

Amos 5,7–15: Die Beugung des Rechts

Weil ihr von den Hilflosen Pachtgeld erpresst und ihr Getreide besteuert, baut ihr Häuser aus behauenen Steinen – aber wohnen werdet ihr nicht darin. Ihr legt euch prächtige Weinberge an – doch trinken werdet ihr den Wein nicht. Ja, ich kenne eure zahlreichen Verbrechen und eure ständigen Vergehen. Ihr bringt den Unschuldigen in Not, ihr lasst euch bestechen und weist den Armen ab bei Gericht. Darum schweigt in dieser Zeit, wer klug ist; denn es ist eine böse Zeit. Sucht das Gute, nicht das Böse; damit ihr am Leben bleibt, und damit Jahwe wirklich mit euch ist, wie ihr sagt. Hasst das Böse, liebt das Gute, und bringt bei Gericht das Recht zur Geltung! Vielleicht ist Jahwe dem Rest Josefs dann gnädig.

Amos 5,21–24.27: Der wahre Gottesdienst

Ich hasse eure Feste, ich verabscheue sie. Ich kann eure Versammlungen nicht riechen. Eure Brandopfer sind mir zuwider, ich habe kein Gefallen an euren Gaben; das Mahlopfer eures Mastviehs will ich nicht sehen. Hör auf mit dem Geplärr deiner Lieder! Dein Harfenspiel will ich nicht hören, sondern das Recht soll strömen wie Wasser, die Gerechtigkeit wie ein nie versiegender Bach.

»Jahwe als Gott der Armen« ist das Programm des Amos. Er war ein kühner Mann, über die sozialen Schinder erbittert wie keiner zuvor. »Ich will ein Feuer gegen Juda schicken, dass es die Paläste Jerusalems frisst« (2,5) – wo gab es solche Empörung schon einmal zuvor? Amos kritisiert eine Entwicklung, die breite Bevölkerungskreise in die Verelendung zwingt: Die Vermögenden erwerben Landgut um Landgut, bis sie die Herren ganzer Landstriche sind; die bisherigen Besitzer werden zu Schuldnern und Leibeigenen. Amos will den radikalen Wandel der Verhältnisse. Er deckt die Bestechlichkeit der Gerichte auf. Die miteinander verfilzte Oberschicht beugt das Recht auf Kosten der kleinen Leute: »Ihr lasst euch bestechen und weist den Armen ab bei Gericht« (5,12). Statt Recht zu sprechen, geschieht neues Unrecht. Die Gerichte hören auf die herrschende Klasse und entrechten die Armen.

Nelly Sachs: Lauschen…

Wenn wir auch Geschäfte haben,
die weit fort führen
von Seinem Licht,
wenn wir auch das Wasser aus Röhren
    trinken,
und es erst sterbend naht
unserem ewig dürstenden Mund –
wenn wir auch auf einer Straße schreiten,
darunter die Erde zum Schweigen gebracht
    wurde
von einem Pflaster,
verkaufen dürfen wir nicht unser Ohr,
o, nicht unser Ohr dürfen wir verkaufen.
Auch auf dem Markte,
im Errechnen des Staubes,
tat manch einer schnell einen Sprung
auf der Sehnsucht Seil,
weil er etwas hörte,
aus dem Staube heraus tat er den Sprung
und sättigte sein Ohr.
Presst, o presst an der Zerstörung Tag
an die Erde das lauschende Ohr,
und ihr werdet hören, durch den Schlaf
    hindurch
werdet ihr hören
wie im Tode
das Leben beginnt.

Ernst Bloch: Schwer ist der aufrechte Gang

Normal, denkt man, ist es doch, oder müsste es sein, dass sich Millionen Menschen nicht durch Jahrtausende von einer Handvoll Oberschicht beherrschen, ausbeuten, enterben lassen. Normal ist, dass eine so ungeheuer Mehrheit es sich nicht gefallen lässt, Verdammte dieser Erde zu sein. Stattdessen ist gerade das Erwachen dieser Mehrheit das ganz und gar Ungewöhnliche, das Seltene in der Geschichte. Auf tausend Kriege kommen nicht zehn Revolutionen; so schwer ist der aufrechte Gang. Und selbst, wo sie gelungen waren, zeigten sich in der Regel die Bedrücker mehr ausgewechselt als abgeschafft. Kein Ende der Not: das klang durch unwahrscheinlich lange Zeit gar nicht normal, sondern war ein Märchen; nur als Wachtraum trat es in den Gesichtskreis.

Barmherzigkeit und Liebe ersetzen nicht soziale Gerechtigkeit

Es gibt in allen großen Religionen Dokumente, welche die Würde des Menschen und die Pflicht, ihnen in Armut und Leid zu helfen, betonen. Sie beschwören Barmherzigkeit und Liebe und wissen doch über die Zeiten hin dem himmelschreienden Elend wenig anderes entgegenzusetzen als Almosen und Nächstenliebe – angesichts übergroßer Armut und stets herrschender Ausbeutung unzureichende Bemühungen. Erst mit der Erklärung der Menschenrechte in der us-amerikanischen und französischen Revolution begann ein Prozess, der sich den Ursachen von sozialer Ungleichheit zuwandte.

Linolschnitte von Karl Rössing, 1923.

Nikolai Lesskow: Der Gaukler Pamphalon

In Konstantinopel lebte ein vornehmer Mann namens Hermius. Er war reich und angesehen, liebte die Wahrheit und hasste Heuchelei. Als er mit den Jahren tiefer in das Evangelium eindrang, beschloss er, der Botschaft Jesu Wort für Wort zu folgen. Also ließ Hermius alle seine Sklaven frei, verkaufte, was er besaß, und verteilte den Erlös unter die armen Leute, ganz so, wie er gelesen hatte: »Gib, was du besitzest, hin und folge mir nach.« Dabei freute er sich, dass ihm dies nicht schwerfiel. Darauf verließ er die Stadt und suchte an einem einsamen Ort, wo niemand ihn stören könnte, ein lauteres Leben zu führen.

Nach langen Wegen gelangte er zu der fernen Stadt Edessa. In ihrer Nähe fand er eine Felsklippe, die in ihrer Höhe nur Platz für einen einzigen Menschen bot. »Dies«, dachte Hermius, »ist der rechte Ort für mich.« Er erklomm den Felsen und war bereit, bis zu seinem Tode dort auszuharren. Nichts anderes wünschte er von jetzt an, als die Bosheit der Welt zu vergessen. Als aber die Leute jener Gegend erfuhren, dass ein neuer Säulenheiliger bei ihnen war, brachten sie ihm täglich zu essen und zu trinken. Während darüber die Jahre ins Land gingen, dachten sie, dass Hermius ein Wundertäter sei. Die Kranken kamen, stellten sich in den Schatten der Säule, und wenn sie fortgingen, sagten sie, dass es ihnen nun besser gehe. Hermius aber schwieg zu alledem. Wenn er spätabends seine Betrachtungen über Gott beendet hatte, gedachte er zuweilen auch der Menschen: Ob die Welt weiterhin im Argen liege und die Ewigkeit leer stehen müsse, weil niemand da wäre, würdig in sie einzugehen. Als Hermius wieder einmal solchen Grübeleien nachging, war es ihm, als wenn im Windhauch die Worte an sein Ohr drängen:

»Steig herab von deiner Säule und schau den Menschen Pamphalon an!«

»Wer ist denn dieser Pamphalon?«

»Er ist einer von jenen, die du so sehr zu sehen wünschest.«

»Und wo finde ich ihn?«

»Du findest ihn in Damaskus.«

»Das ist eine große Stadt. Dort mag es viele geben, die Pamphalon heißen.«

»Steig nur herab und geh nach Damaskus. Dort frag den ersten Besten. Pamphalon ist allen bekannt.« Hermius kam es seltsam vor, dass er Damaskus aufsuchen sollte, denn diese Stadt galt ihm als Brutstätte des Lasters. Allein, er machte sich auf und verließ so nach dreißig Jahren erstmals wieder seine Säule. Seine Kleider hingen in Fetzen an ihm, die Haut war verbrannt, Haare und Fingernägel ungepflegt, und seine Augen blickten wild. Nachdem er die heiße Wüste durchquert hatte, kam er nach Damaskus. Nur mit Mühe ließ ihn der Wächter durchs Tor ein, doch fand er kein Haus, das ihm noch offen gestanden hätte. Alle Menschen hatten ihre Türen verriegelt aus Angst vor Dieben und Bösewichten. Wo immer Hermius pochte, antworteten ihm abweisende Stimmen:

»Geh in ein Gasthaus!«

»Ich flehe im Namen Christi.«

»Alle Faulpelze verschanzen sich dahinter!«

»Ich komme aus der Wüste hierher.«

»In euren Ziegenfellen erscheint ihr heilig, aber jedem von euch folgen sieben Teufel auf dem Fuß ...«

»Oho!«, dachte Hermius, »wie herzlos die Zeiten geworden sind.« Wo immer er klopfte, niemand wollte ihm auftun. Einzig die Häuser

---

Die Vorlage zu seiner Erzählung *Der Gaukler Pamphalon* hat Lesskow einer der damals beliebtesten russischen Sammlungen von Heiligenlegenden entnommen. Diese Sammlung, *Prolog* genannt, ist byzantinischen Ursprungs (zwischen dem 10. und 11. Jahrhundert entstanden) und wurde im 12. und 13. Jahrhundert in den russischen Übersetzungen durch Legenden ähnlichen Stils ergänzt. Auch Leo Tolstoj griff in seinen Volkserzählungen auf diese Quelle zurück. Lesskow hat die Vorlage für seine Erzählung allerdings erheblich verändert. Vor allem erscheint die Rolle der Frau bedeutender. Die Frau ist bei Lesskow nicht nur dargestellte Person, sondern moralisch aktiv agierende Heldin – Magna ebenso wie Asella, die Hetäre.

Lesskow wollte mit seiner Erzählung die damals gängigen russischen Nacherzählungen byzantinisch-christlicher Legenden korrigieren und zeigen, dass auch diese Legendentradition neben stofflicher Vielfalt soziale Sensibilität und menschliche Wärme kennt.

Der geschichtliche Hintergrund der Erzählung führt in die syrische Stadt Edessa in die Zeit des römisches Kaisers Theodosius, der von 346–395 lebte und seit 379 Kaiser war. Die alte mesopotamische Stadt hatte Alexander der Große erobert; danach war sie nach dem makedonischen Edessa benannt worden. In der Spätantike bildete Edessa ein wichtiges religiöses und intellektuelles Zentrum für den syrisch-römischen Osten.

Um das Jahr 400 hatte die Begeisterung für das eremitische und klösterliche Leben den Mönch an die Stelle des Märtyrers gesetzt. Kennzeichnete das asketische Leben bisher schon äußerste Radikalität, vor allem in der ägyptischen Wüste, so entwickelte sich nunmehr in Syrien eine Steigerung zu asketischen Höchstleitungen, sodass von christlichen Fakiren gesprochen werden könnte. Am Anfang dieses Prozesses stand der Syrer Simeon (390–459). Das von ihm begründete Stylitentum der »Säulenheiligen« fand bis ins 10. Jahrhundert hinein Nachfolger.

Drei asketische Prinzipien wurden bis an ihre äußersten Grenzen verfolgt: das Verweilen an einem Ort, das Unbehaustsein und das

Stehen. Dienende Jünger versorgten den Säulenheiligen über eine Leiter mit Nahrung. Als vom 6. Jahrhundert an den Mönchen das Priestertum erstrebenswert erschien, war dies auch den Säulenheiligen recht. Da viele von ihnen aber bereits als Jugendliche hinaufgestiegen waren und auch nicht der Weihe wegen herunterkommen wollten, musste der Bischof auf die Säule klettern und die Weihe dort oben vollziehen. Die Styliten waren nicht allein das Ziel von Massenwallfahrten, sondern empfingen oft auch hohen und höchsten Besuch. Sie wirkten durch Predigt und Rat weit in ihre Zeit hinein.

der Hetären waren beleuchtet und standen offen, was die Einsamkeit und Not des frommen Mannes nur noch steigerte.

»Gibt es denn hier keine Gläubigen, die ihren Nächsten in der Not lieben?«, fragte Hermuss einen dunklen Gesellen, der gerade vorbeischlich.

»Freilich«, sagte dieser, »es gibt hier auch solche.«

»Wo finde ich sie denn?«

»Soeben klopfst du an ihre Häuser.«

»Aber wer bleibt mir, wenn selbst diese Gott nur im Munde führen?«

»Frag nicht länger bei den Frommen und verzag auch nicht. Geh zu Pamphalon.«

Wie freute sich da Hermius, als er so unerwartet von Pamphalon sprechen hörte.

»Wer ist er denn, dieser Pamphalon?«

»Weißt du es nicht? Pamphalon ist ein Gaukler, darum kennen ihn auch alle in dieser Stadt. Er schlägt ein Rad auf den Straßen, jongliert mit allerlei Dingen, tanzt bei den Hetären und ergötzt die Menschen mit Kurzweil.«

»Was?«, erschrak Hermius, »solch ein Mensch ist Pamphalon?«

»Gewiss«, sagte der Fremde, »du findest sein Haus immer offen, gleich hier um die Ecke.«

Dann war er in der Dunkelheit verschwunden.

Obgleich es Hermius nicht drängte, das Haus eines Possenreißers zu betreten, ließ ihm seine Not keine andere Wahl, denn die Straßen der Stadt waren unsicher. So freute er sich, als er, kaum um die Ecke gegangen, das erleuchtete Haus des Gauklers sah. Da die Tür offen stand, konnte er stracks in den kleinen Raum hineinschauen. In der einen Ecke befand sich ein Bett aus Schilfmatten, in der anderen stand eine Kiste, auf der, daran blieb kein Zweifel, der Gaukler saß, mit einer Näharbeit in der Hand. Sonderbar sah er aus: nicht alt, nicht jung, war sein Gesicht geschminkt und das grau werdende Haar kräuselte sich in kleinen Locken. An seinen Kleidern trug er allerhand Ringe und Sternchen, die bei jeder Bewegung klirrten. Hermius beobachtete ihn eine Weile aus dem Dunkel der Straße, dann fasste er sich ein Herz und trat in die offene Tür.

»Bist du Pamphalon?«

»Ja, gewiss. Schon immer bin ich es, der Tänzer und Gaukler, Sänger und Wahrsager. Welche meiner Gaben begehrst du?«

»Ich komme von weit her, um mit dir zu sprechen, und bitte um ein Lager für die Nacht.«

»In meinem Haus bist du willkommen, und ich bin froh, dass ich heute etwas da habe, womit ich dich speisen kann.«

»Ich kam nicht, um von dir bewirtet zu werden. Ich möchte wissen, wie du es machst, Gott wohlgefällig zu sein.«

»Was sagst du da?«

»Wie du Gott wohlgefällig lebst?«

»Was sagst du da? Was für einen Gefallen könnte Gott an mir nehmen? Ich führe ein unbeständiges Leben und kann nur wenig an Gott denken, denn ich muss tanzen und singen, die Glieder verdrehen und Possen machen, damit man mir für meine Künste etwas schenkt.«

»Armer Pamphalon«, sagte Hermius und wurde in seinem Verdacht verstärkt, an der falschen Tür gefragt zu haben. »Worin besteht denn dein Glaube, wenn du nur Gauklerstücke treibst und für Gott keine Zeit findest?«

»Das weiß ich nicht zu sagen«, antwortete Pamphalon, »aber lassen wir für heute diese Sorgen!« Darauf holte er eine Schüssel frisches Wasser und wusch die Füße seines Gastes, gab ihm zu essen und bettete ihm ein Lager. »Ich muss mein Haus noch diese Nacht verlassen, denn meine Arbeit kann ich mir nicht wählen. Auf Märkten und Rennbahnen treibe ich mich herum, am häufigsten aber findet man mich nachts in den Häusern der leichtlebigen Müßiggänger.«

»Armer Pamphalon! Wer hat dich angeleitet, solche Gesellschaften auszusuchen? Schau nur, deine Haare werden schon grau, und dennoch treibst du Späße dort, wo niemand Gottes Gebote befolgt.« Dabei schüttelte sich Hermius und wandte sich ab.

Pamphalon sah das Entsetzen seines Gastes und berührte ihn freundlich an der Schulter: »Glaube mir, ehrwürdiger Greis, Lebendiges ist lebendig. Auch in der Brust leichtsinniger Menschen kann das beste Herz schlagen. Viel trauriger ist es oft bei den Festen der guten Häuser. Dort werden Kränkungen, die man den Geringsten antut, für nichts gehalten, am Tag darauf aber kann man solche Leute in den Kirchen sehen.«

»O Jammer, o Jammer!«, flüsterte Hermius. »Ich sehe, er ist weit entfernt, den Weg ins Verderben zu erkennen.« Und eindringlich sagte er: »Pamphalon, lass dein ekelhaftes Gewerbe.«

»Ich täte es wohl, wenn ich könnte. Ich kann aber nicht an meine Seele denken, wenn ich weiß, dass noch jemand da ist, dem geholfen werden muss.«

»Was?«, rief der Alte und richtete sich auf, »du gibst deine Seele dem ewigen Verderben preis, um in diesem flüchtigen Leben etwas für andere zu tun? Gar etwas zu deren Zeitvertreib?«

»Vom ewigen Verderben weiß ich in der Tat nichts«, lächelte Pamphalon. »Weißt du etwas davon, ehrwürdiger Vater?«

Selbst nach ihrem Tod nahmen die Wallfahrten zum Standort der Säule nicht ab.

Angesichts dieser Mönchs- und Asketentradition, die ja weit über das Stylitentum hinaus gewirkt hat, ist Lesskows Erzählung bedeutsam genug, um dieses Frömmigkeitsideal zu korrigieren. Einem Gaukler wird Gottgefälligkeit zuerkannt, während einem nach gängigen Heiligkeitsmaßstäben angesehenem Asketen erhebliches Umdenken abverlangt wird.

»Allerdings weiß ich davon. Aber sag, hast du nie daran gedacht, ein anderes Leben zu führen? Nicht mehr den sittenlosen Menschen zu Zeitvertreib und lasterhaftem Spiel zu folgen, statt eines Lebens in Frömmigkeit?«

Der alte Mann weinte weiter. »Ich muss dir gestehen«, sagte er, »ich habe von dir ein Gesicht gehabt, dass du Gott wohlgefällig wärest, doch sehe ich mich genarrt und mein Herz ist verwirrt. Sprich, hast du nie dieses Leben verlassen und ein anderes beginnen wollen?«

»Aha! Das kannst du hören«, entgegnete Pamphalon, »wenn du es so eindringlich verlangst, doch fürchte ich, du wirst gleich in deine Wüste zurückkehren, wenn meine Erzählung zu Ende ist. Du hast nämlich erraten, dass es Stunden gab, da auch ich an mein Seelenheil dachte. Nachts tanzt man, um die Trunkenbolde zu erheitern; wenn man jedoch in der Frühe nach Hause zurückkehrt, denkt man darüber nach, ob es sich wirklich lohnt, so zu leben. Man sündigt, um seinen Unterhalt zu finden, und nährt sich, um weiter zu sündigen. In diesem Zirkel geht es hin.

Einmal jedoch wollte ich mit all dem aufhören. Ich hatte im Hause der Asella getanzt. Es waren Ausländer da, aus Rom und Korinth.

Sie tranken viel und warfen mit ihrem Geld prahlerisch um sich. Da stachelte Asella sie an: »Wer will unseren Pamphalon glücklich machen?«, und jeder warf Goldstücke auf meinen Mantel. Erst morgens, als ich zählen konnte, stellte ich fest, dass es zweihundertdreißig Goldstücke waren. Ich freute mich unsäglich. Soviel Geld auf eine Schlag hatte ich noch nie beisammen.

Jetzt musste ich nicht mehr mit Possen meinen Unterhalt suchen. Ein Ende dem Gauklertum. Ich will ein Feld kaufen, dachte ich, und vom Ertrag meiner Hände leben.

Aber noch bevor ich Zeit hatte, einen Acker zu kaufen, ging der Klatsch durch die Stadt, ich sei nun steinreich, zwanzigtausend Goldstücke hätten die Prasser mir zugeworfen und damit meinem Gauklertum ein Ende bereitet. Doch noch während ich meinen Reichtum bewachte und das neue ehrbare Leben mir ausmalte, huschte in der folgenden Nacht eine vermummte Gestalt in meine Hütte, die ich zunächst für einen Mann hielt. »Du hast mich nicht erkannt«, flüsterte die Gestalt und öffnete ihren Umhang. »Ich bin Magna, die dich einstmals verspottete. Kaufe mich, kaufe mich, Gaukler Pamphalon! Man sagt, du bist jetzt reich. Magna aber braucht jetzt dein Gold, um ihren Gatten und ihre Kinder von der Sklaverei zu befreien.«

Ich verstand sie nicht, denn Magna war die Tochter reicher Eltern, und ihr Weg zu mir schien mir ganz unerklärlich.

Magna erzählte mir, wie ihre Eltern sie an den heuchlerischen Rufinus vermählt hätten, der damals reich aufgetreten sei und die Eltern mit einem frommen Gesicht beeindruckte. Doch habe Rufinus tief in Schulden gesessen und Magnas Mitgift nur gebraucht, um die Gläubiger ruhig zu halten. Es sei aber zu nichts nutze gewesen. Inzwischen hielten sich die Gläubiger an Rufinus, an Magna und die zwei Kinder, um sie dem Meistbietenden auf dem Sklavenmarkt zu verkaufen. Durch eine List, die nicht länger als diese Nacht währen könne, habe sie flüchten können und wolle sich nur mir, dem Pamphalon, anbieten, anstatt dem offenen Sklavenmarkt ausgeliefert zu werden.

Als ich diese furchtbare Not sah, musste ich zum Verschwender werden, denn ich hatte seit jeher ein weiches Herz, und so vergaß ich die Errettung meiner eigenen Seele. Doch was war schon mein? Die Schuldsumme, gegen die Magna auszutauschen war, betrug zehntausend Goldstücke, was waren dagegen meine zweihundertdreißig? Die tugendhaften Frauen der Stadt, bei denen ich vorsprach, um Magna zu retten, straften mich mit Empörung. Hilfe gewann ich allein bei den Hetären. Asella gab mir damals ihren teuren Schmuck, und dazu legte ich mein Geld und löste so Magna, ihren nichtsnutzigen Mann und ihre Kinder aus der Erniedrigung. Und so weißt du nun, Einsiedler, warum ich auch weiterhin ein Gaukler bleiben muss, ein Spaßmacher, ein liederlicher Mensch, um weiterhin zu springen, die Schellentrommel zu schlagen und mit dem Kopf zu wackeln. Das ist meine Geschichte, Einsiedler, wie ich die Möglichkeit, mein Leben zu verbessern, verloren und mein Versprechen, das ich Gott gegeben, gebrochen habe.«

Da erhob sich Hermius, ergriff sein Ziegenfell und sprach zum Gaukler:

»Du hast mich beruhigt.«

»Lass doch die Späße!«

»Du gabst mir Freude.«

»Worin besteht die wohl?«

»Die Ewigkeit wird nicht leer stehen.«

»Sicherlich!«

»Allein warum?«

»Ich weiß es nicht.«

»Weil viele von denen, die die Welt verachtet, auf dem Weg der Gnade das Heil finden …, viele von denen, die ich hochmütiger Einsiedler verachtet habe. Treibe du weiter, Pamphalon, was du getrieben hast, ich aber will hingehen und sehen, wem ich mit meiner letzten Kraft dienen kann.«

Und sie verneigten sich voreinander und schieden.

Peter Huchel: O Jesus, was bist du lang ausgewesen

O Jesu, was bist du lang ausgewesen,
O Jesu Christ!
Die sich den Pfennig im Schnee auflesen,
sie wissen nicht mehr, wo du bist.

Sie schreien, was hast du sie ganz vergessen,
sie schreien nach dir, o Jesu Christ!
Ach kann denn dein Blut, ach kann es ermessen,
was alles salzig und bitter ist?

Die Trän' der Welt, den Herbst von Müttern,
spürst du das noch, o Jesuskind?
Und wie sie alle im Hungerhemd zittern
und krippennackt und elend sind?

O Jesu, was bist du lang ausgeblieben
und ließest die Kindlein irgendstraßfern.
Die hätten die Hände gern warm gerieben
im Winter an deinem Stern.

Peter Huchel (1903–1981), Lyriker, Hörspielautor, Vertreter einer sozial und politisch geprägten Lyrik. Von 1949 bis zum erzwungenen Rücktritt 1962 Chefredakteur der Literaturzeitschrift Sinn und Form in der DDR. Nach neun Jahren Isolation und Überwachung 1971 Ausreise in die Bundesrepublik Deutschland aufgrund vielfacher Interventionen.

Las Casas: Kurzgefasster Bericht von der Verwüstung der westindischen Länder

Im Jahre 1542 schrieb der Dominikanermönch Bartolomé de Las Casas an den deutschen Kaiser Karl V., der zugleich König von Spanien war, einen Bericht über die Verhältnisse auf der Insel Hispaniola (heute Haiti und Dominikanische Republik), die Kolumbus entdeckt und erobert hatte:

Die Insel Hispaniola war es, wo die Christen zuerst landeten. Hier ging das Metzeln und Würgen an. Sie war die erste, welche verheert und entvölkert wurde.

Die Christen fingen damit an, dass sie den Indianern ihre Frauen und Kinder entrissen, sich ihrer bedienten und sie misshandelten. Sodann fraßen sie alle ihre Lebensmittel auf, die jene mit viel Arbeit und Mühe angeschafft hatten. Was die Indianer ihnen gutwillig gaben, war ihnen keineswegs genug. Jeder gab zwar nach Vermögen, dies bestand aber immer nur in wenigem; denn sie pflegen niemals mehr anzuschaffen, als was sie unumgänglich nötig haben und ohne viel Arbeit erlangen können ... Einige verbargen demnach ihre Lebensmittel, andere ihre Frauen und Kinder, noch andere flüchteten sich in die Gebirge. Die Christen gaben ihnen Ohrfeigen, schlugen sie mit Fäusten und Stöcken und vergriffen sich endlich sogar an den Häuptlingen der Ortschaften.

Der Schweizer Kolonialhistoriker Urs Bitterli begründet eine Rangliste der Interessen, welche die spanischen Konquistadoren leiteten. An erster Stelle sah er die Begier nach Gold. »Es ist wahr«, schrieb Christoph Columbus in sein Bordbuch, »dass ich dort, wo Gold und Gewürze zu finden sind, so lange verweilen werde, bis ich davon so viel wie möglich habe, und darum mache ich nichts weiter als fahren und sehen, ob ich darauf stoße.« Vor der Küste Hispaniolas notierte er am 23. Dezember 1492: »Möge unser Herr mich in seiner Barmherzigkeit führen, damit ich dieses Gold finde.« Und noch in einem Brief von der vierten Reise schrieb er, erneut im Blick auf Hispaniola: »Gold ist das Allerköstlichste. Aus dem Gold wird ein Schatz, und mit ihm macht derjenige, der ihn besitzt, in der Welt alles, was er will; sogar die Seelen kann er ins Paradies bringen.«

Nun finden die Indianer an zu sinnen, womit sie die Christen aus ihrem Land jagen könnten. Sie griffen zu den Waffen, die aber sehr schwach sind, nur leicht beschädigen, noch weniger aber zur Verteidigung dienen. Die Spanier hingegen, welche zu Pferde und mit Schwertern und Lanzen bewaffnet waren, richteten ein gräuliches Gemetzel und Blutbad unter ihnen an. Sie drangen unter das Volk, schonten weder Kind noch Greis, weder Schwangere noch Entbundene, rissen ihnen die Kleider auf und hieben alles in Stücke, nicht anders als überfielen sie eine Herde Schafe, die in Hürden eingesperrt wäre.

Sie wetteten miteinander, wer unter ihnen einen Menschen auf einen Schwertstreich mitten voneinander hauen, ihm mit Pike den Kopf spalten oder das Eingeweide aus dem Körper reißen könne. Neugeborene Geschöpfchen rissen sie bei den Füßen von den Brüsten ihrer Mütter und schleuderten sie mit den Köpfen gegen Felsen.

In zweiter Linie waren die Spanier an der indianischen Frau als Lustobjekt interessiert. In ihrer ungewohnten Nacktheit sahen sie die ihnen willkommene Aufforderung zum Sex. »Wie die Spanier mit Frauen und Kindern umsprangen, um ihre Lust zu befriedigen, gehört zu den dunkelsten Kapiteln in der Geschichte dieses Kulturkontakts« (Urs Bitterli).

An dritter Stelle rangierte der Indianer als Missionsobjekt. Für Kolumbus war »die Bekehrung der Heiden zu ihrem Heil und zum Heil des Bekehrers« ein durchaus präsenter Gedanke. Um so mehr verwundert, dass bei der ersten Reise 1492 keine Geistlichen mitfuhren. Kolumbus notierte für die spanischen Könige Isabella und Ferdinand: »Ich sah und erfuhr, dass diese Leute keine

Der gefangen genommene Inka-Herrscher Atahualpa wird von einem Wächter unterwiesen. So hatte sich Las Casas' Gegner Sepúlveda die christliche Mission in der Neuen Welt vorgestellt: zuerst Unterwerfung, dann Unterweisung.

Der Visitator Cristóbal de Albornoz lässt einen Indio, der des »Götzendienstes« beschuldigt wird, mit Ketzerhut und Halsstrick öffentlich vorführen.

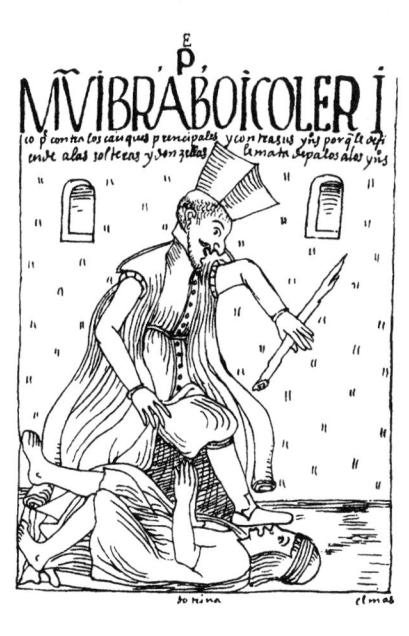

Ein Indiopfarrer misshandelt einen Indio mit einem Prügelstock.

Andere schleppten sie durch die Straßen, warfen sie endlich ins Wasser und sagten: da, zapple nun, du kleiner schurkischer Körper! Sie machten auch breite Galgen, sodass die Füße beinahe die Erde berührten, hängten zu Ehren und zur Verherrlichung des Erlösers und der zwölf Apostel je dreizehn Indianer an einen Galgen, legten dann Holz und Feuer darunter und verbrannten sie alle lebendig. Anderen, die sie nur deshalb am Leben ließen, hieben sie beide Hände ab, banden sie ihnen an, jagten sie sodann fort und sagten: Gehet hin und bringt euren Landsleuten etwas Neues!

Götzendiener sind, sondern sehr sanft und ohne zu wissen, was böse ist ... So werden Eure Hoheiten sich entschließen müssen, sie zu Christen zu machen, und ich glaube, wenn damit begonnen wird, kann in kurzer Zeit erreicht werden, dass eine große Zahl von Völkern zu unserem heiligen Glauben übertritt.« Papst Alexander VI. hatte 1493 die neu entdeckten Länder nur unter der Bedingung den Spaniern zugesprochen, dass sie von ihnen missioniert würden.

Der Nächste: Auf der Schwelle wirft er einen Blick zurück

Ich kam einmal dazu, als sie vier bis fünf der vornehmsten Indianer auf Rosten verbrannten. Wenn ich nicht irre, so nahm ich noch zwei oder drei der gleichen Roste wahr, worauf Leute geringeren Standes lagen. Sie alle machten ein grässliches Geschrei, das dem Befehlshaber lästig fiel. Er gab Befehl, man solle sie erdrosseln. Der Büttel – ich weiß seinen Namen, und seine Verwandten in Sevilla sind mir recht gut bekannt – war weit grausamer als der Henker, welcher sie verbrannte; er ließ sie nicht erdrosseln, sondern steckte ihnen mit eigener Hand Knebel in den Mund, damit sie nicht schreien konnten ...

Alle diese bisher beschriebenen Gräuel und noch unzählige andere habe ich mit eigenen Augen gesehen.

Friedrich Spee: Wer treibt denn die Obrigkeit zu den Hexenprozessen?

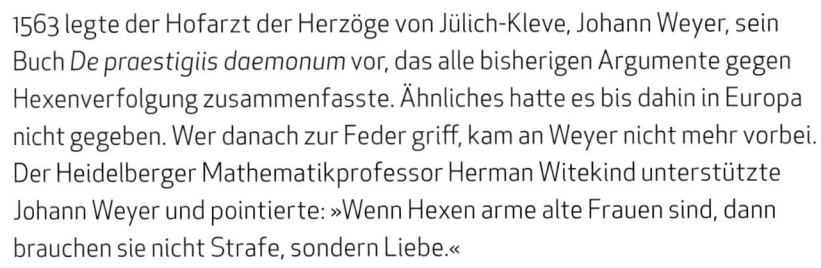

1563 legte der Hofarzt der Herzöge von Jülich-Kleve, Johann Weyer, sein Buch *De praestigiis daemonum* vor, das alle bisherigen Argumente gegen Hexenverfolgung zusammenfasste. Ähnliches hatte es bis dahin in Europa nicht gegeben. Wer danach zur Feder griff, kam an Weyer nicht mehr vorbei. Der Heidelberger Mathematikprofessor Herman Witekind unterstützte Johann Weyer und pointierte: »Wenn Hexen arme alte Frauen sind, dann brauchen sie nicht Strafe, sondern Liebe.«

Aber auch die Verfolgungsbefürworter rührten sich, allen voran der Universalgelehrte Martin Delrio SJ, der nichts unterließ, um die Gegner der Hexenverfolgung zu denunzieren. Er warf Ketzer, Protestanten, Hexen und deren Verteidiger in einen Topf und bezichtigte die weltlichen Behörden, als Atheisten das politische Argument der Staatsräson für wichtiger zu halten als die Ansichten der katholischen Autoritäten.

Dies änderte sich 1602, als mit Adam Tanner ein führender Theoretiker des Jesuitenordens die Meinung vertrat, es könne nicht Aufgabe der Menschen sein, ein Verbrechen zu verfolgen, das nicht eindeutig nachzuweisen sei. Er bestand darauf, dass noch so viele Denunziationen keinen Beweis darstellten, und niemand deswegen gefoltert werden dürfe. Tanner war der einzige katholische Theologe, auf den sich Friedrich Spee in seiner *Cautio criminalis* von 1631 berufen konnte und von dem er wesentliche Argumente übernahm.

Die *Cautio criminalis* ist kein Gelegenheitsprodukt, sondern mit ihrer geschliffenen Rhetorik ein Höhepunkt der deutschen politischen Literatur.

Durch die maßlose Folterung sind viele ums Leben gekommen, andere sind zeitlebens zu Krüppeln gemacht worden. Manche wurden so geschunden und zerrissen, dass, als sie endlich hingerichtet wurden, der Henker nicht wagte, sie nackt auszuziehen, weil er

Friedrich Spee von Langenfeld, (1591–1635), Jesuit, Philosoph und Moraltheologe an den Universitäten Paderborn (1623/26; 1629/30), Köln (1627/28; 1631/33) und Trier (1633/35). Schon während seines Noviziats in Trier machte Spee Bekanntschaft mit dem Hexenwahn, als es im Raum Trier zwischen 1585 und 1592 eine aufgeregte Verfolgungswelle gab. Auch in den späteren Jahren blieb der Hexenwahn präsent.

Sowohl das Hochstift Paderborn als auch das Erzbistum Köln wurden 1628/29 von heftigen Verfolgungen gezeichnet. Als er zu dieser Zeit erneut in Paderborn lehrte, regten sich im eigenen Orden Widerstände gegen seine Lehrinhalte, sodass er kurz nach Beginn des Studienjahres 1630/31 aus seinen Ämtern entlassen wurde. Als Beichtvater einer zum Tode verurteilten »Hexe« äußerte sich Spee damals schon kompromisslos ablehnend gegen die gängige Form dieser

fürchtete, dass das Volk, wenn es sähe, wie jämmerlich und unchristlich die Ärmsten zugerichtet wurden, sich an ihm vergreifen würde. Manche mussten auf dem Weg hingerichtet werden, weil sie nicht mehr bis zur Richtstätte geschleppt werden konnten. Ist es nicht entsetzlich, dass man bei solchen Dingen ein ruhiges Gewissen haben kann? Und was soll ich von der Dauer der Folter sagen? Der Schmerz der Folter ist so groß, dass man ihn kaum fünf Minuten, ja nicht einmal ein paar Minuten aushalten kann. Was soll man dazu sagen, dass mit der Folter eine viertel Stunde, eine halbe Stunde, eine ganze Stunde fortgefahren wird? Wer wollte nicht lieber tausend Lügen sagen, als solche Qualen erdulden? Manche halten diese Schmerzen trotzdem aus, und zwar deswegen, weil sie es für eine furchtbare Todsünde halten, wenn sie sich unschuldig der Zauberei anklagen. Sie wollen damit ihre Seele nicht beflecken. Wenn sie aber endlich doch der Qual unterliegen, trotz aller Willensstärke, und sich schuldig bekennen, dann verfallen sie in eine neue Verzweiflung: dass es jetzt wegen ihres Geständnisses um ihre Seligkeit geschehen sei. Du lieber Gott, wieviel Gewissensnot und Verzweiflung erlebt man bei solchen Menschen im Gefängnis!

Wer aber die Qualen nicht erträgt, der lügt auf sich und andere, was immer ihm einfällt. Ich weiß gar wohl, was ich sage. Wenn die Beichtväter mitfühlend wären, nach dem Beispiel Christi, ihres Herrn und Meisters, wenn sie ihren Fanatismus ablegen würden, dann würden sie bald einsehen, wieviel unschuldiges Blut in Deutschland vergossen wird. Es dünkt mich, dass wir, die wir Christen sein wollen, grausamer und unbarmherziger gegeneinander sind als selbst die Heiden. Bei den Heiden wurden nur die Sklaven gefoltert, die häufig Vergehen oder Verbrechen begangen hatten. Wir aber, die wir durch das Evangelium mitleidiger geworden sein sollten, schonen niemanden. Die Henker überbieten sich an Grausamkeit. Manche rühmen sich, sie hätten noch keinen unter den Händen gehabt, der sich nicht schließlich schuldig bekannte. Solche Henker sind begehrt, wenn es anderen nicht gelungen ist, Geständnisse zu erpressen. Die Folter wird auch angewandt, die Namen von Mitschuldigen zu erfahren, obwohl dies im weltlichen Recht verboten ist …

Warum bemühen wir uns so sehr, dass wir Hexen und Zauberer überführen? Ich will euch sagen, hört einmal, wo ihr sie leicht findet. Auf, greift jeden Kapuziner oder Jesuiten, jeden Ordensmann, foltert ihn ein-, zwei-, drei-, viermal: Ich wette, er wird bekennen. Wollt ihr noch mehr Zauberer haben: greift die Prälaten, die Domherren. Die bekennen sicher. Wollt ihr noch mehr Zauberer, dann lasst mich euch foltern, und ihr foltert mich: Wir alle werden Zauberer sein …

Ich fürchte, dass alle jene einmal bei ihrem Ende unbarmherzig verurteilt werden, die so unbarmherzig, so hart und grausam sind, dass sie einem Menschen eine solche Qual antun lassen, die sie kei-

Prozesse. Mit seiner im Mai 1631 anonym und ohne Imprimatur des Ordens in Rinteln erschienen *Cautio criminalis* weckte er Zustimmung und entschiedene Ablehnung. Kirchlichen Kreisen wurde seine Verfasserschaft bald bekannt. Als die 2. Auflage im Juni 1632 – inhaltlich verschärft – herauskam, legte der Ordensgeneral dem Provinzial Goswin Nickel nahe, Spee aus der *Gesellschaft Jesu* zu entlassen. Offensichtlich fand Spee aber Rückhalt bei der Kölner Provinzialleitung. Um ihn aus dem Schussfeld der Kritik zu ziehen, versetzte man Spee im Herbst 1632 nach Trier. Dort wurde ihm die Professur für die Exegese der Heiligen Schrift übertragen, was einer Aufwertung und Rehabilitierung Spees gleichkam. Er starb in Trier bei der Pflege pestkranker Soldaten am 7. August 1635. – Sein Vorstoß gegen das Unwesen der Hexenprozesse war von wirkungsgeschichtlicher Bedeutung.

Goya, Los Desastres, Nr. 63.

Mit dem Halseisen stranguliert, sitzt der Geistliche, das Kreuz immer noch in den gefalteten Händen, an dem Pfahl, an dem man ihn festband. Die den Hintergrund einnehmende Menge, hier nur im Ausschnitt wiedergegeben, ist als Masse dargestellt, von Entsetzen, Neugier wie Stumpfsinnigkeit geprägt.

Der wahre Henker ist die Masse, die sich um das Blutgerüst versammelt. Sie billigt das Schauspiel; in leidenschaftlicher Bewegung strömt sie von weit her zusammen, um es von Anfang bis Ende mitanzusehen. Sie will, dass es geschieht, und sie lässt sich das Opfer nicht gern entgehen …

Der Abscheu vor dem Zusammentöten ist ganz modernen Datums. Man überschätze ihn nicht. Auch heute nimmt jeder an öffentlichen Hinrichtungen teil, durch die *Zeitung*. Man hat es nur, wie alles, viel bequemer. Man sitzt in Ruhe bei sich und kann unter hundert Einzelheiten bei denen verweilen, die einen besonders erregen … Man ist für nichts verantwortlich, nicht fürs Urteil, nicht für den Augenzeugen, nicht für seinen Bericht und auch nicht für die Zeitung, die den Bericht gedruckt hat … Im Publikum der Zeitungsleser hat sich eine gemilderte, aber durch ihre Distanz von den Ereignissen um so verantwortungslosere Hetzmasse am Leben erhalten, man wäre versucht zu sagen, ihre verächtlichste und zugleich stabilste Form.

Elias Canetti

nem unvernünftigen Tier zufügen würden, wenn sie diese Qual an sich selber erfahren würden. Eines weiß ich: Kein Adliger in Deutschland würde zulassen, dass man seinen Jagdhund so zerfleischt. Wie kann man so etwas dann einem Christenmenschen antun?

Man will und muss Leute haben, die verbrannt werden. Die Inquisitoren des Papstes, Jakob Sprenger und Heinrich Institoris, die man nach Deutschland geschickt hat, dass man die armen Sünder, die nicht bekennen wollen, öfters foltere, wie ihre Lehre ist, reden nicht davon, dass man die Folter wiederhole, sondern dass man sie nur fortsetze. Ich fürchte, und zwar nicht erst heute, dass die genannten päpstlichen Inquisitoren durch ihr maßloses Foltern die große Menge von Zauberern und Hexen in Deutschland erst geschaffen haben. Wer treibt denn die [weltliche] Obrigkeit zu den Hexenprozessen? Das sind zunächst Geistliche und Prälaten, die in ihren Zellen und Studierstuben ihre Lebenszeit mit Spintisiererreien zubringen, die nicht wissen, wie es in der Welt zugeht, die sich schämen, Kerker und Gefängnisse zu besuchen und mit armen Bettlern zu reden. Dazu kommt, dass, wenn sie eine Geschichte hören, die irgend jemand auf der Folter erzählt hat, sie daran wie an ein Evangelium glauben. Ich will zwar niemanden anklagen, aber das muss ich von der Unvernunft der Inquisitoren sagen: Die Folgerungen, die sie ziehen, sind falsch, die Gründe oft leichtfertig und nichtig. Daher kommt es, dass sie entweder schweigen oder lachen, wenn man auch nur im mindesten ihnen mit Vernunft zuredet. Sie wollen nicht, dass man die Sache mit Vernunft untersucht. Ich halte es nicht für ratsam, dass man, wenn man diesen Prozessen einen Geistlichen beiordnet, dazu einen großen Doktor oder Prälaten wählt, der einen großen Namen und Titel hat, besonders nicht, wenn er fanatisch und eingebildet ist. Denn weil man sich vor solchen Leuten fürchtet, so machen sie [die Richter], was die wollen. Niemand wagt, sich ihnen zu widersetzen, aus lauter Furcht, sich die Prälaten auf den Hals zu hetzen. Urteil und Verstand sind bei solchen Leuten oft bei Weitem nicht so groß wie ihr würdevolles Gebaren und ihr Titel. Haben aber einige unter ihnen diese Eigenschaften, so bemühen sie sich doch nicht, Erfahrungen zu sammeln. Sie besuchen nicht die Kerker und Gefängnisse, sie reden nicht freundlich mit den armen Gefangenen, sie trösten sie nicht in ihrem Schmutz und Gestank: Mit derlei verächtlichen Dingen geben sie sich nicht ab. Alles erfahren sie nur aus zweiter Hand …

Solche Geistlichen können sich nicht genug einfallen lassen, um diese Unglücklichen anzuschwärzen. Sie reden von halsstarrigen, verhärteten, widerspenstigen Schandweibern, von stummen Kröten, die vom Teufel leibhaft besessen sind, von leibeigenen Teufelsdirnen und so fort. Dazu kommt, dass die Priester bei den Richtern und Kommissaren, bei den Wächtern, Bütteln und Schergen nichts anderes tun, als sie zu foltern, mit Bemerkungen wie: Diese oder jene scheint ganz verstockt zu sein, der Teufel hat ihr das Maul verstopft, sie hat ein teuflisches Gesicht, sei sicher eine Hexe und was dergleichen mehr gehässige Reden sind. So bekommt man denn oft von Gefangenen zu hören, dass sie lieber mit dem Henker zu tun haben als mit einem solchen Geistlichen und Seelsorger ...

Was ein solches Verhalten der Geistlichen vielen Gefangenen an Tränen und Herzeleid verursacht hat, ist mir gut bekannt. Gott wird einst Rechenschaft fordern, nicht allein von diesen Priestern selbst, sondern auch von denjenigen, die sie zu diesem Amt und solchem Tun bestellt haben.

Die Befürworter der Hexenverfolgungen bedienten sich eines Vokabulars, das auch heute noch die politische Rhetorik durchzieht: »Die Denkfigur der ›Vernichtung des Ungeziefers‹, der ›Ausrottung des Unkrauts mit Stumpf und Stil‹, keine Maßnahme, keine Folter und keine Hinrichtungsart schien ihnen zu grausam gewesen zu sein, um rigide gegen den ›Feind‹ vorzugehen. Viele dieser Denkfiguren finden wir bei den extremen Konservativen des 18. bis 20. Jahrhunderts unverändert wieder, nur dass die Feindbilder von Zeit zu Zeit modernisiert werden: Freimaurer, Illuminaten, Jakobiner, Kommunisten, Sozialdemokraten, Juden, Zigeuner, Ausländer, Gammler, Terroristen etc. Bei den Verfolgungsgegnern finden wir dagegen ganz andere Denkmuster vor: Mitleid mit den Unschuldigen, mit den Gefolterten, die Umkehrung der ›Unkraut‹-Metapher. Statt Hass begegnet eine Argumentation der Liebe, ganz besonders ausgeprägt bei Friedrich Spee. Er ist es auch, der uns darauf hinweist, dass den gegensätzlichen Argumenten gegensätzliche Weltanschauungen zugrunde liegen, die sich, entsprechend den Gepflogenheiten der Zeit, über die Gottesvorstellung definieren« (Wolfgang Behringer).

Die *Cautio criminalis* hat bis ins 18. Jahrhundert immer neue Auflagen und Übersetzungen erlebt. Durch den Aufweis der Mängel und der Inhumanität der Hexenprozesse erschütterte Spee die Glaubwürdigkeit der Prozesse und entkräftete das ständige Argument der Befürworter, dass die Angeklagten sich selbst als Hexer und Hexen bezichtigten. Von hier aus wurde es in der Folgezeit möglich, den Hexenwahn aus dem Gespinst abergläubischer und fanatischer Gesinnung zu lösen.

Die letzten Hexenverbrennungen in Deutschland fanden in Würzburg 1749, in Endingen am Kaiserstuhl 1751 und in Kempten 1775 statt. Die letzte Hinrichtung in Europa wurde 1782 im Schweizer Kanton Glarus vollzogen. Aber weil weder Kirche noch Gesellschaft aus ihren eigenen Sünden lernen wollten, wiederholte sich das Desaster in der Mitte des 20. Jahrhunderts in gigantischer Potenzierung mit den Judenverfolgungen und Judenvernichtungen des NS-Regimes. Und immer noch begegnet rund um den Globus eine Dämonisierung und Kriminalisierung von Randständigen, die bewusst macht, dass das historische Thema zugleich in die eigene Zeit führt.

Goya, Los Desastres, Nr. 114.

In einer Folge von 82 Grafiken beschrieb Goya das irrational wütende Grauen, das vor allem die Armen und Rechtlosen in die Abgründe menschlicher Perversion riss. »Jo lo vi«, ich habe es gesehen, steht als Unterschrift unter mehreren Blättern. Die Bilder zeigen Verbrechen gegen die Menschlichkeit und die Vernunft: Vergewaltigungen, Erschießungen, Massakrierungen, Leichenberge, Halbtote, ineinander verbissen und mit tumbem Blick. Auch die Geistlichkeit wird demaskiert. In dieser Bildfolge grauenhafter Gewalttätigkeit sitzt hier ein schreibender Kleriker mit den Flügeln der Fledermaus anstelle von Ohren, als hätte er mit all dem nichts zu tun. Gegen das Gemeinwohl (Contra el bien general) hat Goya seine Radierung genannt. Fledermäuse galten in der spanischen Emblem-Literatur des 17. und 18. Jahrhunderts als Boten des Bedrohlichen, der Dummheit, der Ignoranz und Finsternis.

DER NÄCHSTE: AUF DER SCHWELLE WIRFT ER EINEN BLICK ZURÜCK

Conrad Ferdinand Meyer: Die Füße im Feuer

Wild zuckt der Blitz. In fahlem Lichte steht ein Turm
Der Donner rollt. Ein Reiter kämpft mit seinem Ross
Springt ab und pocht ans Tor und lärmt. Sein Mantel saust
Im Wind. Er hält den scheuen Fuchs am Zügel fest.
Ein schmales Gitterfenster schimmert goldenhell
Und knarrend öffnet jetzt das Tor ein Edelmann ...

»Ich bin ein Knecht des Königs, als Kurier geschickt
Nach Nîmes. Herbergt mich! Ihr kennt des Königs Rock!«
»Es stürmt. Mein Gast bist du. Dein Kleid, was kümmerts mich?
Tritt ein und wärme dich! Ich sorge für dein Tier!«
Der Reiter tritt in einen dunkeln Ahnensaal,
Von eines weiten Herdes Feuer schwach erhellt,
Und je nach seines Flackerns launenhaftem Licht
Droht hier ein Hugenott im Harnisch, dort ein Weib,
Ein stolzes Edelweib aus braunem Ahnenbild ...
Der Reiter wirft sich in den Sessel vor dem Herd
Und starrt in den lebendgen Brand. Er brütet, gafft ...
Leis sträubt sich ihm das Haar. Er kennt den Herd, den Saal ...
Die Flamme zischt. Zwei Füße zucken in der Glut.

Den Abendtisch bestellt die greise Schaffnerin
Mit Linnen blendend weiß. Das Edelmägdlein hilft.
Ein Knabe trug den Krug mit Wein. Der Kinder Blick
Hangt schreckensstarr am Gast und hangt am Herd entsetzt ...
Die Flamme zischt. Zwei Füße zucken in der Glut.
»Verdammt! Dasselbe Wappen! Dieser selbe Saal!
Drei Jahre sinds ... Auf einer Hugenottenjagd ...
Ein fein, halsstarrig Weib ... ›Wo steckt der Junker? Sprich!‹
Sie schweigt. ›Bekenn!‹ Sie schweigt. ›Gib ihn heraus!‹ Sie schweigt.
Ich werde wild. Der Stolz! Ich zerre das Geschöpf ...
Die nackten Füße pack ich ihr und strecke sie
Tief mitten in die Glut ... ›Gib ihn heraus!‹ ... Sie schweigt ...
Sie windet sich ... Sahst du das Wappen nicht am Tor?
Wer hieß dich hier zu Gaste gehen, dummer Narr?
Hat er nur einen Tropfen Bluts, erwürgt er dich.« –
Eintritt der Edelmann. »Du träumst! Zu Tische, Gast ...«

Da sitzen sie. Die drei in ihrer schwarzen Tracht
Und er. Doch keins der Kinder spricht das Tischgebet.
Ihn starren sie mit aufgerissnen Augen an –
Den Becher füllt und übergießt er, stürzt den Trunk,
Springt auf: »Herr, gebet jetzt mir meine Lagerstatt!
Müd bin ich wie ein Hund!« Ein Diener leuchtet ihm,

Das Gedicht *Die Füße im Feuer* erzählt auf zwei Ebenen: Unwetter zwingt einen königlichen Kurier, in einem einsam gelegenen Schloss um Herberge zu bitten. Man nimmt ihn als Gast auf und bewirtet ihn. Die Hausbewohner erkennen in ihm den Mörder der Schlossherrin, die er drei Jahre zuvor bei einer Hugenottenverfolgung zwingen wollte, den Aufenthaltsort ihres Gatten zu verraten.

Der Gast erkennt erst, nachdem er ins Schloss eingelassen wurde, die Stätte seiner Untat wieder. Während er die Gastfreundschaft des Hauses genießt, erinnert er sich an seine tödlichen Quälerei drei Jahre zuvor – ganz von der Angst beherrscht, nun der Rache der Gastgeber ausgeliefert zu sein.

Am folgenden Morgen betritt der Schlossherr das Gästezimmer durch eine verborgene Tür: Er hätte also jederzeit die Möglichkeit gehabt, den Mörder seiner Frau im Schlaf zu töten.

Zum Abschied begleitet der Schlossherr, bedrohlich stumm, den Kurier noch ein Stück des Weges. Dem Untäter ist inzwischen klar, erkannt worden zu sein. Mit knappsten textlichen Mitteln zeigt der Autor, wie schwer es dem Gastgeber gefallen ist, den Schuldigen zu verschonen – während dieser es sich bei der Trennung noch herausnimmt, ihn dafür zu loben, gegenüber einem Mann des Königs besonnen geblieben zu sein. In den Schlusszeilen bekommt er darauf die Gesinnung des Gastgebers zu hören:

»Du sagst's! Dem größten König eigen!
Heute ward
Sein Dienst mir schwer ... Gemordet hast du teuflisch mir
Mein Weib! Und lebst ...«

Doch auf der Schwelle wirft er einen Blick zurück
Und sieht den Knaben flüstern in des Vaters Ohr ...
Dem Diener folgt er taumelnd in das Turmgemach.

Fest riegelt er die Tür. Er prüft Pistol und Schwert.
Gell pfeift der Sturm. Die Diele bebt. Die Decke stöhnt.
Die Treppe kracht ... Dröhnt hier ein Tritt? Schleicht dort ein Schritt? ...
Ihn täuscht das Ohr. Vorüber wandelt Mitternacht.
Auf seinen Lidern lastet Blei, und schlummernd sinkt
Er auf das Lager. Draußen plätschert Regenflut.
Er träumt. »Gesteh!« Sie schweigt. »Gib ihn heraus!« Sie schweigt.
Er zerrt das Weib. Zwei Füße zucken in der Glut.
Aufsprüht und zischt ein Feuermeer, das ihn verschlingt ...
– »Erwach! Du solltest längst von hinnen sein! Es tagt!«
Durch die Tapetentür in das Gemach gelangt,
Vor seinem Lager steht des Schlosses Herr – ergraut,
Dem gestern dunkelbraun sich noch gekraust das Haar.

Sie reiten durch den Wald. Kein Lüftchen regt sich heut.
Zersplittert liegen Ästetrümmer quer im Pfad,
Die frühsten Vöglein zwitschern, halb im Traume noch.
Friedselge Wolken schwimmen durch die klare Luft,
Als kehrten Engel heim von einer nächtgen Wacht.
Die dunkeln Schollen atmen kräftgen Erdgeruch,
Die Ebne öffnet sich. Im Felde geht ein Pflug,
Der Reiter lauert aus den Augenwinkeln: »Herr,
Ihr seid ein kluger Mann und voll Besonnenheit
Und wisst, dass ich dem größten König eigen bin.
Lebt wohl! Auf Nimmerwiedersehn!« Der andre spricht:
»Du sagst's! Dem größten König eigen! Heute ward
Sein Dienst mir schwer ... Gemordet hast du teuflisch mir
Mein Weib! Und lebst ... Mein ist die Rache, redet Gott.«

Hugenotten, französische Protestanten, die sich seit 1562 in den blutigen Hugenottenkriegen gegen die katholische Partei und die königliche Staatsmacht verteidigen mussten. 1598 bestätigte Heinrich IV. den Hugenotten die freie Religionsausübung. Ludwig XIV. verfolgte sie seit 1685 wieder hart; daraufhin flohen viele Hugenotten ins Ausland, besonders in die Niederlande und nach Preußen.

Conrad Ferdinand Meyer (1825–1898), Schweizer Dichter, der insbesondere historische Gedichte, Romane und Novellen schrieb. Zusammen mit Gottfried Keller und Jeremias Gotthelf gehört er zu den bedeutendsten deutschsprachigen Schweizer Dichtern des 19. Jahrhunderts.

Maximilian Klinger: Hans Ruprechts Kalb

Der Teufel und Faust ritten unter Gesprächen an der Fulda hin; als sie nahe bei einem Dorfe unter einem Eichbaum ein Bauernweib mit ihren Kindern sitzen sahen, die leblose Bilder des Schmerzes und der stumpfen Verzweiflung zu sein schienen. Faust, den die Tränen ebenso schnell wie die Freude herbeizogen, nahte sich hastig und fragte die Elenden um die Ursache ihrer Not. Das Weib sah ihn lange starr an. Nur nach und nach taute sein freundlicher Blick ihr Herz so weit auf, dass sie ihm unter Tränen und Schluchzen Folgendes mitteilen konnte:

Maximilian Klinger (1752–1831) prägte mit seinem gleichnamigen Drama den Begriff »Sturm und Drang«, mit dem heute die literarische Epoche nach 1770 bezeichnet wird.

Klinger ging 1780 nach Russland, weil er in Deutschland kein Auskommen fand. Dort bekleidete er bis 1820, dem Jahr seiner Pensionierung, bedeutende Funktionen im russischen Militärdienst. Zuletzt war er Kurator der Universität Dorpat. Der hier wiedergegebene Text ist ein Ausschnitt aus seinem gesellschaftskritischen Roman *Fausts Leben, Taten und Höllenfahrt*, der 1791 erschien.

Faust, der sich in langen Studien mit Metaphysik, Theologie und Moral auseinandergesetzt und trotzdem keine Antwort auf seine Frage nach dem Sinn des Lebens hat, beschwört die Mächte der Hölle. Er geht mit Leviathan, Fürst der Unterwelt, folgende Wette ein: Der Teufel wird, solange er lebt, sein Diener und führt ihn hinter die Geheimnisse des menschlichen Seins, wofür er seine Seele erhält, es sei denn, Faust zeige ihm einen im Innersten guten Menschen.

Daraufhin treten die beiden eine Reise an, die sie zu den verschiedensten Orten und Situationen bringt, wobei am Ende doch der Teufel Recht behält und seinem Begleiter ständig das Böse in den Menschen zeigen kann. Zu seinem Bedauern muss er einsehen, das seine Mitmenschen für Geld fast alles tun und sich durch Macht- und Geldgier immer wieder zu verwerflichen Taten hinreißen lassen. Leviathan zeigt seinem Begleiter, welch üble Machenschaften sogar an Orten im Gange sind, die eigentlich eine Festung des Guten sein sollten, seien es Kirchen, Klöster oder auch der Vatikan.

»In der ganzen Welt ist niemand unglücklicher als ich und diese armen Kinder. Mein Mann war dem Fürstbischof seit drei Jahren die Gebühren schuldig. Das erste Jahr konnte er sie wegen Misswuchs nicht bezahlen; das zweite fraßen die wilden Schweine des Bischofs die Saat auf und das dritte ging seine Jagd über unsere Felder und verwüstete die Ernte. Da der Amtmann meinen Mann beständig mit Pfändung bedrohte, so wollte er heute ein gemästetes Kalb mit dem letzten Paar Ochsen nach Frankfurt führen, sie zu verkaufen, um die Gebühren zu bezahlen. Als er aus dem Hof fuhr, kam der Haushofmeister des Bischofs und verlangte das Kalb für die fürstliche Tafel. Mein Mann stellte ihm seine Not vor, bat ihn, die Ungerechtigkeit zu bedenken, dass er das Kalb für nichts hingeben sollte, da man es ihm in Frankfurt teuer bezahlen würde. Der Haushofmeister antwortete, er wisse doch wohl, dass kein Bauer etwas über die Grenze führen dürfe, was ihm anstände. Der Amtmann kam mit den Schergen dazu; anstatt meinem Mann beizustehen, ließ er die Ochsen ausspannen; der Haushofmeister nahm daraufhin das Kalb, mich trieben die Schergen mit den Kindern von Haus und Hof, und mein Mann schnitt sich in der Scheune aus Verzweiflung den Hals ab, während sie unser Hab und Gut wegführten. Da seht den Unglücklichen unter diesem Tuche! Wir sitzen hier, seinen Leichnam zu bewachen, damit ihn die wilden Tiere nicht fressen, denn der Pfarrer will ihn nicht begraben.«

Sie riss das weiße Tuch von der Leiche weg und sank zu Boden. Faust fuhr bei dem schrecklichen Anblick zurück. Dicke Tränen drängten sich aus seinen Augen, er rief: »Menschheit! Menschheit! ist dies dein Los?« Er deckte den Unglücklichen zu, warf der Frau Gold hin und sagte: Ich gehe zum Bischof, ich will ihm Eure unglückliche Geschichte erzählen, er muss Euren Mann begraben, Euch das Eurige zurückgeben und die Bösewichter bestrafen.« (...)

Man nahm sie sehr gut auf und lud sie zur Tafel. Der Fürstbischof war ein Mann in seinen besten Jahren und so ungeheuer dick, dass das Fett seine Nerven, sein Herz und seine Seele ganz überzogen zu haben schien ... In der Mitte des Tisches stand unter andern ein großer fetter Kalbskopf, ein Lieblingsgericht des Bischofs. Auf einmal erhob Faust seine Stimme:

»Gnädiger Herr, nehmt mir nicht übel, wenn ich Euch die Esslust verderben muss; aber es ist mir gar nicht möglich, diesen Kalbskopf da anzusehen, ohne Euch eine schreckliche Geschichte zu erzählen, die sich heute ganz nahe bei Eurem Hoflager zugetragen hat. Auch hoffe ich von Eurer Gerechtigkeit und christlichen Milde, dass Ihr den Beleidigten Genugtuung verschaffen und in Zukunft dafür sorgen werdet, dass Eure Angehörigen die Menschheit nicht mehr auf so unerhörte Art verletzen.«

Der Bischof sah verwundert auf, blickte Fausten an und leerte seinen Becher aus.

Faust erzählte mit Wärme und Nachdruck die obige Geschichte, keiner der Anwesenden schien darauf zu horchen; der Bischof aß fort.

Faust: »Mich dünkt doch, ich rede hier zu einem Bischofe, einem Hirten seiner Herde, und sitze mit Lehrern und Predigern der Religion und christlichen Liebe zu Tische.

Herr Bischof, seid Ihr es oder nicht?«

Der Bischof sah ihn verdrießlich an, ließ den Haushofmeister rufen und fragte: »He, was ist das mit dem Bauern da, der sich wie ein Narr den Hals abgeschnitten hat?«

Der Haushofmeister lächelte, erzählte die Geschichte wie Faust und setzte hinzu: »Ich habe ihm darum das fette Kalb genommen, weil es eine Zierde Eurer Tafel und für die Frankfurter, denen er's verkaufen wollte, zu gut ist. Der Amtmann hat ihn gepfändet, weil er immer ein schlechter Wirt war und seit drei Jahren seine Gebühren nicht bezahlt hat. So verhält sich's, gnädiger Herr, und wahrlich, kein Bauer soll mir etwas Gutes aus dem Lande führen!«

Bischof: »Da hast du recht.« – Zu Faust: »Was wollt Ihr nun? Ihr seht doch, dass er wohlgetan hat, dem Bauer das Kalb zu nehmen; oder meint Ihr, die Frankfurter Bürger sollten die fetten Kälber meines Landes fressen und ich die magern?«

Faust wollte reden.

Bischof: »Hört Ihr, esst, trinkt und schweigt. Ihr seid der erste, der an meiner Tafel von Bauern und solchem Gesindel spricht, und wenn Euch Euer Rock nicht zum Edelmann machte, so müsst' ich denken, Ihr stammt von Bettlern her, weil Ihr ihnen so laut das Wort redet. Wisst, ein Bauer, der seine Gebühren nicht bezahlen kann, tut ebenso wohl, dass er sich den Hals abschneidet, als gewisse Leute tun würden, zu schweigen, wenn sie einen die Esslust mit unnützem Gerede verderben. – Haushofmeister, das ist ja ein vortrefflicher Kalbskopf.« –

Haushofmeister: »Es ist eben der von Hans Ruprechts Kalb.

Bischof: »So! so! Gib ihn her und reiche mir die Würze. Ich will ihm ein Ohr herunterschneiden – es wird auch dem Schreier dort schmecken.«

Karikatur auf die Wiedererrichtung des Königtums in Frankreich unter Ludwig XVIII., 1814.

Der Haushofmeister stellt die Schüssel vor den Bischof. Faust raunte dem Teufel etwas ins Ohr, und in dem Augenblick, da der Bischof das Messer an den Kalbskopf setzte, verwandelte ihn der Teufel in den Kopf Ruprechts, der wild, grässlich und blutig dem Bischof in die Augen starrte. Der Bischof ließ das Messer fallen, sank rücklings in Ohnmacht, und die ganze Gesellschaft saß da in lebloser Lähmung des Schreckens.

Faust: »Herr Bischof und ihr geistlichen Herren, lasst euch nun diesen da christliche Milde vorpredigen!«

Georg Büchner: Der Hessische Landbote

Darmstadt, im Juli 1834

Vorbericht

Dieses Blatt soll dem hessischen Lande die Wahrheit melden, aber wer die Wahrheit sagt, wird gehenkt, ja sogar der, welcher die Wahrheit liest, wird durch meineidige Richter vielleicht gestraft. Darum haben die, welchen dies Blatt zukommt, Folgendes zu beobachten:

1. Sie müssen das Blatt sorgfältig außerhalb ihres Hauses vor der Polizei verwahren;
2. sie dürfen es nur an treue Freunde mittheilen;
3. denen, welchen sie nicht trauen wie sich selbst, dürfen sie es nur heimlich hinterlegen;
4. würde das Blatt dennoch bei Einem gefunden, der es gelesen hat, so muß er gestehen, daß er es eben dem Kreisrat habe bringen wollen;
5. wer das Blatt nicht gelesen hat, wenn man es bei ihm findet, der ist natürlich ohne Schuld.

Friede den Hütten! Krieg den Palästen!

Im Jahr 1834 siehet es aus, als würde die Bibel Lügen gestraft. Es sieht aus, als hätte Gott die Bauern und Handwerker am fünften Tage, und die Fürsten und Vornehmen am sechsten gemacht, und als hätte der Herr zu diesen gesagt: Herrschet über alles Gethier, das auf Erden kriecht, und hätte die Bauern und Bürger zum Gewürm gezählt. Das Leben der Vornehmen ist ein langer Sonntag, sie wohnen in schönen Häusern, sie tragen zierliche Kleider, sie haben feiste Gesichter und reden eine eigne Sprache; das Volk aber liegt vor ihnen wie Dünger auf dem Acker. Der Bauer geht hinter dem Pflug, der Vornehme aber geht hinter ihm und dem Pflug und treibt ihn mit den Ochsen am Pflug, er nimmt das Korn und lässt ihm die Stoppeln. Das Leben des Bauern ist ein langer Werktag; Fremde verzehren seine

2493. Steckbrief

Der hierunter signalisierte Georg Büchner, Student der Medizin in Darmstadt, hat sich der gerichtlichen Untersuchung seiner indicirten Theilnahme an staatsverrätherischen Handlungen durch die Entfernung aus dem Vaterlande entzogen. Man ersucht deshalb die öffentlichen Behörden des In- und Auslandes, denselben im Betretungsfalle festnehmen und wohlverwahrt an die unterzeichnete Stelle abliefern zu lassen.

Darmstadt, den 13. Juni 1835.

Der von Großh. Hess. Hofgericht der Provinz Oberhessen bestellte Untersuchungs-Richter, Hofgerichtsrath Georgi

Äcker vor seinen Augen, sein Leib ist eine Schwiele, sein Schweiß ist das Salz auf dem Tische des Vornehmen …

Die Anstalten, die Leute, von denen ich bis jetzt gesprochen, sind nur Werkzeuge, sind nur Diener. Sie thun nichts in ihrem Namen, unter der Ernennung zu ihrem Amt, steht ein L., das bedeutet Ludwig von Gottes Gnaden und sie sprechen mit Ehrfurcht: »im Namen des Großherzogs«. Dies ist ihr Feldgeschrei, wenn sie euer Gerät versteigern, euer Vieh wegtreiben, euch in den Kerker werfen. Im Namen des Großherzogs sagen sie, und der Mensch, den sie so nennen, heißt: unverletzlich, heilig, souverain, königliche Hoheit. Aber tretet zu dem Menschenkinde und blickt durch seinen Fürstenmantel. Es ißt, wenn es hungert, und schläft, wenn sein Auge dunkel wird. Sehet, es kroch so nackt und weich in die Welt, wie ihr und wird so hart und steif hinausgetragen, wie ihr, und doch hat es seinen Fuß auf einem Nacken, hat siebenhunderttausend Menschen an seinem Pflug, hat Minister, die verantwortlich sind für das, was es thut, Gewalt über Eigenthum durch die Steuern, die es ausschreibt, über euer Leben, durch die Gesetze, die es macht, es hat adliche Herrn und Damen um sich, die man Hofstaat heißt, und seine göttliche Gewalt vererbt sich auf seine Kinder mit Weibern, welche aus eben so übermenschlichen Geschlechtern sind …

Geht einmal nach Darmstadt und seht, wie die Herren sich für euer Geld dort lustig machen, und erzählt dann euren hungernden Weibern und Kindern, daß ihr Brot an fremden Bäuchen herrlich angeschlagen sey, erzählt ihnen von den schönen Kleidern, die in ihrem Schweiß gefärbt, und von den zierlichen Bändern, die aus den Schwielen ihrer Hände geschnitten sind, erzählt von den stattlichen Häusern, die aus den Knochen des Volks gebaut sind; und dann kriecht in eure rauchigen Hütten und bückt euch auf euren steinichten Äckern, damit eure Kinder auch einmal hingehen können, wenn ein Erbprinz mit einer Erbprinzessin für einen anderen Erbprinzen Rath schaffen will, und durch die geöffneten Glasthüren das Tischtuch sehen, wovon die Herren speisen, und die Lampen riechen, aus denen man mit dem Fett der Bauern illuminirt.

Das alles duldet ihr, weil euch Schurken sagen: »diese Regierung sey von Gott«. Diese Regierung ist nicht von Gott, sondern vom Vater der Lügen. Diese deutschen Fürsten sind keine rechtmäßige Obrigkeit, den deutschen Kaiser, der vormals vom Volke frei gewählt wurde, haben sie seit Jahrhunderten verachtet und endlich gar verrathen. Aus Verrath und Meineid, und nicht aus der Wahl des Volkes ist die Gewalt der deutschen Fürsten hervorgegangen, und darum ist ihr Wesen und Thun von Gott verflucht; ihre Weisheit ist Trug, ihre Gerechtigkeit ist Schinderei. Sie zertreten das Land und zerschlagen die Person des Elenden. Ihr lästert Gott, wenn ihr einen dieser Fürsten einen Gesalbten des Herrn nennt …

Georg Büchner (1813–1837). Seine Flugschrift *Der hessische Landbote* gilt als »die schärfste und glänzendste aller politischen Flugschriften aus der deutschen Reaktionszeit« (Karl Viëtor). Büchners Text wurde von seinem Freund und Mitarbeiter, dem Pfarrer Ludwig Weidig, überarbeitet und mit Zusätzen versehen. Nur die Flucht rettete Büchner im März 1835 vor der Haft.

Als Büchner später hörte, dass die Bauern die meisten gefundenen Flugschriften sofort bei der Polizei ablieferten, gab er seine politischen Hoffnungen auf.

Karl Viëtor schreibt über Büchners politisches Denken: »Den mächtigsten Strebungen des Zeitalters, den nationalen, scheint er gleichgültig gegenüber gestanden zu haben. Für ihn gab es keine andere Lösung der deutschen Probleme als eine soziale und ökonomische Neuordnung! Die soziale Ungleichheit ist die Ursache aller Ungerechtigkeit, gestern und heute.«

Viel Klagen hör ich oft erheben
Vom Hochmut, den der Große übt.
Der Großen Hochmut wird sich geben,
Wenn unsre Kriecherei sich gibt.

Gottfried August Bürger

Gerichtsszene in H. (Königreich Honululu)

Präsident (zu den politisch Angeklagten):
Ihr habt euch gegen die bestehende Ordnung empört.

Ein Angeklagter: Umgekehrt, Herr Präsident! Die bestehende Ordnung hat uns empört.

Adolf Glaßbrenner, 1843

DER NÄCHSTE: AUF DER SCHWELLE WIRFT ER EINEN BLICK ZURÜCK

Im Jahr 1789 war das Volk in Frankreich müde, länger die Schindmähre seines Königs zu seyn. Es erhob sich und berief Männer, denen es vertraute, und die Männer traten zusammen und sagten, ein König sei ein Mensch wie ein anderer auch, er sey nur der erste Diener im Staat, er müsse sich vor dem Volk verantworten, und wenn er sein Amt schlecht verwalte, könne er zur Strafe gezogen werden. (...)

Sehet an das von Gott gezeichnete Scheusal, den König Ludwig von Baiern, den Gotteslästerer, der redliche Männer vor seinem Bilde niederzuknien zwingt und die, welche die Wahrheit bezeugen, durch meineidige Richter zum Kerker verurtheilen lässt; das Schwein, das sich in allen Lasterpfützen von Italien wälzte, den Wolf, der sich für seinen Baals-Hofstaat für immer jährlich fünf Millionen durch meineidige Landstände verwilligen läßt, und fragt dann: »Ist das eine Obrigkeit von Gott zum Segen verordnet?«

Ha! du wärst Obrigkeit von Gott?
Gott spendet Segen aus;
Du raubst, du schindest, kerkerst ein.
Du nicht von Gott, Tyrann!

Hebt die Augen auf und zählt das Häuflein eurer Presser, die nur stark sind durch das Blut, das sie euch aussaugen, und durch eure Arme, die ihr ihnen willenlos leihet. Ihrer sind vielleicht zehntausend im Großherzogthum, und Eurer sind es siebenhunderttausend, und also verhält sich die Zahl des Volkes zu seinen Pressern auch im übrigen Deutschland. Wohl drohen sie mit dem Rüstzeug und den Reisigen der Könige, aber ich sage euch: Wer das Schwert erhebt gegen das Volk, der wird durch das Schwert des Volkes umkommen. Deutschland ist jetzt ein Leichenfeld, bald wird es ein Paradies seyn. Das deutsche Volk ist *Ein* Leib, ihr seyd ein Glied dieses Leibes. Es ist einerlei, wo die Scheinleiche zu zucken anfängt. Wann der Herr auch seine Zeichen gibt durch die Männer, durch welche er die Völker aus der Dienstbarkeit zur Freiheit führt, dann erhebet euch und der ganze Leib wird mit euch aufstehen.

»Wie lange möchte uns das Denken wohl noch erlaubt bleiben?«
Karikatur nach dem Wiener Kongress 1814/15.

Fjodor M. Dostojewski: Das Zwiebelchen

Also: Es lebte einmal ein altes Weib, das war sehr, sehr böse und starb. Diese Alte hatte in ihrem ganzen Leben keine einzige gute Tat vollbracht. Da kamen denn die Teufel, ergriffen sie und warfen sie in den Feuersee. Ihr Schutzengel aber stand da und dachte: Kann ich mich denn keiner einzigen guten Tat von ihr erinnern, um sie Gott mitzuteilen? Da fiel ihm etwas ein, und er sagte zu Gott: »Sie hat einmal«, sagte er, »in ihrem Gemüsegärtchen ein Zwiebelchen herausgerissen und es einer Bettlerin geschenkt.« Und Gott antwortete ihm: »Dann nimm«, sagte er, »dieses selbe Zwiebelchen, und halte es ihr hin in den See, sodass sie es zu ergreifen vermag, und wenn du sie daran aus dem See herausziehen kannst, so möge sie ins Paradies eingehen, wenn aber das Pflänzchen abreißt, so soll sie bleiben, wo sie ist.« Der Engel lief zum Weibe und hielt ihr das Zwiebelchen hin: »Hier«, sagte er zu ihr, »fass an, wir wollen sehen, ob ich dich herausziehen kann!« Und er begann vorsichtig zu ziehen – und hatte sie beinahe schon ganz herausgezogen, aber da bemerkten es die anderen Sünder im See, und wie sie das sahen, klammerten sie sich alle an sie, damit man auch sie mit ihr zusammen herauszöge. Aber das Weib war böse, sehr böse und stieß sie mit den Füßen zurück und schrie: »Nur mich alleine soll man herausziehen und nicht euch, es ist mein Zwiebelchen und nicht eures.« Wie sie aber das ausgesprochen hatte, riss das kleine Pflänzchen entzwei. Und das Weib fiel in den Feuersee zurück und brennt dort noch bis auf den heutigen Tag. Der Engel aber weinte und ging davon.

Fjodor M. Dostojewski (1821–1881). Kein anderer Schriftsteller ist so beachtet worden wie Dostojewski, weil er existenzielle Fragen – wie die nach Gott, dem Sinn des Leids, nach Gut und Böse, Schuld und Versöhnung – in erzählender Form darstellen konnte. Er beschrieb die Konflikte, in die der Mensch mit dem Anbruch der Moderne geriet. Zentraler Gegenstand seiner Werke war die menschliche Seele, deren Regungen, Zwängen und Befreiungen er in seinen Romanen nachspürte.

Dostojewskis Leben ist so ungewöhnlich wie sein Werk. Schon mit den frühen Romanen fand er hohe Anerkennung, weil er die sozialen Probleme des armen Volkes ansprach und damit seelische Tiefen erschloss. 1849 wurde er wegen Mitgliedschaft in einem revolutionären Kreis verhaftet und zum Tode verurteilt. Nach seiner Begnadigung verbrachte er die Sträflingszeit – zunächst in Ketten – in Sibirien. Die danach entstandenen Romane gewannen an Lebensreife. In seinem letzten Werk, *Die Brüder Karamasow*, griff er die menschlichen und religiösen Probleme seines Schaffens auf höchstem sprachlichen und geistigen Niveau auf.

Alexander Herzen: Der Doktor Friedrich Joseph Haass

Doktor Haass war ein merkwürdiges Original. Die Erinnerung an diesen armen Narren darf nicht verloren gehen unter den offiziellen Nekrologen ... Allwöchentlich fuhr Haass auf die Sperlingsberge, von wo aus die Verbannten per Etappe nach ihrem Bestimmungsort befördert wurden. Als Gefängnisarzt durfte er sie besuchen; er kam, um sie zu visitieren und brachte bei dieser Gelegenheit stets einen Korb mit allerlei guten Sachen, Esswaren und Naschwerk, Walnüssen, Brezeln, Apfelsinen und Äpfeln für die Frauen mit. Das erregte den Zorn und die Empörung der »wohltätigen Damen«, die immer in der Angst lebten, sie könnten den von ihren Wohltaten Betroffenen eine Freude bereiten oder mehr tun, als nötig sei, um einen Menschen vor dem Hungertode oder vor dem Erfrieren zu retten.

Aber Haass blieb verstockt; er hörte sich die Vorwürfe, es sei dumm, die Gefangenen so zu verhätscheln, ruhig und mit sanftester Miene an, rieb sich die Hände und sagte: »Bedenken Sie, gnädigste

Friedrich-Joseph Haass, russisch Fjodor Petrowitsch Gaas (1780–1853), aus Münstereifel gebürtig, betreute in Moskau über 25 Jahre lang Strafgefangene und trat zugleich für eine Humanisierung des Strafvollzugs ein. Er war fest davon überzeugt, dass der Mensch von Natur aus gut sei. Wer vom rechten Wege abkomme, sei nichts weiter als ein unglücklicher, kranker Mensch, der nur durch Humanität zu heilen sei. Zu seiner Beerdigung kamen 20.000 Menschen.

Alexander Herzen (1812–1870) war ein russischer Philosoph, Schriftsteller und Publizist, der Sohn einer aus Stuttgart stammenden Mutter und eines russischen Adligen. Schon früh erhielt er Zugang zur väterlichen Bibliothek und las dort vornehmlich französische Literatur. Mit 15 Jahren erhielt er Religionsunterricht bei einem orthodoxen Priester, seine Mutter begleitete er manchmal bei ihren Gängen in eine Evangelisch-Lutherische Kirche.

In seiner Studienzeit fand er Zugang zu einem oppositionellen Studentenzirkel, wurde 1834 verhaftet und wegen angeblich zarenkritischer Äußerungen verurteilt und verbannt. Erst 1840 durfte er nach Moskau zurückkehren. Er blieb weiterhin in Kreisen tätig, die auf Reformen im russischen Staat drängten.

In den späteren Jahren hielt sich Herzen oft in westlichen europäischen Ländern auf. In London lernte er politische Emigranten kennen und wurde unter ihrem Einfluss verstärkt politisch tätig. Er engagierte sich für die Verständigung der demokratischen Bewegungen Russlands und Polens, gründete 1853 die Freie Russische Presse, die ihre Schriften ohne Zensur druckte. Nach 1863 lebte er meist in Genf oder Brüssel und starb während eines Aufenthaltes in Paris.

Frau, ein Stück Brot, so ein Krümelchen erhalten sie von jedem, einen Bonbon oder eine Apfelsine werden sie lange nicht mehr zu Gesicht bekommen, solche Dinge bringt ihnen niemand, das kann ich aus Ihren Worten schließen; daher bereite ich ihnen diese Freude, weil ich weiß, dass sie nicht so bald wieder eine ähnliche haben werden.«

Haass wohnte in einem Krankenhaus. Einst kam ein Kranker vor dem Mittagessen zu ihm, um ihn zu konsultieren. Haass untersuchte ihn und ging dann in sein Arbeitszimmer, um ihm etwas zu verschreiben. Als er zurückkam, waren der Kranke und das silberne Besteck, das auf dem Tisch gelegen hatte, verschwunden. Haass rief den Portier und fragte, ob außer dem Kranken noch jemand ins Haus gekommen sei. Der Portier roch den Braten, lief fort und kam nach einer Minute mit den silbernen Löffeln und dem Patienten zurück, den er mit Hilfe eines Soldaten, der im Hause diente, gefangen hatte. Der Kerl fiel dem Doktor zu Füßen und bat um Gnade. Haass wurde verlegen. »Geh und hole die Polizei«, sagte er zu dem einen Wächter. »Und du«, befahl er dem anderen, »ruf mir sofort den Schreiber.« Die Wächter eilten davon.

Haass benutzte ihre Abwesenheit und sagte zu dem Dieb: »Du bist ein falscher Mensch! Du hast mich betrogen und wolltest mich bestehlen. Gott wird dich dafür strafen. Jetzt aber mach, dass du fortkommst, lauf zur Hintertür hinaus, bevor die Soldaten wiederkommen – aber warte, du hast wahrscheinlich kein Geld, da hast du 50 Kopeken; sieh zu, dass du dich besserst. Gott kannst du nicht entfliehen wie einem Wachsoldaten.«

Nach dieser Geschichte waren auch die Hausgenossen über Haass empört. Aber der unverbesserliche Doktor sagte nur: »Diebstahl ist ein großes Laster. Ich kenne aber auch die Polizei, ich weiß, wie sie die Menschen quält. Dieser Mann wäre verhört und ausgepeitscht worden. Seinen Nächsten auspeitschen zu lassen, das ist ein noch viel größeres Laster. Und wer weiß, vielleicht wird meine Handlungsweise sein Herz rühren, und er bessert sich.«

Die Hausgenossen sagten: »Er ist ein guter Mensch, aber er hat einen Raptus.« Haass aber rieb sich die Hände und tat, was er wollte.

Auch Dostojewskij war von Doktor Fjodor Petrowitsch beeindruckt. In seinen Konzepten zu »Schuld und Sühne« und im »Tagebuch eines Schriftstellers« nennt er mehrmals Haass als ein Vorbild tätiger Güte. Im Roman »Der Idiot« widmete er ihm eine ganze Seite: »Alle Verbrecher in ganz Russland und ganz Sibirien kannten ihn. Mir erzählte einmal ein ehemaliger Verschickter aus Sibirien, er sei Zeuge gewesen, wie sich die eingefleischtesten Verbrecher des ›alten Generals‹ erinnerten, obgleich der nie mehr als zwanzig Kopeken jedem einzelnen geben konnte … Doch wer kann wissen, welch ein Samenkorn der ›alte General‹, den er in zwanzig Jahren nicht vergessen hatte, ihm auf ewig in die Seele gepflanzt hat.«

Friedrich Engels: Leben in Manchester

»In den großen Städten«, schrieb der 24-jährige Engels, »ist der soziale Krieg, der Krieg aller gegen alle … offen erklärt.« Er sah die Elenden halbnackt, wie verwahrloste Tiere gepfercht, dem Hungertod preisgegeben. Seine Schilderungen von Manchester übertreffen Dantes Höllenbilder. Dreck- und Kotflüsse, fünf- bis siebenjährige Kinder, die 14 bis 16 Stunden Tag und Nacht arbeiteten. Hier wurden die Arbeiter »als ein bloßes Material, als Sache gebraucht«:

Die Häuser sind bewohnt vom Keller bis hart unters Dach, schmutzig von außen und innen, und sehen aus, dass kein Mensch drin wohnen möchte. Das ist aber alles noch nichts gegen die Wohnungen in den engen Höfchen und Gässchen zwischen den Straßen, in die man durch bedeckte Gänge zwischen den Häusern hineingeht und in denen der Schmutz und die Baufälligkeit alle Vorstellungen übertreffen – fast keine Fensterscheibe ist zu sehen, die Mauern bröcklig, die Türpfosten und Fensterrahmen zerbrochen und lose, die Türen von alten Brettern zusammengenagelt oder gar nicht vorhanden – hier in diesem Diebesviertel sind keine Türen nötig, weil nichts zu stehlen ist. Haufen von Schmutz und Asche liegen überall herum, und die vor die Tür geschütteten schmutzigen Flüssigkeiten sammeln sich in stinkenden Pfützen. Hier wohnen die Ärmsten der Armen, die am schlechtesten bezahlten Arbeiter mit Dieben, Gaunern und Opfern der Prostitution bunt durcheinander …

Es versteht sich …, dass bei den schlechter bezahlten Arbeitern, wenn sie noch gar eine starke Familie haben, auch während voller Beschäftigung Hungersnot herrscht, und die Zahl dieser schlechter bezahlten Arbeiter ist sehr groß. Namentlich in London, wo die Konkurrenz der Arbeiter in demselben Maße steigt wie die Bevölkerung, ist diese Klasse sehr zahlreich, aber auch in allen anderen Städten finden wir sie. Da werden denn allerlei Auskunftsmittel gesucht, Kartoffelschalen, Gemüseabfall, faulende Vegetabilien aus Mangel an anderer Nahrung gegessen und alles begierig herbeigeholt, was vielleicht noch ein Atom Nahrungsstoff enthalten könnte. Und wenn der Wochenlohn vor dem Ende der Woche verzehrt ist, so kommt es oft genug vor, dass die Familie in den letzten Tagen derselben gar nichts oder nur so viel Nahrung bekommt, als dringend nötig ist, sie vor dem Verhungern zu schützen. Eine solche Lebensweise kann natürlich nur Krankheiten in Massen erzeugen, und wenn diese eintreten, wenn der Mann, von dessen Arbeit die Familie hauptsächlich lebt, am ersten unterliegt – wenn dieser vollends krank wird, so ist die Not erst groß, so tritt die Brutalität, mit der die Gesellschaft ihre Mitglieder gerade dann verlässt, wenn sie ihrer Unterstützung am meisten bedürfen, erst recht grell hervor.

Friedrich Engels (1820–1895), Sohn eines Textilfabrikanten in Barmen (heute zu Wuppertal gehörig). Während seiner Tätigkeit im väterlichen Zweiggeschäft in Manchester 1842–44 lernte er die soziale Situation in England kennen und fand Kontakt zu den dortigen Frühsozialisten. In seiner Schrift *Die Lage der arbeitenden Klasse in England* (1845) schilderte er die menschenunwürdigen Verhältnisse der englischen Industriearbeiter.

1844 lernte Engels in Paris Karl Marx kennen, mit dem ihn seitdem eine lebenslange Freundschaft verband. Sie stellten Übereinstimmung in ihren grundlegenden sozialen und wirtschaftlichen Anschauungen fest und verfassten viele Schriften gemeinsam. Mit seinen *Grundsätzen des Kommunismus* von 1847 leistete Engels Vorarbeit für das im folgenden Jahr vorgelegte *Kommunistische Manifest*. Nach dem Scheitern der Revolution von 1848 in Deutschland emigrierte er nach England und arbeitete dort 1850–1869 im Betrieb seines Vaters. Seit 1870 war er Sekretär der *Internationalen Arbeiterassoziation (Erste Internationale)*. Die Entstehung der deutschen Sozialdemokratie verfolgte er aufmerksam und kritisch. Zusammen mit Marx betonte er den langfristigen Charakter der proletarischen Revolution. Nach dem Tode von Marx 1883 setzte er mit der Herausgabe des 2. und 3. Bandes des *Kapitals* von Marx die Arbeit an der theoretischen Begründung ihrer gemeinsamen sozialen Überzeugung fort.

Karl Marx: (1818–1883) hat einen rabbinischen Stammbaum. Sein Vater war Jurist in Trier. Als Jude verlor er dort nach der preußischen Besetzung des Rheinlands seine Stellung und konvertierte deshalb zum Protestantismus. Seine Frau und seine drei Kinder wurden 1824 getauft.

Karl Marx studierte Philosophie und Geschichte in Bonn und Berlin, war 1842/43 Redakteur der *Rheinischen Zeitung*, emigrierte 1843 nach Paris, wurde dort ebenfalls ausgewiesen, ging 1845 nach Brüssel und musste 1848 auch Belgien verlassen. In Köln als Redakteur der *Neuen Rheinischen Zeitung* übernommen, wies ihn im Mai 1849 die preußische Regierung erneut als Ruhestörer aus. Marx zog nach London, wo er bis zu seinem Tode 1883 blieb.

Zweifellos war Marx vom sozialen Denken der Propheten Israels nicht sonderlich berührt, im Gegensatz zu Friedrich Engels, der aus einer Wuppertaler pietistischen Tradition stammte, aber soziales Denken ist seiner jüdischen Herkunft nicht abzusprechen. In der Religion – wahrgenommen als Christentum – sah er den »Widerschein« einer »verkehrten Welt«, und angesichts der herrschenden sozialen Verhältnisse, die innerhalb des verfassten Christentums zu keinerlei grundlegenden Überlegungen führten, lässt sich seine Religionskritik auch verstehen.

Karl Marx: Das Aufkommen des Kapitalismus

Karl Marx publizierte vor allem in den Jahren von 1840 bis 1850 in der *Rheinischen Zeitung*. Zeitweilig war er ihr Redakteur. Der nachstehende kleine Text ist ein Auszug aus einer großen Abhandlung über Holzdiebstahlsdebatten, wie sie in jenen Jahren geführt wurden. In ganz Preußen betrafen 1836 fast 77 Prozent sämtlicher Strafuntersuchungen (207 478) Holzdiebstahl und andere Forst- und Jagdvergehen.

Ein Deputierter der Städte opponiert gegen die Bestimmung, wodurch auch das Sammeln von Waldbeeren und Preiselbeeren als Diebstahl behandelt wird. Er spricht vorzugsweise für die Kinder armer Leute, »welche jene Früchte sammeln, um damit für ihre Eltern eine Kleinigkeit zu verdienen, welches seit *unvordenklichen Zeiten* von den Eigentümern gestattet und wodurch für die Kleinen ein *Gewohnheitsrecht* entstand«. Dieses Faktum wird widerlegt durch die Notiz eines anderen Abgeordneten: »In seiner Gegend seien diese Früchte schon Handelsartikel und würden fassweise nach Holland geschickt.«

Man hat es wirklich schon an *einem* Ort so weit gebracht, aus einem Gewohnheitsrecht der Armen ein Monopol der Reichen zu machen. Der erschöpfende Beweis ist geliefert, dass man ein Gemeingut monopolisieren muss …

Die kleine, hölzerne und selbstsüchtige Seele des Interesses sieht nur einen Punkt, den Punkt, wo sie verletzt wird, gleich dem rohen Menschen, der etwa einem Vorübergehenden für die infamste, verworfenste Kreatur unter der Sonne hält, weil diese Kreatur ihn auf seine Hühneraugen getreten hat. Er macht seine Hühneraugen zu den Augen, mit denen er sieht und urteilt; er macht den einen Punkt, in welchem ihn der Vorübergehende tangiert, zu dem einzigen Punkte, worin das Wesen dieses Menschen die Welt tangiert. Nun kann ein Mensch aber doch wohl mir auf die Hühneraugen treten, ohne deswegen aufzuhören, ein ehrlicher, ja ein ausgezeichneter Mensch zu sein.

So wenig ihr nun die Menschen mit euren Hühneraugen, so wenig müsst ihr sie mit den Augen eures Privatinteresses beurteilen.

Wilhelm Wolff: Das Elend der Weber in Schlesien

Der Weberaufstand in Schlesien, eine Hungerrevolte, fand in den großen Dörfern des Eulengebirges statt, in Langenbielau und Peterswaldau im Juni 1844. Er wurde von preußischen Truppen blutig niedergeschlagen. Gerhart Hauptmann, der darüber in seinem Schauspiel *Die Weber* (1892) handelt, stützte sich in seiner Vorarbeit vor allem auf die präzise Analyse Wilhelm

Wolffs, welche die Ereignisse des Aufstands dokumentarisch wiedergibt und der Hauptmann auch das *Weberlied* entnahm.

Der Weber musste, weil er selbst von Mitteln entblößt war, das Garn vom Fabrikanten entnehmen und ihm die fertige Leinwand verkaufen. Da der Weber stets für das Garn sich im Vorschuss befand, so war er dem Fabrikanten schon dadurch in die Hände gegeben … Oftmals bin ich im Winter solchen Armen begegnet, die in dem schrecklichsten Wetter, hungrig und frierend, viele Meilen weit ein fertig gewordenes Stück zum Fabrikanten trugen. Zu Hause warteten Frau und Kinder auf die Rückkunft des Vaters; sie hatten seit eineinhalb Tagen bloß eine Kartoffelsuppe genossen. Der Weber erschrak bei dem auf seine Ware gemachten Gebot; da war kein Erbarmen; die Commis und Gehilfen begegneten ihm wohl noch obendrein mit empörender Härte. Er nahm, was man ihm reichte, und kehrte, Verzweiflung in der Brust, zu den Seinigen. Nicht selten erhielt der Arbeiter seinen Lohn in Gold; der Dukaten wurde ihm mit 3 Thlr. 6 Sgr. angerechnet, und wenn er ihn wieder verausgabte, sah er ihn nur zu 2 Thlr. 28 Sgr., ja noch niedriger angenommen. Noch andere Fabrikanten hatten ganz das englische Trucksystem eingeführt. Die Weber wurden nicht bar bezahlt, sondern erhielten ihren Lohn zum größten Teil in Waren, deren sie bedurften. Meist im Vorschuss, mussten sie sich die Preise dieser Waren ebenfalls bestimmen lassen; der Fabrikant hatte sie einmal, wie das Sprichwort sagt, im Sacke. Ließ der Weber seinen Klagen freien Lauf und führte er seinen Zustand dem Kaufmann zu Gemüte, so hieß es, die schlechte Handelskonjunktur sei an allem schuld. Gewiss wird niemand leugnen, dass eine unselige, meist aus dem Legitimitäts-Prinzip hergeleitete Politik in Bezug auf die süd- und mittelamerikanischen Kolonien, später auf Portugal und Spanien, das Ihrige redlich zur Verstopfung der Handelswege beitrug. Allein der Weber sah den Fabrikanten dem ungeachtet in Palästen wohnen; prächtige Equipagen halten, Landgüter kaufen, herrlich essen und trinken, während er selbst, der doch mindestens ebensoviel als der Fabrikant arbeitete, in enger schmutziger Stube, auf modrigem Stroh gelagert, mit Lumpen bedeckt, sich glücklich gepriesen hätte, an dem reichlichen Kartoffelmahl der Mastschweine seines Lohnherrn teilnehmen zu dürfen …

Inzwischen wurde die Not und das Drängen nach Arbeit von einzelnen Fabrikanten möglichst benutzt, um für geringen Lohn viel Ware zu erhalten. Unter diesen ragten die Gebrüder Zwanziger in Peterswaldau besonders hervor. Für ein Webe Kattun von 140 Ellen, woran ein Weber neun Tage zu arbeiten hat und wofür andere Lohnherren 32 Sgr. zahlten, gaben sie nur 15 Sgr. Für 160 Ellen Barchent, welches acht volle Tage angestrengter Arbeit erfordert, entrichteten sie 12 1/2 und 12 Sgr. Lohn. Ja, sie erklärten sich bereit, noch 300 Weber in Arbeit zu nehmen, wofern diese ebensoviel für 10 Sgr. arbeiten wollten. Das bittere Elend zwang die Armen, auch unter dieser Bedingung zu arbeiten ...

Das anfangs nicht allzugroße Vermögen der Zwanziger war in kurzer Zeit zu großem Reichtum angewachsen. Sechs prächtige Gebäude gaben Zeugnis davon. Herrliche Spiegelscheiben, Fensterrahmen aus Kirschbaumholz, Treppengeländer von Mahagony, Kleider- und Wagenpracht sprachen der Armut der Weber Hohn. Bei der letzten Lohnverkürzung sollten die Zwanziger auf der Weber ihre Vorstellung, dass sie nun gar nicht mehr bestehen und selbst nicht mehr Kartoffeln kaufen könnten, geäußert haben: Sie würden noch für eine Quarkschnitte arbeiten müssen, oder, wie andere sagen: Die Weber möchten nur, wenn sie nichts anders hätten, Gras fressen, das sei heuer reichlich gewachsen. Ich lasse diese Äußerungen dahingestellt sein; ich teile sie nur mit, weil sie in aller Munde sind. Dagegen kann ich folgenden kurzen Bericht, wie ich ihn Augenzeugen, und zwar glaubhaften Männern nacherzähle, verbürgen.

Ein Gedicht, nach der Volksmelodie: »Es liegt ein Schloss in Österreich« abgefasst und von den Webern gesungen, war gleichsam die Marseillaise der Notleidenden. Sie sangen es zumal vor Zwanzigers Hause wiederholt ab. Einer ward ergriffen, ins Haus genommen, durchgeprügelt und der Ortspolizei überliefert. Endlich um 2 Uhr nachmittags, den 4. Juni, trat der Strom über seine Ufer. Eine Schar Weber erschien in Nieder-Peterswaldau und zog auf ihrem Marsche alle Weber aus den Wohnungen rechts und links an sich. Alsdann begaben sie sich nach dem wenig entfernten Kapellenberge und ordneten sich paarweise und rückten so auf das neue Zwanziger'sche Wohngebäude los. Sie forderten höheren Lohn und – ein Geschenk! Mit Spott und Drohen schlug man's ihnen ab. Nun dauerte es nicht lange, so stürmte die Masse ins Haus, erbrach alle Kammern, Gewölbe, Böden und Keller und zertrümmerte alles, von den prächtigen Spiegelfenstern, Trumeaus, Lüster, Öfen, Porzellan, Möbel bis auf die Treppengeländer herab, zerriss die Bücher, Wechsel, Papiere, drang in das zweite Wohngebäude, in die Remisen, ins Trockenhaus, zur Mangel, ins Packhaus und stürzte die Waren und Vorräte zu den Fenstern hinaus, wo sie zerrissen, gestückelt und mit Füßen getreten oder, in Nachahmung des Leipziger Messegeschäfts, an die Umstehenden verteilt wurden. Zwanziger flüchtete mit seiner Familie in Todesangst nach Reichenbach. Die dasigen Bürger, welche einen solchen Gast, der die Weber auch ihnen auf den Hals ziehen konnte, nicht dulden wollten, veranlassten ihn zur Weiterreise nach Schweidnitz. Aber auch hier deuteten ihm die Behörden an, die Stadt zu verlassen, weil sie durch seine Gegenwart leicht einer Gefahr ausgesetzt sein konnten; und so fand er endlich in Breslau Sicherheit ...

George Grosz, Die Besitzkröten, 1920/21.

Karl Marx / Friedrich Engels: Kommunistisches Manifest

Der erst 27-jährige Friedrich Engels und der zwei Jahre ältere Freund Karl Marx brüteten 1848 in Brüssel zehn Tage lang an der Formulierung eines Programms, das die Welt verändern sollte. Sie hatten dort den »Deutschen Arbeiter-Bildungsverein« und die »Association démocratiques« gegründet und Kontakt zum kommunistischen Londoner »Bund der Gerechten« von Wilhelm Weitling aufgenommen. Beide waren am Ende der Tagung beauftragt worden, für den »Bund der Kommunisten« ein Manifest zu schreiben. Darin gingen die Einflüsse der von Marx eifrig studierten und nicht minder heftig verworfenen Frühsozialisten ein. Ebenso wirksam wurden die »Höllenerfahrungen« von Marx und Engels in den Arbeiterslums von Paris und Manchester.

Das fertiggestellte Manifest ist von literarischer Kraft, sprachlicher Schärfe und politischer Wucht. Gleich auf der ersten Seite wird der Gang der Weltgeschichte zusammengefasst: »Die Geschichte aller bisherigen Gesellschaft ist die Geschichte von Klassenkämpfen.« Doch folgt ein Satz, der jeden Verdacht zerstreut, die Autoren wollten den Reichen nur moralische Vorhaltungen machen: »Die Bourgeoisie hat in der Geschichte eine höchst revolutionäre Rolle gespielt.« Zugleich aber wird deutlich, dass Almosen und Wohltätigkeit nur Weihwasser sind, das die ungerechten Verhältnisse mehr bestätigt als von Grund auf zu ändern.

Die Geschichte aller bisherigen Gesellschaft ist die Geschichte von Klassenkämpfen.
Freier und Sklave, Patrizier und Plebejer, Baron und Leibeigener, Zunftbürger und Gesell, kurz, Unterdrücker und Unterdrückte standen in stetem Gegensatz zueinander, führten einen ununterbrochenen, bald versteckten, bald offenen Kampf, einen Kampf, der jedes Mal mit einer revolutionären Umgestaltung der ganzen Gesellschaft endete oder mit dem gemeinsamen Untergang der kämpfenden Klassen …

Die aus dem Untergang der feudalen Gesellschaft hervorgegangene moderne bürgerliche Gesellschaft hat die Klassengegensätze nicht aufgehoben. Sie hat nur neue Klassen, neue Bedingungen der Unterdrückung, neue Gestaltungen des Kampfes an die Stelle der alten gesetzt …

Die Bourgeoisie hat in der Geschichte eine höchst revolutionäre Rolle gespielt … In demselben Maße, worin sich die Bourgeoisie, d.h. das Kapital, entwickelt, in demselben Maße entwickelt sich das Proletariat, die Klasse der modernen Arbeiter, die nur so lange leben, als sie Arbeit finden, und die nur so lange Arbeit finden, als ihre Arbeit das Kapital vermehrt. Diese Arbeiter, die sich stückweise verkaufen müssen, sind eine Ware wie jeder andere Handelsartikel und daher gleichmäßig allen Wechselfällen der Konkurrenz, allen Schwankungen des Marktes ausgesetzt …

Als die kleine Flugschrift *Das kommunistische Manifest* 1848 erschien, geriet sie in den Bannkreis von Revolutionsbewegungen, die fast alle Länder Europas erschütterten. Die Übersetzungen in viele Sprachen »blieben absolut wirkungslos«, wie Engels vierzig Jahre später einräumte. Eine zweite deutsche Ausgabe erschien erst wieder 1872 nach dem Deutsch-Französischen Krieg. Selbst führende spätere Sozialisten, wie etwa Bebel, haben berichtet, dass sie in ihrer Jugend weder etwas von dem *Manifest* oder überhaupt von Karl Marx gehört hätten.

Dennoch war das *Manifest* »die geschlossenste, wuchtigste und geformteste Arbeit, die Marx je vorgelegt hat …, nach Ordnung, Aufbau, Gliederung, Weglassung des Unwichtigen und sprachlicher Prägnanz« (Richard Friedenthal). Zwar veraltete das *Manifest* an vielen Stellen bereits Jahre später, doch lässt sich daran verfolgen, wie sich eine Idee in politische Wirklichkeit verwandelte.

Die maschinelle Arbeit hatte den Arbeiter zu einem Anhängsel der Maschine gemacht, seine Tätigkeit auf einfachste Handgriffe reduziert. Der Weberaufstand in Schlesien führte die Ausbeutungstheorie des *Kommunistischen Manifests* allerseits vor. Was ehedem handwerkliche Mittelklasse war, sank schrittweise ab ins Proletariat. Schließlich rekrutierte sich mit der Weiterentwicklung der Industrie das Proletariat aus allen Klassen der Bevölkerung: Bald begannen die ersten Aufstände; die Arbeiter organisierten sich, aus der Bourgeoisie verbündeten sich kleine Gruppen mit der revolutionären Bewegung.

Marx und Engels beschrieben in ihrem *Manifest* die Programmschritte: Enteignung von Grundbesitz, progressive Einkommensteuern, Abschaffung der Kinderarbeit, Ausbau staatlicher Verantwortung. Und schließlich die Zukunft: »An die Stelle der alten bürgerlichen Gesellschaft mit ihren Klassen und Gegensätzen tritt eine Assoziation, worin die freie Entwicklung eines jeden Bedingung für die freie Entwicklung aller ist.«

Was den Kommunismus auszeichnet, ist nicht die Abschaffung des Eigentums überhaupt, sondern die Abschaffung des bürgerlichen Eigentums ... Ihr entsetzt euch darüber, dass wir das Privateigentum aufheben wollen. Aber in eurer bestehenden Gesellschaft ist das Privateigentum für neun Zehntel ihrer Mitglieder aufgehoben, es existiert gerade dadurch, dass es für neun Zehntel nicht existiert. Ihr werft uns also vor, dass wir ein Eigentum aufheben wollen, welches die Eigentumslosigkeit der ungeheuren Mehrzahl der Gesellschaft als notwendige Bedingung voraussetzt.

Ihr werft uns mit einem Worte vor, dass wir euer Eigentum aufheben wollen. Allerdings, das wollen wir. Von dem Augenblick an, wo die Arbeit nicht mehr in Kapital, Geld, Grundrente, kurz, in eine monopolisierbare gesellschaftliche Macht verwandelt werden kann, d. h. von dem Augenblick, wo das persönliche Eigentum nicht mehr in bürgerliches umschlagen kann, von dem Augenblick an erklärt ihr, die Person sei aufgehoben.

Ihr gesteht also, dass ihr unter der Person niemanden anders versteht als den Bourgeois, den bürgerlichen Eigentümer. Und diese Person soll allerdings aufgehoben werden.

Der Kommunismus nimmt keinem die Macht, sich gesellschaftliche Produkte anzueignen, er nimmt nur die Macht, sich durch diese Aneignung fremde Arbeit zu unterjochen.

Auf Deutschland richten die Kommunisten ihre Hauptaufmerksamkeit, weil Deutschland am Vorabend einer bürgerlichen Revolution steht und weil es diese Umwälzung unter fortgeschritteneren Bedingungen der europäischen Zivilisation überhaupt und mit einem viel weiter entwickelten Proletariat vollbringt als England im 17. und Frankreich im 18. Jahrhundert, die deutsche bürgerliche Revolution also nur das unmittelbare Vorspiel einer proletarischen Revolution sein kann ...

Die Kommunisten verschmähen es, ihre Ansichten und Absichten zu verheimlichen. Sie erklären es offen, dass ihre Zwecke nur erreicht werden können durch den gewaltsamen Umsturz aller bisherigen Gesellschaftsordnung. Mögen die herrschenden Klassen vor einer kommunistischen Revolution zittern. Die Proletarier haben nichts in ihr zu verlieren als ihre Ketten. Sie haben eine Welt zu gewinnen.

Proletarier aller Länder, vereinigt euch!

George Grosz, Krawall der Irren, 1915/16.

Charles Péguy: Theologische Kostenrechnung

Man sollte sich nicht verheimlichen, dass die Kirche nicht aufgehört hat, die offizielle Religion der bourgeoisen Staatsklasse zu spielen, obwohl sie aufgehört hat, offizielle Staatsreligion zu sein … Deswegen findet sie auch keinen Zugang zu der Arbeitswelt, und deswegen kapselt sie sich von der Arbeitswelt ab. Sie spielt, sie ist die offizielle und formelle Religion der Reichen … Und somit ist sie gar nichts.

Und sie wird sich auch keinen Zugang verschaffen zur Arbeitswelt, und sie wird keinen Zugang zum einfachen Volk finden, wenn sie nicht auch wie jedermann die Kosten zahlt für eine ökonomische Revolution, eine soziale Revolution, eine industrielle Revolution, also sozusagen eine zeitliche Revolution für das ewige Heil. So verhält es sich nun einmal, ewig, zeitlich (ewig zeitlich oder zeitlich ewig) mit der geheimnisvollen Unterwerfung des Ewigen unter das Zeitliche. Genau dies ist die Eigenart der Einstiftung des Ewigen in das Zeitliche. Man muss die ökonomischen, die sozialen, die industriellen Kosten, man muss die zeitlichen Kosten tragen. Niemand kann sich dem entziehen, nicht einmal das Ewige, auch nicht das Geistige und auch nicht das innere Leben. Deswegen war unser Sozialismus auch keineswegs töricht, deswegen war er zutiefst christlich.

Charles Péguy (1873–1914), als Sohn eines Tischlers und einer Stuhlflickerin geboren, wuchs er nach dem frühen Tod des Vaters bei Mutter und Großmutter, einer analphabetischen Bäuerin, auf. 1895 wurde er Mitglied der Sozialistischen Partei, trat aber vier Jahre später wieder aus, weil ihm die Kluft zwischen Arm und Reich als nicht überbrückbar erschien. 1906 wandte er sich wieder dem Katholizismus zu. Er fiel bald nach Beginn des Ersten Weltkriegs.

Sein schriftstellerisches Werk findet in jüngster Zeit neue Aufmerksamkeit.

Harriet Ann Jacobs: Wappnet euch für die Aufgaben, die vor euch stehen

Nach einer kurzen Wartezeit wurde das Testament meiner Herrin verlesen, und wir erfuhren, dass sie mich der Tochter ihrer Schwester vermacht hatte, ihrer fünfjährigen Nichte. So schwanden alle Hoffnungen dahin. Meine Herrin hatte mich die Gebote Gottes gelehrt: »Du sollst deinen Nächsten lieben wie dich selbst« und: »Alles nun, was ihr wollet, das euch die Leute tun sollen, das tut ihr ihnen auch.« Ich aber war ihre Sklavin und vermute, dass sie mich nicht als ihren Nächsten anerkannte. Ich gäbe viel darum, wenn ich dieses eine große Übel aus dem Gedächtnis streichen könnte …

Dr. Flint, ein Arzt in der Nachbarschaft, hatte die Schwester meiner Herrin geheiratet, und ich gehörte nun ihrer kleinen Tochter. Der Mrs. Flint fehlte es, wie vielen Frauen des Südens, an der nötigen Umsicht und Tatkraft. Sie war außerstande, klug zu schalten und walten. Doch sie hatte starke Nerven. Von ihrem Sessel aus konnte sie zusehen, wie eine Frau geschlagen wurde, sodass bei jedem Hieb schließlich Blut von der Peitsche tropfte. Natürlich war sie Mitglied der Kirche, aber die Teilnahme am Abendmahl bewirkte noch keine christliche Gesinnung. Wurde sonntags das Essen nicht pünktlich zur festgesetzten Zeit serviert, postierte sie sich in der Küche, wartete,

Harriet Ann Jacobs (1813–1897), amerikanische Sklavin, der es gelang, ihrem Besitzer zu entfliehen. Sie schrieb ihre Lebensgeschichte, damals eine einmalige Leistung. Das Buch erschien 1861 unter einem Pseudonym.

»An einem dieser Verkaufstage sah ich, wie eine Mutter sieben Kinder zum Auktionsblock führte. Dass man ihr einige nehmen würde, hatte sie gewusst, aber sie nahmen ihr alle. Ein Sklavenhändler kaufte die Kinder, ein Einwohner der Stadt die Mutter. Sie bat den Händler, ihr zu sagen, wohin er sie zu bringen gedenke; er lehnte jede Auskunft ab. Was hätte er ihr auch sagen sollen, wenn er genau wußte, dass er die Kinder einzeln verkaufen würde, wo immer sich der höchste Preis erzielen ließ. Noch heute sehe ich das verstörte, abgehärmte Gesicht der Frau, als ich ihr auf der Straße begegnete. Sie rang verzweifelt die Hände und rief: »Fort! Alle fort! Warum tötet mich Gott nicht?« Wie gern hätte ich sie getröstet, aber mir fehlten die Worte. Und solche grausamen Ereignisse sind keine Einzelfälle; sie geschehen täglich, ja stündlich.«

Die Sklavenhaltung im Altertum lässt sich nicht mit der Versklavung der Schwarzen vergleichen, die einer barbarischen Politik seit 1503 entsprang und eine Ausbeutung schwarzer Menschen durch weiße Menschen betrieb, allein aufgrund des brutalen Zugriffs des Stärkeren.

> TO BE SOLD on board the Ship *Bance-Island*, on tuesday the 6th of *May* next, at *Ashley-Ferry*; a choice cargo of about 250 fine healthy
>
> **NEGROES,**
>
> just arrived from the Windward & Rice Coast. —The utmost care has already been taken, and shall be continued, to keep them free from the least danger of being infected with the SMALL-POX, no boat having been on board, and all other communication with people from *Charles-Town* prevented.
>
> *Austin, Laurens, & Appleby.*
>
> N. B. Full one Half of the above Negroes have had the SMALL-POX in their own Country.

Es wurden internationale Verträge abgeschlossen, wobei man in spanischer Tradition »im Namen der Heiligen Dreifaltigkeit« verhandelte. Die Schwarzen wurden zu Objekten degradiert, was sich auch sprachlich ausdrückte. So verpflichtete sich die portugiesische Guinea-Gesellschaft in ihrer eigenen Ausdrucksweise zur Lieferung von »10.000 t Neger«. Ein anderer »Liefervertrag« verspricht »innerhalb von zehn Jahren 48.000 Stück Neger beiderlei Geschlechts und aller Altersstufen« aufzubringen.

bis fertig aufgetragen war, und spuckte in sämtliche benutzten Kessel und Pfannen. Das tat sie, um zu verhindern, dass die Köchin und deren Kinder von der restlichen Soße und den anderen Überbleibseln ihre kärglichen Rationen zusammenkratzten, und die Sklaven konnten sich nur das nehmen, was sie ihnen zugestand. Dreimal täglich wurden die Lebensmittel auf Pfund und Unze genau abgewogen. Sie gab ihnen keine Gelegenheit, mit Mehl aus ihrem Faß heimlich Weißbrot zu backen. Sie wußte, wieviel Zwieback eine bestimmte Menge zu ergeben und wie groß ein Stück zu sein hatte ...

Als ich einige Wochen bei dieser Familie war, wurde auf Befehl des Herrn ein Plantagensklave in die Stadt gebracht. Am späten Nachmittag traf er ein, und Dr. Flint befahl, ihn im Arbeitszimmer so an den Querbalken zu binden, dass die Füße fast den Boden berührten. In dieser Lage musste er ausharren, bis der Herr seinen Tee getrunken hatte. Ich werde den Abend nie vergessen. Mein Lebtag hatte ich nicht gehört, wie Hunderte von Schlägen ohne Pause auf einen Menschen niedergeprasselt waren. Noch Monate später plagten sein klägliches Stöhnen und seine Worte »o bitte, nicht mehr, Massa« meine Ohren. Es gab viele Vermutungen über die Gründe für diese schreckliche Bestrafung. Die einen sagten, er sei verdächtigt worden, Mais gestohlen zu haben. Andere meinten, er habe mit seiner Frau gestritten und den Herrn bezichtigt, der Vater ihres Kindes zu sein. Sie waren beide schwarz, das Kind dagegen ziemlich hell.

Am nächsten Morgen ging ich in das Arbeitshaus und sah den Ochsenziemer, der noch feucht war, und das verkrustete Blut, das die Bretter bedeckte. Der arme Mensch blieb am Leben und haderte weiter mit seiner Frau. Wenige Monate später verschacherte Dr. Flint das Paar an einen Sklavenhändler. Der schuldige Mann steckte das Geld ein, zufrieden, die beiden in kurzem außer Sicht- und Hörweite zu wissen.

Als die Frau übergeben wurde, sagte sie: »Sie haben versprochen, mich gut zu behandeln«, und Dr. Flint entgegnete: »Und du konntest deine Zunge nicht in Zaum halten, verdammt noch mal!« Sie hatte vergessen, dass eine Sklavin ein Verbrechen begeht, wenn sie verrät, wer der Vater ihres Kindes ist.

Ich erinnere mich an eine methodistische Zusammenkunft, die ich einmal besuchte. Das Herz war mir schwer, aber der Zufall wollte es, dass die Frau, neben der ich Platz fand, weitaus schlimmer dran war als ich. Sie hatte alle ihre Kinder verloren.

Die Gruppe stand unter der Leitung des Stadt-Konstablers, eines Mannes, der Sklaven kaufte und verkaufte, der seine Brüder und Schwestern von der Kirche auspeitschte – am öffentlichen Pfahl, im Gefängnis, außerhalb. Für fünfzig Cent war er überall bereit, dieses christlichen Amtes zu walten. Dieser Mann mit dem weißen Gesicht und dem schwarzen Herzen kam zu uns und fragte die leidgeprüfte Frau: »Schwester, kannst du uns nicht sagen, wie du in der Seele zu deinem Herrn stehst? Liebst du ihn so wie früher?«

Sie stand auf und klagte herzzerreißend: »Ich kann nicht sagen, was hier drin ist! Sie haben jetzt alle meine Kinder. Vorige Woche haben sie mir die letzte Tochter genommen. Gott allein weiß, wohin man sie verkauft hat. Sechzehn Jahre hat man sie mir gelassen, und nun ... Oh! Oh! Betet für ihre Brüder und Schwestern! Ich habe nichts mehr, wofür es sich zu leben lohnt. Gott mache meine Zeit kurz!«

Sie setzte sich, am ganzen Leib zitternd. Ich sah, wie der Leiter der Gruppe mit dem Lachen kämpfte, wie sich sein Gesicht purpurn färbte und er ein Taschentuch davor hielt, damit jene, denen das Los der armen Frau naheging, seine Heiterkeit nicht bemerkten. Dann sagte er mit gemachtem Ernst zu der trauernden Mutter: »Schwester, bete zum Herrn, dass jede Fügung seines göttlichen Willens deiner armen notleidenden Seele zum Wohle gereichen möge.«

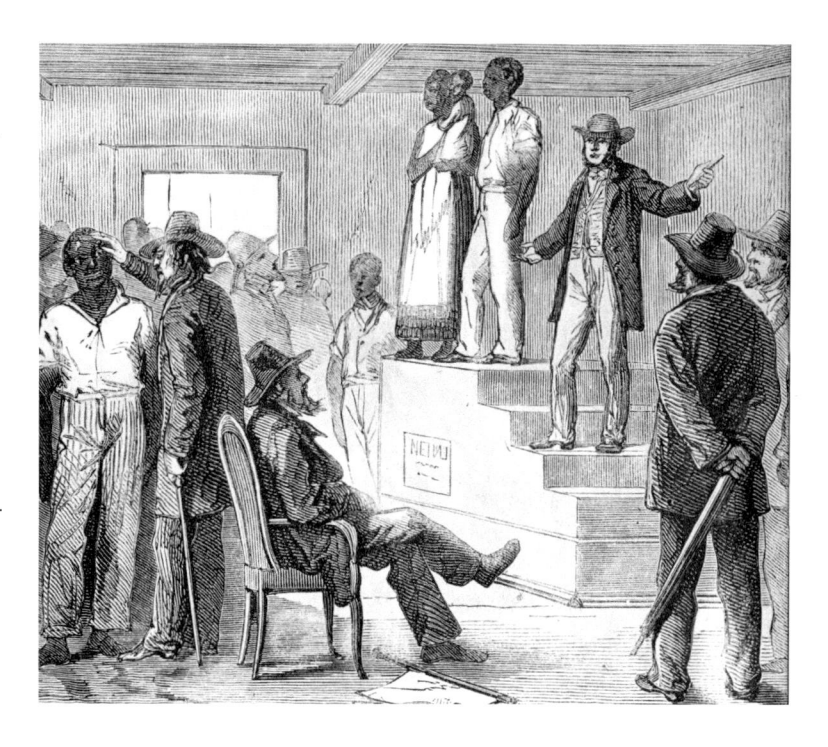

Ein ganz anderer Pfarrer nahm seinen Platz ein. Der Wechsel gefiel den Farbigen; sie sagten: »Diesmal hat uns Gott einen guten Mann geschickt.« Sie liebten ihn; die Kinder folgten ihm für ein Lächeln oder freundliches Wort. Sogar die Sklavenhalter spürten seinen Einfluss. Fünf Sklaven holte er ins Pfarrhaus. Seine Frau brachte ihnen Lesen und Schreiben bei und lehrte sie, ihr und sich selbst nützlich zu sein.

Sobald der Pfarrer eingerichtet war, wandte er sich den bedürftigen Sklaven seiner Umgebung zu. Er vertrat den Standpunkt, dass es zu seinen Pflichten gehöre, für sie jeden Sonntag einen zusätzlichen Gottesdienst abzuhalten und ihnen die Predigt fasslich zu gestalten. Der Zustrom war erheblich. Leute, die nicht gewöhnt waren, in die Kirche zu gehen, kamen erfreut, um das Evangelium zu hören. Die Predigt war einfach und verständlich. Darüber hinaus wurden diese

Interessierte Käufer wurden zur Besichtigung der »Ware« zwei oder drei Tage vor der Versteigerung zugelassen. Die Schwarzen einer »Ladung« wurden in verschiedene Handelsgruppen unterteilt. Man trennte oft Familien, Liebespaare und Freunde, die noch an Bord oder in besserer Zeit Gefährten gewesen waren.

Farbigen zum erstenmal als Menschen angesprochen. Es dauerte nicht lange, da begannen die weißen Gemeindemitglieder zu murren. Sie warfen dem Pfarrer vor, den Negern bessere Predigten als ihnen anzubieten. In der Gemeinde kam es zu Zwistigkeiten ...

Inmitten des Streits verschied nach kurzer Krankheit die Pfarrersfrau. Ihre Sklaven scharten sich betrübt um das Sterbebett. Sie sprach: »Ich habe versucht, euch Gutes zu tun und für euer Glück zu wirken, und wenn ich versagt habe, dann nicht, weil mir euer Wohlergehen gleichgültig gewesen wäre. Beweint mich nicht, sondern wappnet euch für die Aufgaben, die vor euch stehen. Ich gebe euch alle frei. Mögen wir uns in einer besseren Welt wiedersehen.«

Die befreiten Sklaven wurden mit Geld für den Neubeginn ausgestattet und fortgeschickt. Lange noch wird im Gedächtnis der Farbigen die Erinnerung an diese wahre Christin weiterleben. Bald nach ihrem Tod hielt auch der Pfarrer die Abschiedspredigt, und bei seinem Weggang flossen viele Tränen.

[Sein Nachfolger wurde ein Mr. Pike.] Er wählte einen Textabschnitt aus dem Brief des Paulus an die Epheser: »Ihr Knechte, seid gehorsam euren leiblichen Herren mit Furcht und Zittern, in Einfalt eures Herzens, als Christo.«

Der fromme Mr. Pike bürstete sich das Haar hoch, bis es aufrecht stand, und predigte mit tiefer, feierlicher Stimme: »Hört zu, ihr Knechte! Haltet euch strikt an meine Worte. Ihr seid rebellische Sünder. Mancherlei Böses erfüllt eure Herzen. Der Teufel ist's, der euch versucht. Gott zürnt euch und wird euch gewisslich bestrafen, so ihr eurem verworfenen Tun nicht entsagt. Ihr, die ihr in der Stadt lebt, seid falsche Diener hinter dem Rücken eures Herrn. Statt euren Herren getreu zu dienen, was ein erfreulicher Anblick für euren himmlischen Meister wäre, frönt ihr dem Müßiggang und scheut die Arbeit. Gott sieht euch. Ihr verbreitet Lügen. Gott hört euch. Statt dass ihr euch damit befasst, ihn zu ehren, verbergt ihr euch irgendwo, zehrt von der Habe eures Herrn. Dem Kaffeesatz huldigt ihr bei einem verruchten Wahrsager oder lasst einen anderen alten Bösewicht die Karten legen. Euren Herren möget ihr unentdeckt bleiben, doch Gott sieht euch und wird euch strafen. Oh, die Verderbtheit eurer Herzen ... Wenn ihr euren irdischen Herrn nicht gehorcht, kränkt ihr euren himmlischen Herrn. Ihr müsst Gottes Gebote befolgen. Geht ihr nachher von hier fort, bleibt nicht an Straßenecken stehen, um zu reden, sondern geht direkt nach Hause, zeigt eurem Herrn und eurer Herrin, dass ihr zurückgekommen seid.«

Mr. Pike segnete uns, und wir verließen den Raum.

Manchen Sklaven gelang die Flucht, aber die Jagd auf sie war gut organisiert. In einem öffentlichen Anschlag versprach ein gewisser William Burke 150 Dollar demjenigen, der Henry, einen Kammerdiener und Koch, zurückbringe und verband damit eine genaue Personenbeschreibung: about 22 years old, rather chunky built, bushy head ... I expect he is now in Louisville trying to make his escape to a free state. Flüchtige Sklaven liefen von Versteck zu Versteck und überlebten nur mit Raub und Diebstahl. Rebellionsversuche wurden brutal unterdrückt.

Coretta Scott King: Der Busstreik von Montgomery

Der Geist der Sklavenhalter-Generationen wurde mit der gesetzlichen Abschaffung der Sklaverei nicht überwunden. Die amerikanische Gesellschaft in den Südstaaten bestand auf einer »Rassentrennung«, Segregation genannt, welche die Schwarzen in der Öffentlichkeit in gesonderte Räume verwies und tief demütigte. Coretta Scott King schildert die Vorgänge beim sogenannten Busstreik von Montgomery:

Von allen Aspekten der Segregation in Montgomery waren die Vorschriften der *Montgomery City Bus Lines* die entwürdigendsten. Obwohl siebzig Prozent der Fahrgäste Schwarze waren, wurden diese wie Vieh behandelt – schlimmer noch, denn wer beleidigt schon eine Kuh. Die vorderen Plätze aller Busse waren für die Weißen reserviert. Selbst wenn sie nicht besetzt und hinten alles überfüllt war, mussten die Neger hinten stehen für den Fall, dass Weiße zusteigen könnten, und waren die Vordersitze besetzt und es stiegen noch Weiße zu, dann wurden die Schwarzen im hinteren Teil gezwungen, ihnen ihre Plätze abzutreten. Außerdem – ich glaube den Nordstaatlern war dies nicht einmal bewusst – mussten Neger ihr Fahrgeld vorne im Bus entrichten, aussteigen, zur hinteren Tür gehen und wieder einsteigen. Manchmal fuhr der Bus auch ohne sie fort, nachdem sie schon bezahlt hatten. Dies widerfuhr älteren Leuten oder schwangeren Frauen, bei schlechtem und bei gutem Wetter und galt unter den Fahrern als großer Spaß. Häufig beschimpften die weißen Busfahrer ihre Fahrgäste, nannten sie Nigger, schwarze Kühe oder schwarze Affen. Man stelle sich vor, wie etwa einem Schwarzen zumute war, der mit seinem Sohn Bus fuhr und derart behandelt wurde.

Im März 1955 war es zu einem Zwischenfall gekommen, als sich die 15-jährige Claudette Colvin weigerte, einem weißen Fahrgast ihren Platz abzutreten. Das Mädchen, das die *high school* besuchte, wurde in Handschellen gefesselt auf die Wache gebracht. Damals gehörte Martin einem Komitee an, das bei den Vertretern der Stadt und der Busgesellschaft protestierte. Sie wurden höflich empfangen – und nichts geschah.

Der Tropfen, der das Fass zum Überlaufen brachte, war fast ein Routinezwischenfall. Am 1. Dezember 1955 stieg Mrs. Rosa Parks, eine 42-jährige Näherin in einen Bus, um nach einem langen Arbeits- und Einkaufstag heimzufahren. Der Bus war voll, und Mrs. Parks fand einen Platz am Anfang des Negerabteils. An der nächsten Haltestelle stiegen noch mehr Weiße zu. Der Fahrer befahl Mrs. Parks, ihren Platz einem weißen Mann abzutreten, der eben einstieg, das hieß, sie hätte den ganzen Heimweg stehen müssen. Rosa Parks war nicht revolutionär gesinnt. Sie hatte nicht geplant, was sie tat.

Martin Luther King (1929–1968), us-amerikanischer Baptistenpfarrer und Bürgerrechtler. Unter dem Einfluss von Henry Thoreau und Mahatma Gandhi entwickelte er gewaltlose Strategien des Widerstands. Mehrfach wurde er in Haft genommen. Verschiedentlich wurden Mordanschläge auf ihn verübt. 1964 erhielt er als unbestrittener Wortführer einer friedlichen Rassenintegration den Friedensnobelpreis.

King ist der bedeutendste Vertreter Schwarzer Theologie im 20. Jahrhundert. Seine – bis heute nicht aufgeklärte – Ermordung am 4. April 1968 in Memphis hat seinen Traum von einer friedvollen Zukunft von Schwarz und Weiß nicht in Frage gestellt, sondern als Aufgabe noch dringlicher gemacht.

Der Nächste: Auf der Schwelle wirft er einen Blick zurück

Countee Cullen: Erlebnis

Ich fuhr einmal durch Baltimore,
O Knabenglück und Maienlicht!
Ein weißer Junge neben mir,
Der sah mir ins Gesicht!

Acht Jahre waren beide wir;
Ich ohne Argwohn lach ihm zu.
Da streckt er seine Zunge aus:
Du schwarzer Nigger du!

Ich habe Baltimore gesehen
Vom Fliederblühn zum Flockenschnein.
Von allem, was auch sonst geschehen,
Fällt stets nur dies mir ein.

Ihr Geduldsfaden war gerissen. Wie sie später sagte: »Ich war einfach müde, und meine Füße schmerzten.« So blieb sie sitzen und weigerte sich aufzustehen. Der Fahrer rief einen Polizisten, der sie festnahm und zum Gerichtsgebäude brachte.

Plötzlich schien fast jeder Neger Montgomerys genug zu haben. Es war Selbstentzündung. Telefone begannen im ganzen Negerviertel der Stadt zu läuten. Der *Women's Political Council* schlug vor, die Busse aus Protest einen Tag lang zu boykottieren. Zwischen Unterbrechungen besprachen wir die Erfolgsaussichten des Protests. Boykottversuche in Montgomery und anderen Städten waren bisher gescheitert. Zeiten und Stimmung hatten sich zwar geändert, sodass jetzt bessere Aussichten bestanden, aber die Hoffnung war doch gering. Schließlich kamen wir überein, dass wir zufrieden sein wollten, wenn sich sechzig Prozent aller Neger daran beteiligten.

Kurz nach Mitternacht gingen wir endlich zu Bett, aber um fünf Uhr dreißig am nächsten Morgen waren wir schon wieder angezogen. Der erste Bus musste um 6 Uhr an der Haltestelle direkt vor unserem Haus halten. Wir frühstückten mit Kaffee und Toast in der Küche; dann ging ich ins Wohnzimmer, um aufzupassen. Pünktlich erschien der Bus, seine Scheinwerfer strahlten durch die Dezemberdunkelheit, und innen war er hell erleuchtet. »Martin, Martin, komm schnell!«, rief ich. Er stürzte herbei und stellte sich neben mich. Sein Gesicht leuchtete vor Erregung. Kein einziger Fahrgast saß in dem gewöhnlich überfüllten Bus!

Wir warteten aufgeregt auf den nächsten. Auch er war leer, und dabei war dies die befahrenste Strecke der ganzen Stadt. Ein Bus nach dem anderen fuhr nach kurzem Halt weiter. Wir waren so aufgeregt, dass wir kaum zusammenhängend sprechen konnten. Schließlich sagte Martin: »Ich fahre in die Stadt und schaue, wie es anderswo aussieht.«

Er holte Ralph Abernathy ab, und zusammen fuhren sie kreuz und quer durch Montgomery. Überall war das gleiche. Ein paar Weiße und vielleicht ein oder zwei Schwarze in sonst leeren Bussen ... Die Weißen rechneten damit, der Boykott werde am ersten Regentag zusammenbrechen, aber Martin erkannte, dass sich dies durch eine geschickte Organisation verhindern ließ. Das wichtigste Problem bestand darin, unsere Leute mit sowenig Unannehmlichkeiten wie möglich zur Arbeit und wieder heim zu bringen. Am Freitag, dem 9. Dezember, teilten städtische Beamte den schwarzen Taxigesellschaften mit, Mengentarife seien illegal, und sie würden ihre Konzession verlieren, wenn sie diese Praktik fortsetzten. Doch zu diesem Zeitpunkt hatte sich ein Auto-Pool aus freiwilligen Fahrern gebildet, und an Haltestellen in der ganzen Stadt sorgten »Fahrdienstleiter« dafür, dass die Leute in die richtigen Wagen stiegen. Hunderte von Freiwilligen übernahmen Fahrten.

Aber trotz allem mussten noch immer Tausende laufen. Sie liefen aufrecht und stolz. Als jemand meine alte Großmutter fragte, ob sie nicht müde sei, antwortete sie: »Früher war meine Seele müde und meine Füße ausgeruht; nun sind meine Füße müde, aber meine Seele ausgeruht.« (...)

Als sich die Dezembertage dahinschleppten und die weiße Gemeinde sah, dass wir nicht aufgeben würden, wurde die Lage wirklich schwierig. Alle Verhandlungsversuche brachen zusammen. Wir erhielten immer mehr hässliche Anrufe. Zu allen Tages- und Nachtstunden läutete das Telefon, und irgendeine männliche oder weibliche Stimme überschüttete uns mit einer Flut obszöner Beschimpfungen, von denen *nigger son of a bitch* noch die mildeste war. Weibliche Anrufer phantasierten oft von Sex und bezichtigten Martin und mich der unglaublichsten Abartigkeiten. Und häufig drohte man, uns umzubringen, wenn wir die Stadt nicht verließen. Wie Martin vorausgesehen hatte, als er die Rolle annahm, war er als Führer und gewählter Sprecher des Protests die Zielscheibe für den Hass und die Enttäuschung der Weißen.

Eines Abends sagte Martin auf einer Massenveranstaltung unvermittelt: »Wenn ihr mich eines Tages auffindet, sollt ihr dies mit keiner einzigen Gewalttat vergelten. Ich bitte euch inständig, den Protest mit unverminderter Würde und Disziplin weiterzuführen.«

Der Busboykott wurde entschieden, als Martin Luther King zum wiederholten Mal vor Gericht stand, um wegen der Organisation privater Fahrgemeinschaften verurteilt zu werden. Da überreichte der Reporter der Associated Press King einen Zettel, und dieser las vor: »Das Oberste Bundesgericht bestätigte heute die Entscheidung eines mit drei Richtern besetzten Sondergerichts und erklärte die staatlichen und örtlichen Gesetze des Staates Alabama, welche die Segregation in den Bussen anordnen, für verfassungswidrig.«

Coretta Scott King (1927–2006) studierte als junge Frau Musik. 1953 heiratete sie den schwarzen Baptistenpastor Martin Luther King, den sie während des Studiums kennengelernt hatte. Sie unterstützte ihn bei seiner Arbeit und beteiligte sich später an seinen Protestmärschen. 1956 entging sie mit der ältesten Tochter knapp dem Tod, als auf das Haus der Familie ein Bombenattentat verübt wurde, während ihr Mann zu dieser Zeit nicht anwesend war. Nachdem Martin Luther King am 4. April 1968 in Memphis von einem Attentäter erschossen worden war, führte sie vier Tage später eine Demonstration von 35.000 Menschen in der Stadt an. Sie setzte sich in ihrem weiteren Leben dafür ein, die Erinnerung an ihren ermordeten Ehemann zu wahren.

Vor allem in den 1980er-Jahren war ein Schwerpunkt ihrer politischen Tätigkeit der Kampf gegen die Apartheid. 1986 reiste sie nach Südafrika, wo sie mit Winnie Mandela zusammentraf. Nelson Mandela war seit 1964 politischer Gefangener und zu dieser Zeit noch (bis zum 11. Februar 1990) inhaftiert. Nach ihrer Rückkehr drängte sie Ronald Reagan zu Sanktionen gegen Südafrika.

Rosa Parks blieb sitzen und die Welt stand auf.

Rosa Parks (1913–2005) weigerte sich, damals 42-jährig, ihren Sitzplatz im Bus für einen weißen Fahrgast frei zu machen. Der Busfahrer James Blake rief daraufhin die Polizei und bestand auf ihrer Verhaftung.

Der als Antwort auf ihre Verhaftung vom *Woman's Political Council* initiierte und von Martin Luther King organisierte Bus-Boykott gilt als Auslöser vieler anderer Proteste der Bürgerrechtsbewegung in Amerika. Rosa Parks wurde dadurch zu einer Ikone der Bürgerrechtsbewegung. Gleichzeitig wurde sie zur Zielscheibe von Drohungen und ständigen Telefonanrufen. Sie blieb jedoch weiterhin in der Bürgerrechtsbewegung aktiv.

DER NÄCHSTE: AUF DER SCHWELLE WIRFT ER EINEN BLICK ZURÜCK

Walter Toman (1920–2003), österreichischer Psychologe und Schriftsteller. Er wurde durch seine Forschungen über den Einfluss von Familienkonstellationen international bekannt. Der Professor für klinische Psychologie und Psychotherapie, der den Mann lobt, welcher sein verkauftes Christentum zum doppelten Preis zurück ersteht (→ S. 230), hat auch folgende Sätze geschrieben:

»Mit dem Gehirntod wechselt jedes Individuum in die Menge aller Menschen über, die einmal gelebt haben und fortan nicht mehr leben. Ihre Existenz, ihr Bewusstsein, ihr Gedächtnis und ihr Gehirn hat mit der Konzeption im Mutterleib begonnen und mit dem Tod unwiderruflich geendet. Während ihres Lebens blieben sie mit dem Zustand der Nicht-Existenz vor der Geburt durch den subjektiv zeitlosen, traumlosen und bewusstlosen Tiefschlaf, in den jeder Mensch täglich mindestens einmal zu seiner Regeneration verfällt, in lebenslangem Rapport. Biologisch und psychologisch sind die Menschen nicht unbedingt auf das Sterben, wohl aber auf den Tod bestens vorbereitet und intimst mit ihm vertraut.

Damit ist nicht das Ende unserer Religionen angekündigt. Sie haben manches Gute für die Menschheit getan, insbesondere für ihre Zivilisierung. Sie müssten sich aber mit den intelligenten Zweifeln der heranwachsenden Menschen anders als bisher auseinandersetzen. Ihre kritischen Jugendlichen und jungen Erwachsenen sollten deswegen nicht aus ihren Religionen ausgegrenzt werden oder ihren Zweifeln abschwören müssen. Solche Demütigungen bestärken eher die Zweifel.«

Walter Toman: Halt ihm die andere Wange hin

Dir schlägt dein Bruder in dein Gesicht.
Was tust du dann?
Du weißt, was die Bibel sagt.
Halt ihm die andere Wange hin!
Das sagt die Bibel.
Und wahrlich, wenn du es tust, dann ist es gut.
Dann haut dir dein Bruder eine zweite herunter,
von der anderen Seite,
und wenn du benommen bist davon,
dann lachen die andern aus ganzem Herzen.
Dein Bruder aber, der führt ihr Gelächter
wie eine Geiß.

Bis hierher ist alles gut.
Jetzt aber kannst du zweierlei Wege gehn.
Einmal kannst du erröten, wenn alle Augen
der andern dich spotten, und wenn ihr Gelächter
zusammenschlägt über dir.
Wenn das geschieht, dann war alles umsonst.
Dann winde dich nur in deiner Verlegenheit.
Dann warst du nicht tapfer und klug genug
für dieses Bravourstück Christi.

Der andere Weg ist der:
Du hast gemerkt, ganz heimlich, dass
der zweite Schlag
schon schwächer war als der erste.
Und wenn er es nicht war, dann rede dir's ein.
Jedenfalls halt ihm wieder die erste hin,
die erste Wange, und wenn du
nur richtig lächelst dabei,
ganz ohne Zorn,
ganz gütig,
dann wird der folgende Schlag,
der Schlag auf die erste Wange,
wieder ein wenig unsicherer sein.

Nur wenn das nicht ist,
wenn der dritte Schlag schon wieder
besser sitzt als der zweite und erste,
und wenn die Zuschauer herzhafter lachen als früher,
und wenn dein Bruder dich weiter schlagen wird
wie ein Hündlein,
dann leg ihn hin, deinen Bruder,
mit einem Schlag auf das Kinn.

Dann warst du nicht in der rechten Arena
für dieses Bravourstück Christi.
Und lächeln musst du, wenn du den Kinnhaken gibst.
Ganz gütig lächeln musst du dabei,
ganz ohne Zorn.
Nachher kannst du ihm aufhelfen, deinem Bruder.

In mancher Arena muss
der Christ ein Stierkämpfer sein,
muss zeigen, dass er auch das kann.
Sonst wird er von keinem verstanden
bei seinem Bravourstück.
Damit es die andern verstehn, dazu tut ers aber.

Bekenntnis der Weltversammlung der Christen in Seoul 1990

Ich glaube an Gott, der die Liebe ist
und der die Erde allen Menschen geschenkt hat.
Ich glaube nicht mehr an das Recht der Stärkeren,
an die Stärke der Waffen,
an die Macht der Unterdrückung.

Ich glaube an Jesus Christus,
der gekommen ist, uns zu heilen, und der uns
aus allen tödlichen Abhängigkeiten befreit.
Ich glaube nicht, dass Kriege unvermeidlich sind,
dass Friede unerreichbar ist.

Ich glaube an die Gemeinschaft der Heiligen,
die Kirche, die berufen ist,
im Dienst aller Menschen zu stehen.
Ich glaube nicht, dass Leiden umsonst sein muss,
dass Gott die Zerstörung der Erde gewollt hat.

Ich glaube, dass Gott für die Welt eine Ordnung will,
die auf Gerechtigkeit und Liebe gründet,
und dass alle Männer und Frauen
gleichberechtigte Menschen sind.

Ich glaube an Gottes Verheißung
eines neuen Himmels und einer neuen Erde,
wo Gerechtigkeit und Frieden sich küssen,
an die Liebe mit offenen Händen,
an den Frieden auf Erden.
Amen.

Es kamen Menschen nach Rom, Verrückte aus dem Osten, die etwas von göttlicher Liebe unter den Menschen faselten. Sie verbreiteten das griechische Wort Agape, den Römern übersetzten sie es mit *caritas*. Nächstenliebe. Absurder Gedanke für die Römer. Auch ihre Reichen, die Herrscher zumal, kannten die Wohltätigkeit. Doch was die Christen forderten, ging zu weit: Humilitas, Demut, Selbsterniedrigung, Armen die Füße waschen. Die Idee war göttlich genug, um sich durchzusetzen.

Mit Schriften wie dem Papyrus aus dem Jahr 125, der ältesten erhaltenen Abschrift des 1. Korintherbriefes (heute in Dublin), wurden die neuen Regeln unter die Völker gebracht. Die Evangelien erschließen, was Nächstenliebe meint. Jesu Gleichnis vom barmherzigen Samariter etwa und die sechs Werke der Barmherzigkeit aus dem Weltgerichtsgleichnis des Matthäus-Evangeliums (Hungrige, Dürstende, Kranke,

Gefangene versorgen, Nackte einkleiden, Fremde aufnehmen). Jeder dieser Bibeltexte ist ein Manifest der Nächstenliebe. Wären die Christen bedingungslos Jesu Vorbild gefolgt, befände sich ein Teil der Welt im Zustand des Urkommunismus. Kommunion heißt, das Brot teilen. Manche der christianisierten Römer teilten das Haus. Sie richteten in ihren Villen Xenochochien ein, in denen sie Fremde versorgten.

Ob die Menschen von Herzen handelten oder aus dem Kalkül heraus, ewiges Seelenheil zu erlangen, lässt sich in den seltensten Fällen beurteilen. Ein authentischer Held der Nächstenliebe ist zweifellos der heilige Martin. Denn der war noch Heide und spekulierte nicht mit einem Weltgericht. Bald entwickelte sich in der Pflege der Nächstenliebe eine eher ökonomische Auffassung: Teilen ja – aber nur das Nötigste. Ein geistig Behinderter kommentierte ein Bild: »Ein reicher Mann mit einem teuren Mantel gibt einem armen Mann zu trinken. Seinen teuren Mantel behält er aber.«

Mit der Institutionalisierung der Nächstenliebe ging ihre Entschärfung einher. Wenn sich die Gemeinschaft kümmert, kann der Einzelne seine *caritas* allenfalls auf ehrenamtlichem Niveau ausleben. Die radikale Nächstenliebe im urtümlichen Sinn hat sich zu einer Marktlücke für heilige Freaks entwickelt.

Rudolf Neumeier in einem Feuilleton-Beitrag der Süddeutschen Zeitung

1 Kor 13: Das Lied der Liebe

Wenn ich in den Sprachen der Menschen und Engel redete, /
hätte aber die Liebe nicht, / wäre ich dröhnendes Erz oder eine lärmende Pauke.
Und wenn ich prophetisch reden könnte /
und alle Geheimnisse wüsste / und alle Erkenntnis hätte; / wenn ich alle Glaubenskraft besäße / und Berge damit versetzen könnte, /
hätte aber die Liebe nicht, / wäre ich nichts.
Und wenn ich meine ganze Habe verschenkte /
und wenn ich meinen Leib dem Feuer übergäbe, / hätte aber die Liebe nicht, / nützte es mir nichts.
Die Liebe ist langmütig, /
die Liebe ist gütig. / Sie eifert sich nicht, / sie prahlt nicht, /
sie bläht sich nicht auf.
Sie handelt nicht ungehörig, /
sucht nicht ihren Vorteil, / lässt sich nicht zum Zorn reizen, /
trägt das Böse nicht nach.
Sie freut sich nicht über das Unrecht, /
sondern freut sich an der Wahrheit.
Sie erträgt alles, /
glaubt alles, / hofft alles, / hält allem stand.
Die Liebe hört niemals auf. /
Prophetisches Reden hat ein Ende, / Zungenrede verstummt, /
Erkenntnis vergeht.
Denn Stückwerk ist unser Erkennen, /
Stückwerk unser prophetisches Reden;
wenn aber das Vollendete kommt, /
vergeht alles Stückwerk.
Als ich ein Kind war, /
redete ich wie ein Kind, / dachte wie ein Kind / und urteilte wie ein Kind. Als ich ein Mann wurde, / legte ich ab, was Kind an mir war.
Jetzt schauen wir in einen Spiegel /
und sehen nur rätselhafte Umrisse, / dann aber schauen wir von Angesicht zu Angesicht. Jetzt erkenne ich unvollkommen, / dann aber werde ich durch und durch erkennen, / so wie ich auch durch und durch erkannt worden bin.
Für jetzt bleiben Glaube, Hoffnung, Liebe, diese drei; /
doch am größten unter ihnen ist die Liebe.

Juden: Dein aschenes Haar Sulamith

Die Kirche stand vor dem Judentum, und ihr Herrschaftsbedürfnis wie ihr Besitzesstolz musste in ihm den Stein des Anstoßes erblicken. Das Heidentum konnte sie weit unter sich sehen; seine Religion war eitel Wahn und Irrgebilde. Aber die Juden musste sie, gern oder ungern, anerkennen, so bedingt es auch geschah; ihnen musste sie ein Besitztum zugestehen. Sie hatten ihr Gotteswort, das von der Kirche auch Offenbarung genannt wurde. Wenn sie von dem Neuen sprach, das ihr zuteil geworden, so war damit immer zugleich von dem Alten erzählt, das ihnen vordem zugewiesen war; die Verheißungen, deren Erfüllung sie predigte, waren einst ihnen verkündet worden. Trotz allem und wider willen fühlte man, dass man ein Erbe war, ein Erbe von Lebenden. Und noch mehr, diese Lebenden wollten nicht die Alten nur sein, die Gewesenen, sie stellten vor sich die Zukunft hin, sie riefen gegenüber dem Gekommenen das Kommende an; unterlegen standen sie doch als die Widerlegenden da. So war das Judentum wie ein lebendiger Einspruch gegen die allumfassende Geltung der Kirche. Und alle Bekehrungsversuche prallten an ihm ab. Wie ein Granitblock, der von den Jahrtausenden der Vergangenheit zeugt und die Dauer der Zeiten für sich fordert, ragte es inmitten der anderen Welt empor.

Leo Baeck

Marc Chagall, Die Synagoge, 1946.

Stefan Heym: Der Ewige Jude

Ahasver(us) ist die mythische Gestalt des »Ewigen Juden«, der bis zum jüngsten Tag nicht Ruhe und Heimat finden soll. Die ersten schriftlichen Schilderungen finden sich in verschiedenen europäischen Ländern zwischen dem 13. und 16. Jahrhundert. 1602 erschien die *Kurtze Beschreibung und Erzehlung von einem Juden mit Namen Ahasverus*. Das Buch schildert Ahasver als jüdischen Schuhmacher aus Jerusalem. Als Jesus, sein Kreuz schleppend, eine Weile vor dessen Haus stehen blieb, um auszuruhen, jagte ihn Ahasver schmähend davon. Darauf sagte Jesus: »Ich will stehen und ruhen, aber ihr sollt gehen.« Seitdem irrt er umher. In seinem Schicksal spiegelt sich einerseits eine christliche Perspektive, die im Juden den Spötter und Feind Christi sah, weswegen er nun verurteilt sei, alle hundert Jahre wieder auf das Jesus-Alter von dreißig Jahren verjüngt zu werden. In späteren Varianten verliert das Motiv seine antijüdischen Töne zugunsten einer exemplarisch menschlichen Schicksalsgestalt. Man nennt Ahasver jetzt den »wandernden Juden«, kleidet ihn in Tugend und Frömmigkeit und stellt nun dessen tragisches Schicksal heraus. Er hat die Erde mehrfach umrundet, schon »Berge von Schuhen zerrissen« und geht jetzt barfuß. Er wird zum Zeugen vergehender Kulturen. Er erscheint als Exponent der von Christen aufgebürdeten »Kollektivsünde« des jüdischen Volkes, das zu ewiger Zerstreuung und zum heimatlosen Umherirren in der Welt verurteilt ist. Zugleich ist er die Symbolfigur aller Verfolgung und Ausstoßung dieses Volkes und Ausdruck seines Wunsches, wieder eine Heimat zu bekommen.

Stefan Heym rückt Ahasver aus seinem ausweglosen Schicksal und lässt ihn mit wechselnden Perspektiven auf drei geschichtlichen Ebenen agieren: in der Zeit Luthers, zur Zeit der DDR, in welcher ein Professor für wissenschaftlichen Atheismus regen Briefkontakt mit einem Wissenschaftler in Israel führt, ob es diesen »Ewigen Juden« überhaupt geben kann, und schließlich im Kontakt mit Jesus (im Roman *Reb Joshua*), der sich ähnlich wie Ahasver schließlich als Spielball Gottes missbraucht sieht. Diese Konstruktion gibt Stefan Heym große Freiheit im Umgang mit seinem Thema. Sein Ahasver treibt nicht willenlos durch die Geschichte. Er sieht die Welt ebenso kritisch wie spöttisch und sucht sie doch auf einer höheren Ebene zu verstehen. In der hier wiedergegebenen Szene bringt der rätselhafte Hans Leuchtentrager alias Lucifer die Rede auf den Ahasver, hat der ziemlich leere Theologiestudenten Paul Eitzen nichts als eine Pfarrpfründe im Kopf, während Doktor Martinus seinen Unwillen gegen die Jüden mit Eifer kundtut.

Der Leuchtentrager stellt seinen Becher hin. »Und ist der Wirrsal kein Ende in Sicht«, sagt er, als sorgte er sich ungemein, »es heißt, man habe den ewigen Juden wieder gesehen, unweit von Wittenberg.«

Stefan Heym (1913–2001), Sohn einer jüdischen Kaufmannsfamilie aus Chemnitz, engagierte sich früh politisch und wurde 1931 auf Druck der örtlichen Nationalsozialisten wegen eines antimilitaristischen Gedichts vom Gymnasium seiner Heimatstadt verwiesen. Nach dem Reichstagsbrand 1933 floh er in die Tschechoslowakei.

1935 ging er mit dem Stipendium einer jüdischen Studentenverbindung in die USA. Von 1937 bis 1939 war er in New York Chefredakteur der deutschsprachigen Wochenzeitung *Deutsches Volksecho*, die der Kommunistischen Partei der USA nahestand. Nachdem die Zeitung im November 1939 ihr Erscheinen eingestellt hatte, arbeitete Heym als freier Schriftsteller in englischer Sprache.

Ab 1943 nahm Heym, nunmehr amerikanischer Staatsbürger, am Zweiten Weltkrieg teil. Er erlebte 1944 die alliierte Invasion in der Normandie. Nach Kriegsende leitete er die *Ruhr Zeitung* in Essen und war anschließend in München Redakteur der *Neuen Zeitung*, einer der wichtigsten Zeitungen der amerikanischen Besatzungsmacht. Wegen seiner prosowjetischen Einstellung wurde Heym Ende 1945 in die USA zurückversetzt. In den folgenden Jahren arbeitete er erneut als freier Schriftsteller.

1952 verließ er zeitgleich mit Charlie Chaplin, Bertolt Brecht und Thomas Mann, die als linke Intellektuelle in der McCarthy-Ära zum Auswandern veranlasst wurden, die USA, zog zunächst nach Prag und siedelte 1953 in die DDR über. In den ersten Jahren war der überzeugte Sozialist durchaus bereit, das DDR-Regime zu unterstützen. 1959 erhielt er den Nationalpreis der DDR für Kunst und Literatur. Doch bereits ab 1956 kam es zu ersten Konflikten mit der Staatsführung der DDR. 1965 wurde Heym ein Veröffentlichungsverbot auferlegt. Ab 1974 erschienen Erstveröffentlichungen Heyms nur noch in

Der junge Eitzen gedenkt der Schritte des Nachts in der leeren Kammer, im *Schwanen* zu Leipzig, aber das ist schon lange her, und Doktor Martinus hebt den Kopf, auf seinem geröteten Gesicht zeigt sich deutlich der Unwille: Warum weiß er von diesen Dingen nicht längst, warum braucht's diesen Leuchtentrager, ihm Nachricht zu bringen, und wie zuverlässig ist sie?

Frau Katharina will wissen, »Wo?« und »Wann?« und »Wie hat er ausgesehen?« und Melanchthon sagt, »'s gibt der Jüden genug, sehen einander ähnlich wie ein Ei dem anderen, wird sich wohl einer haben hervortun wollen und wir glauben's.«

Leuchtentrager aber erklärt, »Er hat das genagelte Kreuz gehabt an den Fußsohlen, fünf Nägel an jedem Fuß.«

Das überzeugt den Philipp Melanchthon nun doch, berührt ihn aber auch, denn trotz seines Hangs zu Buchstabe und Paragraph hat er ein empfindsam Gemüt und stellt sich vor, wie das sein muss, wenn einer mit so vielen Nägeln in den Fußsohlen verdammt ist, in alle Ewigkeit zu wandern, und außerdem weiß auch er, dass schlimme Zeiten kommen, wenn der Jude sich blicken lässt. »Wenn einer mit ihm sprechen könnt«, sagt er zögernd, »und ihn befragen: der Mann war dabei, als unser Herr Jesus Christus nach Golgatha zog, mit dem Kreuz auf der Schulter; er könnte uns manchen Zweifel beheben.«

»So«, sagt Doktor Martinus, »könnt er das? Welchen denn?«

»Zumindest«, erwidert Magister Philippus, »zumindest könnt er uns helfen, die Jüden zum alleinseligmachenden Glauben zu bekehren.«

Das leuchtet dem jungen Eitzen ein, denn einer, der unsern Herrn Jesus noch gesehen hat mit dem Kreuz auf der Schulter, muss auch wissen um dessen Heiligkeit. Um so erstaunter ist er über den neuen Zorn, der sich des Doktor Martinus bemächtigt hat.

»So«, sagt dieser zum anderen Mal, »so empfehl doch unserm gnädigsten Herrn, dem Kurfürsten, er soll den Jüden greifen lassen, wenn er greifbar ist, aber er ist so wenig greifbar wie der Teufel selber, er verschwindet unter den anderen Jüden, nur der Gestank bleibt, er ist wie sie und sie sind wie er, man möchte meinen, sind alle ewig.

Er blickt sich um im Kreise, ob denn auch ein jeder verstanden hat, von welch schwerwiegenden Themen er hier handelt. Die Köchin steht in der Tür mit dem Braten, aber sie wagt nicht, ihn hereinzutragen, solange der Herr Doktor so weise redet, und dieser bemerkt's nicht in seinem Eifer.

»Auch sind sie nicht zu bekehren«, sagt er, »denn jetzt noch nicht können sie von ihrem unsinnigen Ruhm ablassen, dass sie Gottes Volk seien, obzwar sie nun schon seit tausend und fünfhundert Jahren vertrieben, verstört und zu Grund verworfen sind, und all ihres Herzens Sehnen geht dahin, dass

westlichen Verlagen.

Nach der Wende kandidierte Heym bei der Bundestagswahl 1994 als Parteiloser für die PDS, legte aber im Oktober 1995 sein Mandat aus Protest gegen eine Diätenerhöhung der Abgeordneten nieder.

In seinen Werken setzte sich Stefan Heym – gerade wenn sie historische Themen behandelten – mit dem aktuellen Zeitgeschehen auseinander. Viele seiner Bücher wurden zu Bestsellern. Die auch Jahrzehnte nach seinem Exil noch in englischer Sprache geschriebenen Werke hat er später meistens selbst ins Deutsche übertragen.

Stefan Heyms *Ahasver* erzählt eine geheimnisvolle Geschichte. Einem Paul von Eitzen, einem mittelmäßigen und schon in jungen Jahren autoritätsgläubigen Menschen aus Hamburg, gelingt im 16. Jahrhundert eine hübsche theologische Karriere, er bringt es zum Superintendenten in Schleswig. Dass es einen Paul von Eitzen tatsächlich gegeben hat und dass er dem beschriebenen ähnelt, kann der Leser zur Kenntnis nehmen, muss es aber nicht. Es ist ein Luxus, den sich der Autor leistet, auch ein Beispiel für das erwähnte Nebeneinander von Fakten und dreister Behauptung, das Kunststück eines Erfinders mit reichem Fundus.

Ephraim Mose Lilien, Der Kabbalist, 1903.

JUDEN: DEIN ASCHENES HAAR SULAMITH

Eitzen jedenfalls erfährt auf seinem Weg durchs Leben wunderbare Unterstützung. Ein gewisser Leuchtentrager, zufällige Reisebekanntschaft, frisst einen Narren an dem blassen jungen Mann und hilft ihm, wie es so wirkungsvoll kein anderer könnte: Er lässt ihn Prüfungen mit Glanz bestehen, er lässt ihm Predigten einfallen, er macht seine Lenden feurig, und immer ist er da, wenn man ihn braucht. Zeitig kommen wir, die Leser, zu dem Schluss, dass dieser Leuchtentrager kein Wesen ist wie du und ich. Schon wie er geht (er hinkt), schon wie er riecht, schon wie er kommt; meistens kommt er gar nicht, sondern ist einfach da. Der Teufel also, die einzige natürliche Erklärung (...)

Jurek Becker

sie einmal mit uns Christen umgehen möchten wie zu Zeiten Esthers in Persien mit den Heiden. Und wissen wir heute noch nicht, welcher Teufel sie in unser Land gebracht hat, wir haben sie aus Jerusalem nicht geholt.«

Das leuchtet dem jungen Eitzen gleichfalls ein, denn er hat schon von seiner Erbtante in Augsburg erfahren, welch Unwesen die Jüden treiben im Lande und wie sie's von allen nehmen, von Reich und Arm, und nichts dafür geben.

»Bekehren!« ruft der gute Doktor Martinus, »die Jüden bekehren! Ich will euch meinen treuen Rat geben: erstlich, dass man ihre Synagogen und Schulen mit Feuer anstecke und nehme ihre Betbüchlein und Talmudisten und ihren Rabbinen verbiete zu lehren, und zum anderen, dass man den jungen starken Jüden in die Hand gebe Flegel, Axt und Spaten und sie arbeiten lasse im Schweiß ihrer Nasen; wollen sie's aber nicht tun, so soll man sie austreiben mitsamt ihrem ewigen Jüden, haben sich alle versündigt an unserm Herrn Christus und sind so verdammt wie jener Ahasver.«

Dem jungen Eitzen verwirren sich die Gedanken im Kopf, denn da ist wenig in des großen Luther Worten vom Geiste Christi, der da gebot: Liebet eure Feinde und segnet, die euch fluchen. Weil aber nicht so sehr Herr Jesus als unser Herr Doktor Martinus ihm wird helfen können bei seinem Aufstieg zu einer Kanzel, von wo er das Wort Gottes predigen mag, so denkt er, es wird schon sein Richtiges haben mit dem, was der gute Doktor soeben verkündet, und da die Köchin endlich den Braten hereinträgt und auf den Tisch stellt und alles so schön duftet, vergisst er das Ganze. Auch dem Doktor Martinus läuft nun das Wasser im Munde zusammen, sodass die eifernden Worte darin ertränkt sind, und er greift hinein in die Schüssel und nimmt sich das saftigste Stück, welches ihm auch von Herzen vergönnt sei.

Ephraim Mose Lilien, Elul-Melodien, 1902.

Johann Wolfgang von Goethe: Das Frankfurter Judengetto

Zu den ahnungsvollen Dingen, die den Knaben und auch wohl den Jüngling bedrängten, gehörte besonders der Zustand der Judenstadt, eigentlich die Judengasse genannt, weil sie aus kaum etwas mehr als einer einzigen Straße besteht, welche in frühen Zeiten zwischen Stadtmauer und Graben wie in einen Zwinger mochte eingeklemmt worden sein. Die Enge, der Schmutz, das Gewimmel, der Akzent einer unerfreulichen Sprache, alles zusammen machte den unangenehmsten Eindruck, wenn man auch nur am Tore vorbeigehend hineinsah. Es dauerte lange, bis ich allein mich hineinwagte, und ich kehrte nicht leicht wieder dahin zurück, wenn ich einmal den Zudringlichkeiten so vieler, etwas zu schachern unermüdet fordernder und anbietender Menschen entgangen war. Dabei schwebten die alten Märchen von Grausamkeit der Juden gegen die Christenkinder, die wir in Gottfrieds ›Chronik‹ grässlich abgebildet gesehen, düster vor dem jungen Gemüt. Und ob man gleich in der neuern Zeit besser von ihnen dachte, so zeugte doch das große Spott- und Schandgemälde, welches unter dem Brückenturm an einer Bogenwand, zu ihrem Unglimpf, noch ziemlich zu sehen war, außerordentlich gegen sie: denn es war nicht etwa durch einen Privatmutwillen, sondern aus der öffentlichen Anstalt verfertigt worden.

Indessen blieben sie doch das auserwählte Volk Gottes und gingen, wie es nun mochte gekommen sein, zum Andenken der ältesten Zeiten umher. Außerdem waren sie ja auch Menschen, tätig, gefällig und selbst dem Eigensinn, womit sie an ihren Gebräuchen hingen, konnte man seine Achtung nicht versagen. Überdies waren die Mädchen hübsch und mochten es wohl leiden, wenn ein Christenknabe, ihnen am Sabbat auf dem Fischerfelde begegnend, sich freundlich und aufmerksam bewies. Äußerst neugierig war ich daher, ihre Zeremonien kennenzulernen. Ich ließ nicht ab, bis ich ihre Schule öfters besucht, einer Beschneidung, einer Hochzeit beigewohnt und von dem Laubhüttenfest mir ein Bild gemacht hatte. Überall war ich wohl aufgenommen, gut gewirtet und zur Wiederkehr eingeladen: Denn es waren Personen von Einfluss, die mich entweder hinführten oder empfahlen.

Infolge der Beschlüsse des Laterankonzils (1215) und des Konzils von Basel (1431–1449) hatte Kaiser Friedrich III. die Entfernung aller Juden aus ihren Häusern in der Frankfurter Domgegend angeordnet.

Am Wollgraben, dem städtischen Abwasserkanal, wurde eine zweite Stadtmauer gebaut. Zwischen beiden Mauern entstand so die enge Judengasse. Sie wurde durch drei Tore abgeschlossen, die nur tagsüber geöffnet wurden. Hier lebte fortan die jüdische Gemeinde mit all ihren Einrichtungen: Vieh- und Geldhändler, Trödler und Bankiers, Bäcker, Metzger, Schneider, Schuster, Gelehrte und Kunstsammler, die Armen, die Reichen, Erwachsene, Kinder, Kranke und Gesunde. 1463 waren es 110 registrierte Personen. Hundert Jahre später bereits über 1200, und 1610 stieg die Einwohnerschaft auf 2270, das heißt, auf jeden Quadratmeter Wohnfläche kam ein Mensch. Dass sich in solcher Bedrängnis dennoch ein blühendes kulturelles Leben entfalten konnte, wurde nur durch ungewöhnliche Selbst- und Gemeinschaftsdisziplin möglich.

Juden: Dein aschenes Haar Sulamith

Moses Mendelssohn (1729–1786) wurde in Dessau als Sohn armer Eltern geboren. Wie allgemein üblich lernte er zu Hause Jiddisch-Deutsch. Ebenso üblich war die Einführung in die hebräische Sprache vom vierten Lebensjahr an. Mit 14 Jahren folgte Moses seinem Lehrer David Fränkel nach Berlin, lebte von einer Hauslehrertätigkeit und lernte Latein, Griechisch, Französisch, Englisch und Italienisch. Er kam in Kontakt mit vielen Persönlichkeiten des geistigen Lebens in Deutschland, wie Lessing, Herder, Wieland, Lichtenberg, den Brüdern von Humboldt und Kant. Mit Lessing verband ihn eine lebenslange Freundschaft. Er fühlte sich als deutscher Philosoph und fand sich als solcher anerkannt. Sein Buch *Phaedon oder über die Unsterblichkeit der Seele* von 1767 wurde in zehn Sprachen übersetzt und machte Mendelssohn international berühmt. »Was wir sind und was wir seyn werden«, schrieb er an Herder, »hängt im Übrigen so genau zusammen, daß Ein Zustand aus dem andern vollkommen zu begreifen seyn wird.«

Trotz seines öffentlichen Ansehens erfuhr er als Jude die üblichen Demütigungen. Als er im August 1776 nach Dresden reiste, wurde ihm bedeutet, was es hieß, in Deutschland ein Jude zu sein. Er musste sich am Tor mit einem »Leibzoll« von 20 Groschen wie ein Ochse verzollen lassen. Nachträglich war der Vorfall der sächsischen Regierung dann doch peinlich und sie erstatte dem Philosophen die 20 Groschen zurück, aber Mendelssohns bitterer Kommentar blieb dennoch gültig: »Wäre ich Christ geworden, könnte ich heute 20 Groschen sparen.«

Moses Mendelssohn: Welche Erniedrigung für unsere bedrängte Nation!

Ich überschicke Ihnen hier das 70. Stück der ›Göttingschen gelehrten Anzeigen‹. Lesen Sie den Artikel von Berlin. Die Herren Anzeiger rezensieren den 4ten Teil der Leßingschen Schriften, die wir so oft mit Vergnügen gelesen haben. Was glauben Sie wohl, dass sie an dem Lustspiele *Die Juden* aussetzen? Den Hauptcharakter, welcher, wie sie sich ausdrücken, viel zu edel und viel zu grossmüthig ist. Das Vergnügen, sagen sie, das wir über die Schönheit eines solchen Charakters empfinden, wird durch dessen Unwahrscheinlichkeit unterbrochen, und endlich bleibt in unserer Seele nichts als der bloße Wunsch für sein Dasein übrig.

Diese Gedanken machten mich schamroth. Ich bin nicht imstande, alles auszudrücken, was sie mich haben empfinden lassen. Welche Erniedrigung für unsere bedrängte Nation! Welche übertriebene Verachtung! Das gemeine Volk der Christen hat uns von jeher als den Auswurf der Natur, als Geschwüre der menschlichen Gesellschaft angesehen. Allein, von gelehrten Leuten erwarte ich jederzeit eine billigere Beurtheilung; von diesen vermuthete ich die uneingeschränkte Billigkeit, deren Mangel uns insgeheim vorgeworfen zu werden pflegt. Wie sehr habe ich mich geirrt, als ich einem jeden Christlichen Schriftsteller so viel Aufrichtigkeit zutraute, als er von andern fordert.

In Wahrheit! mit welcher Stirne kann ein Mensch, der noch ein Gefühl der Redlichkeit in sich hat, einer ganzen Nation die Wahrscheinlichkeit absprechen, einen einzigen ehrlichen Mann aufweisen zu können? Einer Nation, aus welcher, wie sich der Verfasser der *Juden* ausdrückt, alle Propheten und die größten Könige aufstanden.

Heinrich Heine: Das Christentum – aufs Kläglichste verunglückt

Da sehen wir nun, einige Jahrhunderte nach Christi Geburt, eine Religion emporsteigen, welche ewig die Menschheit in Erstaunen setzen, und den späteren Geschlechtern die schauerlichste Bewunderung abtrotzen wird. Ja, es ist eine große, heilige, mit unendlicher Süßigkeit erfüllte Religion, die dem Geist auf dieser Erde die unbedingteste Herrschaft erobern wollte. – Aber diese Religion war eben allzuerhaben, allzurein, allzugut für diese Erde, wo ihre Idee nur in der Theorie proklamiert, aber niemals in der Praxis ausgeführt werden konnte. Der Versuch einer Ausführung dieser Idee hat in der Geschichte unendlich viel herrliche Erscheinungen hervorgebracht, und die Poeten aller Zeiten werden noch lange davon singen und sagen. Der Versuch, die Idee des Christentums zur Ausführung zu bringen, ist jedoch, wie wir endlich sehen, aufs kläglichste verunglückt, und dieser unglückliche Versuch hat der Menschheit Opfer gekostet, die unberechenbar sind, und trübselige Folge derselben ist unser jetziges soziales Unwohlsein in ganz Europa.

»›Sind die Berliner denn Christen?‹, rief Signora voller Verwunderung? ›Es hat eine eigene Bewandtnis, mit ihrem Christentum. Dieses fehlt ihnen im Grunde ganz und gar, und sie sind auch viel zu vernünftig, um es ernstlich auszuüben. Aber da sie wissen, dass das Christentum im Staate nötig ist, damit die Untertanen hübsch demütig gehorchen, und auch außerdem nicht zuviel gestohlen und gemordet wird, so suchen sie mit großer Beredsamkeit wenigstens ihre Nebenmenschen zum Christentume zu bekehren, sie suchen gleichsam Remplacants [Stellvertreter, Ersatzmänner] in einer Religion, deren Aufrechterhaltung sie wünschen und deren strenge Ausübung ihnen selbst zu mühsam wird. In dieser Verlegenheit benutzen sie den Diensteifer der armen Juden, diese müssen jetzt für sie Christen werden, und da dieses Volk, für Geld und gute Worte, alles aus sich machen läßt, so haben sich die Juden schon so ins Christentum hineinexerziert, dass sie ordentlich über Unglauben schreien, auf Tod und Leben die Dreieinigkeit verfechten, in den Hundstagen sogar daran glauben, gegen die Rationalisten wüten, als Missionäre und Glaubensspione im Lande herumschleichen und erbauliche Traktätchen verbreiten, in den Kirchen am besten die Augen verdrehen, die scheinheiligsten Gesichter schneiden, und mit so viel hohem Beifall frömmeln, dass sich schon hie und da der Gewerbsneid regt und die älteren Meister des Handwerks heimlich klagen: das Christentum sei jetzt ganz in den Händen der Juden.‹«

Theodor Herzl: »Übers Jahr in Jerusalem!«

Die Judenfrage besteht. Es wäre töricht, sie zu leugnen. Sie ist ein verschlepptes Stück Mittelalter, mit dem die Kulturvölker auch heute beim besten Willen noch nicht fertig werden konnten. Den großmütigen Willen zeigten sie ja, als sie uns emanzipierten. Die Judenfrage besteht überall, wo Juden in merklicher Zahl leben …

Wir haben überall ehrlich versucht, in der uns umgebenden Volksgemeinschaft unterzugehen und nur den Glauben unserer Väter zu bewahren. Man lässt es nicht zu. Vergebens sind wir treue und an manchen Orten sogar überschwengliche Patrioten, vergebens bringen wir dieselben Opfer an Gut und Blut wie unsere Mitbürger, vergebens bemühen wir uns, den Ruhm unserer Vaterländer in Künsten und Wissenschaften, ihren Reichtum durch Handel und Verkehr zu erhöhen. In unseren Vaterländern, in denen wir schon seit Jahrhunderten wohnen, werden wir als Fremdlinge ausgeschrieen – oft von solchen,

Moses Mendelssohn hatte mit seinem Lebenswerk den jüdischen Mitbürgern den Weg in die geistige Welt ebnen helfen. Dennoch: Wie bereitwillig und offen sich die deutschen Juden auch die Kultur außerhalb der Gettos aneigneten, die gesellschaftliche Anerkennung ließ auf sich warten. Beispielsweise in Preußen. Als nach dem Wiener Kongress liberale Politiker wie Hardenberg und Wilhelm von Humboldt ihren Einfluss einbüßten, dozierte Innenminister Schuckmann: »Es gibt gewiss rechtliche und achtbare einzelne Juden, und ich kenne dergleichen selbst; aber der Charakter dieses Volkes ist im ganzen doch noch fortwährend aus niederträchtiger Eitelkeit, schmutziger Habsucht und listiger Gaunerei zusammengesetzt, und es ist unmöglich, dass ein Volk, welches mit Nationalgeist sich selber achtet, sie für seinesgleichen achten kann.« Und der Vertreter des Finanzministers, Wohlfahrt, führte aus: »Es wäre zu wünschen, wir hätten gar keine Juden im Lande. Die wir einmal haben, müssen wir dulden, aber unablässig bemüht sein, sie möglichst unschädlich zu machen. Der Übertritt der Juden zur christlichen Religion muss erleichtert werden, und mit dem sind alle staatsbürgerlichen Rechte verknüpft. Solange der Jude aber Jude bleibt, kann er keine Stellung im Staate einnehmen, in welcher er als Repräsentant der Regierung über christliche Staatsbürger gebieten würde.« Vergessen waren über Nacht Lessing und Kant, dispensiert das Staatsverständnis der Aufklärung, und so traten viele deutsche Juden aus dem Gefühl der Unsicherheit und Chancenlosigkeit zum Christentum über. Zu den namhaften Juden, die diesem Druck nachgaben, zählten Ludwig Börne und Heinrich Heine und auch jene Frauen, die mit ihren Salons einen bedeutenden Beitrag zur deutschen Kultur geleistet haben, Henriette Herz und Rahel Varnhagen van Ense, die ihre Eintrittskarte zur europäischen Kultur letztlich immer noch am Taufbecken erwerben mussten. Zwischen 1800 und 1810 wählten volle zehn Prozent der in den deutschen Staaten ansässigen Juden die Taufe als Ausweg, darunter selbst vier Kinder von Moses Mendelssohn.

Theodor Herzl (1860–1904) war Journalist und Begründer des modernen politischen Zionismus. Er ist der zentrale Vordenker und zugleich Wegbereiter eines jüdischen Staates. Wenngleich Herzl keinen Erfolg seiner Bemühungen sehen konnte, schuf er doch die ersten Voraussetzungen für die Gründung Israels im Jahre 1948. In seiner Autobiografie heißt es: »Als ich mein Buch beendigt hatte, bat ich einen meiner ältesten und besten Freunde, das Manuskript zu lesen. Während er es las, fing er plötzlich an zu weinen. Ich fand diese Erregung ganz natürlich, da er ein Jude war; ich hatte ja auch manchmal beim Schreiben geweint. Aber zu meiner Bestürzung gab er einen ganz anderen Grund für seine Tränen an. Er dachte, ich wäre irrsinnig geworden.«

deren Geschlechter noch nicht im Lande waren, als unsere Väter schon da seufzten. Wer der Fremde im Lande ist, das kann die Mehrheit entscheiden; es ist eine Machtfrage, wie alles im Völkerverkehr.

Niemand ist stark oder reich genug, um ein Volk von einem Wohnort nach einem andern zu versetzen. Das vermag nur eine Idee. Die Staatsidee hat wohl eine solche Gewalt. Die Juden haben die ganze Nacht ihrer Geschichte hindurch nicht aufgehört, diesen königlichen Traum zu träumen: »Übers Jahr in Jerusalem!« ist unser altes Wort. Nun handelt es sich darum zu zeigen, dass aus dem Traum ein taghellerer Gedanke werden kann.«

Die Wurzeln des Zionismus gehen über Theodor Herzl hinaus. Einerseits gab es über die Jahrtausende den Glauben an die messianische Erlösung, der immer mit Wunsch nach Rückkehr in das Land Israel und nach Zion (Jerusalem) verbunden war. Doch hatte dieser Glaube eine passive Dimension, da die erhoffte Zukunft dem Handeln Gottes anheimgestellt wurde. Andererseits entwickelte sich in Ost- und Mitteleuropa gegen Ende des 19. Jahrhunderts ein rassistischer Antisemitismus, hinter dem die liberalen Ideen von Emanzipation und Rechtsgleichheit zurücktraten. Gleichzeitig aber entstand im Judentum ein neues Selbstverständnis. Überall, wo Juden einen größeren Anteil an der Bevölkerung hatten, stellte sich die Frage, zu welcher der vielen nationalen und kulturellen Identitäten ihrer Umgebung sie sich bekennen sollten. Mit der Aufklärung war zugleich das Bewusstsein einer eigenen jüdischen Geschichte gestärkt worden. Es entstanden hebräische Nationalschulen, die ihre Schüler sowohl in der Weltkultur als auch einer modern verstandenen jüdischen Geschichte und hebräischen Literatur heimisch machen wollten. Dies alles gehört zum Rahmen, in dem sich die von Herzl initiierte zionistische Bewegung entwickelte und politische Strukturen gewann. Eines der ersten Ziele des Zionismus war, im Land Israel eine produktive Basis für eine lebensfähige Gesellschaft zu schaffen. Darum verband sich die Einwanderung nach Palästina vielfach mit bewusst bejahter manueller Arbeit, mit der Bildung einer jüdischen Bauern- und Arbeiterschaft. Damit war oft ein durchaus akzeptierter sozialer Abstieg verbunden, der sich mit sozialistischen Tendenzen verband, die zu gemeinschaftlichen Dörfern, den Kibbuzim, führten.

Isaac Bashevis Singer: Aufbruch nach Israel

Eines Tages verbreitete sich die Nachricht, Mosche Blecher wandere mit seiner Familie nach Israel aus. Ich weiß nicht mehr, wie groß seine Familie war, aber ich erinnere mich an einen erwachsenen Sohn oder vielleicht zwei. Mosche Blechers Entschluss, nach Palästina zu gehen, entsprang keiner Laune, er war das Ergebnis eines tiefsitzenden Dranges. Jedermann fragte sich, warum er so lange gewartet hatte.

Die Einzelheiten dieses Aufbruchs sind mir nur undeutlich in Erinnerung, denn ich war damals noch ziemlich jung. Viele Leute besuchten ihn in seiner Kellerwohnung, übergaben ihm Briefe, die er an der Klagemauer, an Rachels Grab oder vielleicht vor der Höhle von Machpelah [Abrahams Grab bei Hebron] niederlegen sollte. Ältere Leute baten ihn um ein Säckchen mit heiliger Erde. Mosche Blecher ging in heiterer Erregung umher. Sein Blick war trunken von Sehnsucht, Erwartung und Seligkeit, die nicht von dieser Welt waren ... Monate vergingen. Und dann kamen traurige Nachrichten. In einem Brief an meinen Vater stand, Mosche Blecher könne im Heiligen Land keine Arbeit finden. Er litt Mangel und Not. Seit Monaten mussten er und seine Familie sich von Reis und Wasser ernähren. Wir waren alle sehr bestürzt ...

Und er kam zurück. Sogar noch sonnenverbrannter, noch dunkelhäutiger sah er aus, und in seinem Bart waren mehr graue Haare als früher. Ein seltsamer Schimmer lag in seinen Augen. Er hatte genau den Blick, den man bei einem Menschen erwartet, der gestorben ist, aber aus irgendeinem Grund wieder zurück auf die Welt geschickt wurde ... Er hatte einen Sack kalkweißen Sand mitgebracht und viele Steinbrocken von Ruinen und heiligen Grabstätten. Immer wenn jemand starb, stiftete Mosche Blecher etwas Erde aus dem Heiligen Land für das Grab. Die Hinterbliebenen wollten dafür bezahlen, aber er trieb keinen Handel mit heiligen Dingen.

Es ist möglich, dass an meiner Geschichte etwas nicht stimmt. Aber wenn mich mein Gedächtnis nicht im Stich lässt, dann passierte Folgendes: Mosche Blechers Kinder heirateten; er war allein mit seiner Frau. Er brauchte nicht mehr viel zu arbeiten, blieb häufiger zu Hause und saß über den heiligen Büchern. Es scheint, dass er vor seiner Abreise ein Gegner der Zionisten gewesen war, die den Versuch unternahmen, seine Träume in praktische Wirklichkeit zu überführen. Mosche Blecher wollte den Messias und nur den Messias. Aber mit der Zeit begann er sich für die zionistischen Ideale zu erwärmen. Schließlich, sollen die Juden endlos warten, wenn der Messias nicht nahen will? Vielleicht ist es der Wunsch Gottes, dass die Juden das Kommen des

Maurice Sendak, Sollen wir endlos warten?, 1966.

Isaac Bashevis Singer (1902–1991), polnisch-amerikanischer Schriftsteller, der als erster und bislang einziger jiddischer Autor 1978 den Nobelpreis für Literatur erhielt. Nach längeren Eingewöhnungsschwierigkeiten – sein autobiografischer Roman über diese Zeit heißt *Verloren in Amerika* –, erlangte Singer erst mit der 1953 von Saul Bellow übersetzten, aber bereits 1945 entstandenen Kurzgeschichte *Gimpel der Narr* breitere Bekanntschaft. Sein Werk steht im Spannungsfeld zwischen Religion und Moderne. Charakteristisch ist seine Verbundenheit mit der jüdischen Mystik bei gleichzeitiger naturwissenschaftlicher Bildung und Vertrautheit mit der Philosophie. Der Literaturnobelpreis wurde ihm verliehen »für seine eindringliche Erzählkunst, die mit ihren Wurzeln in einer polnisch-jüdischen Kulturtradition universale Bedingungen des Menschen lebendig werden lässt«.

Messias erzwingen? Vielleicht müssen sich die Juden erst im Heiligen Land niederlassen, ehe der Messias das Heil bringt? Ich erinnere mich, dass er anfing, mit meinem Vater zu streiten. Mein Vater sah in den Zionisten Ungläubige, Gesindel, Gotteslästerer, die das Heilige Land besudelten! Aber Mosche Blecher pflegte darauf zu antworten: Vielleicht soll es so sein? Vielleicht sind sie die Vorhut des Messias? Vielleicht werden sie Buße tun und fromme Juden werden? Wer kennt die Fügungen des Himmels?

»Ein Mensch kann erst ins Heilige Land gehen, wenn er Jude ist«, sagte mein Vater.

»Und was sind sie? Christen? Sie bringen Opfer für die Juden. Sie legen Sümpfe trocken und bekämpfen die Malaria. Sie sind die wahren Märtyrer. Kann dieses Verdienst geschmälert werden?«

»Wenn der Herr das Haus nicht baut, ist alle Arbeit vergebens!«

»Der erste Tempel stammt auch aus Menschenhand und nicht von Engeln.«

Die Streitgespräche wurden immer hitziger. Mein Vater verdächtigte Mosche Blecher, ein Anhänger des Zionismus zu sein. Natürlich war er immer noch ein frommer Jude, wenn auch ein irregeleiteter, als er sogar Herzl beipflichtete. Mosche Blecher schien wie im Zustand der Umnachtung umherzugehen... Er ließ sich nicht nur mit Erwachsenen in Gespräche ein, auch mit Kindern. Buben im Lehrhaus konnten ihn fragen: »Stimmt es, dass die Sterne im Heiligen Land so groß wie Pflaumen sind?«

»Sicher, Kinder, sicher.«

»Ist es wahr, dass Lots Frau noch immer am Toten Meer steht und Stiere das Salz von ihr ablecken?«

»Irgendwer hat mir davon erzählt.«

»Kann man Rachel und ihre Kinder weinen hören?«

»Ich habe es nicht gehört, aber ein Heiliger kann es hören.«

»Reb Mosche, isst man im Heiligen Land auch Brot?«

»Wenn man welches hat, isst man es.«

Mosche Blecher nahm greisenhafte Züge an. Es war nicht mehr zu leugnen. Ursache für sein merkwürdiges Verhalten muss seine tiefe Sehnsucht gewesen sein, denn eines Tages kehrte Mosche Blecher nach dem Heiligen Land zurück.

Diesmal ohne tränenreichen Abschied auf der Straße und ohne Briefe. Mosche Blecher und seine Frau verschwanden einfach. Nach einiger Zeit vermisste man sie und stellte Nachforschungen an. Es wurde offenbar, dass er seinem Verlangen nach dem Land der Väter nicht länger hatte widerstehen können, seinem Verlangen, zurückzukehren ins Land der Feigen-, Dattel- und Mandelbäume, wo Ziegenböcke Johanniskraut fressen und moderne Menschen Siedlungen bauen, Eukalyptusbäume pflanzen und die heilige Sprache auch an Wochentagen sprechen ...

Joseph Roth: Ostjuden

Roth schildert in seinem Essay *Juden auf Wanderschaft* von 1927 das Leben der Juden in Europa, vom östlichen »Schtetl« bis zu den Gettos im Westen. Er verteidigt darin die sich auflösende, religiös verankerte Welt der Ostjuden gegen die Arroganz der Assimilation. Wie in vielen seiner späten Erzählungen führt Roth den Leser zurück in die Welt des ostgalizischen Schtetls nach dem Vorbild seines Geburtsorts Brody.

»Schauend und schreibend fuhr er durch ganz Europa, von Moskau bis Marseille, ja bis in die finstersten Winkel von Albanien und Germanien. Er wurde rasch Deutschlands berühmtester Feuilletonist, ein Prosaist ersten Ranges, ein Meister der kurzen Prosa und der deutschen Sprache. Die besten seiner Artikel und Feuilletons, die er durch mehr als zwanzig Jahre schrieb, verdienen in jeder Anthologie ›klassischer‹ deutschen Prosa ihren besonderen und schönen Platz. Er sah mit neuen Augen und schrieb mit der Kraft des Dichters und dem Mut des Moralisten, mit dem beißenden, zuweilen tiefem Witz des pessimistischen Skeptikers und mit der sanften Bitterkeit des melancholischen Romantikers.« (Hermann Kesten)

In schmutzigen Straßen, in verfallenen Häusern leben die Juden. Der christliche Nachbar bedroht sie. Der Herr schlägt sie. Der Beamte lässt sie einsperren. Der Offizier schießt auf sie, ohne bestraft zu werden. Der Hund verbellt sie, weil sie mit einer Tracht erscheinen, die Tiere ebenso wie primitive Menschen reizt. In dunklen »Chedern« werden sie erzogen. Die schmerzliche Aussichtslosigkeit des jüdischen Gebets lernen sie im frühesten Kindesalter kennen; den leidenschaftlichen Kampf mit einem Gott, der mehr straft als er liebt und der einen Genuss wie die Sünde ankreidet; die strenge Pflicht, zu lernen und mit jungen Augen, die noch hungrig nach der Anschauung sind, das Abstrakte zu suchen.

Ostjuden gehen meist nur als Bettler und Hausierer über Land. Die große Mehrzahl kennt den Boden nicht, der sie ernährt. Der Ostjude fürchtet sich in fremden Dörfern und in Wäldern. Er ist teils freiwillig, teils gezwungen ein Abgesonderter. Er hat nur Pflichten und keine Rechte, außer denen auf dem bekannten Papier, das nichts verbürgt. Aus Zeitungen, Büchern und von optimistischen Emigranten hört er, dass der Westen ein Paradies sei. In Westeuropa gibt es einen gesetzlichen Schutz vor Pogromen. Juden werden in Westeuropa Minister und sogar Vizekönige. In vielen ostjüdischen Häusern ist das Bild jenes Moses Montefiore zu sehn, der am Tisch des Königs von England rituell gespeist hat. Der große Reichtum der Rothschilds wird im Osten märchenhaft übertrieben. Hier und da schreibt ein Ausgewanderter einen Brief, in dem er den Daheimgebliebenen die Vorzüge der Fremde schildert. Die meisten jüdischen Emigranten haben den Ehrgeiz, nicht zu schreiben, solange es ihnen

Joseph Roth (1894–1939) wurde in dem galizischen Schtetl Brody geboren, das damals zur Österreichisch-Ungarischen Monarchie gehörte. Der Erste Weltkrieg und der darauf folgende Zerfall Österreich-Ungarns wurde für ihn zum wegweisenden Erlebnis. Im Gegensatz zu vielen anderen, die bei Kriegsbeginn von einer später kaum mehr nachvollziehbaren nationalen Begeisterung erfasst wurden, vertrat er eine pazifistische Position. Doch im Verlauf der Zeit erschien ihm – als kriegsuntauglich eingestuft – die eigene Haltung als beschämend und peinlich: Roth meldete sich freiwillig zum Militärdienst.

Nach Kriegsende arbeitete er bei verschiedenen Zeitungen. Von 1923 bis 1932 war er Korrespondent der renommierten *Frankfurter Zeitung*.

Am 30. Januar 1933, als Hitler zum Reichskanzler ernannt wurde, ging Joseph Roth ins Exil. Er schrieb an Stefan Zweig: »Inzwischen wird es Ihnen klar sein, dass wir großen Katastrophen zutreiben. Abgesehen von den privaten – unsere literarische und materielle Existenz ist ja vernichtet – führt das Ganze zum neuen Krieg. Ich gebe keinen Heller mehr für unser Leben. Es ist gelungen, die Barbarei regieren zu lassen. Machen Sie sich keine Illusionen. Die Hölle regiert.«

Bald wurden auch seine Bücher verbrannt. Roth ging nach Paris. Anders als vielen emigrierten Schriftstellern gelang es ihm, produktiv zu bleiben und sogar Publikationsmöglichkeiten zu finden.

In den letzten Jahren verschlechterte sich seine finanzielle und gesundheitliche Situation. Am 23. Mai 1939 wurde er in das

Armenspital Hôpital Necker eingeliefert, nachdem er zuvor im Cafe Tournon zusammengebrochen war (angeblich infolge der Nachricht vom Selbstmord Ernst Tollers). Er starb noch vor Ausbruch des Zweiten Weltkriegs am 27. Mai.

Roth hat, seinem Ende schon nahe, die Sehnsucht nach einer Heimkehr in die (auch religiöse) Geborgenheit der jüdischen Kultur des »Schtetl« auf wunderbare Weise ins Katholische transformiert in der Legende vom Heiligen Trinker, wo der von Wundern und Gottesgnade geradezu verfolgte obdachlose Trinker im Tod Erlösung und Heimkehr findet.

Chaim Weizmann (1874–1952) studierte nach Cheder und Gymnasium Biochemie in Darmstadt und Berlin. Er war ein früher Anhänger von Theodor Herzl. Schon bald nach dessen Tod 1904 wurde er dazu bestimmt, auf dem Verhandlungsweg allen Juden eine »nationale Heimstätte« zu sichern. Ostjüdische Herkunft und westliche Urbanität machten ihn zu einem exzellenten Diplomaten, dem es 1917 gelang, die sogenannte Balfour-Erklärung herbeizuführen, in der sich Großbritannien bereiterklärte, die Zielsetzung des Zionismus zu unterstützen. 1920 bis 1930 und 1935 bis 1946 war Weizmann Präsident der *Zionistischen Weltorganisation*; von 1949 bis 1952 wirkte er als erster Staatspräsident Israels.

schlecht geht; und das Bestreben, die neue Wahlheimat vor der alten herauszustreichen. Sie haben die naive Sucht des Kleinstädters, den Ortsgenossen zu imponieren. In einer kleinen Stadt des Ostens wird der Brief eines Ausgewanderten eine Sensation. Alle jungen Leute des Orts – und sogar die Älteren – ergreift die Lust, auch auszuwandern; dieses Land zu verlassen, in dem jedes Jahr ein Krieg und jede Woche ein Progrom ausbrechen könnte. Und man wandert, zu Fuß, mit der Eisenbahn und auf dem Wasser, nach den westlichen Ländern, in denen ein anderes, ein bisschen reformiertes, aber nicht weniger grausames Getto sein Dunkel bereithält, die neuen Gäste zu empfangen, die die Schikanen der Konzentrationslager halb lebendig entkommen sind. [Die KZs entstanden 1933.]

Wenn hier die Rede von Juden war, die das Land nicht kennen, das sie ernährt – so war damit der größte Teil der Juden gemeint: nämlich der in Frömmigkeit und nach den alten Gesetzen lebende. Es gibt freilich Juden, die weder den Herrn noch den Hund, weder die Polizei noch die Offiziere fürchten, die nicht im Getto leben, Kultur und Sprache der Wirtsvölker angenommen haben – den Westjuden ähnlich und eher gesellschaftliche Gleichberechtigung genießen als diese; dennoch in der freien Entfaltung ihrer Talente immer noch gehemmt, solange sie ihre Konfession nicht gewechselt, und sogar, nachdem sie es getan haben. Denn unvermeidlich ist die durchaus jüdische Verwandtschaft des glücklich Assimilierten, und selten entgeht ein Richter, ein Advokat, ein Kreisarzt jüdischer Abstammung dem Schicksal, einen Onkel zu besitzen, einen Vetter, einen Großvater, der schon durch sein Aussehen die Karriere des Arrivierten gefährdet und dessen gesellschaftliche Achtung beeinträchtigt.

Chaim Weizmann: Cheder-Jahre

Motol war typisch für diese jüdischen Siedlungen im Grenzgebiet: Es war ein trostloses Nest. In diesem Ort, der halb Kleinstadt, halb Dorf war, lebte ich von meiner Geburt im Jahre 1874 bis zu meinem elften Lebensjahr. Hier empfing ich meine ersten Eindrücke, sowohl von der jüdischen Welt als von der andersgläubigen.

Wie alle jüdischen Kinder kam ich im Alter von vier Jahren in den Cheder, die jüdische Schule. Und wie alle Cheders war auch der meinige schmutzig. Er bestand aus einem Schulzimmer, das zugleich der einzige Wohnraum der Lehrerfamilie war. Wenn sich mein Cheder von anderen unterschied, so höchstens dadurch, dass wir auch eine Familienziege hatten, die bei schlechtem Wetter sich in unsere Schulstube flüchtete. Und wenn sich mein erster Rabbi oder Lehrer von anderen unterschied, so war es durch seine absolute pädagogische Unfähigkeit. Dass in unserem Schulzimmer gewöhnlich Wäsche hing, dass die zahlreichen Kinder des Lehrers auf dem Fußboden herumkrabbelten, dass ein ununterbrochener ohrenbetäubender Lärm herrschte, war nichts Ungewöhnliches. Ebenso war es nicht ungewöhnlich, dass weder der Lärm noch das Durcheinander von Menschen uns die Seelenruhe raubte oder unsere Konzentrationsfähigkeit beeinträchtigte.

Im Frühling oder Herbst, wenn der Cheder ein winziges Eiland in einem Meer von Schlamm war, und im Winter, wenn der Schnee ihn fast ganz bedeckte, musste ich von einem Knecht oder meinem älteren Bruder hingetragen werden. War ich einmal dort, dann blieb ich von morgens bis abends mit den anderen Kindern in diesen vier Wänden eingesperrt. Unser Essen hatten wir mit und verzehrten es in den kurzen Pausen zwischen dem Unterricht, oft mit dem offenen Buch vor uns. Da wir an dunklen Winternachmittagen nur bei künstlicher Beleuchtung weiterarbeiten konnten, Kerzen eine Art Luxus und Petroleumlampen einfach nicht zu bekommen waren, mussten die Schüler reihum jeder ein Pfund Kerzen mitbringen als Beitrag zur Erziehung der kommenden Generation.

Im Laufe meiner Cheder-Jahre hatte ich verschiedene Lehrer, und als ich elf Jahr alt war, oder noch früher, stellte man bereits beträchtliche Anforderungen an meine geistigen Fähigkeiten. Man erwartete von mir, dass ich die verwickelten Satzungen des babylonischen Talmud verstehe (ganz richtig verstehe ich sie heute noch nicht), so wie sie mir vom Rabbi erklärt und eingetrichtert wurden, und seine Auslegungen waren nicht gerade sehr lichtvoll. Er konnte nie verstehen, dass die Texte überhaupt einer Erklärung bedurften. Er meinte, jeder jüdische Knabe müsse die Dinge, die ebenso einfach wie heilig wären, instinktiv erfassen, zumindest wenn er die betreffenden Seiten im Buch ansah. Ich teilte zwar seine Ansicht nicht, aber er schüchterte mich zu sehr ein, das dass ich gewagt hätte, in Bezug auf seine Methoden eine entgegengesetzte Meinung zu äußern, wenn mir tatsächlich ihre Unzulänglichkeit bewusst geworden wäre ...

Wir Kinder waren ziemlich viel uns selbst überlassen, da der Vater die meiste Zeit weg war. Die Mutter war selbstverständlich der Mittelpunkt des Hauses. Doch sie war in jenen Jahren –

Ephraim Mose Lilien, Vater und Sohn, 1903.

und auch noch lange Zeit danach – immer entweder in anderen Umständen oder sie stillte ein Kind, so dass ihre Kräfte nicht ausreichten, sich auch um die heranwachsenden Kinder zu kümmern. Fünfzehn Kinder schenkte sie meinem Vater. Drei davon starben im Kindesalter, aber zwölf wuchsen zu Männern und Frauen heran. Kindergebären empfand sie nicht als Last. Sie wünschte sich so viele Kinder wie möglich, und sie bekam sie, glücklich und ohne Unterbrechung, von ihrem siebzehnten bis zu ihrem sechsundvierzigsten Jahr. Als mein jüngster Bruder zur Welt kam, war sie bereits Großmutter, und die zwei Kinder meiner ältesten Schwester freuten sich, dass ihnen ein Onkel geboren wurde. Die dauernde Schwangerschaft meiner Mutter erschien uns als etwas ganz Selbstverständliches. Ich erinnere mich: Ich war ein Schuljunge in Pinsk und von zu Hause weg und sparte Kopeke um Kopeke, um der Mutter eine neue Wiege zu kaufen, weil die alte aus den Fugen ging. Und ich weiß noch, wie ich sie mitschleppte, als ich zu Besuch nach Hause fuhr, um sie stolz der Mutter für »das Nächste« überreichte.

Ernst Toller: Jude, hep, hep, hep!

Ich habe geglaubt, alle Jungen und Mädchen gehen zusammen in eine Schule. Ilse und Paul gehen in die »evangelische«, Stanislaus in die »katholische«, ich in die »jüdische«. Dabei lernen sie lesen und schreiben wie ich, und die Schulhäuser sehen eins aus wie das andere.

Der Lehrer heißt Herr Senger. Wenn er morgens die Türe aufreißt, rufen wir: »Guten Morgen, Herr Senger.« Er setzt sich aufs Katheder und legt den Rohrstock neben sich. Wer seine Aufgabe nicht gelernt hat, muss seine Hände vorstrecken, dann schlägt Herr Senger mit dem Rohrstock darauf, »Zur Strafe«, sagt er. Wer seine Aufgabe gelernt hat, den nimmt Herr Senger auf die Knie, er muss seine Backe an die Backe von Herrn Senger legen, die ist stachelig, und Herr Senger reibt sich daran, »Zur Belohnung«, sagt er.

In der Pause zeigen wir uns die Frühstücksstullen.

»Ich habe Fleisch.«

»Ich habe Käse.«

»Was hast du drauf?«

»Er hat gar nichts drauf.«

Kurt will seine leere Stulle verstecken, wir lassen es nicht zu, wir lachen ihn aus, Kurt ruft: »Ich werde es meiner Mutter erzählen«, wir rufen: »Petzer«, Kurt wirft sein Brot in den Sand und weint.

Wie wir von der Schule nach Haus gehen, sagt Max: »Meine Eltern erlauben nicht, dass ich mit Kurt spiele, seine Mutter wäscht bei uns jede Woche, alle armen Leute sind schmutzig und haben Flöhe.«

Ernst Toller (1893–1939) war Schriftsteller, Politiker und Revolutionär. Als zeitweiliger Vorsitzender der bayerischen USPD und Protagonist der Münchner Räterepublik wurde er nach deren Niederschlagung im Mai 1919 zu fünf Jahren Festungshaft verurteilt und entging damit nur knapp einer zunächst drohenden Todesstrafe.

In seinem zweiten Gefängnisjahr – 1920 – sieht Toller, was auf Deutschland zukommt: »Alle Zeichen deuten auf eine militärische Diktatur. Ich habe manchmal das Gefühl, als ob ich aufschreien müsste wider diese Zeit, um mich von den lebendigen Nachtmahren zu befreien, die in ungeheuerlichem Gewimmel der Brutalität, der Hassorgien,

Ich spiele mit Stanislaus. Ich habe eine Eisenbahn geschenkt bekommen. Ich bin der Lokomotivführer. Stanislaus ist Weichensteller. Mitten in der Fahrt bremse ich.

»Weiterfahren«, ruft Stanislaus, er steckt zwei Finger in den Mund und pfeift schrill.

»Hast du Flöhe?«

»Fahr weiter.«

»Bist du schmutzig?«

Stanislaus tritt mit seinem Fuß auf die Eisenbahn und zerbiegt das schöne Spielzeug zu einem Haufen Blech.

»Wenn Max doch sagt, dass alle armen Leute schmutzig sind und Flöhe haben.«

»Jetzt hast du meine Eisenbahn kaputt gemacht, und du willst mein Freund sein?«

»Ich bin nicht dein Freund. Ich hasse euch.«

Auf der Straße schreien die Kinder: »Jude, hep, hep, hep!« Ich habe es früher nie gehört. Nur Stanislaus schreit nicht, ich frage Stanislaus, warum die andern so schreien?

»Die Juden haben in Konitz einen Christenjungen geschlachtet und das Blut in die Matzen gebacken.«

»Das ist nicht wahr!«

»Dass wir schmutzig sind und Flöhe haben, das ist wohl wahr, wie?«

Lehrer Senger geht über den Marktplatz. Ein Junge läuft hinter ihm her und singt:

>»Jiddchen, Jiddchen, schillemachei,
>Reisst dem Juden sein Rock entzwei,
>Der Rock ist zerrissen,
>Der Jud hat geschissen.«

Lehrer Senger geht, ohne sich umzudrehen, weiter. Der Junge ruft: »Konitz, hep, hep! Konitz, hep, hep!«

»Glaubst du wirklich«, frage ich Stanislaus, »dass die Juden in Konitz einen Christenjungen geschlachtet haben? Ich werde nie mehr Matzen essen.«

»Quatsch! Gib sie mir.«

»Warum rufen die Jungen: Jude, hep, hep?«

»Rufst du nicht auch Polack?«

der völligen Nichtachtung des Lebens, der Seelenlosigkeit mich umschwirren. Die Katastrophe scheint unaufhaltsam.«

Vor den meisten anderen erkennt er die Gefahr: »Um den Mann Adolf Hitler scharen sich unzufriedene Kleinbürger, frühere Offiziere, antisemitische Studenten und entlassene Beamte. Sein Programm ist primitiv und einfältig. Die Marxisten und Juden sind die inneren Feinde und an allem Unglück schuld, sie haben das unbesiegte Deutschland hinterrücks gemeuchelt und dann dem Volk eingeredet, Deutschland hätte den Krieg verloren. Hitler stachelt das Volk zu wütendem Nationalismus auf.«

Johann Michael Voltz: Hep-Hep-Krawalle in Frankfurt am Main, 1819.

1932 emigrierte Toller in die Schweiz. Nach der Machtübernahme der Nationalsozialisten wurde er aufgrund seiner jüdischen Herkunft und politischen Haltung formell aus Deutschland ausgebürgert. Seine Werke gehörten zur Liste der im Mai 1933 als »undeutsch« diffamierten Bücher. Nach mehreren Exilsländern kam er 1937 in die USA. Neben persönlichen Enttäuschungen resignierte der Pazifist und politische Moralist Ernst Toller zusehends angesichts der real erlebten Erfolge faschistischer Bewegungen, vor denen er bereits in den 1920er Jahren gewarnt hatte. Depressive Schübe häuften sich, bis er schließlich 1939 in den Vereinigten Staaten im Alter von 45 Jahren Suizid beging.

Juden: Dein aschenes Haar Sulamith

Toller schrieb in den 1920er-Jahren Schauspiele und Erzählwerke im Stil der Neuen Sachlichkeit. Er war ein prominenter Vertreter der *littérature engagée* der Weimarer Republik, der mit literarischen Texten zugleich politisch wirken wollte:

»Kann Kunst die Wirklichkeit beeinflussen? Kann der Dichter vom Schreibtisch her Einfluss auf die Politik seiner Zeit gewinnen? Es gibt Autoren, die diese Frage verneinen, ich bejahe sie … Kunst erreicht mehr als den Verstand, sie verankert sein Gefühl. Sie gibt dem verankerten Gefühl geistige Legitimation. Ich glaube darum, dass der Künstler nicht Thesen begründen, sondern Beispiele gestalten soll. Kunst gehört zu jenen seltenen geistigen Mitteln, verschüttete Instinkte zu erhellen, tapfere Haltungen zu schulen, spontanes Gefühl für Menschlichkeit, Freiheit und Schönheit zu vertiefen.«

»Das ist etwas anderes.«

»Ein Dreck! Wenn du's wissen willst, Großmutter sagt, die Juden haben unseren Heiland ans Kreuz geschlagen.«

Ich laufe in die Scheune, verkrieche mich im Stroh und leide bitterlich. Ich kenne den Heiland, er hängt bei Stanislaus in der Stube, aus den Augen rinnen rote Tränen, das Herz trägt er offen auf der Brust, und es blutet, »Lasset die Kindlein zu mir kommen«, steht darunter. Wenn ich bei Stanislaus bin und niemand aufpasst, gehe ich zum Heiland und bete.

»Bitte, lieber Heiland, verzeih mir, dass die Juden dich totgeschlagen haben.«

Abends im Bett frage ich Mutter:
»Warum sind wir Juden?«
»Schlaf, Kind, und frag nicht so töricht.«
Ich schlafe nicht. Ich möchte kein Jude sein. Ich möchte nicht, dass die Kinder hinter mir herlaufen und »Jude« rufen.

Im Jahr 1819 kam es in Deutschland zu antijüdischen Feindschaften, die unter dem Namen Hepp-Hepp-Unruhen in die Geschichte eingegangen sind. Die Brüder Grimm deuteten den Hetz- und Spottruf »Hepp-Hepp« als Zuruf an die Ziegenböcke in Franken, der schmähend auf die Juden wegen ihrer Ziegenbärte übertragen worden sei. In Frankfurt vertrieb man die Juden von der öffentlichen Promenade, zerschlug ihre Fensterscheiben, verwüstete den Hausrat. In Flugschriften wurden die Massen aufgehetzt: »Brüder in Christo! Auf, auf, sammelt euch, rüstet euch mit Mut und Kraft gegen die Feinde eures Glaubens. Es ist Zeit, das Geschlecht der Christusmörder zu unterdrücken, damit sie nicht Herrscher werden über euch und unsere Nachkommen … Darum nieder, nieder mit ihnen, ehe sie unsere Priester kreuzigen, unsere Heiligtümer schänden und unsere Tempel zerstören. Noch haben wir Macht über sie und die Gewalt in unseren Händen … Diese Juden, die hier unter uns leben, die sich wie verzehrende Heuschrecken unter uns verbreiten und die das ganze preußische Christentum dem Umsturz drohen, das sind Kinder derer, die da schrieen: Kreuzige, Kreuzige! Nun auf zur Rache! Unser Kampfgeschrei sei: Hepp! Hepp! Hepp! Aller Juden Tod und Verderben. Ihr müsst fliehen oder sterben!«

Man hatte die Zeit der Judenverfolgungen für überwunden gehalten und auch gehofft, die Schwierigkeiten bei der Integration der Juden würden sich lösen lassen, doch zeigte sich nun, dass der Judenhass in der Bevölkerung weiterlebte und gerade da wieder auflebte, wo man die rechtliche Emanzipation erreicht zu haben glaubte. Deutlich wurde auch, dass die Aufklärung nur eine kleine Gruppe von Intellektuellen erreicht hatte, während sich in Kirchen und Volk die alten Klischees von der Schuld der Juden am Tode Jesu hielten.

Siegfried von Vegesack: Christus in München

Als der Herr Jesus Christus nach München kam
Und gleich beim Hauptbahnhof ein möbliertes Zimmer nahm,
Warf ihn ein Schupo nachts aus dem Bette
Und fragte, ob er auch eine Einreiseerlaubnis hätte.
Der Herr Jesus Christus zeigte auf das Evangelium.
Der Schupo blätterte darin herum
Und sagte: »Dies ist kein Ausweispapier –
Kommen Sie mit auf das Polizeirevier!«
Der Herr Jesus Christus kam auf die Polizei.
Man fragte ihn, wo er geboren, und wer und was er sei.
Der Herr Jesus Christus sprach: »Ich bin geboren in Bethlehem,
Gestorben auf Golgatha bei Jerusalem;
Der Schreiner Josef war mein Vater und war es doch nie,
Meine Mutter war Jungfrau und hieß Marie.«
Der Schupo fragte ihn: »Sind Sie Christ oder Jude?«
Dem Herrn Jesus Christus war es seltsam zu Mute,
er lächelte und sagte: »Ich bin Jude und Christ!«
Da schrie ihn der Schupo an: »Mensch reden Sie keinen Mist
Und wo wollten Sie denn in Bayern hin?«
Der Herr Jesus Christus sprach: »Ich wollte sehn, wie ich gestorben bin;
Das kann man sich ja jetzt alles genau
bei Euch ansehen in Oberammergau!«
Da hat ihn der Schupo schrecklich angeblickt
Und ihn angebrüllt: »Mensch, Sie sind wohl verrückt!
Nach Oberammergau wollen Sie – Sie?
Das ist doch nur für Christen und unsere Fremdenindustrie!
Aber Sie und die ganze Schlawiner- und Judenbande
Schmeißen wir raus aus unserm christlichen Bayernlande!«
Und der Herr Jesus Christus ward zum Bahnhof geführt
Und noch selbigen Tages in einem Viehwagen abtransportiert.
Leider hat man nicht mehr vernommen,
Wohin der Herr Jesus Christus aus Bayern gekommen,
Ob er nach Wien oder nach der Tschechoslovakei,
Nach Jerusalem oder Berlin abgeschoben sei.
Vielleicht, dass man ihn auch gefangen hält
In der Ordnungszelle Niederschönenfeld.

A. Paul Weber, Der Schlag ins Leere, 1934.

Siegfried von Vegesack (1888–1974) wuchs im Baltikum auf, war zeitweilig Journalist, Schriftsteller und Übersetzer. Nach dem Ersten Weltkrieg fand er in Bayern in einem verlassenen Wirtschaftsgebäude der Burgruine Weißenstein ein neues Zuhause. 1933 wurde Vegesack in Schutzhaft genommen, weil er eine Hakenkreuzfahne von der Burgruine entfernt hatte. Daraufhin emigrierte Vegesack nach Schweden, verbrachte die Jahre 1936 bis 1938 in Südamerika und kehrte nach weiteren Reisen später nach Deutschland zurück. In den Kriegsjahren 1941 bis 1944 wurde er als Wehrmachtsdolmetscher eingesetzt. Seit 1956 war er Mitglied der *Deutschen Akademie für Sprache und Dichtung*.

Niederschönfeld war in den 1920er-Jahren Gefängnis für politische Gefangene.

Theodor Kramer (1897–1958), österreichischer Lyriker, der nach dem »Anschluss« Österreichs an das Deutsche Reich als Jude und Sozialdemokrat Arbeits- und Berufsverbot erhielt. Seine Schriften kamen auf die Liste »undeutscher Bücher«. Es gelang ihm, 1939 nach London zu emigrieren, wo er 1946 die britische Staatsbürgerschaft erhielt und bis 1957 lebte. Er stand in engem Kontakt mit Kollegen wie Elias Canetti, Erich Fried und Hilde Spiel.

Nach dem Krieg lehnte Kramer das Angebot ab, nach Wien zurückzukehren. In den 1950er-Jahren vereinsamte er immer mehr und erkrankte an Depressionen. Erst 1957 wurde er auf Intervention eines Freundes und Bruno Kreiskys nach Wien zurückgeholt, wo er eine Ehrenpension des Bundespräsidenten erhielt. Er starb 1958, unglücklich und wenig beachtet.

»Einen der größten Dichter der jüngeren Generation« nannte ihn Thomas Mann. Stefan Zweig und Carl Zuckmayer förderten seine Arbeiten. Und doch genügten die achtzehn Jahre des Exils in Großbritannien, um sein Werk der Vergessenheit anheimfallen zu lassen.

Theodor Kramer: Wer läutet draußen an der Tür?

Wer läutet draußen an der Tür?
kaum dass es sich erhellt?
Ich geh schon, Schatz. Der Bub hat nur
die Semmeln hingestellt.

Wer läutet draußen an der Tür?
Bleib nur; ich geh, mein Kind.
Es war ein Mann, der fragte an
beim Nachbar, wer wir sind.

Wer läutet draußen an der Tür?
Lass ruhig die Wanne voll.
Die Post war da; der Brief ist nicht
dabei, der kommen soll.

Wer läutet draußen an der Tür?
Leg du die Betten aus.
Der Hausbesorger war's: wir sollen
am Ersten aus dem Haus.

Wer läutet draußen an der Tür?
Die Fuchsien blühn so nah.
Pack, Liebste, mir mein Waschzeug ein
und wein nicht: sie sind da.

Nelly Sachs (1891–1970), jüdische deutsch-schwedische Schriftstellerin und Lyrikerin. 1966 verlieh das Nobelpreiskomitee ihr – gemeinsam mit Samuel Joseph Agnon – den Nobelpreis für Literatur »für ihre hervorragenden lyrischen und dramatischen Werke, die das Schicksal Israels mit ergreifender Stärke interpretieren«.

Sie wuchs in einer assimilierten jüdisch-großbürgerlichen Atmosphäre auf. Sie lebte mit ihren Eltern zurückgezogen und blieb auch in der NS-Zeit so unauffällig, wie das für Juden möglich und notwendig war. Wiederholt wurde sie zu Gestapo-Verhören einbestellt; die Wohnung wurde von SA-Leuten geplündert. Gezwungenermaßen setzte sie sich mit ihrer jüdischen Herkunft

Nelly Sachs: Das Leiden Israels

Wir Steine
Wenn einer uns hebt
Hebt er Urzeiten empor –
Wenn einer uns hebt
Hebt er den Garten Eden empor –

Wenn einer uns hebt
Hebt er Billionen Erinnerungen in seiner Hand
Die sich nicht auflösen im Blute
Wie der Abend.
Denn Gedenksteine sind wir
Alles Sterben umfassend …

Nelly Sachs: Völker der Erde

Völker der Erde
ihr, die ihr euch mit der Kraft der unbekannten
Gestirne umwickelt wie Garnrollen,
die ihr näht und wieder auftrennt das Genähte,
die ihr in die Sprachverwirrung steigt
wie in Bienenkörbe,
um im Süßen zu stechen
und gestochen zu werden –

Völker der Erde,
zerstöret nicht das Weltall der Worte,
zerschneidet nicht mit den Messern des Hasses
den Laut, der mit dem Atem zugleich geboren wurde.

Völker der Erde,
O dass nicht Einer Tod meine, wenn er Leben sagt –
und nicht Einer Blut, wenn er Wiege spricht –

Völker der Erde,
lasset die Worte an ihrer Quelle,
denn sie sind es, die die Horizonte
in die wahren Himmel rücken können
und mit ihrer abgewandten Seite
wie eine Maske dahinter die Nacht gähnt
die Sterne gebären helfen –

Wir üben heute schon den Tod von morgen
wo noch das alte Sterben in uns welkt –
O Angst der Menschheit nicht zu überstehn –

O Todgewöhnung bis hinein in Träume
wo Nachtgerüst in schwarze Scherben fällt
und beinern Mond in den Ruinen leuchtet –

O Angst der Menschheit nicht zu überstehn –

Wo sind die sanften Rutengänger
Ruhe-Engel, die den verborgnen Quell
uns angerührt, der von der Müdigkeit
zum Sterben rinnt?

auseinander; sie bekam Martin Bubers *Erzählungen der Chassidim* zu lesen und fand darin vertrautes mystisches Gedankengut wieder, das ihr Kraft gab.

Erst spät entschloss sich Nelly Sachs, mit ihrer Mutter aus Deutschland zu fliehen. Im letzten Moment – der Befehl für den Abtransport in ein Lager war bereits eingetroffen – konnten sie Deutschland Richtung Stockholm verlassen.

In Schweden lebten die beiden Frauen unter ärmlichen Verhältnissen. Nelly Sachs kümmerte sich um ihre alte Mutter und arbeitete zeitweise als Wäscherin. Die Gedichte von 1943/44, die später in der Sammlung *In den Wohnungen des Todes* erscheinen sollten, sind eine einzige Todesklage für ihr gequältes Volk.

In der Nachkriegszeit schrieb Nelly Sachs mit einer herben, aber noch zarten Sprache über das Grauen des Holocaust. Erst spät wurde ihre Lyrik im deutschsprachigen Raum zur Kenntnis genommen. Nachdem sie 1960 zur Verleihung des Meersburger Droste-Preises das erste Mal seit zwanzig Jahren Deutschland wieder betreten hatte, brach sie nach ihrer Rückkehr nach Schweden zusammen. 1965 erhielt sie als erste Frau den Friedenspreis des Deutschen Buchhandels, was sie noch einmal zu einer Reise nach Deutschland veranlasste. In ihren letzten Jahren zog sie sich wieder aus der Öffentlichkeit zurück.

In Celans *Tenebrae* sehen die Juden das Spiegelbild Christi, wenn sie trinken, »was du vergossen, Herr«; aber das Bild gleicht ihnen selbst. Obwohl es im Gedicht heißt »Es glänzte«, liest Celan in seinen beiden Aufnahmen von *Tenebrae* »es glänzt«, die Vergangenheit zur Gegenwart machend. »Augen und Mund stehn so offen und leer, Herr«: Durch Celans starkes Verbum »stehen« gehören diese Augen und Münder zu tödlich entstellten Gesichtern. »Wir haben getrunken«, sagen sie, wie in *Todesfuge* »wir trinken und trinken«.

Die Kreuzigung in die jüdische Agonie hineinzunehmen, war keine ökumenische Geste für Celan – ebensowenig wie für Marc Chagall, dessen russisch-jüdische Szenen er bewunderte. Auf Chagalls Kreuzigungen ist der Märtyrer ein osteuropäischer Jude im Tallit, inmitten brennender Torarollen und Synagogen, und es gibt keine Rettung: Das Leiden dauert an. Sich seinen Todeskampf vorzustellen, »als wär / der Leib eines jeden von uns / dein Leib, Herr«, fordert das Leiden des Juden Jesus von einer kirchlichen Ideologie zurück, die es gegen die Juden instrumentalisierte.

John Felstiner

Paul Celan: Tenebrae

Nah sind wir, Herr
Nahe und greifbar.

Gegriffen schon, Herr,
ineinander verkrallt, als wär
der Leib eines jeden von uns
dein Leib, Herr.

Bete, Herr,
bete zu uns,
wir sind nah.

Windschief gingen wir hin,
gingen wir hin, uns zu bücken
nach Mulde und Maar.

Zur Tränke gingen wir, Herr.

Es war Blut, es war,
was du vergossen, Herr.

Es glänzte.
Es warf uns dein Bild in die Augen, Herr.
Augen und Mund stehen so offen und leer, Herr.

Wir haben getrunken, Herr.
Das Blut und das Bild, das im Blut war, Herr.

Bete, Herr,
bete zu uns,
wir sind nah.

Die lang anhaltende Wirkung, die *Todesfuge* gehabt hat, rührt zum Teil von der Fülle historischer und kultureller Signale her, die das Gedicht aussendet – manche davon klar und direkt, andere von fern her oder beiläufig. Praktisch jede Zeile bringt Wortmaterial aus der zerbrochenen Welt, von der das Gedicht Zeugnis ablegt. Die Musik, die Literatur, die Religion und die Lager selbst hinterlassen verstörend ihre Spur: das 1. Buch Mose, Bach, Wagner, Heinrich Heine, der Tango, besonders aber Fausts Gretchen (»Margarete«) und die Jungfrau Sulamith aus dem Hohenlied. Die Rekonstruktion dieser Spuren verhilft zur Erkenntnis des Gedichts, das über die ganze sogenannte jüdisch-christliche Kultur sein Verdikt spricht.

Paul Celan: Todesfuge

Schwarze Milch der Frühe wir trinken sie abends
wir trinken sie mittags und morgens wir trinken sie nachts
wir trinken und trinken
wir schaufeln ein Grab in den Lüften da liegt man nicht eng
Ein Mann wohnt im Haus der spielt mit den Schlangen der schreibt
der schreibt wenn es dunkelt nach Deutschland dein goldenes Haar
Margarete
er schreibt es und tritt vor das Haus und es blitzen die Sterne er pfeift
seine Rüden herbei
er pfeift seine Juden hervor er lässt schaufeln ein Grab in der Erde
er befiehlt uns spielt auf nun zum Tanz

Schwarze Milch der Frühe wir trinken dich nachts
wir trinken dich morgens und mittags wir trinken dich abends
wir trinken und trinken
Ein Mann wohnt im Haus der spielt mit den Schlangen der schreibt
der schreibt wenn es dunkelt nach Deutschland dein goldenes Haar
Margarete
Dein aschenes Haar Sulamith wir schaufeln ein Grab in den Lüften
da liegt man nicht eng

Er ruft stecht tiefer ins Erdreich ihr einen ihr andern singet und
spielt
er greift nach dem Eisen im Gurt er schwingts seine Augen sind blau
stecht tiefer die Spaten ihr einen ihr andern spielt weiter zum Tanz auf

Schwarze Milch der Frühe wir trinken dich nachts
wir trinken dich mittags und morgens wir trinken dich abends
wir trinken und trinken
ein Mann wohnt im Haus dein goldenes Haar Margarete
dein aschenes Haar Sulamith er spielt mit den Schlangen
Er ruft spielt süßer den Tod der Tod ist ein Meister aus Deutschland
er ruft streicht dunkler die Geigen dann steigt ihr als Rauch in die
Luft
dann habt ihr ein Grab in den Wolken da liegt man nicht eng

Schwarze Milch der Frühe wir trinken dich nachts
wir trinken dich mittags der Tod ist ein Meister aus Deutschland
wir trinken dich abends und morgens wir trinken und trinken
der Tod ist ein Meister aus Deutschland sein Auge ist blau
er trifft dich mit bleierner Kugel er trifft dich genau
ein Mann wohnt im Haus dein goldenes Haar Margarete
er hetzt seine Rüden auf uns er schenkt uns ein Grab in der Luft
er spielt mit den Schlangen und träumet der Tod ist ein Meister aus
Deutschland

dein goldenes Haar Margarete
dein aschenes Haar Sulamith

Die Kunst der Fuge war die musikalische Summe des Schaffens von Johann Sebastian Bach, unserem einzigartigen Meister aus Deutschland. Jetzt wirft Celans Terminus *Todesfuge* den Schatten des Zweifels auf diesen Gipfel der Musik, welche ihrerseits der Inbegriff der Kunst ist. Jener Zweifel war bereits unüberhörbar, als Fugen von Bach vor dem Wohnhaus des Auschwitzer Lagerkommandanten erklangen...

Wenn Celan den Lagerkommandanten an die Geliebte schreiben lässt: »dein goldenes Haar Margarete«, versetzt er dem romantischen Ideal der Deutschen gleich einen doppelten Hieb... Was es bedeutet, Fausts Gretchen, das Ewig-Weibliche, von SS-Lippen rührselig beschworen zu hören, können am besten Deutsche (auch deutsche Juden) ermessen, die in ihrer Jugend gelernt hatten, in Goethe den Inbegriff der Aufklärung zu verehren.

Ebenfalls in *Todesfuge* gegenwärtig ist Heinrich Heine. Wenn der Lagerkommandant seiner Geliebten »goldenes Haar« preist, tut er es nach Heinrich Heines Lorelei: Diese Sirene »kämmt ihr goldenes Haar«, wenn der Abend »dunkelt« ...

Die *Todesfuge* hat ihre Hörer erschreckt – einige verschreckt, andere aufgeschreckt – durch ihre Metaphern: Milch, die schwarz ist, Gräber, die man in den Lüften schaufelt, aschenes Haar, Tänze, die man für Totentänze aufspielt ...

Den direktesten Zugang zu *Todesfuge* eröffnet der Rhythmus mit seinen gleichmäßig wiederholten Hebungen und Senkungen... Rhythmus und Repetition sind zum System geworden, es gibt kein Entrinnen vor ihnen, und genau das ist ihr metaphorischer Gedanke. Morgens und mittags und abends und nachts: die eigenen Wiederholungen des Gedichts.

John Felstiner

Hermann Hakel, österreichischer Erzähler, Lyriker, Herausgeber und Übersetzer. »Ich wurde im August des Jahres 5671 jüdischer und 1911 christlicher Zeitrechnung geboren. Ich bin Jude und unter Christen aufgewachsen; und zwar im römisch-katholischen Wien. Meine Kindheit fällt mit dem sogenannten Ersten Weltkrieg zusammen und ist eng mit der Erinnerung an diesen verknüpft. Ich war gerade drei Jahre alt, als mein Vater, ein schlichter Malermeister, als einfacher Soldat zu den Waffen gerufen wurde …«

Nach dem »Anschluss« Österreichs: »Die Juden fühlen sich schon im Ghetto … Jetzt herrschen die ›arischen‹ Massen, Hysteriker und hysterisch gewordene Arbeitslose. Seit heute früh werden jüdische Männer wahllos aus den Häusern geholt. Ein Telefonanruf nach dem anderen alarmiert mich und berichtet von schrecklichen Dingen … Jeder Stiefelschritt im Hof erschreckt mich.«

Nach dem Krieg wurde Hakel zum Mentor und Förderer junger Schriftsteller wie Ingeborg Bachmann, Gerhard Fritsch und Marlen Haushofer. Andere Mitarbeiter waren u. a. Christine Busta, Ernst Fischer, Erich Fried, Johann Gunert, Alexander Lernet-Holenia, Friederike Mayröcker und Wilhelm Szabo. Er hat für sie getan, »was er konnte, hat sie bewirtet, ihnen Geld geliehen oder geschenkt, Posten vermittelt, ihre Arbeiten gedruckt. In dieser Hinsicht war er von außergewöhnlicher Fürsorge.« Er starb 1987.

Hermann Hakel: Ich habe keinen Namen

Ich habe keinen Namen
Ich bin ein jüdisch Kind.
Weiß nicht, woher wir kamen
und wo wir morgen sind.
Ich spreche viele Sprachen,
verlern sie wiederum;
für das, was wir ertragen,
sind alle Sprachen stumm.

Traum führt mich über Leichen,
ach, alle, mir verwandt,
sie wollen heim, erreichen
das uns Gelobte Land.

Und plötzlich aufgehoben,
als ich um Hilfe schrie,
stellt es mich hin, dort oben,
auf unseren Sinai.

Und ringsum nackte Steine,
nur Himmel und kein Haus,
da ruf ich: »Gott!« und weine
vor Ihm allein mich aus.

Kirche: Ob sich Jesus darin wiederfindet?

Es scheint mir so, dass die Theologie ihre eigenen Ressourcen im Sprechen von Kirche aufgebraucht hat. Sie haben sich innerkirchlich oder im ökumenischen Disput ausgelebt und im Sog der permanenten Reflexion aufgelöst. Das ist kein Anlass zur Verzweiflung. Der Einsturz eines theoretischen Gebäudes kann ja nur der Anlass sein, noch einmal die Fundamente freizulegen. Es ist dann die Möglichkeit geboten, zu jener Wegscheide zurückzukehren, an der sich der ursprüngliche Impuls auseinanderlegt in Ereignis und Institution…

Die einzige und alleinige Chance der Kirche ist der jesuanische Neubeginn. Deshalb ist die gegenwärtige Situation für die Kirche auch kein Unglück, sondern Anlass zu dieser höchst wichtigen Entdeckung. Die Evangelien gießen diesen jesuanischen Neubeginn in die Metapher von der Nachfolge Jesu als den einzigen zukunftsversprechenden Weg. Nachfolge bedeutet weder Repetition noch Imitation, sondern Mimesis, Neuschöpfung, gleichzeitig auch Mitgehen und Gestalten.

Im katholischen Raum wurde Nachfolge lange Zeit asketisch verstanden, gar für die Lebensform von Ordensleuten reserviert und deshalb von evangelischen Christen abgelegt. Das war von beiden Seiten ein Missverständnis… Nachfolge ist ein Begriff der Praxis und der Pragmatik. Sie signalisiert die Priorität des Handelns vor dem Bekenntnis, die Priorität des Narrativen vor der Doktrin. Alle diese Elemente mögen unverzichtbar sein, aber die Reihenfolge ist wieder zurechtzurücken. Kirche ist zunächst Lebensgemeinschaft, erst dann Lehrgemeinschaft, zunächst Solidargemeinschaft, erst dann Bekenntnisgemeinschaft, zunächst eine Lebenswelt, erst dann deren Interpretation.

Hermann Häring

A. Paul Weber, Die Cathedrale, 1941 (Ausschnitt).

Fridolin Stier: Jesus von Nazaret vor dem Bild des Christus

Fridolin Stier (1902–1981) studierte Theologie und orientalische Sprachen in Tübingen und Rom. Er war Alttestamentler an der katholisch-theologischen Fakultät der Universität Tübingen. Seine Tätigkeit als Übersetzer ist von großer Achtung vor dem Wort und dem Geist »der zu übersetzenden wie der übersetzenden Sprache geprägt«. »Wer übersetzt, muss ver-setzen. Der Treue verschworen, muss er sie brechen... Um des Wortes willen gebietet die Treue, es mit den Wörtern genau zu nehmen.« Immer wieder taucht in seinen Tagebüchern das Problem auf, wie Sprache ihren Gegenstand erfassen mag – insbesondere, wenn sie vom Sein selbst zu reden versucht.

Seine Gedanken und Erfahrungen der 1960er- und 1970er-Jahre sind tagebuchartig niedergelegt. Der erste Band *Vielleicht ist irgendwo Tag* erschien 1981 nach seinem Tod. Die Notizen geben Einblick in die theologische und philosophische Denkweise Stiers. Der aus dem Nachlass herausgegebene zweite Band *An der Wurzel der Berge* setzt die Notizen von 1974 bis 1980 fort. Paul Konrad Kurz rezensierte: »Diese Tübinger Aufzeichnungen werden in die Bewusstseins- und Glaubensgeschichte der deutschsprachigen Christen eingehen. Es wird die Gestalt eines prophetischen Christen sichtbar, ein Leidens- und Trostbuch des späten 20. Jahrhunderts.«

Die zentrale Frage: Kann sich Jesus mit dem Christus des Glaubens identifizieren?

Bereits bei Paulus gewinnt das Evangelium einen neuen Grundton. Es fordert nun »Glaubensgehorsam« (Röm 1,5; 16,26). Der Zweite Thessalonicherbrief macht von der Annahme oder Ablehnung der Botschaft das Schicksal der Menschen beim Gericht abhängig: »Dann übt er Vergeltung an denen, die Gott nicht kennen und dem Evangelium Jesu, unseres Herrn, nicht gehorchen. Fern vom Angesicht des Herrn und von seiner Macht und Herrlichkeit müssen sie sein, mit ewigem Verderben werden sie bestraft, wenn er an jenem Tage kommt, um inmitten seiner Heiligen gefeiert und im Kreis aller derer bewundert zu werden, die den Glauben angenommen haben« (1,8–10). War Jesu Evangelium noch uneingeschränkte Freudenbotschaft, so kommt hier ein drohender Unterton auf, der später immer stärker anschwillt. Denn wer »Glaubensgehorsam« fordert, setzt zugleich auf Kontrolle – und befördert eine Entwicklung, die jede Abweichung verurteilt. Zwar konnte Paulus noch wünschen, einen fehlenden Mitbruder »im Geist der Sanftmut wieder auf den rechten Weg zu bringen« (Gal 6,1), aber zugleich sagen: »Wer ein anderes Evangelium verkündigt, als wir euch verkündigt haben, der sei verflucht, auch wenn wir selbst es wären oder ein Engel vom Himmel. Was ich gesagt habe, das sage ich noch einmal: Wer euch ein anderes Evangelium verkündigt, als ihr angenommen habt, der sei verflucht« (Gal 1,8f.) Und wenig später, gleich an den Rändern der apostolischen Zeit melden sich Parolen, einen ketzerischen Menschen, einerlei ob er ethische oder doktrinäre Probleme darstellt, zu meiden, ihn nicht einmal zu grüßen oder aus der Gemeinde auszustoßen.

Karl Rahner hat diese Problematik nach zwanzig Jahrhunderten auf den Punkt gebracht, ohne sie in Frage zu stellen: »Die Radikalität eines ganz bestimmten Warheitsethos, die die Voraussetzung eines ganz spezifischen Verständnisses von Häresie ist, findet sich doch nur im Christentum, und so gibt es das eigentliche Wesen der Häresie doch nur hier.«

Im Anfang waren wir identisch... Die mir angeglaubten Titel störten mich nicht sehr, solange ich mehr Jesus als Messias war.

Mochten mich meine Leute für Elia, für den auferweckten Täufer, für einen der Propheten oder für den Messias halten, was tat es, solange ich, Jesus, unter ihnen noch zu sehen, zu hören, zu erfahren war.

Das blieb auch noch so, als andere Leute mir den Messiastitel abstritten und die Meinen ihn verteidigten – *zunächst*.

Aber der Streit um die Legitimität des Titels hatte doch zur Folge, dass meine Worte und Taten als *Beweismittel* herangezogen wurden, d.h. ich wurde sozusagen in den Zeugenstand versetzt, um in eigener Sache, in Sachen meiner »Messianität« auszusagen, einer Sache, die gar nicht meine eigentliche war. Meine Worte und Taten waren immerhin noch mächtig genug, meine Sache zur Sprache zu bringen, nämlich durch mich die Menschen Gott begegnen zu lassen.

Aber ihre Verwendung als messianische Beweismittel war ihrem Sinn, den Menschen Gott erscheine zu lassen, nicht förderlich ...

»Meine Worte hören und sie tun« (Mt 7,24) – das war es, was durch mich geschehen sollte, die »Umkehr«, Glaube an die Heilsbotschaft (»Kehrt um und glaubt an die Heilsbotschaft!«) – das!

Und was ich heute noch will, nicht Diskussionen um meine Person, ich will der Palästinenser Jesus bleiben, fort und fort *kommen*, als der ich gekommen bin. Als *Jesus* will ich auf der Erde, bei den Menschen bleiben, mich nicht als Christus in den Himmel verabschieden lassen, als himmlischer Thronsitzer, weitab von der Welt ...

Gewiss, ich bin entrückt worden, »hinüber«, zum »Vater«, und bin doch bei den Menschen geblieben, *in* meinem Wort, und ich habe mein Wort durch Zeichen beglaubigt (Mk 16,20), und mein »Geist« wehte in den Meinen, neue Menschen schaffend – nein: nie habe ich die Welt der Menschen verlassen. Und als *Erwarteter* bin ich den Menschen nahe geblieben, unheimlich nahe.

Aber der Streit um meine persönlichen Verhältnisse mit *oben* wurde so laut, dass er mein persönliches Verhältnis zu den Menschen an den Rand drängte.

Dich, den Christus, den Erhöhten, verehren sie, hörst du? Tu solus dominus, to solus altissimus ... Oh! Die Weihrauchschwaden, die mich, den Christus, umwallen, benehmen mir den Atem, von den Laudationen, die mich umrauschen, dröhnt mir der Kopf. Der Jesus in mir schreit auf: Hört mich doch an! Wichtiger als alles, was ihr über mich, von mir und zu mir sagt, ist, was *ich* euch zu sagen habe.

Ich habe die Umkehr, das Umdenken gewollt, den neuen Menschen, die neue Gemeinde – ihr aber habt mich in euer altes Denken umgedacht, ihr habt mich zum Träger, zum Stifter einer Institution gemacht, die das Werk des alten, mit der Welt fraternisierenden Menschen ist – so habt ihr mich ausgesperrt und mundtot gemacht. Mit eurem kerygmatischen, dogmatischen und kultischen Christus habt ihr euch meiner, des Jesus, entledigt.

Misstrauen gegen alles Vermittelte: Hängt es nicht vom »Format« des Vermittelnden ab, ob das zu Vermittelnde ins rechte Licht kommt?

Alle, die mit Jesus gingen, mit ihm lebten und hernach über ihn berichteten, standen tief unter ihm ... Was sie verkündeten, ist ihr »Bild« des Jesus Christus. Sie geben zu verstehen, was sie verstanden, zu sehen, was sie sahen, zu hören, was sie hörten ... Darum die Frage, inwieweit die Wahrheit des Ursprünglichen in das Bewusstsein und die Sprache der Vermittelnden geflossen ist ...

Die Sprache des »Milieus« tendiert darauf, das Einmalige und Individuelle der Wirklichkeit Jesu zu nivellieren ... Was hat es zu bedeuten, wenn die offizielle/lehrende/amtende Kirche nicht das in Erinnerung bringt, »was Jesus gesagt hat«, sondern das, was sie *über* Jesus zu sagen hat?

Den Denzinger aufschlagen, den CIC, die Bullen, die Enzykliken, die Motu propios, die Moraltheologien, die Dogmatiklehrbücher? Nein, gleich weiterblättern!

Fridolin Stier

Arnfrid Astel: Gottesdienst

Während der Predigt schlief ich.
Ich träumte von Christus. Der ging
vor zur Kanzel und zog
eine Säge unter dem Mantel hervor,
prüfte die Schärfe und sägte,
wie Tischler sägen, die hölzerne
Säule durch, die den Prediger stützte.

Irenäus von Lyon: Von allen Seiten verwunden wollen wir die Bestie

Der möglicherweise zweite Leiter der antiochenischen Gemeinde hieß Ignatius und erlitt bald nach dem Jahr 110 den Märtyrertod. Bekannt blieb er durch seine sieben Briefe, die er an verschiedene fremde Gemeinden schrieb und in denen er mahnt, die Einheit zu wahren und alle Irrlehren zu meiden. Ohne Inhalte zu erörtern, suchte Ignatius von Antiochien im formalen Prinzip der Einheit mit dem Bischofsamt einen Schlüssel zur Häresiebewältigung.

Doch die Problematik nahm von Generation zu Generation weiter zu und steigerte sich auch in der Aggressivität. Mit seinem Werk *Gegen die Häresien* eröffnete der Bischof Irenäus von Lyon gegen Ende des 2. Jahrhunderts die polemische Ära der Kirchengeschichte:

Nun sind sie entlarvt, ja völlig besiegt durch die bloße Darlegung ihrer Lehre!
So haben wir es gewagt, das gesamte, schlecht zurechtgemachte Körperchen dieses Füchsleins ans Licht zu ziehen und öffentlich auszustellen… Wenn jemand, der einen Wald aushaut, ein darin verstecktes wildes Tier, das viele anfällt und zerreißt, so ans Licht bringt, sich aber nicht mehr die Mühe macht, es zu fangen, weil nun alle sehen, dass das Tier eben ein Tier ist, und sich vor ihm hüten, es von allen Seiten beschießen und verwunden, um diese mörderische Bestie zu töten, so brauchen auch wir, nachdem wir ihre versteckten und sorgfältig gehüteten Geheimnisse jener Lehren ans Licht gebracht haben, nicht noch mit vielen Worten diese Lehre zu widerlegen. Du und alle, die bei dir sind, können sich an das Gesagte heranmachen, ihre nichtsnutzigen und törichten Lehren widerlegen und die der Wahrheit entsprechenden Dogmen dartun. … Wir wollen dir auch auf dem Weg helfen, sie zu überführen, indem wir nach der Reihenfolge unserer Darstellung ihnen in allen Stücken entgegentreten. Nicht nur aufzeigen, sondern auch von allen Seiten verwunden wollen wir die Bestie.

Walter Nigg zählt **Irenäus** (um 130 – um 200) zu den Entweder-Oder-Theologen, die alles auf einen Gegensatz zutreiben und denen jedes Sowohl-als-Auch fremd ist. Darum gehört zu Irenäus' Repertoire, seine Gegner herabzusetzen, sie lächerlich zu machen und sie auch in sittlicher Hinsicht zu diskreditieren – und schließt sie dennoch in seine Fürbitte ein, wobei er beansprucht, sie »mit größerem Nutzen zu lieben, als sie sich selbst zu lieben glauben…

Gleichwohl glaube ich, dass in allen unsern Kirchen an dem sichtbarsten, in die Augen fallendem Ort mit goldenen Buchstaben angeschrieben werden sollte: Liebt euch!

Hm.

Liebt euch!

Ja! Ja!

Dies war es, worauf ehedem ein gewisses Salz der Erde schwur. Jetzt schwört dieses Salz der Erde auf die Heilige Schrift, und man sagt, es sei nach dieser Abänderung ein wenig dumpf geworden.

Auch ein Rätsel?

Aber ich versteh Sie auch wohl nicht. So ist die christliche Liebe nicht die christliche Religion?

Ja und Nein.

Wie Nein?

Denn ein anders sind die Glaubenslehren der christlichen Religion, und ein anders das Praktische, welches sie auf diese Glaubenslehren will gegründet wissen.

Und wie Ja?

Insofern nur das wahre christliche Liebe ist, die auf christliche Glaubenslehren gegründet wird.

Aber welches von beiden möchte wohl das Schwerere sein? Die christlichen Glaubenslehren annehmen und bekennen? Oder die christliche Liebe ausüben?

Gotthold Ephraim Lessing

Sulpicius Severus: Das erste Bluturteil

Im Jahre 384 wurde in Trier der spanische Christ Priszillian als erster Ketzer der Christentumsgeschichte mit dem Schwert hingerichtet. Diese Hinrichtung war von dem Bischof Ithacius betrieben worden und löste damals noch ungeheures Aufsehen aus. Am meisten empörte sich Bischof Martin von Tours darüber. Schon während des Prozesses gegen Priszillian hatte er sich eingeschaltet und das Eingreifen staatlicher Richter in kirchliche Vorgänge verurteilt. Deswegen war er selbst der Häresie verdächtigt worden. Der Präfect Evodius verurteilte Priscillian im Jahr 385 wegen *maleficium* (Magie) zum Tode. Daraufhin versuchten die Anhänger des Ketzertreibers Ithacius Kaiser Maximus zu bewegen, die Priszillianisten auch in Spanien zu verfolgen. Zur gleichen Zeit aber fand in Trier eine Synode statt, auf der sich die Gruppe um Bischof Ithacius rechtfertigen sollte. Hier setzt die Schilderung des Sulpicius Severus ein:

Ich komme zu einem Ereignis, das Martinus wegen der damaligen traurigen Zustände immer verheimlichte, aber vor uns nicht verbergen konnte …

Der Kaiser Maximus war sonst sicherlich ein guter Mann, aber Bischöfe hatten ihn durch ihre Ratschläge auf verkehrte Wege gebracht. Nach der Hinrichtung des Priscillian schützte er den Ankläger des Priscillian, den Bischof Ithacius samt dessen Gesinnungsgenossen, die ich nicht zu nennen brauche, mit seinem kaiserlichen Arme. So sollte diesem niemand das Verbrechen zur Last legen können, dass auf sein Betreiben hin ein Mann von solchem Rufe verurteilt worden sei.

Die in Trier versammelten Bischöfe verkehrten täglich mit Ithacius und machten gemeinschaftliche Sache miteinander. Als sie unerwartet die Nachricht traf, Martinus sei angekommen, stiegen ängstliche Bedenken in ihnen auf und Furcht beschlich sie.

Der Kaiser hatte schon tags zuvor auf ihren Rat hin beschlossen, Beamte mit unbeschränkter Vollmacht nach Spanien zu schicken, um die Häretiker aufzuspüren, sie zu verhaften und ihnen Leben und Besitz zu nehmen … Die Bischöfe fühlten wohl, dass ihr Vorgehen von Martinus nicht gebilligt werde. Bei ihrem schlechten Gewissen befiel sie die drückende Angst, er möchte nach seiner Ankunft sich vor dem Verkehr mit ihnen hüten; es gäbe dann sicher Leute, die an der Festigkeit eines solchen Mannes sich ein Vorbild nähmen. Sie hielten mit dem Kaiser Rat. Es wurde beschlossen, Martinus Hofbeamte entgegen zu senden; diese sollten ihm verbieten, sich der Stadt zu nähern, außer er gäbe die Versicherung, dass er mit den dort versammelten Bischöfen Frieden halten wolle.

Martinus täuschte sie in kluger Weise und sagte, er werde im Frieden Christi kommen. Schließlich betrat er bei Nacht die Stadt

---

Sulpicius Severus (um 363–420/25), ein aquitanischer Aristokrat, klassisch gebildet, war mit Martin von Tour befreundet, sodass wir über dessen Leben besser als über andere Heilige auch in Details gut informiert sind. Sulpicius Severus begann mit der Vita Martini noch zu Lebzeiten des Bischofs von Tour. Martin starb 397. Um das Jahr 392 dürfte ihn Sulpicius im Kloster Marmoutier bei Tours aufgesucht haben. Martin war damals ein alter Mann, Sulpicius gerade dreißig. Er sagt, dass es ihn gereizt habe, das Leben des umstrittenen Bischofs zu beschreiben, den er zugleich auch wegen seiner beeindruckenden Persönlichkeit verehrte:

»Er nahm mich damals mit erstaunlicher Demut und Güte auf. Herzlich wünschte er sich Glück und freute sich darüber, dass ich ihm so viel Ehre angetan und eine Pilgerreise unternommen habe, um ihn aufzusuchen. Er zollte mir so viel Aufmerksamkeit, dass er mich Armseligen, kaum wage ich es zu bekennen, zu seinem heiligen Mahle lud; er reichte mir dabei selbst das Wasser für die Hände und wusch mir abends eigenhändig die Füße.«

Der Bericht des Sulpicius Severus fand schnell Aufmerksamkeit und zog weitere Wissbegier nach sich. Es sind drei Briefe erhalten, in denen er Fragen der Zeitgenossen beantwortet, dazu Ergänzungen in Dialogform. Was uns darin als Biografie begegnet, ist trotzdem befremdlich. Severus verehrt Martin, hebt ihn hervor, will ihn gegenüber dem ägyptischen Mönchsvater Antonius als Begründer des abendländischen Mönchtums herausstellen, nimmt ihn gegen Angriffe und Beschuldigungen seiner Zeitgenossen in Schutz, schreibt die Martinsvita jedoch in einer literarischen Gestaltung, die zwischen historischer Verlässlichkeit und rhetorischer Lobpreisung schwankt.

Was den Priszillian-Konflikt angeht, so hatte Martin 384 an der Synode in Bordeaux teilgenommen, die Priszillians Lehren verurteilte. Er hatte dem Urteil zugestimmt, weigerte sich in den folgenden Auseinandersetzungen aber entschieden, damit ein Todesurteil zu verbinden. Diese Position schloss die Ablehnung einer Staatskirche ein und gehört zu Martins größten Verdiensten. Martin legte den Finger in eine Wunde, welche die Euphorie der konstantinischen Wende aufgerissen hatte, Jahrhunderte später im Investiturkampf mit viel Kampf und Elend weiter getragen wurde und selbst heute nicht überall erledigt ist. Ein Beispiel schildert Kierkegaard in seiner Kritik der dänischen Staatskirche und ihren Folgen (→ S. 217–220).

Priszillian

Ithacius hatte im Oktober 380 auf der Synode der spanischen und aquitanischen Bischöfe in Saragossa die asketische Lehre des Bischofs Priscillian verurteilen lassen. Er gewann in Gallien Kaiser Gratian für sich, der nach dem reichen Besitz Priszillians gierte. Nach der Ermordung seines Gönners Gratian und der Thronbesteigung von Maximus 383 floh Ithacius nach Trier. Hier trat Ithacius als Ankläger des Bischofs Priszillian auf der Synode von Trier im Jahr 385 auf.

Als Anklagepunkte führte er sexuelle Ausschweifungen und Zauberei an. Da Letzteres als Kapitalverbrechen galt, nahm er den Tod Priszillians und seiner Anhänger bewusst in Kauf. Statt der angeführten Anklagepunkte wird die asketische Lebensweise der Priszillianer auf den eher dekadent lebenden Bischof Ithacius bedrohlich gewirkt haben. Die Zahl der Anhängerschaft Priszillians breitete sich rasch aus, sodass die spanischen Bischöfe als auch der reich begüterte gallische Episkopat diesem Einfluss entgegentraten.

Ithacius' Bemühungen um eine Verurteilung durch den neuen weströmischen Kaiser Magnus Maximus führten zur Hinrichtung Priszillians und mehrerer seiner Anhänger.

und begab sich in die Kirche, nur um zu beten. Anderen Tags ging er in den Palast ... Vor allem wollte er darum bitten, dass keine Beamten mit der Befugnis über Leben und Tod nach Spanien geschickt werden sollten. Martinus nämlich war in seiner Liebe ängstlich darum besorgt, nicht bloß die Christen, die bei dieser Gelegenheit zu leiden hatten, sondern auch die Häretiker zu befreien. Allein am ersten und am folgenden Tage hielt der schlaue Kaiser den heiligen Mann hin ...

Die Bischöfe, mit denen Martinus keine Gemeinschaft haben wollte, eilten nun voll Angst zum Kaiser und beschwerten sich darüber, dass sie schon zum voraus verurteilt seien ... Man hätte diesen Menschen nicht in die Stadt einlassen sollen; er sei nicht bloß Verteidiger der Häretiker, vielmehr schon ihr Rächer. Nichts sei durch den Tod des Priscillian erreicht, wenn Martinus die Rache für ihn übernähme. Zuletzt fielen sie mit weinerlichem Gejammer auf die Knie und riefen die Macht des Kaisers an, er möge sich gegen diesen einen Menschen mit seiner Macht schützen.

Wirklich hätte nicht viel gefehlt, und der Kaiser hätte sich dazu bringen lassen, Martinus in das Schicksal der Häretiker mit hineinzuziehen. Indes, trotz seiner allzu willfährigen Nachgiebigkeit gegenüber den Bischöfen wußte er doch sehr wohl, dass Martinus an Glauben, Heiligkeit und Tugend alle Sterblichen übertraf. Er suchte darum auf einem anderen Weg den Heiligen umzustimmen. Zuerst ließ er ihn ganz im Geheimen kommen und redete ihm freundlich zu: Die Häretiker seien mit Recht verurteilt worden, mehr durch das hergebrachte, öffentliche Gerichtsverfahren, als infolge der feindseligen Haltung der Bischöfe. Martinus habe keinen Grund, ein Zusammengehen mit Ithacius und dessen Anhängern zu verdammen ...

Wenige Tage vorher hatte sich die Synode dahin ausgesprochen, Ithacius sei ohne Schuld. Diese Gründe machten auf Martinus wenig Eindruck. Da entbrannte der Kaiser in heftigem Zorn; er ließ Martinus stehen und ging rasch davon. Darauf wurden die Häscher ausgesandt nach denen, für die Martinus Fürbitte eingelegt hatte.

Sobald Martinus das erfahren hatte, eilte er noch zur Nachtzeit rasch in den Palast. Er versprach, die Gemeinschaft wieder aufzunehmen für den Fall, dass Schonung gewährt würde und auch die Tribunen zurückgerufen würden, die schon nach Spanien zum Verderben der dortigen Kirchengemeinden abgegangen waren. Maximus gewährte unverzüglich alles.

Auf den folgenden Tag war die Weihe des Bischofs Felix [Bischof von Trier, nach der Absetzung des Ithacius 389]. Dieser wahrhaft heilige Mann hätte verdient, in besseren Zeiten Bischof zu werden. An diesem Tag trat Martinus wieder in Gemeinschaft mit den Bischöfen. Er hielt es für besser, für kurze Zeit nachzugeben, als die ihrem Schicksal zu überlassen, über deren Nacken schon das Schwert schwebte. Indes, so sehr auch die Bischöfe in ihn drangen, jene

Gemeinschaft mit seiner Unterschrift zu bekräftigen, hierzu ließ er sich nicht bewegen. Anderen Tags brach er rasch auf. Während der Heimreise seufzte er voll Betrübnis darüber, dass er, wenn auch nur kurze Zeit, sich in eine so verderbliche Gemeinschaft eingelassen habe ...

Von jener Zeit an hütete er sich sehr, sich je wieder in weitere Gemeinschaft mit der Partei des Ithacius einzulassen ... Sechzehn Jahre lebte er noch nachher; er nahm an keiner Synode mehr teil und hielt sich von jeder Zusammenkunft der Bischöfe fern.

Petrus de Mladenovicz: Die Hinrichtung des Jan Hus

Zwischen der Hinrichtung des Bischofs Priscillian und der Hinrichtung des Jan Hus im Jahr 1415 liegt ein volles Jahrtausend, aber angefüllt mit unendlicher Gewaltausübung im Interesse des »wahren Glaubens«. Da wäre von der Zwangschristianisierung der Sachsen unter Karl dem Großen oder jener der Prußen durch den deutschen Orden zu sprechen; von der Verfolgung der Katharer und dem Albigenserkreuzzug, der den Kreuzzugsgedanken gegen die eigenen Reihen wendete; von der Errichtung der Inquisition unter Gregor IX. mit Einräumung der Folter und der Todesstrafe für hartnäckige Ketzer ...

Anfang 1411 wurde Jan Hus durch den Papst exkommuniziert. Im Oktober 1414 brach er nach Konstanz auf, um sich vor dem dort tagenden Konzil zu verantworten. Kaiser Sigismund hatte ihm freies Geleit versprochen. Dennoch wurde er in Konstanz sogleich verhaftet. Die Bitte um einen Anwalt wurde ihm abgeschlagen. »So sei denn der Herr Jesus mein Verteidiger und Sachwalter, der euch alle in kurzem richten wird«, war Hus' Antwort. Die Kirchenversammlung war nicht bereit, sich argumentativ auf Hus einzulassen, sondern verlangte nur seinen Widerruf, den er nicht leisten wollte. Er ließ sich auch von der Einmütigkeit der Bichöfe nicht imponieren und wollte lieber als hartnäckiger Ketzer gelten als gegen sein Gewissen zu entscheiden.

Kriegsknechte setzten Hus eine ellenhohe Papiermütze auf den Kopf, auf welcher drei Teufel abgebildet waren. Eine letzte Aufforderung, sein Leben durch einen Widerruf zu retten, lehnte er mit den Worten ab: »Ich rufe Gott zum Zeugen an, dass ich das, was falsche Zeugen gegen mich behaupteten, weder gelehrt noch gepredigt habe! Ich wollte die Menschen von ihren Sünden abbringen! Was immer ich sagte und schrieb, ich war stets für die Wahrheit, für die Wahrheit!«

Hus sang bald mit lauter Stimme, zuerst »Christus, Sohn des lebendigen Gottes, erbarme dich unser!«, dann: »Sohn des lebendigen Gottes, erbarme dich meiner! Und zuletzt: »Der du aus der Jungfrau Maria geboren.« Und als er zum dritten Mal zu singen begonnen hatte, wehte ihm bald der Wind die Flammen ins Gesicht, und bei sich selbst betend, die Lippen und den Kopf bewegend, en-

Petrus de Mladenovicz (um 1390–1451) war Prediger und Schüler des böhmischen Reformators Jan Hus. Auf Hus' Reise zum Konzil von Konstanz 1414 diente er als Schreiber des Universitätsvertreters. Er blieb während des gesamten Prozesses gegen Hus in Konstanz, kümmerte sich um die Korrespondenz, sammelte Dokumente und fertigte Protokolle an. Auch erarbeitete er eine Protestschrift, die die Lehre von Jan Hus verteidigte und die von 15 böhmischen und polnischen Adeligen unterzeichnet wurde. Nach seiner Rückkehr verfasste er über das Prozessjahr und über den Feuertod des Reformators einen Bericht. 1438/39 war Mladenovicz Rektor der Karlsuniversität Prag.

Hus auf dem Weg zum Scheiterhaufen. Zeichnung in der Chronik des Konstanzer Konzils von Ulrich Richental.

Johann Heinrich Voß: Die Kirche

Du Vater, sandtest deinen Sohn,
   mit deinem Geist gerüstet,
zu bessern unter Schmerz und Hohn,
   was Priesterwahn verwüstet.
Ich geb euch, sprach er, ein Gebot:
   Liebt, Kinder, liebt euch bis zum Tod!
   Chor: O Gnad uns Armen!
   Erbarmen, Gott, Erbarmen!

Die Jünger gingen aus voll Kraft,
   und tauften, welche kamen,
aus allem Volk, zur Brüderschaft
   in ihres Meisters Namen.
Doch bald ersann man neue Lehr
Und teilte sich und zankte sehr.
   Chor: O Gnad uns Armen!
   Erbarmen, Gott, Erbarmen!

Die neuen Lehrer hatten bald
   Gebiet von Land und Leuten,
und machten Bündnis, durch Gewalt
   für Gottes Reich zu streiten.
Man stimmt' um Wahrheit, trat in Zunft
Und schied den Glauben von Vernunft.
   Chor: O Gnad uns Armen!
   Erbarmen, Gott, Erbarmen!

dete er im Herren. In der Zeit des Schweigens aber schien er sich zu rühren, bevor er endete, solange wie rasch zwei oder drei Vaterunser gesprochen werden können. Als jedoch die Holzbündel und das Stroh verbrannte waren, und der Leichnam noch an der Kette stand, die am Halse hing, stießen ihn die Gerichtsdiener bald samt dem Pfahl zu Boden, nährten das Feuer noch mehr durch einen Wagen Holz und verbrannten ihn. Sie gingen ringsum und zerschlugen die Knochen mit Knüppeln, damit sie um so schneller zu Asche würden. Und als sie das Haupt fanden, zerschlugen sie es in Stücke und warfen es wieder ins Feuer. Als sie sein Herz unter den Eingeweiden entdeckten, nahmen sie einen spitzen Knüppel und steckten es daran wie an einen Spieß, verbrannten es gesondert zu Asche und zerschlugen es mit Stangen. Schließlich verwandelten sie die ganze Masse zu Asche … Sie luden alles auf einen Wagen, fuhren zum nahen Rhein und warfen es dort in die Tiefe.

Der Aufruhr gegen die kirchliche Macht brach nach der Hinrichtung von Jan Hus mit elementarer Gewalt los und nahm in den Hussitenkriegen verheerende Formen an – zum Entsetzen der Völker Europas. Aus einer individuellen Tat wurde die Angelegenheit einer ganzen Nation – mit Auswirkungen bis heute.

Fjodor M. Dostojewski: Der Großinquisitor

»Keiner hätte es so schwer, wenn er wiederkäme, sich als der zu präsentieren, der er ist, wie jener Mann von Nazaret, dessen Geschick es ist, nicht vergessen worden zu sein. Er müsste sich aus vielen Überkleidungen herausschälen, in die er von den Seinen – gerade von denen, die ihn nicht vergessen haben – gesteckt worden ist. Und wie viele, zum Teil vollendet schöne Bilder und Statuen, unter denen sein Name steht, müsste er von Wänden und Konsolen entfernen, traurig erstaunt: Ach, so seht ihr mich?«

Wenn er wiederkäme – Fjodor M. Dostojewski hat diese Vision in einer grausigen Szene ausgemalt: Wie es wäre, wenn Jesus noch einmal unter den Menschen umherging, wenn er – beispielsweise – nach Sevilla ins 16. Jahrhundert gekommen wäre, wo gerade am Tage zuvor in Gegenwart des Königs, des Hofes, der Ritter, der Kardinäle und der schönsten Hofdamen der Kardinal-Großinquisitor »fast ein ganzes Hundert Ketzer auf einmal hat ›zur größeren Ehre Gottes‹ verbrennen lassen« (Fridolin Stier).

Im Volke Bestürzung, man schreit und schluchzt, und gerade da, in diesem Augenblick, geht über den Platz der Kathedrale der Kardinal-Großinquisitor. Er ist ein fast neunzigjähriger Greis, groß und aufrecht, mit vertrocknetem Gesicht, eingesunkenen Augen, in denen aber noch ein Glanz blinkt wie ein Feuerfunke. Oh, nicht in seinem prächtigen Kardinalsgewande geht er vorüber, in den leuchtenden Farben, in denen er gestern vor dem Volke geprunkt hat, als er die Feinde des römischen Glaubens den Flammen übergab, – nein, in diesem Augenblick trägt er nur seine alte, grobe Mönchskutte. Ihm folgen in angemessenem Abstand seine finsteren Gehilfen und Diener und die ›heilige‹ Wache. Angesichts des Gedränges vor dem Portal, bleibt er stehen und beobachtet von ferne. Er hat gesehen, wie der Sarg vor Seine Füße gestellt ward, Er sieht, wie das Mädchen aufersteht, und Sein Gesicht verfinstert sich. Er runzelt die grauen, buschigen Brauen, und Sein Blick erglüht unheilverkündend. Er streckt den Finger aus und befiehlt der Wache, Ihn zu ergreifen. Und siehe, so groß ist seine Macht, und bereits so gut abgerichtet, unterworfen und zitternd gehorsam ist ihm das Volk, dass es vor den Wachen wortlos zurückweicht und diese, inmitten der Grabesstille, Hand an Ihn legen und Ihn wegführen lässt. Und jäh beugt sich die ganze Menge, wie ein Mann, bis zur Erde vor dem greisen Großinquisitor; der segnet schweigend das kniende Volk und geht stumm vorüber.

Die Wache führt den Gefangenen in ein enges dunkles, gewölbtes Verließ im alten Palast des Heiligen Tribunals und schließt ihn dort ein. Der Tag vergeht, es wird Nacht: dunkle, glühende, ›hauchlose sevillanische Nacht‹. Die Luft ist ›schwül von Lorbeer- und Orangenduft‹. Da, im Dunkel der Nacht öffnet sich plötzlich die eiserne Tür des Kerkers, und mit der Leuchte in der Hand tritt er, der Greis, der Großinquisitor, langsam über die Schwelle. Er ist allein, hinter ihm schließt sich die Tür. Er steht und blickt lange – eine oder zwei Minuten lang – Ihm ins Gesicht. Endlich tritt er leise näher, stellt die Leuchte auf den Tisch und spricht zu Ihm:

›Bist Du es? Du?‹ Und da er keine Antwort erhält, fügt er schnell hinzu: ›Antworte nicht, schweige. Und was könntest Du auch sagen? Ich weiß nur allzu gut, was Du sagen kannst. Aber Du hast nicht einmal das Recht, noch etwas dem hinzuzufügen, was von Dir schon damals gesagt worden ist. Warum also bist Du gekommen, uns zu stören? Denn Du bist uns stören gekommen! Das weißt Du selbst. Aber weißt Du auch, was morgen geschehen wird? Ich weiß nicht, wer Du bist und will es auch nicht wissen: bist Du's wirklich, oder bist Du nur Sein Ebenbild? Aber morgen noch werde ich Dich richten und Dich als den ärgsten aller Ketzer auf dem Scheiterhaufen verbrennen, und dasselbe Volk, das heute noch Deine Füße geküßt hat, wird morgen auf einen einzigen Wink meiner Hand zu Deinem Scheiterhaufen hinstürzen, um eifrig die glühenden Kohlen zu schüren, – weißt Du das? Ja, vielleicht weißt Du es‹, fügt er in sinnendem Nachdenken hinzu, ohne auch nur für eine Sekunde den Blick von seinem Gefangenen abzuwenden.«

Fjodor M. Dostojewski (1821–1881). Kein anderer Schriftsteller ist so beachtet worden wie Dostojewski, weil er existenzielle Fragen – wie die nach Gott, dem Sinn des Leids, nach Gut und Böse, Schuld und Versöhnung – in erzählender Form darstellen konnte. Er beschrieb die Konflikte, in die der Mensch mit dem Anbruch der Moderne geriet. Zentraler Gegenstand seiner Werke war die menschliche Seele, deren Regungen, Zwängen und Befreiungen er in seinen Romanen nachspürte.

Dostojewskis Leben ist so ungewöhnlich wie sein Werk. Schon mit den frühen Romanen fand er hohe Anerkennung, weil er die sozialen Probleme des armen Volkes ansprach und damit seelische Tiefen erschloss. 1849 wurde er wegen Mitgliedschaft in einem revolutionären Kreis verhaftet und zum Tode verurteilt. Nach seiner Begnadigung verbrachte er die Sträflingszeit – zunächst in Ketten – in Sibirien. Die danach entstandenen Romane gewannen an Lebensreife. In seinem letzten Werk, *Die Brüder Karamasow*, griff er die menschlichen und religiösen Probleme seines Schaffens auf höchstem sprachlichen und geistigem Niveau auf.

Das Theaterstück »Die Verfolgung und Ermordung Jean Paul Marats dargestellt durch die Schauspielgruppe des Hospizes zu Charenton unter Anleitung des Herrn de Sade« spielt 1808 im Irrenhaus zu Charleston, in dem der inhaftierte Marquis de Sade mit den Insassen der Anstalt die Geschichte der Ermordung des Revolutionärs Marat im Jahr 1793 aufführen lässt.

Zeitlicher Hintergrund ist die Französische Revolution. Als zentrale Charaktere stehen einander Marat und de Sade gegenüber mit ihren gegensätzlichen Weltanschauungen und Staatsentwürfen. Während Marat glaubt, der Gesellschaft Moral und Tugend aufzwingen zu müssen, um damit Volk und Revolution zu dienen – blutig, wie sie sich bereits erwies –, resigniert de Sade angesichts der vorgeblichen Natur des Menschen. Er verlacht Marats sozialistische Ideen und sieht das Heil in der Loslösung des Einzelnen aus der Gesellschaft.

Trotz der historischen Handlung will das Stück vor dem politischen Hintergrund der eigenen Zeit verstanden werden, wobei der sinnbildliche Spielort der Irrenhauswelt nicht ausgeblendet werden darf. Es wurde 1964 in Berlin uraufgeführt.

Die Sprache des Stücks ist stark stilisiert, auch durch Knittelverse gekennzeichnet, wodurch die Künstlichkeit und der Inszenierungscharakter des Schauspiels hervorgehoben werden und weitere Momente der Absurdität ins Spiel kommen.

Peter Weiss: Von Unterdrückung kann überhaupt keine Rede sein

Marats Liturgie
Die Patienten stehen zum Chor formiert.

Marat: Wie heißt es doch lange
Die Monarchen seien gute Väter
unter deren Obhut wir friedlich lebten
und ihre Taten wurden uns von den gekauften Poeten
begeistert geschildert
Andächtig brachten die einfältigen Familienversorger
ihren Kindern die Lehren bei.

Chor zu Marats Monolog:

Die Monarchen sind gute Väter
unter deren Obhut wir friedlich leben
Die Monarchen sind gute Väter
unter deren Obhut wir friedlich leben

Marat: Und die Kinder wiederholten die Lehren und glaubten daran
wie man daran glaubt
was man wieder und wieder hört
Und so hörte man auch die Priester sagen

begleitet vom Chor:

In unsrer Barmherzigkeit umfassen wir alle Menschen in gleicher Weise
wir sind an kein Land und an keine Regierung gebunden
wir sind zu einem einzigen Volk von Brüdern vereint

allein weitersprechend:

Und die Priester sahen sich die Ungerechtigkeiten an und sie schwiegen dazu und sagten

begleitet vom Chor:

Unser Reich ist nicht von dieser Welt
diese Erde ist nur eine Stätte der Pilgerschaft
unser ist der Geist der Milde und der Geduld

allein weitersprechend:

Und so zwangen sie den Unbemittelten
den letzten Spargroschen ab
und richteten es sich wohlig ein zwischen ihren Schätzen
und schmatzten und zechten mit den Fürsten
und zu den Hungernden sagten sie

begleitet vom Chor:

Leidet
leidet wie jener dort am Kreuz
denn so will es Gott

Ein Pantomimenzug tritt auf. Patienten und die vier Sänger bewegen sich nach vorn. In Verkleidungen werden Würdenträger der Kirche angedeutet. Cucurucu trägt ein aus Besen zusammmengebundenes Kreuz und zieht Polpoch an einem Strick, der um dessen Hals liegt, hinter sich her. Kokol schwenkt einen Eimer wie ein Weihfass. Rossignol dreht einen Rosenkranz.

Allein weitersprechend:

Und was man immer wieder und wieder hört
daran glaubt man
und so begnügen sich die Unbemittelten mit dem Bild des Blutenden
und Gemarterten und Festgenagelten
und sie beten das Bild ihrer Hilflosigkeit an
und die Priester sagten

begleitet vom Chor.
Die Litaneien der Schwestern klingen dazu auf.

Erhebet die Hände gen Himmel
und ertraget schweigend das Leiden
und betet für eure Peiniger
denn Gebete und Segnungen seien eure einzigen Waffen
auf dass euch das Paradies zuteil werde

Peter Weiss (1916–1982), Sohn eines jüdisch-ungarischen Vaters und einer Mutter aus dem Alemannischen, wuchs in Bremen, Berlin und in Böhmen auf, lebenslang von einem Gefühl der »Unzugehörigkeit« geprägt. Die Familie emigrierte 1939 nach Schweden. Hier war Peter Weiss zunächst in der Textilfirma des Vaters tätig, später als Maler und mit filmischen Arbeiten beschäftigt. Mit dem Stück *Marat/Sade* gelang ihm 1964 ein Welterfolg als Dramatiker. Er schrieb in deutscher Sprache, wohnte aber bis zu seinem Lebensende in Stockholm.

Ein Schlüssel zu seinem Werk findet sich in dem kleinen Text *Meine Ortschaft* von 1965: »Es ist eine Ortschaft, für die ich bestimmt war und der ich entkam…« Gemeint ist Auschwitz. In *Abschied von den Eltern* heißt es: »Die Emigration war für mich nur die Bestätigung einer Umzugehörigkeit, die ich von frühester Kindheit an erfahren hatte.«

Walter Schrader, Der Schrei aus der Tiefe, 1971.

Friedrich Rückert: Cogite intrare!

Was ist aus dir geworden, liebes Christentum
Und was in Zukunft wird aus dir noch werden?
Du wandeltest vom Lamme dich zum Löwen um
Und fuhrest, statt zu Fuß zu gehen, mit Pferden.
Dein hoher Mut ward Hochmut und dein Salz ward dumm
Und statt im Himmel bist du reich auf Erden.

---

allein weitersprechend:

Und so hielten sie sich zurück in ihrer Unwissenheit
dass sie sich nicht auflehnten gegen ihre Herren
die sie unterm Schein einer göttlichen Sendung regierten

Chor: Amen
Coulmier aufstehend und in das Amen hineinrufend:

Herr de Sade
Gegen dieses Treiben muss ich mich wenden
wir einigten uns hier auf Streichung
Wer nimmt sich denn sowas heute aus
da unser Kaiser von kirchlichen Würdenträgern umgeben ist
und es sich immer aufs neue zeigt
wie sehr das Volk des priesterlichen Trostes bedarf
Von einer Unterdrückung kann überhaupt keine Rede sein
Im Gegenteil da wird alles getan um die Not zu lindern

mit Kleidersammlung Krankenhilfe und Suppenverteilung
und auch wir hier unterstehen nicht nur der Gnade der weltlichen Regierung
sondern vor allem der Gunst und dem Verständnis unsrer geistlichen Väter

Ausrufer hebt den Zeigestab hoch:

Sollte jemand im Publikum sich getroffen fühlen
so bitten wir denselben seinen Ärger abzukühlen
und in Freundlichkeit zu bedenken
dass wir den Blick in die Vergangenheit lenken
in der alles anders war als heute
Heute sind wir natürlich gottesfürchtige Leute
schlägt ein Kreuzzeichen.

Fridolin Stier: Ob du dich in diesem Gebilde wieder erkennst?

Ich möchte dich auf dem Konzil von Nizäa vor den »Vätern« erscheinen sehen und hören, was du ihnen sagst, wenn sie dir sagen, dich lehren, was – wessen Wesens du bist.

Institutionen, die es meisterhaft verstanden haben, dich aus der Welt hinauszukomplimentieren, in aus antik-philosophischem und biblischem Mischmaterial gebauten Begriffskathedralen und Sakramentshäuschen wohnhaft zu machen –

Kirche, die vollen Kirchen, als ob du die Gottesdienste – als ob du die gewollt hättest, dort gerade und für alle Zeiten, auf keine andere Weise hättest du in der Welt sein wollen.

Und Jesus? Oft kommt es mir so vor, als sei der Befreier ein Gefangener seiner Kirche, von seinen Gläubigen aus der Welt, aus dem Jetzt und Hier herausgehimmelt, als habe die Stiftung den Stifter, die Stellvertretung den Vertretenen geschluckt...

Was nicht in ihm war, sich den Menschen bequem zu machen, seine Gläubigen haben es besorgt. Gingen nicht schon die Evangelien daran, dem Grenzensprenger Grenzen zu setzen, den nicht Ergreifbaren in Griff zu nehmen? Aber noch lebt in ihnen der Unbewältigte. Hier ragt er noch

Sehen wir mit deinen Augen, wenn wir zu sehen meinen, ja sogar zeigen, beweisen zu können meinen, dass du in der Gestalt, in der dich die Institution der Kirche und ihre Lehre in sich aufgenommen und sozusagen weiterentwickelt hat, darstellst, präsentierst, vermittelt, bei all dem riesigen »Zuwachs« viel dir Eigenes, Unansprechbares verloren hast?

Ob du dich darin – in diesem Gebilde – wiedererkennst? Gewiss, prinzipiell haben sie keines deiner Worte »dahinfallen« lassen, haben die Heiligen Schriften pauschal – cum omnibus suis partibus – für inspiriert und kanonisch erklärt, auch den unter Bann gesetzt – si quis ... anathema sit, der daran rüttelt!

Aber: Pulsieren die Impulse deiner Worte in diesem Gebilde, wie der Lebenssaft in Wurzel, Geäst und Gezweige des Baums? Wie viele deiner Worte sind ausgelassen! Die Vermittlungsinstanz wirkt wie ein grobmaschiges Sieb, oder wie ein Organismus, der nur das ihm Gemäße assimiliert, das andere abstößt!

Und ist nicht vieles von dem, was assimiliert worden ist, dem »System« einverleibt und anverwandelt worden?

Nein, wir sind deiner Identität mit dem Gebilde nicht mehr sicher. Aber wie setzt es sich zur Wehr, wenn seine Macht- und Rechtsgestalt – sein Weltliches – angefochten wird ...!

hoch über die Verständnisse hinaus, in denen man ihn zu erfassen versuchte.

Dem Nazarener zu Hilfe kommen, ihn aus den Geröllhalden des über ihn Geredeten und Geschriebenen herausbaggern, ihn herausziehen aus dem Schwemmsand der erbaulichen Sprache ...

Warum wollt ihr mich partout »definieren«? könnte Jesus fragen. War es Wissensdrang, war es Liebe, die eure Geister trieben, in das Geheimnis einzudringen, um im Licht der griechischen Denklampe zu erkennen – und aller Welt zu verkünden, dass ich »ganz Mensch und ganz Gott« bin?

Hier heißt es halt! gebot ich der Phantasie, die an dieser Stelle Jesus fragen lassen wollte, was geschehen wäre, wenn – indisches Denken in sein Geheimnis hineingeleuchtet hätte ... Nein, halt! Sonst spinnst sich das Thema, das in der Luft liegt, noch weiter zurück und erzählt eine Geschichte, die ihr schon lang im Sinne liegt. Die Geschichte heißt: Jesus liest die Evangelien ...

Fridolin Stier

Johann Konrad Friedrich: Das Unglück, einen Lutheraner zu lieben

Ein Donnerwetter zog sich über meinem Haupt zusammen, als ich eines Tages bei Tisch erwähnte, dass ich Protestant, und zwar ein Lutheraner, sei. Man lachte anfänglich dazu und meinte, ich scherze, denn auch diese Leute stellten sich unter einem Lutheraner noch eine Art Ungeheuer vor, bis ich sie ganz ernstlich versicherte, dass ich die Wahrheit gesagt und sie auch durch Erkundigung herausgebracht hatten, dass ich wahr gesprochen. Eines Morgens erhielt ich ein Billet vom alten Giraud, in welchem er mir erklärte, dass er von heute an nicht mehr an einem Tisch mit mir speisen könne, indem ihm sein und der Seinigen Seelenheil zu teuer sei, als es so auf das Spiel zu setzen. Ich möge mich daher je eher je lieber um eine andere Wohnung umtun, sofern ich mich nicht bekehren und in den Schoß der allein selig machenden Kirche zurückkehren wolle, um auch das Heil meiner armen Seele zu wahren. In diesem Fall könne ich auf seine innigste Freundschaft und Liebe sowie der seiner Angehörigen fest zählen ... Marguerite kam auf mein Zimmer und bat mich, in Tränen gebadet, fußfällig, ich möge doch katholisch werden, weil ich sonst dem Teufel mit Haut und Haar verfallen sei und sie mit, da sie das Unglück gehabt, einen Lutheraner zu lieben. Ich konnte das arme Kind nicht zu einer vernünftigen Ansicht bringen, und trostlos verließ sie das

Johann Konrad Friedrich (1789–1858) war der Sohn eines Frankfurter Kaufmanns, der mit fünfzehn Jahren seine Eltern damit beunruhigte, Schauspieler werden zu wollen. Es erleichterte sie, ihn stattdessen in einem französischen Fremdenregiment unterbringen zu können. Als Napoleon 1809 den Papst gefangen nehmen ließ, war Friedrich dabei. 1815 trat Friedrich in das preußische Heer ein, das er 1819, nach zweimal sechs Monaten Festungshaft wieder verließ. Danach widmete er sich einer intensiven publizistischen Tätigkeit. Von seinen vielen Veröffentlichungen hat ihn sein Buch *Vierzig Jahre aus dem Leben eines Toten* (1848/49) samt der später erschienenen Fortsetzung *Noch fünfzehn Jahre aus dem Leben eines Toten* (1858) überlebt.

Ende Juli 1814 war Johann Konrad Friedrich mit französischen Truppen von Korfu zurückgekehrt und nach Avignon gekommen. Hier hatte Friedrich Unterkunft bei einer Familie Giraud gefunden: »Ich hatte jetzt auch den Tisch bei den guten Leuten, und eine alte Tante, die so ziemlich das Hausregiment führte, hatte es auf eine Heirat zwischen mir und der sechzehnjährigen Marguerite abgesehen. Häufig besuchte ein katholischer Pfaffe, der Beichtvater der Familie, dieses Haus und riet den Leuten, dass sie mich bereden sollten, meinen Abschied zu nehmen und mich häuslich in Avignon niederzulassen, weshalb mir die alte Tante jeden Tag zusetzte.« An dieser Stelle nun setzt das »Donnerwetter« ein, das sich aus Friedrichs lutherischer Konfession ergab.

Johann Peter Hebel (1760–1826). Neben seinen *Allemanischen Gedichten* von 1803, die ihn zum Begründer der Mundartdichtung machten, sind Hebels Hauptwerk jene Kurzgeschichten, Anekdoten und Berichte, die er für den von ihm 1809–1815 redigierten Kalender *Der Rheinische Hausfreund* verfasste. Hebel wollte mit seinen Geschichten einen breiten Leserkreis ansprechen, doch hat er sich »vom ersten Augenblick an nicht begnügt, den Kalender bloß zu redigieren … Ich habe noch jeden Artikel selber bearbeitet und dieser Arbeit die nämliche Zeit, den Fleiß und die Stunden der besten Laune gewidmet …, und so leicht alles hingegossen scheint, so gehört bekanntlich viel mehr dazu, etwas zu schreiben, dem man die Kunst und den Fleiß nicht ansieht, als etwas, dem man sie ansieht.«

Zimmer. Sie hatte mir gestanden, dass ihr der Beichtvater gesagt, dass ihr ihre Bekanntschaft mit mir, wenn ich mich nicht bekehre, die ewige Verdammnis zuziehen könne. Das ganze Haus war in größten Alarm geraten, und die Frauen weinten unaufhörlich. Ich ging zu den Leuten und suchte sie zu beruhigen, aber ich glaube, der Teufel selbst hätte ihnen jetzt keine größere Furcht einflößen können als mein Anblick. Alle bekreuzigten sich und gaben mir zu verstehen, indem sie ihre Gesichter abwendeten, ich möge doch das Zimmer verlassen …

Ich nahm mir vor, auf die wenigen Tage noch ein anderes Logis zu mieten und sah mich sogleich danach um. Als ich aber nach Hause kam, trat mir ein Dienstmädchen mit einem offenen Papier entgegen, das sie mir übergab und auf welchem geschrieben stand, dass die Familie, aus guten Christen bestehend, auch keine Stunde länger mit einem in alle Ewigkeit verdammten Ketzer unter einem Dach zubringen könne und sich daher so lange auf das Land begeben habe, bis ich ausgezogen sei. Die Miete möge ich nur an das Dienstmädchen entrichten, welches Befehl habe, den Betrag dem Beichtvater einzuhändigen, der ihn zum Frommen der Kirche verwenden werde, um die Sünde, mich so lange im Haus geduldet zu haben, einigermaßen wieder zu sühnen. – Ich bezog nun auf die wenigen Tage, die ich noch in Avignon verweilte, ein Zimmer in einem Gasthaus und habe nie wieder jemand von Girauds gesehen.«

Johann Peter Hebel: Die Bekehrung

Zwei Brüder im Westfälinger Land lebten miteinander in Frieden und Liebe, bis einmal der jüngere lutherisch blieb und der ältere katholisch wurde. Als der jüngere lutherisch blieb und der ältere katholisch wurde, taten sie sich alles Herzeleid an. Zuletzt schickte der Vater den katholischen als Ladendiener in die Fremde. Erst nach einigen Jahren schrieb er zum ersten Mal an seinen Bruder. »Bruder«, schrieb er, »es geht mir doch im Kopf herum, dass wir nicht einen Glauben haben und nicht in den nämlichen Himmel kommen sollen, vielleicht in gar keinen. Kannst du mich wieder lutherisch machen, wohl und gut, kann ich dich katholisch machen, desto besser.« Also beschied er ihn in den Roten Adler nach Neuwied, wo er wegen einem Geschäft durchreiste. »Dort wollen wir's ausmachen.« In den ersten Tagen kamen sie nicht weit miteinander. Schalt der Lutherische: »Der Papst ist der Antichrist«, schalt der Katholische: »Luther ist der Widerchrist.« Berief sich der Katholische auf den heiligen Augustin, sagte der Lutherische: »Ich hab nichts gegen ihn, er mag ein gelehrter Herr gewesen sein, aber beim ersten Pfingstfest in Jerusalem war er nicht dabei.« Aber am Samstag aß schon der Lutherische mit seinem Bruder Fastenspeise. »Bruder«, sagte er,

Karl-Georg Hirsch, Die Bekehrung, Holzstich, 1989.

»der Stockfisch schmeckt nicht giftig zu den durchgeschlagenen Erbsen«; und abends ging schon der Katholische mit seinem Bruder in die lutherische Vesper. »Bruder«, sagte er, »euer Schulmeister singt keinen schlechten Tremulant«. Den andern Tag wollten sie miteinander zuerst in die Frühmesse, darnach in die lutherische Predigt, und was sie alsdann bis von heut über acht Tage der liebe Gott vermahnt, das wollten sie tun. Als sie aber aus der Vesper und aus dem Grünen Baum nach Hause kamen, ermahnte sie Gott, aber sie verstanden es nicht. Denn der Ladendiener fand einen zornigen Brief von seinem Herrn: »Augenblicklich setzt Eure Reise fort. Hab ich Euch auf eine Tridenter Kirchenversammlung nach Neuwied geschickt, oder sollt ihr nicht vielmehr die Musterkarte reiten?« Und der andere fand einen Brief von seinem Vater: »Lieber Sohn, komm heim, sobald du kannst, du musst spielen.« Also gingen sie noch den nämlichen Abend unverrichteter Sache auseinander und dachten jeder für sich nach, was er von dem andern gehört hatte. Nach sechs Wochen schreibt der jüngere dem Ladendiener einen Brief: »Bruder deine Gründe haben mich unterdessen vollkommen überzeugt: Ich bin jetzt auch katholisch. Den Eltern ist es insofern recht. Aber dem Vater darf ich nimmer unter die Augen kommen.« Da ergriff der Bruder voll Schmerz und Unwillen die Feder: »Du Kind des Zorns und der Ungnade, willst du denn mit Gewalt in die Verdammnis rennen, dass du die seligmachende Religion verleugnest? Gestrigs Tags bin ich wieder lutherisch worden.« Also hat der katholische Bruder den lutherischen bekehrt, und der lutherische hat den katholischen bekehrt, und war nachher wieder wie vorher, höchstens ein wenig schlimmer.

Merke: Du sollst nicht über die Religion grübeln und düfteln, damit du nicht deines Glaubens Kraft verlierst. Auch sollst du nicht mit

Friedrich Rückert: Bekehrungseifer

Lass dir nicht das Herz verschrumpfen
von den Eiferern, den dumpfen,
die verdammen, selig sprechen,
Tugend stempelnd und Verbrechen.

Lass dir nicht den Blick verengen,
von den selbstberufnen strengen,
die nichts Fremdes gelten lassen
und vor lauter Liebe hassen.

Fühlst du dich als Mensch erhoben?
Auch der Stein hat Gott zu loben
und die unbewusste Blume
kniet wie du am Heiligtume.

Alles das ist guter Glaube,
was ein Herz erquickt im Staube,
womit es sich abgefunden
hat in gut und bösen Stunden.

Doch ihr fühlet euch berufen,
alles auf die höchsten Stufen
der Verklärung zu erheben,
da der Staub doch auch will leben.

Wenn ihr unter Menschenheeren
nicht mehr findet zu bekehren,
werdet ihr noch aus den Affen
eine Art von Christen schaffen.

Andersdenkenden darüber disputieren, am wenigsten mit solchen, die es ebensowenig verstehen als du, noch weniger mit Gelehrten, denn die besiegen dich durch ihre Gelehrsamkeit und Kunst, nicht durch deine Überzeugung. Sondern du sollst deines Glaubens leben und was gerade ist, nicht krumm machen. Es sei dann, dass dich dein Gewissen selber treibt zu schanschieren.

Wilhelm von Kügelgen: Katholisch-evangelische Andacht

Wilhelm von Kügelgen (1802–1867), Porträt- und Historienmaler, Schriftsteller, Hofmaler und Kammerherr am herzoglichen Hof von Anhalt-Bernburg. Durch seine posthum veröffentlichten *Jugenderinnerungen eines alten Mannes* ist er in Erinnerung geblieben. Diese zeichnen ein lebendiges Bild des geistigen und bürgerlichen Lebens der Frühromantik. Das Buch erlebte bis heute Auflagen in mindestens 17 Verlagen.

Des Öfteren trieb mich das Herz, den Vater in die Messe zu begleiten, denn es war mir schmerzlich, ihn, der sonst alles mit uns teilte, kirchlich so isoliert zu wissen, und immer schien er sich zu freuen, wenn ich mit ihm ging. Die stillen Morgengottesdienste, die dämmernde Kirche, der ferne Hochaltar mit seinen Lichtern … das alles war mir sehr erbaulich. Es zog mich an des Vaters Seite nieder auf die Knie, und dann fühlte ich mich ihm noch inniger verbunden und verwandt …

Wenn mein Vater mit uns betete, hatte er dies die längste Zeit in einer Art und Weise getan, die unser evangelisches Bewusstsein nicht befremdete. Speziell Katholisches war nie hervorgetreten, bis wir vor kurzem im Familienkreise ein Buch gelesen hatten, welches in uns allen mehr oder weniger katholische Sympathien weckte. Es war dies die Biografie des heiligen Vinzenz von Paul. Als wir nun eines Sonntagsabends mit dem Vater von unserem Helden sprachen …, pries der Vater die katholische Kirche, die auch mit ihren verstorbenen Gliedern in steter Gemeinschaft bleibe, mit solchen wenigstens, deren Seligkeit sie sich vergewissert habe. Aber auch wir Protestanten, fuhr er fort, glaubten gar nicht an den Tod der Kinder Gottes, sondern vielmehr, dass sie erst jetzt in Wahrheit lebten. Lebten sie aber: warum denn sollten wir sie nicht um Segen und Fürbitte ansprechen, da sie uns in dem allmächtigen Gott doch wirklich immer nahe seien? Er glaube daher, so schloss mein Vater, dass es uns nur erbaulich sein könne, wenn er den heiligen Vinzenz, der uns ja nun kein Fremder mehr sei, im Abendgebete von jetzt ab und zu um seine Fürsprache anginge; wo nicht, so möchten wir es sagen …

So kann ich nicht leugnen, dass wir bösen Protestanten eine Zeit lang mit unserem lieben Vater einen katholischen Heiligen angerufen haben. Von meiner Seite geschah dies freilich ohne sonderliche Freudigkeit, da man sich des Zweifels nicht ganz erschlagen konnte, ob jener auch hinlänglich offene Ohren habe.

Søren Kierkegaard: »Am ersten das Reich Gottes«

Eine Art Novelle

Cand. theol. Ludwig Fromm – er sucht. Und wenn man hört, dass ein theologischer Kandidat sucht, so braucht man keinerlei lebhafte Einbildungskraft, um zu verstehen, was es ist, das er sucht, natürlich das Reich Gottes, das man ja *am ersten* suchen soll.

Nein, das ist es doch nicht; das, was er sucht, ist: eine königliche Anstellung als Geistlicher; und es ist, was ich mit einigen wenigen Strichen darstellen will, *zuerst* recht viel geschehen, bevor er soweit gekommen ist.

Zuerst hat er die höhere Schule besucht, von der er dann entlassen wurde. Darauf hat er *zuerst* zwei Examina gemacht und, nach vier Jahren Studium, *zuerst* das Amtsexamen bestanden.

Nun ist er also theologischer Kandidat; man sollte vielleicht meinen, er werde, nachdem er *zuerst* all das hinter sich gebracht, endlich dazu kommen, für das Christentum zu wirken. Doch weit gefehlt. Nein, *zuerst* muss er ein halbes Jahr aufs Seminar gehen, und wenn das geschafft ist, kann keine Rede davon sein, dass er in den ersten acht Jahren suchen könnte, welche also *zuerst* überstanden sein müssen.

Und nun stehen wir am Anfang der Novelle: Die acht Jahre sind herum, er sucht.

Sein Leben, von dem man nicht sagen kann, dass es bis dahin ein Verhältnis zum Unbedingten gehabt habe, tritt plötzlich in ein solches Verhältnis ein: Er sucht unbedingt alles; schreibt einen Bogen Stempelpapier nach dem anderen voll; läuft von Herodes zu Pilatus; empfiehlt sich beide beim Minister und beim Pförtner, kurz, er steht völlig im Dienst eines Unbedingten. Ja einer von seinen Bekannten, der ihn in den letzten paar Jahren nicht gesehen hat, meint zu seiner Verblüffung zu entdecken, dass er kleiner geworden sei, was sich vielleicht daher erklären lässt, dass es ihm ergangen sei wie Münchhausens Hund, der ein Windhund war, aber durch das viele Laufen zum Dackel wurde.

Derart gehen drei Jahre hin. Unser theologischer Kandidat bedarf wirklich der Muße, er hat es nötig, nach einer ungeheuer ange-

Im Gegensatz zu seinen Zeitgenossen ließ sich Kierkegaard nie fotografieren. Diese Zeichnung fertigte sein Vetter Niels Christian Kierkegaard 1840, klagte aber später, dass Søren »mir einen Streich spielte und ganz einfach wegblieb – nachdem er zweimal Modell für mich gesessen hatte«.

Søren Kierkegaard (1813–1855) hatte seine Kritik am Christentum in der Zeitung *Faedrelandet (Vaterland)* veröffentlicht, um aber *Faedrelandet* nicht zu seinem offiziellen Journal zu machen, »beschloss ich«, heißt es in einem Rückblick, »selbst mit ein paar Flugblättern zu beginnen, um so über ein Organ nur für mich und als einzelner zu verfügen.« Am 24. Mai 1855 erschien die erste Nummer vom *Augenblick* in einer Auflage von 1000 Exemplaren. Als er am 30. August Bilanz über seine aktuelle Durchschlagskraft zieht, hat er an dem Interesse, das man seiner Sache entgegenbringt, nichts auszusetzen: Sicher und ohne Zweifel liest man ihn, was man aber anschließend macht, geht übergangslos in die falsche Richtung: »Am nächsten

Sonntag geht man zur Kirche, wie man es gewohnt ist; man sagt: Es ist im Grunde wahr, was K. sagt, und es ist äußerst lesenswert, wie er klar macht, dass der ganze amtliche Gottesdienst Gott zum Narren halten heiße, Gotteslästerung sei – aber wir sind nun einmal daran gewöhnt, wir können uns nicht davon frei machen, dazu fehlt uns die Kraft. Aber das ist sicher, lesen werden wir, was er schreibt, mit Vergnügen; man kann wirklich ganz ungeduldig auf eine neue Nummer sein und darauf, über diesen unstreitig ungeheuren Kriminalfall mehr zu erfahren.«

Dieses Verhalten kann Kierkegaard in seiner These, dass das Christentum abgeschafft sei, nur bestätigen, auch dass »die Leute heutzutage nicht einmal, wie ich es ausdrücken möchte, in der Lage sind, Religion haben zu können, vielmehr derart Leidenschaft fremd gegenüberstehen, sie gar nicht kennen, die jede Religion heischen muss, ohne welche man überhaupt keine Religion haben kann, am wenigsten das Christentum.«

Die satirische Novelle schießt perfekt über das Ziel hinaus; es ist daher verwunderlich, dass Kierkegaard beinahe als ihre Moral hervorhebt, dass sie »so wahr, so überaus wahr« sei. Die Erklärung dafür mag sein, dass er nicht nur den Riesensplitter im Auge seines Bruders gesehen, sondern es sogar genossen hat, diesen zur Schau zu stellen. 1850 gestattete man [seinem Bruder] Peter Christian Kierkegaard nämlich, von seinem Pfarramt in Thorslunde-Ishöj zurückzutreten, als er sich, aber im absolut letzten Augenblick, darüber klar wurde, dass die Einkünfte falsch angegeben worden waren, indem möglicherweise »noch 20 Tonnen Gerste weniger als Verdienst« blieben. Ein solches Manko konnte Peter Christian schon kalte Füße verschaffen. Ausgeschlossen werden kann auch nicht, dass Kierkegaard auf H.P. Koefoed-Hansen anspielt, der ... sich um das Amt an der Erlöserkirche in Christianshavn bewarb. Auch er musste mit Entsetzen erfahren, dass die Einkünfte in diesem Amt geringer als erwartet waren, weshalb er schnurstracks um Freistellung vom Pfarramt ersuchte ... Inwieweit der eine oder andere Model gestanden hat in Kierkegaards Satire-Atelier, ist weniger entscheidend; beide haben sich sicherlich getroffen gefühlt. Und Kierkegaard hat damit zwei gierige Pfaffenfliegen mit einer Klappe geschlagen.

strengten Wirksamkeit außer Wirksamkeit gesetzt zu werden oder in einem Amte zur Ruhe zu kommen und von seiner zukünftigen Frau ein wenig gepflegt zu werden – denn inzwischen hat er sich *zuerst* verlobt.

Endlich – wie Pernille zu Magdelone sagt – schlägt die Stunde seiner »Erlösung«, so dass er mit der ganzen Macht der Überzeugung, aus eigener Erfahrung, vor der Gemeinde wird »zeugen« können, dass im Christentum Heil und Erlösung sei: Er bekommt ein Amt.

Was geschieht? Wie er über die Einkünfte der Pfarre noch genauere Erkundigung einholt, entdeckt er, dass diese ungefähr 150 Reichstaler weniger beraten, als er geglaubt hatte. Nun schlägt's 13. Der unglückliche Mensch verzweifelt fast. Er hat schon Stempelpapier gekauft, um beim Ministerium mit einem Gesuch einzukommen, dass es ihm gestattet sein möge, sich als nicht ernannt zu betrachten – und um dann wieder von vorn anzufangen: da bringt ihn einer von seinen Bekannten dazu, das aufzugeben. Es bleibt also dabei, er behält die Pfarre.

Er ist ordiniert – und der Sonntag kommt, an dem er der Gemeinde vorgestellt werden soll. Der Probst, durch den das geschieht, ist ein mehr als gewöhnlicher Mann, er hat nicht nur (was die meisten Pfarrer haben, und meist umso mehr, je höher sie im Rang hinaufgekommen sind) einen unbefangenen Blick für den irdischen Vorteil, sondern zugleich einen spekulativen Blick durch die Weltgeschichte, und den behält er nicht für sich, sondern lässt ihn der Gemeinde zugute kommen. Er hat, genial, als Text die Worte des Apostels Petrus gewählt: »Siehe, wir haben alles verlassen und sind dir nachgefolgt« und erklärt nun der Gemeinde, dass gerade in Zeiten wie den unsern solche Männer als Lehrer nötig seien, und in Verbindung hiermit empfiehlt er diesen jungen Mann, von dem der Probst weiß, wie nahe er daran war zurückzutreten wegen der 150 Reichstaler.

Der junge Mann steigt nun selbst auf die Kanzel – und das Evangelium des Tages lautet (merkwürdig genug!): Trachtet *am ersten* nach dem Reich Gottes.

Er hält seine Predigt. »Eine sehr gute Predigt«, sagt der Bischof, der persönlich zugegen war, »eine sehr gute Predigt; und ganz außerordentlich wirkte die ganze Partie über dies ›am ersten das Reich Gottes‹, die Art, wie er dies ›am ersten‹ herausbrachte«. »Aber meinen denn Euer Hochwürden, dass hier die wünschenswerte Übereinstimmung da sei zwischen Predigt und Leben? Auf mich machte es fast einen satirischen Eindruck, dieses *Am ersten*.« »Welche Ungereimtheit; er ist ja berufen, um die Lehre zu verkündigen, die heilsame, unverfälschte Lehre, dass man am ersten das Reich Gottes suchen solle; und das machte er sehr gut.«

Søren Kierkegaard: Der Gottesdienst der Pfarrer

Bilde ein ganz willkürliches Beispiel, um desto deutlicher die Wahrheit zu erkennen!

Lass uns annehmen, es sei Gottes Wille, dass wir Menschen nicht in den Tiergarten fahren sollten.

Darauf könnte sich »der Mensch« natürlich nicht einlassen. Was würde da geschehen? Es geschähe folgendes: Der »Pfarrer« würde ausfindig machen: Wenn man zum Beispiel den viersitzigen Holsteinerwagen segnete und über den Pferden das Kreuzzeichen schlüge, dann würde die Ausfahrt in den Tiergarten Gott wohlgefällig werden.

Die Folge würde also sein, dass man ganz unverändert ebenso oft in den Tiergarten führe wie jetzt, nur dass es nun etwas teurer geworden wäre, vielleicht 5 Reichstaler mehr kostete für Standespersonen, 5 Reichstaler dem Pfarrer, und 4 Schilling für die Armen. Aber dann würde der Tiergartenausflug auch den Reiz haben, dass er gleichzeitig Gottesdienst wäre.

Vielleicht verfielen auch die Pfarrer darauf, das Geschäft als Pferde- und Wagenverleiher selber zu machen; wenn es dann Gott richtig wohlgefällig sein sollte, dass man in den Tiergarten fährt, so müsste der Wagen bei den Pfarrern geliehen sein, vielleicht müsste ein Pfarrer dabei sein, vielleicht sogar – dann wäre es im allerhöchsten

Mit ebensolcher Treffsicherheit bringt er kirchliche Luftballons wie Taufe, Konfirmation und Trauung zum Platzen. In einer witzigen Darstellung eines völlig weltlichen jungen Mannes, der, weiß Gott warum, auf die Idee gekommen ist, sein Kind taufen zu lassen, empfiehlt Kierkegaard, dass man anstatt dem Kind ein Taufmützchen aufzusetzen, lieber den »Kindsvater eine Nachtmütze hielte«. Von diesem »rein tierischen Unsinn: auf solche Weise Christ zu werden, dass man als Kind von einem königlichen Beamten einen Tropfen Wasser auf den Kopf bekommt«, geht Kierkegaard weiter zur Konfirmation, die wahrscheinlich »viel tieferer Unsinn als die Kindtaufe« sei, da sie ja »den Anspruch stellt, dass sie ergänzen solle, was bei der Kindtaufe fehlt: eine wirkliche Persönlichkeit«: »Ein Knabe von 15 Jahren! Wofern von 10 Reichstalern die Rede wäre, würde der Vater sagen: Nein, mein Junge, das kann man dir nicht überlassen, dazu bist du zu grün hinter den Ohren. Aber wo es um die ewige Seligkeit geht, ist das Alter von 15 Jahren am passendsten.« Das Ganze ist »ein Komödienspiel«, schließt Kierkegaard, der trotzdem gern ein bisschen zur Heiterkeit beiträgt, indem er sich eine amtliche Verordnung vorstellt, nach der alle »männlichen Konfirmanden in der Kirche einen Bart tragen sollten, welcher natürlich bei dem Familienfest am Abend wegfallen könnte … Summa summarum: Für alle diese heiligen Narrenstreiche gilt: ›Abrakadabra; Amen, Amen, in Ewigkeit Amen; Ehre sei den Pastoren!‹«

Joakim Garff

Zeichnung Kierkegaards aus dem Jahr 1854. »Es ist ganz deutlich«, schreibt sein Biograf Joakim Garff, »dass das Fein-Ästhetische an Kierkegaard sich mit den Jahren abnutzte, weil er frühzeitig alterte, dass aber das kleine, ebenso schwermütige wie satirische Lächeln immer noch da ist«.

Grade Gott wohlgefällig – ein Bischof Kutscher sein. Aber dass man diesen aller-allerhöchsten Gipfel der Gottwohlgefälligkeit erreichte, wäre so teuer, dass diese Art Gottesdienst nur denen vorbehalten sein könnte, die auch zufolge des vervollkommneten Christentums (denn das neue Testament hat bekanntlich eine andere Auffassung) die einzigen sind, die es sich leisten können Gott vollkommen wohlzugefallen, nämlich den Millionären.

*

In der prächtigen Domkirche tritt der hochwohlgeborene, hochwürdige geheime General-Oberhofprediger auf, der auserwählte Günstling der vornehmen Welt, er tritt auf vor einem auserwählten Kreis von Auserwählten und predigt gerührt über den von ihm selbst ausgewählten Text: »Gott hat auserwählt das Geringe von der Welt und das Verachtete« – und da ist niemand, der lacht.

Der englische Künstler Rex Whistler (1905–1944) deutet mit Kirchturm und modernen Hochhäusern am Horizont an, dass das erzählte Geschehen nicht nur der Vergangenheit zuzuschreiben ist.

18 Jahre bevor Kierkegaard seine polemische Zeitung *Der Augenblick* schrieb (1855), veröffentlichte Hans Christian Andersen sein ironisches Gleichnis *Des Kaisers neue Kleider* – Kierkegaards Spott vorwegnehmend: »Von Nichts kann man nicht leben. Das hört man so oft, besonders von Pfarrern. Und gerade die Pfarrer bringen folgendes Kunststück fertig: Das Christentum ist gar nicht da – dennoch leben sie davon.«

Georg Trakl: Die tote Kirche

Auf dunklen Bänken sitzen sie gedrängt
Und heben die erloschnen Blicke auf
Zum Kreuz. Die Lichter schimmern wie verhängt,
Und trüb und wie verhängt das Wundenhaupt.
Der Weihrauch steigt aus güldenem Gefäß
Zur Höhe auf, hinsterbender Gesang
Verhaucht, und ungewiss und süß verdämmert
Wie heimgesucht der Raum. Der Priester schreitet
Vor den Altar; doch übt mit müdem Geist er
Die frommen Bräuche – ein jämmerlicher Spieler,
Vor schlechten Betern mit erstarrten Herzen,
In seelenlosem Spiel mit Brot und Wein.
Die Glocke klingt! Die Lichter flackern trüber –
Und bleicher, wie verhängt das Wundenhaupt!
Die Orgel rauscht! In toten Herzen schauert
Erinnerung auf! Ein blutend Schmerzensantlitz
Hüllt sich in Dunkelheit und die Verzweiflung
Starrt ihm aus vielen Augen nach ins Leere.
Und eine, die wie aller Stimmen klang,
Schluchzt auf – indes das Grauen wuchs im Raum,
Das Todesgrauen wuchs: Erbarme dich unser – Herr!

Kurt Marti: Der ungebetne Hochzeitsgast

Die Glocken dröhnen ihren vollsten Ton
Und Photographen stehen knipsend krumm.
Es braust der Hochzeitsmarsch von Mendelssohn.
Der Pfarrer kommt! Mit ihm das Christentum.

Die Damen knie'n im Dome schulternackt,
noch im Gebet kokett und photogen,
indes die Herren, konjunkturbefrackt,
diskret auf ihre Armbanduhren sehn.

Sanft wie im Kino surrt die Liturgie
Zum Fest von Kapital und Eleganz.
Nur einer flüstert leise: »Blasphemie!«
Der Herr. Allein, Ihn überhört man ganz.

Bernhard Bergmann: Restauratorinnen in der Kirche

steinerne blumen
gewelkt im schatten der jahrhunderte
strich um strich
wiedererblühen die wände
unter den händen
der arbeiterin im
haus des schöpfers

st. martins pferd wird neu beschlagen
und das gras grünt wieder frisch

doch der mantel bleibt entzweit
was einer getan an seinem nächsten
das bleibt in ewigkeit

Martial Leiter, Moderne Welt, 1995.

Glaube: D' Leut woll'n nix mehr glaub'n

Alle unsere großen religiösen Überlieferungen gehen dem Ende entgegen, so wie die einst sehr großen Religionen des antiken Mesopotamien, Ägypten, Griechenland in der Antike ein Ende gefunden haben. Wir dürfen auch hier erwarten, dass einige der großen Kunstwerke überleben werden, aber so gut wie nichts von der Lehre. Der größte Teil der christlichen Theologie ist schon verloren gegangen. Das entdecken wir schnell, wenn wir die Menschen beispielsweise bitten, uns zu erklären, wie denn Christus mit seinem Tod für unsere Sünden gebüßt hat, oder wenn wir den Unterschied zwischen Calvinismus und Arminianismus erklärt haben wollen oder die Lehre von der Dreifaltigkeit. Dies sind – oder waren – großangelegte und wichtige Fragen, aber im Großen und Ganzen haben die Menschen schon vor Generationen jedes Wissen um diese Dinge verloren, und es steht auch kaum zu erwarten, dass es wiederkehren wird.

Don Cupitt

Wilhelm von Kaulbach, Der Künstler zweifelt an der Lehre von der Dreifaltigkeit Gottes, um 1850.

Johann Wolfgang von Goethe: Nun sag, wie hast du's mit der Religion?

Margarete: Versprich mir, Heinrich!
Faust: Was ich kann!
Margarete: Nun sag, wie hast du's mit der Religion?
Du bist ein herzlich guter Mann,
Allein ich glaub, du hältst nicht viel davon.
Faust: Lass das, mein Kind! Du fühlst, ich bin dir gut;
Für meine Lieben ließ ich Leib und Blut,
Will niemand sein Gefühl und seine Kirche rauben.
Margarete: Das ist nicht recht, man muss d'ran glauben.
Faust: Muss man?
Margarete: Ach! wenn ich etwas auf dich könnte!
Du ehrst auch nicht die heil'gen Sakramente.
Faust: Ich ehre sie.
Margarete: Doch ohne Verlangen.
Zur Messe, zur Beichte bist du lange nicht gegangen.
Glaubst du an Gott?
Faust: Mein Liebchen, wer darf sagen:
Ich glaub an Gott?
Magst Priester oder Weise fragen,
Und ihre Antwort scheint nur Spott
Über den Frager zu sein.
Margarete: So glaubst du nicht?
Faust: Misshör' mich nicht, du holdes Angesicht!
Wer darf ihn nennen?
Und wer bekennen:
»Ich glaub ihn!«?
Wer empfinden,
Und sich unterwinden
Zu sagen: »Ich glaub ihn nicht!«?
Der Allumfasser,
Der Allerhalter,
Fasst und erhält er nicht
Dich, mich, sich selbst?
Wölbt sich der Himmel nicht da droben?
Liegt die Erde nicht hier unten fest?
Und steigen freundlich blickend
Ewige Sterne nicht herauf?
Schau ich nicht Aug in Auge dir,
Und drängt nicht alles
Nach Haupt und Herzen dir,
Und webt in ewigem Geheimnis
Unsichtbar sichtbar neben dir?
Erfüll' davon dein Herz, so groß es ist,

Goethe kam 1775 nach Weimar; er brachte Entwürfe zum *Faust* mit. Es war der Vorabend der Französischen Revolution von 1789, mit der sich Europa grundlegend veränderte und die geistige Bewegung der Aufklärung politisch wirksam wurde.

Im *Faust* schlägt sich diese Entwicklung bürgerlichen Denkens nieder, verbunden mit der Entwicklung moderner Wissenschaften, die Alchemie und Zauberei verdrängten; sie werden von den ästhetischen Entwicklungen in Literatur und bildender Kunst begleitet.

Das Gespräch zwischen Faust und Margarete findet in Marthens Garten statt. In dieser Szene redet Margarete Faust zum ersten Mal mit seinem Vornamen an, ein Schritt zu größerer Vertrautheit. Trotzdem bestehen weiterhin Distanzen. Margarete hat nicht das Gefühl, alles Wichtige von Faust zu wissen und stellt ihm die »Gretchenfrage«: Nun sag, wie hast du's mit der Religion?

Margarete, die fest im christlichen Glauben und der Gesellschaft verwurzelt ist, sieht im Glauben an die von der Kirche vermittelten Werte das Maß, an das sich die Menschen zu halten haben. Sie spürt, dass Faust der Kirche distanziert gegenübersteht, und will wissen, ob er am kirchlichen Leben teilnimmt und die Sakramente empfängt. Faust möchte oder kann ihr nicht antworten. Auf einfache Fragen antwortet er mit einem Wortschwall, der mehr Dunst ist als Kontur hat. Ausweichend erläutert Faust, wie unzulänglich ihm traditionelle Religiosität erscheine. An feste Begriffe wie »Gott« oder »Glauben« will er sich nicht binden: »Ich habe keinen Namen / Dafür! Gefühl ist alles; / Name ist Schall und Rauch / Umnebelnd Himmelsglut.«

Fragen und Antworten stehen sich hier als Ausdruck verschiedener Lebenswelten gegenüber. Auf zwischenmenschlicher Ebene verstehen sich die beiden Liebenden, doch sie können sich auf geistiger Ebene nicht verständigen. Einerseits zeigt sich in ihrem Gespräch das soziale Gefälle, das zwischen beiden herrscht. Margarete schildert ihr kleinbürgerliches Leben, das still, bescheiden und zurückgezogen im engen Rahmen von Familie und Kirche abläuft. Faust ist von dieser Einfalt und Unschuld, in der er »alle Weisheit dieser Welt« sieht, zwar fasziniert. Doch offenbar hat er kaum Beziehungserfahrung. Weder kann er voraussehen, was er Margarete antut, noch erkennen, was er in sich selbst durch die Verbindung mit Margarete anrichtet.

In diesem Gespräch deutet sich eine religiöse Sprachverwirrung an, wie sie die Zeit vorweg nicht kannte, die weitere Entwicklung aber immer komplexer entfaltet. Unreflektierte Religiosität und religiöse Entwurzelung treffen aufeinander.

Dass in dieser Szene Margarete zwar schon tragisch verstrickt ist, aber ihre eigene Welt behauptet, wird auch damit angezeigt, dass sie nochmals »Margarete« heißt, danach aber wieder zum »Gretchen« wird.

Und wenn du ganz in dem Gefühle selig bist,
Nenn' es dann, wie du willst,
Nenn's Glück! Herz! Liebe! Gott!
Ich habe keinen Namen
Dafür! Gefühl ist alles;
Name ist Schall und Rauch,
Umnebelnd Himmelsglut.
Margarete: Das ist alles recht schön und gut;
Ungefähr sagt das der Pfarrer auch,
Nur mit ein bisschen andern Worten.
Faust: Es sagen's allerorten
Alle Herzen unter dem himmlischen Tage,
Jedes in seiner Sprache;
Warum nicht ich in der meinen?
Margarete: Wenn man's so hört, möcht's leidlich scheinen,
Steht aber doch immer schief darum;
Denn du hast kein Christentum.

Dieter Motzel, Radierung, 2011.

Die Deutschen sind übrigens wunderliche Leute! – Sie machen sich durch ihre tiefen Gedanken und Ideen, die sie überall suchen und überall hineinlegen, das Leben schwerer als billig. – Ei! so habt doch endlich einmal die Courage, Euch den Eindrücken hinzugeben, Euch ergötzen zu lassen, Euch rühren zu lassen, Euch erheben zu lassen, ja Euch belehren und zu etwas Großem entflammen und ermutigen zu lassen; aber denkt nur nicht immer, es wäre Alles eitel, wenn es nicht irgend abstrakter Gedanke und Idee wäre! Da kommen sie und fragen: welche Idee ich in meinem Faust zu verkörpern gesucht? – Als ob ich das selber wüsste und aussprechen könnte.

Goethe im Gespräch mit Eckermann am 6. Mai 1827

Georg Christoph Lichtenberg: Hier zunehmen und dort stille stehn ist den Menschen unmöglich

Wir Protestanten glauben nunmehr in sehr aufgeklärten Zeiten in Absicht auf unsere Religion zu leben. Wie wenn nun ein neuer Luther aufstünde? Vielleicht heisen unsre Zeiten noch einmal die finstern. Man wird eher den Wind drehen oder aufhalten können, als die Gesinnungen des Menschen hefften.«

»Die Catholicken bedencken nicht, daß der Glauben der Menschen sich auch ändert, wie überhaupt die Zeiten und Kenntnisse der Menschen. Hier zunehmen und dort stille stehn ist den Menschen unmöglich. Selbst die Wahrheit bedarf zu andern Zeiten wieder einer andern Einkleidung um gefällig zu seyn.«

»Dieses haben unsere Vorfahren aus gutem Grunde so geordnet, und wir stellen es aus gutem Grund nun wieder ab.«

»Ich habe bemerckt, daß jetzt eine gewisse Freygeisterei unter jungen Leuten einreißt, die mit der Zeit üble Folgen haben [kan], aber so viel ist gewiß, es hat sich doch ein gewisses Wohlwollen unter eben diesen Leuten ausgebreitet. Man findet viel Mitleiden, Bescheidenheit pp unter ihnen.«

»Unsere Welt wird noch so fein werden, daß es so lächerlich seyn wird einen Gott zu glauben als heutzutage Gespenster.«

»Nichts kan mehr zu einer Seelen Ruhe beytragen, als wenn man gar keine Meinung hat.«

»Gerade das Gegentheil thun ist auch Nachahmung, und die Definitionen der Nachahmung müsten von Rechtswegen beydes unter sich begreifen ...«

»Es wäre der Mühe wert, zu untersuchen, ob es nicht schädlich ist zu sehr an der Kinderzucht zu poliren. Wir kennen den Menschen noch nicht genug um dem Zufall, wenn ich so reden darf, diese Verrichtung ganz abzunehmen. Ich glaube, wenn unsern Pädagogen ihre Absicht gelingt, ich meine, wenn sie es dahin bringen können, daß sich die Kinder gantz unter ihrem Einfluß bilden, so werden wir keinen eintzigen recht grosen Mann mehr bekommen. Das brauchbarste in unserm Leben hat uns gemeiniglich niemand gelehrt. Auf öffentlichen Schulen, wo viel Kinder nicht allein zusammen lernen, sondern auch Muthwillen treiben, werden freylich nicht so viel fromme Schlafmützen gezogen, mancher geht gantz verlohren, den meisten sieht man

Georg Christoph Lichtenberg (1742–1799) war Professor für Physik, Mathematik und Astronomie an der Universität Göttingen. Zugleich gilt er als Begründer des deutschsprachigen Aphorismus. Seine körperliche Behinderung und seine ständige Anfälligkeit für Krankheiten machten ihn in außergewöhnlichem Maße empfindsam. Seine Beobachtungsgabe richtete er nicht nur auf naturwissenschaftliche Erscheinungen, sondern ebenso auf die Umwelt und seine Mitmenschen.

aber ihre Überlegenheit an. Bewahre Gott, daß der Mensch, dessen Lehrmeisterin die gantze Natur ist, ein Wachsklumpen werden soll, worin ein Professor sein erhabenes Bildniß abdruckt.«

»Leibnitz hat die Christliche Religion vertheidigt, daraus, wie die Theologen thun, gerade weg zu schließen er sey ein guter Christ gewesen, verräth sehr wenig Weltkenntniß. Eitelkeit etwas besseres zu sagen, als die Leute von Profession, ist bey einem solchen Mann wie Leibnitz, der wenig festes hatte, eine weit wahrscheinlichere Triebfeder so etwas zu thun, als Religion. Man greife doch mehr in seinen eigenen Busen, und man wird finden, wie wenig sich etwas von andern behaupten läßt. Ja ich getraue mir zu beweisen, daß man zuweilen glaubte man glaube etwas und glaubt es doch nicht. Nichts ist unergründlicher als das System von Triebfedern unsrer Handlungen.«

»So sagt man jemand bekleide ein Amt, wenn er von dem Amt bekleidet wird.«

»Es ist schade daß es keine Sünde ist Wasser zu trincken, rief ein Italiäner, wie gut würde es schmecken.«

Gottfried Keller: Glaube! O wie unsäglich blöde klingt mich dieses Wort

Glaube! O wie unsäglich blöde klingt mich dieses Wort an! Es ist die allerverzwickteste Erfindung, welche der Menschengeist machen konnte in einer zugespitzten Lammslaune! Wenn ich des Daseins Gottes und seiner Vorsehung bedürftig und gewiss bin, wie entfernt ist dies Gefühl von dem, was man Glauben nennt! Wie sicher weiß ich, dass die Vorsehung über mir geht gleich einem Stern am Himmel, der seinen Gang tut, ob ich nach ihm sehe oder nicht nach ihm sehe. Gott weiß, denn er ist allwissend, jeden Gedanken, der in meinem Inneren aufsteigt, er kennt den vorigen, aus welchem er hervorging, und sieht den folgenden, in welchen er übergeht; er hat allen meinen Gedanken ihre Bahn gegeben, die ebenso unausweichlich ist wie die Bahn der Sterne und der Weg des Blutes; ich kann also wohl sagen: Ich will dies tun oder jenes lassen, ich will gut sein oder mich darüber hinwegsetzen, und ich kann durch Treue und Übung es vollführen; ich kann aber nie sagen: Ich will glauben oder nicht glauben, ich will mich einer Wahrheit verschließen oder ich will mich ihr öffnen! Ich kann nicht einmal bitten um Glauben, weil, was ich nicht einsehe, mir niemals wünschbar sein kann, weil ein klares Unglück, das ich begreife, noch immer eine lebendige Luft zum Atmen für mich ist, während eine Seligkeit, die ich nicht begreife, Stickluft für meine Seele wäre.

Gottfried Keller (1819–1890). Seine erste Gedichtsammlung (1846) verhalf ihm zu einem Stipendium in Zürich. 1848–1850 studierte er in Heidelberg Geschichte, Philosophie und Literatur. 1850–1855 lebte er in Berlin und danach wieder in Zürich als freier Schriftsteller. Von 1861 bis 1876 war er Erster Staatsschreiber des Kantons Zürich, danach widmete er sich nur noch seinen literarischen Arbeiten.

Wer an eine Sache glaubt, kann ein guter Mann sein, wer nicht, ein ebenso guter. Wenn ich zweifle, ob zweimal zwei vier seien, so sind es darum nicht minder vier, und wenn ich glaube, dass zweimal zwei vier seien, so habe ich mir darauf gar nichts einzubilden, und kein Mensch wird mich darum loben. Wenn Gott eine Welt geschaffen und mit denkenden Wesen bevölkert hätte, alsdann sich in einen undurchdringlichen Schleier gehüllt, das geschaffene Geschlecht aber in Elend und Sünde verkommen lassen, hierauf einzelnen Menschen auf außerordentliche und wunderbare Weise sich offenbart, auch einen Erlöser gesendet unter Umständen, welche nachher mit dem Verstande nicht mehr begriffen werden konnten, von dem Glauben daran aber die Rettung und Glückseligkeit aller Kreatur abhängig gemacht hätte, alles dies nur, um das Vergnügen zu genießen, dass an ihn geglaubt würde, er, der seiner doch ziemlich sicher sein dürfte: so würde diese ganze Prozedur eine gemachte Komödie sein, welche für mich dem Dasein Gottes, der Welt und meiner selbst alles Tröstliche und Erfreuliche benähme.

In Marcel Reich-Ranickis Sammelwerk *Der Kanon* figuriert der *Der grüne Heinrich* unter den 20 Romanen, die heutigen deutschsprachigen Lesern empfohlen sind. Als zu Kellers 100. Geburtstag Elias Canetti in einer Zürcher Schulfeier die fälligen Lobreden hörte, gelobte er zornig, nie eine »Lokalberühmtheit« werden zu wollen. Doch 1977 widerrief er diesen Schwur: »Noch ahnte ich nicht, mit welchem Entzücken ich eines Tages den Grünen Heinrich lesen würde. Hätte ich das Glück, im Jahr 2019 am Leben zu sein und die Ehre, zu seiner Zweihundert-Jahr-Feier in der Predigerkirche zu stehen und ihn mit einer Rede zu feiern, ich fände ganz andere Elogen für ihn, die selbst den unwissenden Hochmut eines Vierzehnjährigen bezwingen würden.«

Johann Nepomuk Nestroy: D' Leut woll'n nix mehr glaub'n

D' Leut woll'n nix mehr glaub'n, und darum
werfen s' gar mit'n Aberglaub'n um,
jeder Glaub'n, der s' a bissl geniert,
wird als Aberglaub'n gleich persifliert.

D' Mehrzahl der Menschen hat Grund ohne Zweifel,
wenn's ein gibt, sich zu fürchten vor'n Teufel,
statt sich z' bessern, disputieren s' lieber keck
dem Teufel die Ohrwaschel weg.

Ich glaub' fest, dass's ein gibt, möcht drauf schwörn,
's wär sonst viels auf der Welt nicht z' klärn,
denn i sag: Wenn ka Teufel nicht wär,
wo kommt da alles das Teufelszeug her?

Ich lass mir mein Aberglaub'n
Durch ka Aufklärung raub'n,
's is jetzt schön überhaupt,
wenn m'r an etwas noch glaubt.

Johann Nepomuk Nestroy (1801–1862), österreichischer Dramatiker, Schauspieler und Opernsänger. Sein Werk ist der literarische Höhepunkt des Alt-Wiener Volkstheaters.

Franz Theodor Csokor (1885–1969) gilt als einer der bedeutendsten Dramatiker des Expressionismus in Österreich. Sein erfolgreichstes und auch bekanntestes Stück ist *3. November 1918*, das den Untergang der k. u. k. Monarchie thematisiert. In vielen Werken spiegelt sich die Beschäftigung des Autors mit der Antike und dem Christentum.

Franz Theodor Csokor: Der Zweifler

Bezeuge erst, ob du auch wirklich bist?
Dass du dich zeigst, mag meine Sehnsucht sein,
die sich dein Bild lieh wie ein Wunsch den Traum.

Ich kann nicht einfach glauben. Wissen muss ich!
Das Kreuz genügt mir nicht. Gekreuzigt wurden viele.
Aber aus Gräbern kehrt man nie zurück.

Dass du das wärest! Dass ich inne würde,
du hast gedauert über deinen Tod.
Die Welt drückt nicht so sinnlos mit dem Drüben,
das du verheißt. Ihr Unrecht darf man dulden,
verlässt man sie zum sicheren Erwachen
in einem Reich, das richtet und vergilt.

Ich zweifle nur, wie du mich mehr verpflichtest:
als Auferstandener oder Augentrug?
Denn, wenn du bist, muss ich mein Wesen ändern,
doch bist du nicht, wird es die ganze Erde,
die mir zu ändern aufgetragen ist.

Dietrich Bonhoeffer: Wir sind wieder ganz auf die Anfänge des Verstehens zurückgeworfen

Ging Kierkegaard davon aus, dass die christliche Unterweisung die Existenz des Hörers nicht erreicht, weil bereits die Vermittler davon unbetroffen bleiben, hat sich die Situation seitdem weiter kompliziert, insofern heute sogar die »objektive religiöse Rede«, jeder Begriff und jede Bekenntnisformel, an allgemeiner Auszehrung leiden. Der erste, der diese Erfahrung in großer Deutlichkeit und in einer Extremsituation seiner eigenen Existenz zur Sprache brachte, war Dietrich Bonhoeffer. Während seiner Gefängniszeit in Berlin-Tegel schrieb er Gedanken zum Tauftag von D.W.R. Mit dem Leben dieses Kindes, dem er nie begegnen konnte, verband er Überlegungen zur Zukunft des Christentums:

Du wirst heute zum Christen getauft. Alle die alten großen Worte der christlichen Verkündigung werden über dir ausgesprochen und der Taufbefehl Jesu Christi wird an Dir vollzogen, ohne dass Du etwas davon begreifst. Aber auch wir selbst sind wieder ganz auf die Anfänge des Verstehens zurückgeworfen. Was Versöhnung und Erlösung, was Wiedergeburt und heiliger Geist, was Feindesliebe, Kreuz und Auferstehung, was Leben in Christus und Nachfolge Christi heißt, das alles ist so schwer und so fern, dass wir es kaum mehr wagen, davon zu sprechen. In den überlieferten Worten und Handlungen ahnen wir etwas ganz Neues und Umwälzendes, ohne es noch fassen und aussprechen zu können. Das ist unsere eigene Schuld.

Unsere Kirche, die in diesen Jahren nur um ihre Selbsterhaltung gekämpft hat, als wäre sie ein Selbstzweck, ist unfähig, Träger des versöhnenden und erlösenden Wortes für die Menschen und für die Welt zu sein. Darum müssen die früheren Worte kraftlos werden und verstummen, und unser Christsein wird heute nur in zweierlei bestehen: im Beten und im Tun des Gerechten unter den Menschen. Alles Denken, Reden und Organisieren in den Dingen des Christentums muss neugeboren werden aus diesem Beten und aus diesem Tun.

Bis du groß bist, wird sich die Gestalt der Kirche sehr verändert haben. Die Umschmelzung ist noch nicht zu Ende, und jeder Versuch, ihr vorzeitig zu neuer organisatorischer Machtentfaltung zu verhelfen, wird nur eine Verzögerung ihrer Umkehr und Läuterung sein. Es ist nicht unsere Sache, den Tag vorauszusagen – aber der Tag wird kommen –, an dem wieder Menschen berufen werden, das Wort Gottes so auszusprechen, dass sich die Welt darunter verändert und erneuert. Es wird eine neue Sprache sein, vielleicht ganz unreligiös, aber befreiend und erlösend, wie die Sprache Jesu, dass sich die Menschen über sie entsetzen und doch von ihrer Gewalt überwunden werden, die Sprache einer neuen Gerechtigkeit und Wahrheit ...

Zeitlebens war sich Bonhoeffer der über Generationen verdrängten Religionskritik Ludwig Feuerbachs bewusst: »Feuerbach stellte der Theologie zwei Fragen, die sie nicht beantwortete: die nach der Wahrheit ihrer Sätze und die nach der Übereinstimmung mit dem Leben.« Bonhoeffer war überzeugt, dass die Kirche(n), die er im Nationalsozialismus unentschuldbar kompromittiert sah, sich gründlich verändern müssten:

Um einen Anfang zu machen, muss sie alles Eigentum den Notleidenden geben. Die Pfarrer müssen ausschließlich von den freiwilligen Gaben der Gemeinden leben, evtl. einen weltlichen Beruf ausüben. Sie muss an den weltlichen Aufgaben des menschlichen Gemeinschaftslebens teilnehmen, nicht herrschend, sondern helfend und dienend. Sie muss den Menschen aller Berufe sagen, was ein Leben mit Christus ist, was es heißt, »für andere dazusein« .... nicht durch Begriffe, sondern durch »Vorbild« bekommt ihr Wort Nachdruck und Kraft.

Bonhoeffer (→ S. 47 f.) hat sich nicht ausmalen können, in welchem Maße die Kirchen nach 1945 eine Restauration erfahren konnten. Diesen Kirchen des erfolgten »Wiederaufbaus« mögen seine Zukunftsvisionen naiv erscheinen. Dennoch lässt sich ahnen, dass diese Zukunft, wenn nicht aus freier Wahl, sondern durch den Zwang der Verhältnisse real werden kann. Die Zeiten der Volkskirche sind vorbei. Zentrale Inhalte der christlichen Botschaft werden nicht mehr verstanden, geschweige denn existenziell gelebt. Kirchliches Zeremoniell zur Verbrämung von Hochzeit, Taufe, Kommunion/Konfirmation und Tod ist eine Kulissenwelt geworden, volksfrommes Brauchtum zur Folklore abgesunken. Alte Gemeinden, die über tausend Jahre einen Pfarrer hatten, werden in übergreifenden Pfarrverbänden »sakramental versorgt«. Es ist nicht mehr selbstverständlich, kirchlich zu heiraten und die Kinder zu taufen. Der Mitgliederbestand der Kirchen nimmt stetig ab. Ordensgemeinschaften schließen Haus um Haus. Alles deutet auf einen tiefgreifenden Traditionsbruch hin. Aus einer Macht, die anderthalb Jahrtausende allbeherrschend war, ist eine Restgröße geworden, die aber die Chance hat, erstmals seit fast zweitausend Jahren – dank unermüdlicher biblischer Forschungsarbeit – einen einigermaßen klaren Blick auf ihre eigenen Anfänge zurückzugewinnen, um aus den jedermann vermittelbaren Erkenntnissen noch einmal zu beginnen.

Christine Busta: Beim Lesen des zweiten Paulusbriefes an die Korinther (3,2–3)

Du hast geschrieben: »Wir sind Sein Brief.«
Aber wer kann Seine Botschaft noch lesen?
Wir sind zu lang unterwegs gewesen.
Als mit dem Blute die Zeichen verblichen,
haben wir selbst gedeutet, gestrichen,
borgten zuletzt uns noch fremde Hand,
bis keiner den rechten Sinn mehr verstand.

Nun steht das Wort verstümmelt und schief:
unser Fleisch war ein brüchiges Siegel,
unser Geist nur ein blinder Spiegel,
und verraten brennt Korinth,
seit wir Bürger von Babel sind.

Christine Busta (1915–1987), österreichische Lyrikerin. »Um der Wahrheit willen muss ich gestehen, dass ich nicht nur ein wirklicher Christ sein möchte, sondern mit einem Teil meines Wesens immer auch ein frommer Heide bleibe…«

Ein andermal schreibt sie: »Ich möchte nicht gerne damit hausieren, aber ich hab's immer reichlich schwer gehabt. Ich habe Gutes und Böses erfahren wie alle Menschen und schlimme Verstörungen erlitten und könnte mir vorstellen, dass mir noch schlimmere nicht erspart bleiben werden, aber ich glaube dennoch, dass täglich und stündlich im wörtlichen Sinne des Wortes ›namenlos‹ viel Gutes geschieht, mehr Gutes, als die Lästerer wahrhaben wollen… Auch in den heftigsten Krisen der Isolation hat mich kaum je das Bewusstsein verlassen, in vieler Schuld zu stehen.«

Walter Tomann: Der Christ

Da war ein Mann, der hatte sein Christentum
Verkauft. Und als es in der Auslage stand
Bei jenem Trödler, blieb er lange
Davor. Und ging davon.
Und kam zurück und schaute sein Christentum
Sich durchs Fenster an.
Und wollte es wieder haben.
Und kaufte es zurück.
Er bezahlte den doppelten Preis.
Er feilschte nicht.

Das ist ein Christ, der einmal sein Christentum
Verkauft hat und es warten sieht
In einer Auslage auf den nächsten.
Das ist ein Christ, der es dann ersteht
Zu jedem Preis.

Wilhelm Szabo: Ihr nährt den Leib, ihr lebt vom Brote

Ihr nährt den Leib, ihr lebt vom Brote.
Habt ihr denn je vom Traum gezehrt?
So schweigt vom Geiste, dessen Bote
Sich schaudernd längst von euch gekehrt!

Die Gabe, euch ward sie entbehrlich,
Die er im Überfluss euch bot.

Wilhelm Szabo (1901–1986), österreichischer Lyriker. Zunächst Kellnerjunge, Tischlerlehrling, später Lehrer. Im Prosaband *Zwielicht der Kindheit* schildert er die frühen Jahre bei Zieheltern in der bildungsfeindlichen Atmosphäre eines kleinen Dorfes im Waldviertel. Die Erfahrungen des Ausgestoßenseins, der Heimatlosigkeit und Fremde im abgeschiedenen Dorf, wie sie das »Niemandskind« machte, stehen im Zentrum seiner Lyrik. Nach 1945 löste sich Szabo von

Ihr seid nach einem andern Gut begehrlich.
Wie störte euch des Schönen Tod!

Nichts fehlt euch, stirbt das Wort der Dichter.
Nichts misst ihr, schweigt der Seher Mund.
Ein Haufe ihr auf Hab Erpichter,
Gott ging in euch und Mensch zugrund.

dieser thematischen Fixierung, seine Texte werden reflexiver, aber misstrauen dem raschen Übergang zur Tagesordnung nach der faschistischen Katastrophe (»Sprecht nicht von der Wende, weil ihr die Embleme wechselt.«)

Martin Buber: Der Schatz

Den Jünglingen, die zum ersten Mal zu ihm kamen, pflegte Rabbi Bunam die Geschichte von Rabbi Eisik, Sohn Rabbi Jekels in Krakau, zu erzählen. Dem war nach Jahren schwerer Not, die sein Gottvertrauen nicht erschüttert hatten, im Traum befohlen worden, in der Stadt Prag an der Brücke, die zum Königsschloss führt, nach einem Schatz zu suchen. Als der Traum zum dritten Mal wiederkehrte, machte sich Rabbi Eisik auf und wanderte nach Prag. Aber an der Brücke standen Tag und Nacht Wachtposten, und er getraute sich nicht zu graben. Doch kam er an jedem Morgen zur Brücke und umkreiste sie bis zum Abend. Endlich fragte ihn der Hauptmann der Wache, auf sein Treiben aufmerksam geworden, freundlich, ob er hier etwas suche oder auf jemand warte. Rabbi Eisik erzählte, welcher Traum ihn aus fernem Land hergeführt habe. Der Hauptmann lachte: »Und da bist du armer Kerl mit deinen zerfetzten Sohlen einem Traum zu Gefallen hergepilgert! Ja, wer den Träumen traut! Da hätte ich mich ja auch auf die Beine machen müssen, als es mir einmal im Traum befahl, nach Krakau zu wandern und in der Stube eines Juden, Eisik, Sohn Jekels sollte er heißen, unterm Ofen nach einem Schatz zu graben. Eisik, Sohn Jekels! Ich kann's mir vorstellen, wie ich drüben, wo die eine Hälfte der Juden Eisik und die andre Jekel heißt, alle Häuser aufreiße!« Und er lachte wieder. Rabbi Eisik verneigte sich, wanderte heim, grub den Schatz aus und baute das Bethaus, das Reb Eisik Reb Jekels Schul heißt.

»Merke dir diese Geschichte«, pflegte Rabbi Bunam hinzuzufügen, »und nimm auf, was sie dir sagt: dass es etwas gibt, was du nirgends in der Welt, auch nicht beim Zaddik finden kannst, und dass es doch einen Ort gibt, wo du es finden kannst.«

Martin Buber (1878–1965). Obwohl er selbst über allen jüdischen Richtungen stand, widmete sich Martin Buber dem Verständnis der orthodoxen und mystischen jüdischen Bewegung. Er sammelte Erzählungen und Traditionen des Chassidismus und übersetzte sie ins Deutsche. *Die Erzählungen der Chassidim* sind dafür ein Zeugnis. Zeit seines Lebens war Buber ein Vermittler zwischen der traditionellen jüdischen Welt im Osten und der westlichen wissenschaftlichen und aufklärerischen Moderne. Schon zu Beginn der zionistischen Bewegung und der jüdischen Einwanderung nach Palästina mahnte er, gute Beziehungen zu den Arabern aufzubauen. Das trug ihm viel Widerspruch und Feindschaft ein.

Rudolf Otto Wiemer (1905–1998), Lyriker, Puppenspieler und Lehrer. Sein literarisches Gesamtwerk umfasst Lyrik, Erzählungen, Romane, Kinderbücher, Theater (Puppenspiele wie Schauspiele) und Hörspiele. Viele seiner Arbeiten sind biblisch und christlich inspiriert.

Rudolf Otto Wiemer: Entwurf für ein Osterlied

Die Erde ist schön, und es lebt sich
Leicht im Tal der Hoffnung.
Gebete werden erhört. Gott wohnt
Nah hinterm Zaun.

Die Zeitung weiß keine Zeile vom
Turmbau. Das Messer
Findet den Mörder nicht. Er
Lacht mit Abel.

Das Gras ist unverwelklicher
grün als der Lorbeer. Im
Rohr der Rakete
nisten die Tauben.

Nicht irr surrt die Fliege an
Tödlicher Scheibe. Alle
Wege sind offen. Im Atlas
Fehlen die Grenzen.

Das Wort ist verstehbar. Wer
Ja sagt, meint Ja, und
Ich liebe bedeutet: jetzt und
Für ewig.

Der Zorn brennt langsam. Die
Hand des Armen ist nie ohne
Brot. Geschosse werden im Flug
Gestoppt.

Der Engel steht abends am Tor. Er
Hat gebräuchliche Namen und
Sagt, wenn ich sterbe:
Steh auf.

Gebet: Die Sprache, die einmal ausschwang, Dich zu loben

Immer noch nicht gebannt ist die Gefahr, das Gebet mit Magie zu verwechseln, vielleicht darum, weil Magie dem Menschen schnellere und leichtere Hilfe verspricht, als der christliche Glaube es kann. Magisches Beten rechnet mit dem wunderbaren Eingreifen eines extramundanen Wesens, das unsere Schwierigkeit plötzlich und ohne unser Zutun löst ... Ich meine, man sollte, wenn man solche Gebete hört oder sich selber bei solchen Stoßseufzern und Bitten ertappt, nicht von ›kindlichem Gottvertrauen‹ sprechen, sondern eher von theologischen Playboys, die durch das, was sie für Glauben halten, daran gehindert werden, erwachsen zu werden – und das heißt nichts anderes als: Verantwortung zu übernehmen. Wir müssen lernen, vor allem im politischen, im öffentlichen Gebet, aufzuhören, die eigene Ohnmacht zu verklären und auf den Fetisch, den alles vermögenden, allmächtigen Papa, der die Sache schon in Ordnung bringen wird, zu starren. Denn Gott, jedenfalls der, mit dem Jesus lebte, hat keine anderen Hände als unsere. Keine anderen Augen, keine anderen Ohren. Der Schrei, den wir nicht hören, wird nicht gehört, das Unglück, das wir nicht wahrnehmen, wird nicht wahrgenommen. Die Überwindung dieser Magie im Gebet beginnt damit, dass wir merken: Gott handelt nicht unmittelbar, wunderhaft, von oben. Er will unsere Hände brauchen, unsere Augen, unsere Ohren, so schwach, so arm, so ›nur menschlich‹ ist er. Im Gebet identifizieren wir uns nicht mit einem starken ›superman‹, sondern wir übernehmen die Verantwortung für unsere Welt.

Dorothee Sölle

Ben Shan, Identität, 1958.

Simplicius wächst als einfältiger Viehhirte auf einem Bauernhof im Spessart auf – fern jeglicher Bildung und selbst in Unkenntnis seines eigenen Namens. Beim Schafehüten lockt der Zehnjährige mit seinem Sackpfeifen-Spiel einen Trupp Soldaten an, der sich im Wald verirrt hat. Sie plündern den Bauernhof, foltern den Knecht, schänden die Frauen, morden und brandschatzen. Auf Anraten der übel zugerichteten Magd flieht der Junge und entkommt in den Wald. So wird er von seinen vermeintlichen Eltern getrennt. Nachdem der Knabe einige Tage durch den Wald geirrt ist, nimmt ihn ein alter Einsiedler auf, der ihn Simplicius, Simpel, den »Einfältigen«, nennt. Dieser unterweist ihn in der christlichen Lehre und bringt ihm Lesen und Schreiben bei.

Hans Jakob Christoffel von Grimmelshausen (1621/22–1676) stammte aus einer verarmten Adelsfamilie, die aus dem thüringischen Dorf Grimmelshausen an der Werra kam und sich im 16. Jahrhundert in Gelnhausen angesiedelt hatte. Gelnhausen war damals eine protestantische Reichsstadt.

Für die ersten zwanzig Lebensjahre – innerhalb des Dreißigjährigen Kriegs – gibt es keine eindeutigen dokumentarischen Belege. Sein Vater starb, als Christoffel vier oder fünf Jahre alt war.

Es gibt Anhaltspunkte dafür, dass Grimmelshausen im Sommer 1636 als Tross-Junge an der Belagerung Magdeburgs beteiligt war und 1637 in Westfalen einem kaiserlichen Regiment angehörte, wegen seiner Jugend aber noch nicht als regulärer Soldat. 1639, nun 17 oder 18 Jahre alt, war er aktiver Kämpfer im Regiment des kaiserlichen Obristen von Schauenburg. Dort stieg er zum Schreiber in der Regimentskanzlei auf. Seit 1644 gibt es Schriftstücke von seiner Hand. Im Juli 1649 beendete er den Kriegsdienst.

Von 1649 bis 1661 war Grimmelshausen als Guts- und Burgverwalter der Grafen von Schauenburg tätig. 1667 trat er als Schultheiß von Renchen in den Dienst des Bischofs von Straßburg. Damit war er für die Niedere Gerichtsbarkeit vor Ort zuständig.

Über seinen Tod am 17. August 1676 ist im Renchener Kirchenbuch vermerkt: »Es verstarb im Herrn der ehrbare Johannes Christopherus von Grimmelshausen, ein Mann von großem Geist und hoher Bildung, Schultheiß dieses Ortes, und obgleich er wegen der Kriegswirren Militärdienst leistete und seine Kinder in alle Richtungen verstreut

Grimmelshausen: Gespräch mit dem Einsiedel

Einsiedel: Wie heißest du?
Simplicius: Ich heiße Bub.
Einsiedel: Ich sehe wohl, dass du kein Mägdlein bist, wie hat dir aber dein Vater und Mutter gerufen?
Simpl.: Ich habe keinen Vater oder Mutter gehabt.
Einsiedel: Wer hat dir denn das Hemd geben?
Simpl.: Ei mein Meuder.
Einsiedel: Wie heißet‹ dich denn dein Meuder?
Simpl.: Sie hat mich Bub geheißen, auch Schelm, ungeschickter Tölpel und Galgenvogel.
Einsiedel: Wer ist denn deiner Mutter Mann gewesen?
Simpl.: Niemand.
Einsiedel: Bei wem hat denn dein Meuder des Nachts geschlafen?
Simpl.: Bei meinem Knan.
Einsiedel: Wie hat dich denn dein Knan geheißen?
Simpl.: Er hat mich auch Bub genennet.
Einsiedel: Wie hieß aber dein Knan?
Simpl.: Er heißt Knan.
Einsiedel: Wie hat ihm aber dein Meuder gerufen?
Simpl.: Knan, und auch Meister.
Einsiedel: Hat sie ihn niemals anders genennet?
Simpl.: Ja, sie hat.
Einsiedel: Wie denn?
Simpl.: Rülp, grober Bengel, volle Sau, und noch wohl anders, wenn sie haderte.
Einsiedel: Du bist wohl ein unwissender Tropf, dass du weder deiner Eltern noch deinen eignen Namen nicht weißt!
Simpl.: Eia, weißt du's doch auch nicht.
Einsiedel: Kannst du auch beten?
Simpl.: Nein, unser Ann und mein Meuder haben als das Bett gemacht.
Einsiedel: Ich frage nicht hiernach, sondern ob du das Vaterunser kannst?
Simpl.: Ja ich.
Einsiedel: Nun so sprichs denn.
Simpl.: Unser lieber Vater, der du bist Himmel, heiliget werde Nam, zu kommes d'Reich, dein Will scheh Himmel ad Erden, gib uns Schuld, als wir unsern Schuldigern geba, führ uns nicht in kein böß Versucha, sondern erlös uns von dem Reich, und die Kraft, und die Herrlichkeit, in Ewigkeit, Ama.
Einsiedel: Bist du nie in die Kirchen gangen?
Simpl.: Ja, ich kann wacker steigen, und hab als ein ganzen Busem voll Kirschen gebrochen.

Einsiedel: Ich sage nicht von Kirschen, sondern von der Kirchen.
Simpl.: Haha, Kriechen; gelt es sind so kleine Pfläumlein? Gelt du?
Einsiedel: Ach dass Gott walte, weißt du nichts von unserm Herr Gott?
Simpl.: Ja, er ist daheim an unserer Stubentür gestanden auf dem Helgen, mein Meuder hat ihn von der Kürbe mitgebracht, und hingekleibt.
Einsiedel: Ach gütiger Gott, nun erkenne ich erst, was für eine große Gnad und Wohltat es ist, wem du deine Erkenntnis mitteilest, und wie gar nichts ein Mensch sei, dem du solche nicht gibst: Ach Herr verleihe nur deinen heiligen Namen also zu ehren, dass ich würdig werde, um diese hohe Gnad so eifrig zu danken, als freigebig du gewesen, mir solche zu verleihen: Höre du Simpl (denn anders kann ich dich nicht nennen) wenn du das Vaterunser betest, so musst du also sprechen: Vater unser, der du bist im Himmel, geheiligt werde dein Nam, zukomme uns dein Reich, dein Will geschehe auf Erden wie im Himmel, unser täglich Brot gib uns heut, und –
Simpl.: Gelt du, auch Käs dazu?
Einsiedel: Ach liebes Kind, schweige und lerne, solches ist dir viel nötiger als Käs, du bist wohl ungeschickt, wie dein Meuder gesagt hat, solchen Buben, wie du bist, stehet nicht an, einem alten Mann in die Red zu fallen, sondern zu schweigen, zuzuhören und zu lernen, wüsste ich nur, wo deine Eltern wohneten, so wollte ich dich gerne wieder hinbringen und sie zugleich lehren, wie sie Kinder erziehen sollten.
Simpl.: Ich weiß nicht, wo ich hin soll – unser Haus ist verbrennet, und mein Meuder hinweggelaufen, und wieder kommen mit dem Ursele, und mein Knan auch, und unser Magd ist krank gewesen, und ist im Stall gelegen.
Einsiedel: Wer hat denn das Haus verbrennt?
Simpl.: Ha, es sind so eiserne Männer kommen, die sind so auf Dingern gesessen, groß wie Ochsen, haben aber keine Hörner, dieselben Männer haben Schafe und Kühe und Säu gestochen, und da bin ich auch weggelaufen, und da ist danach das Haus verbrennt gewesen.
Einsiedel: Wo war denn dein Knan?
Simpl.: Ha, die eisernen Männer haben ihn angebunden, da hat ihm unser alte Geiß die Füß geleckt, da hat mein Knan lachen müssen, und hat denselben eisernen Mannen viel Weißpfennig geben, große und kleine, auch hübsche gelbe, und sonst schöne glitzerichte Dinger, und hübsche Schnür voll weißer Kügelein.
Einsiedel: Wann ist dies geschehen?
Simpl.: Ei wie ich der Schaf hab hüten sollen, sie haben mir auch mein Sackpfeif wollen nehmen.
Einsiedel: Wann hast du die Schaf sollen hüten?
Simpl.: Ei hörst du's nicht, da die eisernen Männer kommen sind, und danach hat unser Ann gesagt, ich soll auch weglaufen, sonst würden mich die Krieger mitnehmen, sie hat aber die eisernen Männer

waren, kamen aus diesem Anlass doch alle hier zusammen, und so starb der Vater, vom Sakrament der Eucharistie fromm gestärkt, und wurde begraben. Möge seine Seele in heiligem Frieden ruhen.« Seine Frau Catharina, mit der er zehn Kinder hatte, starb am 23. März 1683.

Nichts in diesem Leben deutet auf den Verfasser des *Abenteuerlichen Simplicissimus* hin. Deutlich ist nur, dass sich seine Biografie von der des humanistischen Gelehrtendichters radikal unterscheidet: »Man weiß ja wohl dass Er selbst nichts studirt, gelernt noch erfahren: sondern sobald er kaum das ABC begriffen hat / in Krieg kommen / im zehenjährigen Alter ein rotziger Musquedirer worden«, heißt es.

Der abenteuerliche Simplicissimus Teutsch, erschienen 1668/69, ist ein barocker Roman von vitaler Vielseitigkeit. Grimmelshausen zeichnet ein detailreiches Bild des Dreißigjährigen Krieges sowie der verwilderten deutschen Gesellschaft nach dem Krieg. Der zum Erstaunen der Welt überaus belesene Autor hat eine große Anzahl Vorlagen aus unterschiedlichen Wissensgebieten seiner Epoche in seinem vielschichtigen Roman verarbeitet, Versatzstücke aus der antiken Literatur sowie aus der Gattung des spanischen und französischen Schelmenromans. Dennoch gibt es zwischen Grimmelshausen und seiner Hauptfigur biografische Parallelen, wenn auch keine völlige Übereinstimmung.

Thomas Mann: »Es ist ein Literatur- und Lebens-Denkmal der seltensten Art, das in voller Frische fast drei Jahrhunderte überdauert hat und noch viele überdauern wird, ein Erzählwerk von unwillkürlichster Großartigkeit, bunt, wild, roh, amüsant, verliebt und verlumpt …«

Nach zwei Jahren in der verborgenen Einsamkeit des Eremiten, erklärt ihm dieser, dass seine Zeit gekommen sei und er sterben werde. Er bittet Simplicius, ihn zu begraben. Noch ein halbes Jahr bleibt der Junge in der Einsiedelei. Doch auch sein bescheidenes Zuhause wird nach der Schlacht bei Nördlingen und den daran anschließenden Plünderungen in und um Gelnhausen von Soldaten überfallen, seine Vorräte für den Winter werden geplündert. In der Hütte findet er einen letzten Brief des Einsiedlers, in dem dieser ihm rät, den Wald zu verlassen, ihm aber zugleich drei entscheidende Ratschläge gelingender Lebensführung mit auf den Weg gibt: Selbsterkenntnis, Welterkenntnis und Beständigkeit.

gemeiner, und da sein ich weggelaufen, und sein hieher kommen.
Einsiedel: Wo hinaus willst du aber jetzt?
Simpl.: Ich weiß weger nit, ich will bei dir hier bleiben.
Einsiedel: Dich hier zu behalten, ist weder mein noch dein Gelegenheit, iss, alsdann will ich dich wieder zu Leuten führen.
Simpl.: Ei so sag mir denn auch, was Leut für Dinger sind?
Einsiedel: Leut sind Menschen wie ich und du, dein Knan, dein Meuder und euer Ann sind Menschen, und wenn deren viel beieinander sind, so werden sie Leut genennt.
Simpl.: Haha.
Einsiedel: Nun geh und iss.
Dies war unser Diskurs, unter welchem mich der Einsiedel oft mit den allertiefsten Seufzern anschauete, nicht weiß ich, ob es darum geschah, weil er ein so groß Mitleiden mit meiner Einfalt und Unwissenheit hatte, oder aus der Ursach, die ich erst über etliche Jahr hernach erfuhr.

Ina Seidel (1885–1974). Sie gehörte 1933 zu jenen 88 Schriftstellern, die das Gelöbnis treuester Gefolgschaft für Adolf Hitler unterschrieben. Am Führerkult um Hitler beteiligte sie sich mit ihrem Gedicht *Lichtdom*, das in den Zeilen gipfelt: »Hier stehn wir alle einig um den Einen, und dieser Eine ist des Volkes Herz«. 1944, in der Endphase des Zweiten Weltkriegs, wurde Seidel von Hitler persönlich auf der Gottbegnadeten-Liste unter den sechs wichtigsten zeitgenössischen deutschen Schriftstellern genannt. In der Nachkriegszeit publizierte Seidel weiter und erhielt zahlreiche Auszeichnungen.

Ina Seidel: Die ersten Zeilen des Gebetes

Du wirst vielleicht durch lange Übung langsam
Die ersten Zeilen des Gebetes lernen.
Wenn du sie kannst, wird es dich dann entfernen
Aus dem Bereich der leicht gesagten Worte.

Und diese ersten Zeilen des Gebetes
Sind alles, was du mitnimmst auf die Reise.
Sie bleiben die nie aufgezehrte Speise
Für dich an dem von ihm bestimmten Orte.

Du wirst die ersten Zeilen des Gebetes
Mitbringen, wenn du wiederkehrst von drüben,
Und ihrer mächtig, wirst du weiter üben –
Und einmal wird Gebet sein ohne Worte.

»Wir können nix machen«? – Wie Bertolt Brecht das Gebet versteht

Januar 1636. Es herrscht Religionskrieg: Kaiserliche Truppen bedrohen die evangelische Stadt Halle. Nachts stoßen Soldaten auf einen Bauernhof im Weichbild der Stadt. Halle soll im Schlaf überfallen werden. Bei den Bauersleuten befindet sich Kattrin, die stumme Tochter der Marketenderin Mutter Courage. Die Courage ist in die Stadt gegangen um einzukaufen. Die Soldaten zwingen den Bauern, ihnen heimliche Wege in die Stadt zu zeigen, um die Bewohner im Schlaf überfallen zu können, andernfalls, drohen sie, alles Vieh zu schlachten.

GEBET: DIE SPRACHE, DIE EINMAL AUSSCHWANG, DICH ZU LOBEN

Das bringt die Bauernfamilie in höchste Not. »Bet, armes Tier, bet!«, sagt die Bäuerin zu Kattrin, die niemand für gescheit hält. »Wir können nix machen gegen das Blutvergießen. Wenn du schon nicht reden kannst, kannst doch beten. Er hört dich, wenn dich keiner hört. Ich helf dir.« Alle knien nieder, die Bäuerin betet: »Vater unser, hör unser Gebet, laß die Stadt nicht umkommen mit alle, wo drinnen sind und ahnen nix. Erweck sie, daß sie aufstehn und gehn auf die Mauern und sehn, wie sie auf sie kommen mit Spießen und Kanonen in der Nacht über die Wiesen, herunter vom Hang, und mach, daß der Wächter nicht schläft, sondern aufwacht, sonst ist es zu spät. Steh auch unserm Schwager bei, er ist drin mit seine vier Kinder, laß die nicht umkommen, sie sind unschuldig und wissen von nix.«

Das geht so dahin, doch während die Bauersleute weiterbeten und von Gott Hilfe erwarten, hat sich Kattrin fortgeschlichen, eine Trommel vom Marketenderwagen ihrer Mutter genommen und ist mit einer Leiter aufs Dach geklettert. Die Bäuerin spricht unablässig weiter: »Nur du, Gott, kannst helfen, wir sind schwach und haben keine Spieß und nix und können uns nix traun und sind in deiner Hand mit unserm Vieh und dem ganzen Hof, auch die Stadt ist in deiner Hand, und der Feind steht vor den Mauern mit großer Macht…«

Kattrin hat die Leiter zu sich aufs Dach gezogen und beginnt, die Trommel zu schlagen, um die schlafende Stadt zu wecken. Erst jetzt bemerken die Bauersleute Kattrins Manöver. Sie reagieren irritiert: »Jesus, was macht die?«, fragt die Bäuerin. »Sie hat den Verstand verloren«, sagt der Bauer. Sie wissen, dass die Soldaten diesen Verrat nicht hinnehmen. Als sie sehen, dass sie Kattrins Trommeln nicht verhindern können, geraten sie in Panik. Wohl ist die Kattrin stumm, aber ihr Lärm durchdringt die Nacht. »Sie bringt uns ins Unglück!«, jammert die Bäuerin. »Hör auf der Stell auf mit Schlagen, du Krüppel!«, tobt der Bauer.

Doch derweil hat der Lärm die kaiserlichen Soldaten alarmiert. Sie fürchten, ihr Überfall auf die schlafende Stadt könnte scheitern. »Schmeiß die Trommel runter! Sofort!«, befiehlt der Fähnrich. Kattrin bleibt unbeirrt und lärmt weiter. Weder Drohen noch Zureden verfangen, schließlich der Fähnrich: »Ein letztes Mal: Wirf die Trommel herunter oder wir schießen dich ab!« Kattrin beginnt zu weinen, aber sie trommelt weiter. Die Soldaten richten ein Gewehr: »Zum allerletzten Mal: Hör auf mit Schlagen!« Kattrin trommelt so heftig und laut sie kann. Da befiehlt der Fähnrich: »Gebt Feuer«. Kattrin wird getroffen und sinkt zusammen. Aber ihre letzten Schläge werden von den Sturmglocken der Stadt abgelöst. Die Menschen sind gewarnt, und in ihren lärmenden Aufbruch fällt der Schlusssatz der Szene. »Sie hat's geschafft«, sagt ein Soldat, hinreichend deutlich, um an das johanneische »Es ist vollbracht!« zu erinnern.

Die Geschichte des Gebets in der deutschsprachigen Literatur sei noch ungeschrieben, bemängelt mit Recht das *Reallexikon der deutschen Literaturwissenschaft*. Der Ausschnitt aus Bertolt Brechts *Mutter Courage und ihre Kinder* lässt fragen: Ist das Beten der Bauersleute beten zu nennen: »… und mach, daß der Wächter nicht schläft, sondern aufwacht, sonst ist es zu spät …«? Oder betet etwa die stumme Kattrin, die sich aufs Dach schleicht, um trommelnd die schlafende Stadt zu wecken und dafür mit dem Tod bezahlt? Was heißt überhaupt, Gott um etwas bitten? Worum können Menschen sinnvoller Weise beten? Um gutes Wetter? Dass kein Blitz einschlägt? Erdbeben uns verschonen? Dürren und Hungersnöte ausbleiben? Bereits Meister Eckhart lehnte jede Form des Bittgebets ab. »Nicht weil er nicht will, weil er nicht kann, greift Gott nicht ein!«, sagt der jüdische Philosoph Hans Jonas. Welches Engagement also übernimmt der betende Mensch, wenn er für andere, einen Kranken, eine konkrete Not »bei Gott« eintritt?

Adelbert von Chamisso (1781–1838), Naturforscher und Dichter. Seine Familie floh während der französischen Revolution nach Deutschland. 1815–1818 machte er eine Weltumseglung. Nach seiner Rückkehr war er als Biologe im Botanischen Garten in Berlin tätig, zugleich auch als Erzähler und Lyriker.

Adelbert von Chamisso: Die Predigt der guten Briten

Als Anno dreiundachtzig sich zum Krieg
    gerüstet Engeland und Niederland,
        ward beiderseits gebetet um den Sieg.
Ein ausgeschriebner Buß- und Bettag fand
    in beiden Ländern statt, doch um acht Tage
        früher in Holland als in Engeland.
Hier stand ein Prediger vom alten Schlage
    nach kräftiger Predigt betend am Altar
        und führte vor dem Höchsten seine Klage:
»Du wirst dich noch erinnern, Herr, es war
    am letzten Sonntag, die Holländer brachten,
        wie heute wir, dir Bußgebete dar.
Wie Jakob einst den Bruder Esau, dachten
    sie uns um deinen Segen zu betrügen,
        wenn sie die Ersten an dein Ohr sich machten.
Glaub ihnen nicht! Trau nicht den Winkelzügen
    der falschen Otterbrut; ihr gutes Recht
        und frommes Tun sind eitel, eitel Lügen!
Glaub uns und mir, ich bin dein treuer Knecht,
    ich habe mit der Lüge nichts zu schaffen;
        wir Engeländer sind ein fromm Geschlecht;
sei du mit uns und segne unsre Waffen!«

Wolfdietrich Schnurre: Die schwierige Lage Gottes

Und verschone uns mit Feuer,
    Missernten und
    Heuschreckenschwärmen«,
    beteten die Farmer
    am Sonntagmorgen.
    Zu gleicher Zeit hielten
    die Heuschrecken einen Bittgottesdienst ab,
in welchem es hieß:
    »Und schlage den Feind mit Blindheit,
        auf dass wir in Ruhe
        seine Felder abnagen können.«

Walter Schrader, Heuschreckenprozession, 1972.

Marie Luise Kaschnitz: Die Sprache, die einmal ausschwang, Dich zu loben

Die Sprache, die einmal ausschwang, Dich zu loben
Zieht sich zusammen, singt nicht mehr
In unserem Essigmund. Es ist schon viel,
Wenn wir die Dinge in Gewahrsam nehmen
Einsperren in Kästen aus Glas wie Pfauenaugen
Und sie betrachten am Feiertag.
Irgendwo anders hinter sieben Siegeln
Stehen Deine Psalmen neuerdings aufgeschrieben.
Landschaft aus Logarithmen, Wälder voll Unbekannter,
Wurzel der Schöpfung, Gleichung Jüngster Tag. (…)

Mit denen, die Dich auf die alte Weise
Erkennen wollen, gehst Du unsanft um.
Vor Deinen Altären lässt Du ihr Herz veröden,
In Deinen schönen Tälern schlägst Du sie
Mit Blindheit. Denen, die Dich zu loben versuchen,
Spülst Du vor die Füße den aufgetriebenen Leichnam.
Denen, die anheben von Deiner Liebe zu reden,
kehrst Du das Wort im Mund um, lässt sie heulen
Wie Hunde in der Nacht.

Du willst vielleicht gar nicht, dass von Dir die Rede sei.
Einmal nährtest Du Dich von Fleisch und Blut,
Einmal vom Lobspruch. Einmal vom Gesang
Der Räder. Aber jetzt vom Schweigen.
Unsere blinden Augen sammelst Du ein
Und formst daraus den Mondsee des Vergessens.
Unsere gelähmten Zungen sind Dir lieber
Als die tanzenden Flammen Deines Pfingstwunders,
Sicherer wohnst Du als im Gotteshause
Im Liebesschatten der verzagten Stirn.

Reinhold Schneider: Allein den Betern kann es noch gelingen

Allein den Betern kann es noch gelingen,
das Schwert ob unsern Häuptern aufzuhalten
und diese Welt den richtenden Gewalten
durch ein geheiligt Leben abzuringen.

Denn Täter werden nie den Himmel zwingen:
Was sie vereinen, wird sich wieder spalten,
was sie erneuern, über Nacht veralten,
und was sie stiften, Not und Unheil bringen.

Marie Luise Kaschnitz (1901–1974) trug im Rahmen einer Tagung »Wozu Dichtung?« einen Gedichtzyklus vor, der unter dem Titel *Tutzinger Gedichtkreis* ihren Lyrikband *Neue Gedichte* eröffnete. Es ist ihr letzter großer Gedichtzyklus, in dem sie nach den Erfahrungen von Holocaust und Krieg ein anklagendes Gespräch mit Gott führt.

Marie Luise Kaschnitz kommt aus der christlichen Tradition. Aber mitten im 20. Jahrhundert erfährt sie, dass das Gotteslob nicht mehr gelingen will. »Irgendwo anders hinter sieben Siegeln / Stehen Deine Psalmen neuerdings aufgeschrieben.« Die Psalmen – die religiöse Lyrik des Judentums, das gemeinsame Fundament jüdischer und christlicher Gebetstradition – wenden sich in der Klage wie im Lobpreis an Gott. Aber der Lobpreis gelingt nicht mehr: Mit einem Essigmund lässt sich nicht unbeschwert zum Lobe Gottes singen.

Künstlerische Wahrheit ist Treue zu sich selbst und zu seiner Zeit. Die Wahrheit, auch die künstlerische, ist unbequem, die Gesellschaftskritik stößt, auch in freien Ländern, auf Widerstand, den neuen Formen bringen nicht nur die Böswilligen Misstrauen entgegen. Es lohnt sich, darüber nachzudenken, woher da jeweils der Wind weht. Aber wer sich nach ihm richtet, weiß, dass er den Boden der Wahrheit schon verlassen und seine Sache schon verraten hat.

Marie Luise Kaschnitz

Reinhold Schneider (1903–1958) teilt das Schicksal jener katholischen Schriftsteller, die in Nachkriegsdeutschland als Vertreter eines christlichen Humanismus zunächst bewundert, doch nach 1968 aus dem literarischen Bewusstsein gestrichen wurden.

Sein Hauptwerk ist die 1938 erschienene Erzählung *Las Casas vor Karl V.*, die sich gegen jede Anmaßung einer vermeintlichen Herrenkultur wendet und von den Zeitgenossen auch sofort als Protest gegen die Judenverfolgung verstanden wurde.

Aber bereits 1936, als die nationalsozialistische Aggressionslust sich steigerte, entstand sein Sonett *Allein den Betern kann es noch gelingen*, mit dem Schneider »literarischen Sanitätsdienst« leisten wollte. Doch ist es den Betern eben nicht gelungen, das Schwert ob unsern Häuptern aufzuhalten...

Im Winter 1957/58 trat Reinhold Schneider die letzte Reise seines Lebens an. Er ging nach Wien, wo er eine ins Sakrale weisende Weltordnung studieren wollte und zugleich eine furchtbare Erschütterung seiner katholischen Glaubensgewissheiten erlebte. Wien wurde für ihn der Ort einer neuerlichen Gottesverdunkelung, des Absturzes in transzendentale Obdachlosigkeit. Er beschreibt diese Erfahrung in seinen letzten Aufzeichnungen als »inneren Unfall«, als »Einbruch der dunklen Wasser in einen leer gewordenen Raum, einen Einbruch von unten her«.

Am Ende war der Schmerz die zentrale Kategorie seines Lebens. Schon bevor er am Ostersonntag des Jahres 1958 an den Folgen eines Sturzes starb, hatte sich die Qual in die Gesichtszüge des kaum 55-Jährigen eingeschrieben.

Einem Brief vom 19. Dezember 1944 an seine Verlobte fügte Bonhoeffer »ein paar Verse, die mir in den letzten Abenden einfielen« als »Weihnachtsgruß für Dich und die Eltern und Geschwister« an, von denen die letzte Strophe beginnt: »Von guten Mächten wunderbar geborgen...«

Der Text bezog sich auf seine eigene Situation als Gefangener und die seiner Familie. Sein Bruder Klaus, die Schwäger Hans von Dohnanyi und Rüdiger Schleicher waren inhaftiert, Bruder Walter gefallen, seine Zwillingsschwester Sabine mit ihrem jüdischen Mann ins Ausland gegangen. Am Anfang des Briefes schrieb Bonhoeffer: »Wenn es im alten Kinderlied von den Engeln heißt: ›zwei, die mich decken, zwei, die mich wecken‹, so ist diese Bewahrung am Abend und am Morgen durch gute unsichtbare Mächte etwas, was wir Erwachsene heute nicht weniger brauchen als die Kinder.« Es fragt sich, in welchem Verständnis der Text seine Gültigkeit bewahrt, wenn trotz des Vertrauens in eine wunderbare Geborgenheit Tod durch Erhängen verfügt wird.

Die Verse wurden nach 1945 populär und sind inzwischen mehr als 70 mal vertont worden; sie finden sich im *Evangelischen Gesangbuch* und im katholischen *Gotteslob*.

Jetzt ist die Zeit, da sich das Heil verbirgt
und Menschenhochmut auf dem Markte feiert,
indes im Dom die Beter sich verhüllen,

bis Gott aus unsern Opfern Segen wirkt
und in den Tiefen, die kein Aug entschleiert,
die trocknen Brunnen sich mit Leben füllen.

Dietrich Bonhoeffer: Von guten Mächten

Von guten Mächten treu und still umgeben,
behütet und getröstet wunderbar,
so will ich diese Tage mit euch leben
und mit euch gehen in ein neues Jahr.

Noch will das alte unsre Herzen quälen,
noch drückt uns böser Tage schwere Last,
ach, Herr, gib unsern aufgescheuchten Seelen
das Heil, das Du für uns bereitet hast.

Und reichst Du uns den schweren Kelch, den bittern
Des Leids, gefüllt bis an den höchsten Rand,
so nehmen wir ihn dankbar ohne Zittern
aus Deiner guten und geliebten Hand.

Doch willst Du uns noch einmal Freude schenken
An dieser Welt und ihrer Sonne Glanz,
dann wolln wir des Vergangenen gedenken,
und dann gehört Dir unser Leben ganz.

Lass warm und still die Kerzen heute flammen,
die Du in unsre Dunkelheit gebracht,
führ, wenn es sein kann, wieder uns zusammen.
Wir wissen es, Dein Licht scheint in der Nacht.

Wenn sich die Stille nun tief um uns breitet,
so lass uns hören jenen vollen Klang
der Welt, die unsichtbar sich um uns weitet,
all Deiner Kinder hohen Lobgesang.

Von guten Mächten wunderbar geborgen,
erwarten wir getrost, was kommen mag.
Gott ist mit uns am Abend und am Morgen
Und ganz gewiss an jedem neuen Tag.

Christine Busta: Dort auf dem Stuhl liegt fremd mein Kleid

Dort auf dem Stuhl liegt fremd mein Kleid,
ein Häuflein Schein und Eitelkeit.
Was bleibt vom Tag? Bald bin ich arm.
Genug ist, dass mein Leib noch warm.
Die Wange passt in meine Hand,
Ein Stern äugt her vom Fensterrand.
Ob wohl ein Bruder irgendwo
Für mich heut wachen muss im Stroh?
Wer war's, für den ich selbst gewacht
im Finstern manche bange Nacht?
Du Dunkler, der uns alle kennt,
lösch aus den Schmerz, nimm fort, was trennt!
Zukomme uns im Schlaf Dein Reich;
dort mach uns wieder gut und gleich!

Gäbe es dich
Gott der Liebe
wir lebten noch heute
im Eden
Volk an Volk
du an du
Gäb es dich nicht
o Liebesgott
wir wären nicht
nichts wäre.

Rose Ausländer

Rainer Maria Rilke: Du, Nachbar Gott

Du, Nachbar Gott, wenn ich dich manchesmal
in langer Nacht mit hartem Klopfen störe, –
so ist's, weil ich dich selten atmen höre
und weiß: Du bist allein im Saal.
Und wenn du etwas brauchst, ist keiner da,
um deinem Tasten einen Trank zu reichen:
Ich horche immer. Gib ein kleines Zeichen.
Ich bin ganz nah.

Nur eine schmale Wand ist zwischen uns,
durch Zufall; denn es könnte sein:
ein Rufen deines oder meines Munds –
und sie bricht ein
ganz ohne Lärm und Laut.

Aus deinen Bildern ist sie aufgebaut.

Und deine Bilder stehn vor dir wie Namen.
Und wenn einmal das Licht in mir entbrennt,
mit welchem meine Tiefe dich erkennt,
vergeudet sich's als Glanz auf ihren Rahmen.

Und meine Sinne, welche schnell erlahmen,
sind ohne Heimat und von dir getrennt.

Rainer Maria Rilke (1875–1926), einer der bedeutendsten Dichter der literarischen Moderne. Die überlieferten Besitztümer haben für ihn im Zuge eines tiefgreifenden Umlernens eine Veränderung des Bewusstseins zur Folge. Es geht um ein Freiwerden vom Subjekt-Objekt-Dualismus, um ein die Wirklichkeit vergewaltigendes Verhältnis aufzugeben. »Denn wir leben wahrhaft in Figuren … Eine Weile (…) der Figur zu glauben. Das genügt.« – Eine Wand zwischen uns … Aus deinen Bildern ist sie aufgebaut …

Günter Eich: Es ist gesorgt

Es ist gesorgt,
dass die Armen nicht ohne Gebete einschlafen.
Der Güterzug spricht, was ihm vorgezeichnet ist.
Wort um Wort fällt der Wassertropfen ein.
Gegen Morgen liest der Wind
In dorrenden Blättern.

Gebete, die um das bitten, was geschieht,
die tägliche Demütigung,
das Salz auf die Wunden,
das steinerne Brot
und eine kürzere Wegstrecke.

Die Tröstungen sind versteckt:
Im Kehricht vervielfacht die Rose
Abblätternd
Ihren geträumten Duft.

Rose Ausländer: Vater unser

Vater unser
nimm zurück deinen Namen
wir wagen nicht
Kinder zu sein

Wie
mit erstickter Stimme
Vater unser sagen

Zitronenstern
an die Stirn genagelt
lachte irr der Mond

Trabant unserer Träume
lachte der tote Clown
der uns einen Salto versprach

Vater unser
wir geben dir zurück
deinen Namen

Spiel weiter den Vater
im kinderlosen
luftleeren Himmel

Rose Ausländer (1901–1988), sagte einmal: »Ich habe immer geschrieben, ich zwinge mich nie, zu schreiben. Vielleicht weil ich in Czernowitz zur Welt kam, weil die Welt in Czernowitz zu mir kam. Das viersprachige Czernowitz war eine musische Stadt, die viele Künstler, Dichter, Kunst-, Literatur- und Philosophieliebhaber beherbergte.«

Czernowitz, die Hauptstadt der Bukowina, war eine den Wissenschaften und Schönen Künsten zugetane Stadt, als sie noch zu Habsburg gehörte. Nach dem Ersten Weltkrieg wurde aus dem ungarisch-österreichischen Czernowitz das rumänische Cernauti, einige Jahrzehnte später kam die Stadt zur Ukraine. Aus ihr stammten deutsche und jüdische Dichter, Schriftsteller und Wissenschaftler, zum Beispiel der jiddische Lyriker Itzig Manger, der Dichter Alfred Margul-Sperber (er gilt als einer der wichtigsten Vertreter jüdischer Literatur deutscher Sprache in Rumänien), der Essayist und Biochemiker Erwin Chargaff, Paul Celan sowie Immanuel Weißglas, Alfred Kittner, Moses Rosenkranz, Gregor von Rezzori.

Rose Ausländer zählt neben Else Lasker-Schüler, Gertrud Kolmar und Nelly Sachs zu den letzten biblisch inspirierten jüdischen Lyrikerinnen deutscher Sprache.

Christine Lavant: Erinnerung an ein Abendgebet

Eine bräunliche Nacht, die das Zimmer behält,
weil die Mutter die Lampe so tief abgedreht,
dass nur die Spur eines Lichts auf die Arbeit ihr fällt
und ringsum das Atmen der Schwestern –,
und ein Nachklang vom endlosen Abendgebet,
und alles Schwere von gestern …

… Ob der heilige Josef wohl helfen kann,
dass die Schwester den Posten wird kriegen?
Und das mit der Stube – damit nimmer dann
der Bruder im Keller muss liegen.
Ob der liebe Gott bestimmt allmächtig ist
und ob er am Ende nicht doch noch vergisst,
dass die Mutter kein Geld für die Milch hat? …
Ich will auch nicht weinen wenn morgen beim Bad
die Wunden wieder so brennen
und wenn meine Augen verschwollen sind
und wenn sie mich schimpfen: »Die Kröte ist blind!« –
die anderen Kinder und rennen.
Auch sollen sie nicht, – wie ich gestern gesagt –,
dafür in die Hölle dann kommen …
wenn bloss unsre Mutter nicht mehr so verzagt
und wenn wir die Stube bekommen!

… und mein Herz ist so klein
es darf niemand hinein
als du mein liebes Jesuslein – Amen!

Christine Lavant: Gesteinigt hänge ich am Lebensrad

Gesteinigt hänge ich am Lebensrad,
mich wohl entsinnend, dass auch Sterne sinken.
Doch wer so dürstet, möchte nichts als trinken,
und vor dem Absturz krallt sich jede Hand
Haltung erhoffend in die nächste Härte.
Gott ist kein Nachbar. Auch die Menschenfährte
ist so verwischt, dass meine Augen brennen
und nicht ergründen können, wer hier ging.
Steigt, Sterne, steigt, das Licht ist so gering,
es lässt mich kaum die Todesnot erkennen.
Mein Herz pocht trotzdem solche Morsezeichen,
wie nur die letzte Angst sie einen lehrt.
Und noch im Fallen fühl ich unversehrt:
sie werden niemals dein Gehör erreichen.

Christine Lavant (1915–1973) wurde als neuntes Kind einer armen Bergmannsfamilie im Lavanttal in Kärnten geboren. Schon im ersten Lebensjahr hatte sie chronische Hautentzündungen und erblindete fast. Mit drei Jahren kam eine erste Lungenentzündung hinzu, die sich später beinahe jährlich wiederholte. Bei einem Krankenhausaufenthalt wurde das vierjährige Kind als nicht mehr lebensfähig angesehen. Dennoch konnte Christine die Volksschule in St. Stefan besuchen. Hier erfuhr sie die Alltäglichkeiten des Dorflebens, die mit kleinen Grausamkeiten gespickte Spielwelt der Kinder ebenso wie den Wechsel der Jahreszeiten, die Wahrnehmung von Baum und Fluss, Mond wie Kröte, Kirchturm und Lattenzaun. »Mit ihren halbblinden Augen sah sie Farben, die andere Menschen nicht wahrnehmen. In der heimischen Landschaft unterschied sie Plätze, die müde machen, von solchen, auf denen gut ruhen ist. Sie konnte helfende von zerstörenden Blumengerüchen trennen. Alles Pflanzliche betrachtete sie als körperzugehörig. Mit Heilkräutern verband sie die Geduld ihrer körperlichen Unscheinbarkeit« (J. Teuffenbach).

Körperlich war sie dem Treiben anderer Kinder kaum gewachsen. Gerne blieb sie zurück in der einzigen Stube und las alles, dessen sie habhaft werden konnte. Alles! Von der Bibel bis zu Meister Eckhart, östliche Schriften wie esoterische Literatur, Werke der Weltliteratur. Früh begann sie zu schreiben. Als ein Grazer Verlag einen unbekannt gebliebenen Roman ablehnte, vernichtete die 18-Jährige alles bisher Geschriebene und unternahm einen Suizidversuch. Ein Jahr später, 1936, ging sie freiwillig in die Klagenfurter »Landes-Irrenanstalt«, wurde aber nach sechs Wochen entlassen. Die Angst, geisteskrank zu sein, begleitete sie lebenslang.

Ein Rosenkranz der Gottesflüche?

Ludwig von Ficker (1880–1967), der Christine Lavant entscheidend förderte, nannte manche ihrer Gedichte »Lästergebete«, die »den Anschein von Verrücktheit« erwecken.

Demgegenüber hat der Germanist Lothar Jordan zu Recht darauf insistiert, man müsse Christine Lavants Gedichte »unter den Perspektiven des Buches Hiob, der Figur des Lazarus« und Jesu Gebetsringen in Getsemani lesen, »der düstern, das menschliche Leiden aufnehmenden Seiten der christlichen Überlieferung, auch der Verzweiflung am eigenen Glauben, um sie innerhalb der Traditionen geistlicher Dichtung richtig einzuordnen«. In der Tat tritt uns in den Gebetsgedichten Christine Lavants die Hiobsklage der gequälten Frau entgegen, die ihren abgründigen Schmerz, ihr unbegreifliches Leid zum Protest werden lässt gegen Gott vor Gott: »Vergiss dein Pfuschwerk, Schöpfer!«, hadert sie mit ihm …

Man muss dabei allerdings in Rechnung stellen, dass diese Tradition biblischer Klagespiritualität durch jahrhundertelange kirchliche Frömmigkeitspraxis weitgehend verdrängt, entschärft, abgewertet und vergessen wurde. Gerade daher rührt ja die emotionsgeladene Spannung, der Konflikt zwischen Auflehnung und Demut, zwischen Herausforderung, Rebellion und Unterwerfung, aus dem die Gebetsgedichte Christine Lavants immer neue drastisch-schockierende Volten schlagen. Nur so sind ihre expressiven Wut-, Trotz- und Zornesausbrüche gegen eine kirchliche Gebets-, Lied- und Liturgietradition zu verstehen, die weithin nur die demütige Hinnahme, fromme Ergebung, das passive Erdulden kannte.

Christoph Gellner

Christine Lavant: Zieh den Mondkork endlich aus der Nacht!

Zieh den Mondkork endlich aus der Nacht!
Viel zu lange lebt der Geist im Glase
und das Elend bildet eine Blase,
wer hat uns in diesen Krug gebracht?

Wem zum Heiltrunk sind wir angesetzt?
Wilde Kräuter, keines ganz geheuer,
soviel Gift verbraucht nur ein Bereuer –
Vater-unser, ich bin ganz entsetzt.

Bist du der, der solche Gärung braucht,
meinst du wirklich, dieser Trunk wird munden?
Du – ich fürchte – deine Leidensstunden
finden uns am Ende ausgeraubt.

Zieh den Mondkork früher aus der Nacht!
Vom Verlangen wird der Saft zu bitter.
Ach! – nur Sprünge hat jetzt das Gewitter
in die Wölbung unsres Krugs gebracht.

Gelbe Sprünge, die von oben sich
rasch verschließen. – Stieg in deine Nase
eine Ahnung von der Pest im Glase?
Gelt, du fürchtest – wir vergiften dich!

Christine Lavant: Das war mein Leben, Gott, vergiss das nicht!

Das war mein Leben, Gott, vergiss das nicht!
Ich werde niemals wieder eines haben –
du kannst's verzögern, dass sie mich begraben
und dass mein Herz an diesem Kummer bricht;
doch seither bin und bleib ich eine Leiche.
Sag nicht, so viele hätten schon das gleiche
mit deiner Hilfe herrlich überstanden
und wären fromm und Heilige geworden.
Mein Leichnam tobt und will sich noch ermorden
und die dazu, die dich als Trost erfanden,
dort, wo du niemals wirklich wirksam bist.
An meinen Nerven zehrt ein Wolf und frisst –
bist das auch du? Und wühlt denn deine Hand
in meinem Häuflein glimmernden Verstands
so grob herum und hält mich überwach,
wenn alle schlafen? – Gott, sag das nicht nach,
sag keins der lauen Worte deiner Frommen!

Ich will ja nicht in ihren Himmel kommen!
Nur einmal noch – bevor sie mich begraben –
lass mich im Traum ein Fünklein Liebe haben.

Christine Lavant: Solchen gibt man für Zärtlichkeiten Saures

Solchen gibt man für Zärtlichkeiten Saures
zeigt ihnen was eine Harke
und fährt gelegentlich Schlitten
mit ihren aufbrennenden Herzen.

Ist dies ganz gerecht Herrgott, Vater, he?
Denk darüber nach, denk urgründlich nach!
Wann hat diese grausame Teilung begonnen
wann Wohlgefallen und Abscheu?

Wie scheu – Gottverdammich! – ward ich geboren
von meiner verzweifelt mutigen Mutter
jetzt freilich geißelt mein Augenpaar
Vertrauen Hoffnung und Liebe.

Wann, glaubst du, schlägt ein verzweifeltes Kind
zum ersten Mal wohl seine Fingernägel
in jedes Gebet das den Schutzengel preist
und füttert damit alle Teufel?

Die gewohnte Vater-Anrede, zu der sich die Betende immer wieder flüchtet, muss auf dem Hintergrund dieser beunruhigend-aufstörenden Gottesverfinsterung bitter absurd klingen. Es überrascht daher kaum, wenn Christine Lavant die in der modernen Literatur seit Heinrich Heine nicht mehr zur Ruhe gekommene Hiobsfrage und die ihr folgende Theodizee-Tradition noch einmal radikalisiert.

Heines abgründiger Verdacht, ob am Ende Gott selber seinen schauerlich-grausamen Spaß mit der Schöpfung treibe, diese zum biblischen Urgestein gehörende Frage nach dem Schöpfungs(un)sinn, kehrt hier in einer surrealistisch anmutenden Nachtvision wieder. Erscheint doch die Welt wie ein verstöpselter, auswegloser Krug, dessen Bestandteile zur Gärung sich selbst überlassen sind. Aus dem Kruggefängnis wird eine Stimme laut, an einen jenseitig Angerufenen, an Gott gerichtet: Wer hat uns in diesen Krug gebracht? Wem zum Heiltrunk sind wir angesetzt? Ja, bist Du der, der solche Gärung braucht? Doch schon drängt sich dem Fragenden erschrocken, ja entsetzt die Erkenntnis auf, dass dem Braumeister, was er in Gang gesetzt hat, längst unaufhaltsam und unumkehrbar entglitten ist. Von der Ausdünstung seiner sich gegen ihre ursprüngliche Intention entwickelnden Schöpfung wendet Gott die Nase ab, presst von außen den berstenden Krug zusammen.

Abermals verschieben sich die Züge des Vaters (wie bei Hiob und Heine) zu denen des Quälers, der den Schmerz des Menschen verlängert, weil – so die pointierte Zuspitzung Christine Lavants – die erhoffte Katastrophe auch die seine wäre. Bereuen muss nun bei Gott vermutet werden: muss doch offensichtlich er sich vor den brodelnden Kräften seiner Kreatur fürchten!

Christoph Gellner

Etty Hillesum: Sonntagmorgengebet

Jünger als Bonhoeffer lebte zu gleicher Zeit in Amsterdam Etty Hillesum, von Geburt Jüdin, doch keiner Orthodoxie verbunden und theologisch gänzlich »unbelastet«. Ihre Tagebuchaufzeichnungen, wie sie auf Seite 48 und 59 vorgestellt werden, lassen sich insgesamt als ein Gebet verstehen, die tödliche Realität ihrer Bedrohung als Jüdin bestehen zu können. Das von ihr selbst so bezeichnete »Sonntagmorgengebet« findet sich hier erneut eingeordnet, um Hillesums Position im Zusammenhang des vorliegenden Kapitels wahrzunehmen.

12. Juli 1942, Sonntagmorgengebet

Es sind schlimme Zeiten, mein Gott. Heute nacht geschah es zum erstenmal, dass ich mit brennenden Augen schlaflos im Dunkeln lag und viele Bilder menschlichen Leidens an mir vorüberzogen. Ich verspreche dir etwas, Gott, nur eine Kleinigkeit: ich will meine Sorgen um die Zukunft nicht als beschwerende Gewichte an den jeweiligen Tag hängen, aber dazu braucht man eine gewisse Übung. Jeder Tag ist für sich selbst genug. Ich will dir helfen, Gott, dass du mich nicht verlässt, aber ich kann mich von vornherein für nichts verbürgen. Nur dies eine wird mir immer deutlicher: dass du uns nicht helfen kannst, sondern dass wir dir helfen müssen, und dadurch helfen wir uns letzten Endes selbst. Es ist das einzige, auf das es ankommt: ein Stück von dir in uns selbst zu retten, Gott. Und vielleicht können wir mithelfen, dich in den gequälten Herzen der anderen Menschen auferstehen zu lassen. Ja, mein Gott, an den Umständen scheinst du nicht viel ändern zu können, sie gehören nun mal zu diesem Leben. Ich fordere keine Rechenschaft von dir, du wirst uns später zur Rechenschaft ziehen. Und mit fast jedem Herzschlag wird mir klarer, dass du uns nicht helfen kannst, sondern dass wir dir helfen müssen und deinen Wohnsitz in unserem Inneren bis zum Letzten verteidigen müssen.

Man mag Etty Hillesum als eine Mystikerin ansehen, deren Mystik auf einer »kristallenen Ehrlichkeit« beruhte. Nichts lässt erkennen, dass sie mystische Literatur gelesen hätte. Ihren Gottesbezug verdankte sie keiner Lektüre, sondern ihrer eigenen Lebensweise und Erfahrung. Ihr Sprechen von Gott ist nicht objektivierend und ohne jeden Bezug zu dogmatischer Lehre. Sie reflektiert nicht über ihn, fragt nicht nach einem »Weiterleben«, nach keinem »Himmel«, nach keiner »Hölle«. Was sie von Gott sagt, sagt sie zugleich von sich selbst. Vor der Sprache und Authentizität ihres Zeugnisses verliert ein streitbarer Atheismus sein Thema.

---

*Gott ist nur eigentlich,
er liebt und lebet nicht,
wie man von mir und dir
und andren Dingen spricht.*

*Nichts ist, was dich bewegt,
du selber bist das Rad,
das aus sich selbsten läuft
und keine Ruhe hat.*

Peter Stosiek: Osternacht II

Gestern habe ich wieder in der Osternacht gesessen, jener »vere beata nox«, in Gedanken versunken, ein Licht in der Hand und auf dem Wege, unterwegs zu einem Ufer, das dunkel war und unsichtbar, das Ufer eines verheissenen Meeres, über dem die Sonne aufgehen sollte. Aber was war das für ein Strand, über wie viel Steine musste man stolpern, auf wie viel Schrott treten, ja Schrott, den vom Roten Meer, in dem alles losgegangen war, in dem Er sie persönlich ersäuft hatte, die Ägypter, gnadenlos, die jungen Männer, Unschuldige, von denen jeder eine klagende Mutter hinterliess, ersäuft bis zum letzten Pferd, sie werden alle genannt, die ganzen Untaten vom armen Kain bis zum armen Isaak, zum armen Jesus, alles Unschuldige, alles Opfer, wer soll das verstehen, wer soll hier nicht mit erhobenen Händen Reissaus nehmen?

Wenn da nicht die Edelsteine wären, die vereinzelten, blitzenden Juwelen zwischen all dem Schrott. »O felix culpa« – welch ein Wort! Mitten im Exsultet, dem alten Levitengesang. Wer kennte sie nicht, die glückliche Schuld, die Fehler, die einem zum Heil wurden, die evolutionäre Kraft der Fehlerfreundlichkeit, die tödliche der Perfektion?

Oder »Et nox sicut dies illubinabitur« – die Nacht wird hell wie der Tag. Für den Suchenden, den Irrenden, den Liebenden. Den Sterbenden. Es ist eine besondere Helligkeit. Sie kommt von innen.

Warum gehe ich immer noch über diese Steine zu dem vermuteten Ufer? Warum tue ich mir das an? Wegen dieser Juwelen tue ich es. Natürlich. Und – wenn ich ehrlich bin – wegen eines leisen, kaum vernehmbaren Rauschens.

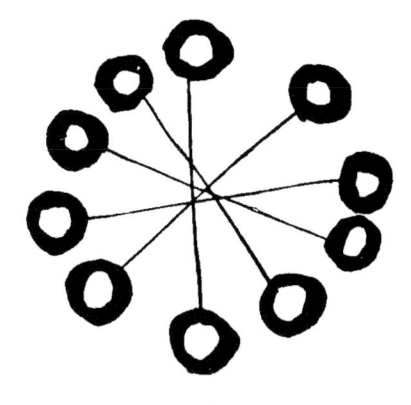

*Der Regen fällt nicht ihm,
die Sonne scheint nicht ihr,
du auch bist anderen geschaffen
und nicht dir.*

Der betende Gaukler. Eine Legende

Es war einmal ein Gaukler, der tanzend und springend von Ort zu Ort zog, bis er des unsteten Lebens müde war. Da gab er alle seine Habe hin und trat in ein Kloster ein. Aber weil er sein Leben bis dahin mit Springen, Tanzen und Radschlagen zugebracht hatte, war ihm das Leben der Mönche fremd, und er wusste weder ein Gebet zu sprechen noch einen Psalter zu singen.

So ging er stumm einher, und wenn er sah, wie jedermann des Gebets kundig schien, aus frommen Büchern las und im Chor die Messe mit sang, stand er beschämt dabei: Ach, er allein, er konnte nichts. »Was tu ich hier?«, sprach er zu sich, »ich weiß nicht zu beten und kann mein Wort nicht machen. Ich bin hier unnütz und der Kutte nicht wert, in die man mich kleidete.«

In seinem Gram flüchtete er eines Tages, als die Glocke zum Chorgebet rief, in eine abgelegene Kapelle. »Wenn ich schon nicht mit-

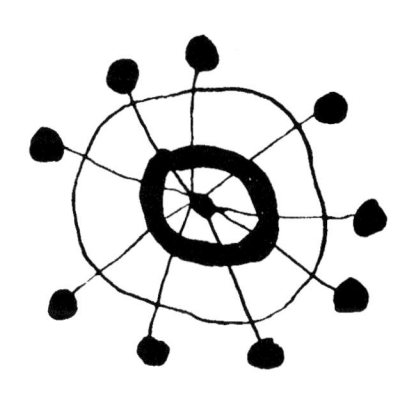

*Man sagt Gott mangelt nichts,
er darf nicht unsrer Gaben,
ist's wahr – was will er dann
mein armes Herze haben.*

beten kann im Konvent der Mönche«, sagte er vor sich hin, »so will ich doch tun, was ich kann«. Rasch streifte er das Mönchsgewand ab und stand da in seinem bunten Röckchen, in dem er als Gaukler umhergezogen war. Und während vom hohen Chor die Psalmengesänge herüberwehen, beginnt er mit Leib und Seele zu tanzen, vor- und rückwärts, links herum und rechts herum. Mal geht er auf seinen Händen durch die Kapelle, mal überschlägt er sich in der Luft und springt die kühnsten Tänze, um Gott zu loben. Wie lange auch das Chorgebet der Mönche dauert, er tanzt ununterbrochen, bis ihm der Atem verschlägt und die Glieder ihren Dienst versagen.

Ein Mönch war ihm aber gefolgt und hatte durch ein Fenster seine Tanzsprünge mit angesehen und heimlich den Abt geholt. Am anderen Tag ließ dieser den Bruder zu sich rufen. Der Arme erschrak zutiefst und glaubte, er solle des verpassten Gebetes wegen gestraft werden.

Also fiel er vor dem Abt nieder und sprach: »Ich weiß, Herr, dass hier meines Bleibens nicht ist. So will ich aus freien Stücken ausziehen und in Geduld die Unrast der Straße wieder ertragen.« Doch der Abt neigte sich vor ihm, küsste ihn und bat ihn, für ihn und alle Mönche bei Gott einzustehen: »In deinem Tanze hast du Gott mit Leib und Seele geehrt. Uns aber möge er alle wohlfeilen Worte verzeihen, die über die Lippen kommen, ohne dass unser Herz sie sendet.«

Hubertus Halbfas: Was ist ein Tischgebet?

Wir danken für volle Bäuche, während eine Milliarde Menschen nie satt wird und Millionen jährlich verhungern.
Umso wichtiger ist das Tischgebet.
Ist ein Dank für reich gedeckte Tische nicht verlogen, wenn darauf die Ernte der hungernden Völker steht?
Danken kann nur, wer sieht und nachdenkt.
Wie meinst du das?
Achte einmal darauf, wie Schulbrote verkommen, die Teller nur halbleer gegessen werden, Speisen verderben und zum Abfall wandern, weil man sich daraus kein Gewissen macht. Hier beginnt die Frömmigkeit!
Du hältst das Wegwerfen von Brot oder eines nur angebissenen Apfels für unfromm?
Es geschieht entweder aus Gedankenlosigkeit, oder es fehlt am Willen, das weniger Schmackhafte auch zu verwenden. Beides halte ich für sündhaft.
Das ist ein starkes Wort.
Aber nicht überzogen. Selbst wenn es auf der Welt keinen Hunger gäbe, gehörte die Ehrfurcht vor aller Nahrung zu unserem Menschsein.

sonntag

ein tisch kam barfuß in den raum
stopfte sich die platte voll
mit kaffee und kuchen mit
tellern und tassen
und fraß
die famile
von den stühlen

Jörg Burkhard

Und was hat das mit dem Tischgebet zu tun? Wie soll das aussehen?
Das Erste ist: Sehen, was aufgetischt wird.
Ist das nicht selbstverständlich?
Viele Menschen sehen nie, mit welcher Mühe und Liebe eine Mahlzeit bereitet und angeboten wird: Sie beachten auch nicht den aufmerksam gedeckten Tisch. Wie wollen sie da Gott danken für gute Dinge, für die sie bei ihren Mitmenschen blind sind?
Was kommt danach?
Was denn wohl? Dass wir es uns schmecken lassen!
Ist das etwas Besonderes?
Die meisten Menschen erreichen das Selbstverständliche nie. Sie löffeln das Essen in sich hinein, ohne es bewusst zu genießen. Es gehört aber zur Frömmigkeit, die guten Dinge, die das Leben schenkt, auch zu genießen.
Schön, dass du die Freude am Leben so siehst!
Aber noch ein Drittes kommt hinzu: Zu Tisch beten heißt, allen danken, die für das Mahl gesorgt haben. Man kann doch nicht »Gott« sagen und die Mitmenschen übergehen.
Wie soll das möglich sein?
Wir können natürlich nicht aller gedenken, denen wir Leben, Speise und Trank verdanken. Darum sagen wir – alles in allem – »Gott«. Zuweilen aber darf man Namen nennen, damit niemand vergisst, welcher Arbeit und Mühe sich unsere Nahrung auch verdankt.
In welcher Form soll man das tun?
Wie es jeder kann. Vielleicht magst du kurz innehalten, ehe du zu essen beginnst. Oder man wartet, bis jeder bereit ist und lädt dann alle ein, es sich schmecken zu lassen. Du kannst dich auch mit dem Wunsch »Gesegnete Mahlzeit« begnügen. Aber die schönste Form ist ein bewusst gesprochenes gemeinsames Tischgebet.
Sooft wir an unserem Tisch Gäste haben, dürfen wir ihnen unbekümmert zumuten, dass sie sich unsere Art gefallen lassen. An ihrem Tisch richten wir uns natürlich nach ihnen.

George Grosz, Der Fresser, 1939.

Danken

das Wasser,
das wir brauchen,
das Licht,
das für uns brennt,
der Tisch
mit Bank und Stühlen,
das Brot,
die Milch,
die angefüllten Schüsseln,
wie alle dafür sorgen,
dass alles,
was wir brauchen,
in unserer Wohnung ist.

Wilhelm Gössmann

Alois Odermatt: Fürbitten im Totentanz des Terrorismus

Wie lassen sich Fürbitten jenseits theistischer Gottesbilder gestalten? Wie wandeln sie sich, wenn wir nicht mit ständigen Eingriffen eines Allmächtigen rechnen, sondern das göttliche Rufen in der Tiefe des Lebens vernehmen? Sie gestatten dann nicht mehr, einen allmächtigen Götzen zu bestürmen, er möge uns erhören – und dies und jenes tun. Sie verbinden vielmehr mit Menschen und Gemeinschaften, an die wir denken. Beten heißt dann: Leid und Schrei der Welt zum Ausdruck bringen und den eigenen Ort darin suchen.

Es liegt nahe, das Wort »Gott« zu schonen und andere Symbole anzusprechen: Geheimnis des Lebens – Großes Ich – Inneres Du… Wir finden Ergreifendes in der Bibel, in Dichtung und Mystik der Vergangenheit und Gegenwart – auch bei uns selbst. Dabei kommt zum Ausdruck: Wir flehen nicht um dies oder jenes, sondern *wir* »erhören« den Ruf, den wir in uns und in der Welt vernehmen: »Nicht Gott erhört uns – wir erhören Gott.«

Solche Entwicklungen finden Beachtung. Es währt nicht lang, bis Einzelne aufmerken und vor allem zwei Gesichtspunkte hervorheben: die fürsorgliche Verbindung mit anderen Menschen oder Gemeinschaften; die Momente des Schweigens, in denen sich Gedenken ereignet. Es ergeben sich substanzielle Gespräche. Manchmal wird der moderne Atheismus »heimgeführt«.

Grauen und Schrecken durchziehen die Welt. Massenmorde – Vertreibungen – Flüchtlingstragödien: ein Totentanz des Terrorismus! Da halten wir Fürbitte – und möchten schreien: »Allmächtiger du, starker Gott, greife ein! Rette das Leben!«
Aber wir haben erkannt: Es thront über uns kein allmächtiges Wesen, das manchmal eingreift, wenn es will – und manchmal nicht.
Wir wenden uns selber dem Drama zu. Wir denken uns hinein. Wir schweigen und lauschen.
Hören wir, was die Stunde schlägt? Was hören wir rufen?
Wen hören wir rufen?
   Gongschlag – und ausklingen lassen
Als Antwort singen wir ein Wort aus der Benediktus-Regel. Zuerst wird die Melodie gespielt, dann stimmen wir zur Eröffnung ein.
   Instrument spielt Melodie, dann wird gesungen:
»Schweige und höre, neige deines Herzens Ohr, suche den Frieden.«

Wir denken an Menschen, die den Kriegsteufel spielen.
   Drahtzieher – hocken hinter Milliarden von Geld und Gut.
   Verzweifelte – lassen sich verführen – entdecken Lust an Gewalt.
   Jugendliche – erhoffen den Himmel – geraten in Höllen.

Singulär ist die Ablehnung des Bittgebets durch Meister Eckhart. Das Bittgebet ist und war kirchliche Praxis. Die Kirche betete um militärische Siege und reiche Ernten. Für viele Christen ist das Bittgebet die Hauptform des Gebets. Seine Verwerfung des Bittgebets begründete Eckhart damit, zwischen Gott und dem homo divinus gebe es keine Ungleichheit.

Eckhart meinte, keine menschliche Seele sei ohne Gott, weil Gott und der Seelengrund eins sind. Eckhart benutzt dazu die Metapher von der Geburt Gottes im Menschen. Wenn aber Gott in uns geboren ist, dann sind wir Gottes Sohn, und sind es ganz, denn die Gottheit zerlegt sich nicht in Teile. »Wo sie ist, ist sie ganz. Dies zu erfassen und in diesem Sinn sich als Sohn Gottes verstehen, das ist der wesentliche Trostgrund, den es auf Erden gibt« (Kurt Flasch).

Mit dieser Sicht, die das »innergöttliche« Leben auf irdische Menschen herüberzieht, provozierte Eckhart die Anklagen der Glaubenswächter gegen ihn. Dennoch entspricht seine Häresie angesichts der modernen Gotteskrise, wie die Literatur sie belegt, mehr der Erfahrung – der geschichtlichen wie der spirituellen –, weil der traditionelle Dogmatismus seine Verfallsgrenze erwiesen hat.

Wir denken an diese Menschen. Aus ihrer Tiefe hören wir – trotz allem – ein Rufen nach Leben. Was schlägt die Stunde?
   Gongschlag – und ausklingen lassen, dann:
Wir singen ihnen zu:
»Schweige und höre, neige deines Herzens Ohr, suche den Frieden.«

Wir denken an die Opfer der Blutbrunst in ihrer Heimat.
   Ganze Dörfer und Sippen – werden abgeschlachtet.
   Frauen und Mädchen – entführt, verkauft, entehrt.
   Männer und Kinder – ermordet – oder zum Morden verdammt.
Wir denken an diese Menschen. Aus ihrer Tiefe hören wir ein Rufen und Schreien nach Leben. Was schlägt die Stunde?
   Gongschlag – und ausklingen lassen, dann:
Wir singen ihnen zu: »Schweige und höre ...«

Wir denken an die Flüchtlinge und ihre Familien.
   Sie fliehen Hals über Kopf – riskieren alles.
   Fallen Schlepperbanden in die Hand – geraten in Seenot.
   Hoffen auf Rettung und Zukunft – mit unserer Hilfe.
Wir denken an diese Menschen. Aus ihrer Tiefe hören wir ein Rufen nach Leben.
Was schlägt die Stunde?
   Gongschlag – und ausklingen lassen, dann:
Wir singen ihnen zu: »Schweige und höre ...«

Wir denken an die hohen Herren und Damen in Wirtschaft und Politik.
   Manche verherrlichen Profit und Kriegswirtschaft.
   Manche rüsten mit Atom auf – setzen Schöpfung aufs Spiel.
   Manche bestechen – und lassen sich mit Millionen bestechen.
Wir denken an diese Menschen. Auch aus ihrer Tiefe hören wir ein Rufen nach Leben.
Was schlägt die Stunde?
   Gongschlag – und ausklingen lassen, dann:
Wir singen ihnen zu: »Schweige und höre ...«

Ja, was schlägt die Stunde in diesem Totentanz? Aus der Tiefe hören wir ein Rufen nach Leben und Liebe:
dein Rufen, du innerstes Geheimnis der werdenden Welt.
Du rufst uns, dich zu erhören. Ja, wir suchen Wege der Menschlichkeit. So wirst du – *in* uns und *mit* uns – zur Geburt einer neuen Welt.
Amen.

Denk dir Folgendes: Da käme zu Dir ein Mensch, welcher ruhig, ernsthaft, aber in tiefer Erschütterung zu Dir sagte: »Bete für mich, o bete für mich«: nicht wahr, das würde einen geradezu furchtbaren Eindruck auf Dich machen. Und weshalb? Weil Du selbst einen persönlichen Eindruck bekommen hättest von einer menschlichen Persönlichkeit, die vermutlich bis zum Letzten kämpfen musste ..., die, weil es ihr beikommen konnte, zu einem anderen Menschen zu sagen: Bete für mich, bete für mich.

Wenn Du hingegen in einem »Hirtenbrief« läsest: »Brüder, schließt uns in Eure Fürbitte ein, so wie auch wir unablässig Nacht und Tag für Euch beten und Euch in unserer Fürbitte umfangen« – woher kommt es, dass dies vermutlich gar keinen Eindruck auf Dich macht? Nicht etwa daher, dass Dich unwillkürlich ein Argwohn ergreift, ob das nicht nach einem Muster gehe, etwas Amtliches sei, nach einem Handbuch oder aus einem Leierkasten. Ach! beim Amtlichen ist das Abstoßende, dass einem so unaussprechlich flau dadurch oder dabei wird, weil es nach gar nichts schmeckt ...

Søren Kierkegaard

Religion: Doppelgänger, brüderlicher Schatten

René Magritte, Die gigantischen Tage, 1928.
Wer kämpft mit wem? Mann und Frau in einer Gestalt. Männliche und weibliche Anteile miteinander? Modern gewendet: Jakobs nächtliches Ringen mit dem Engel? »Doppelgänger, brüderlicher Schatten ...«

Carl Gustav Jung hat einmal gesagt: »Religion ist ein System, das uns vor der Erfahrung Gottes bewahrt.« Er meint, dass die Metaphern und Symbole der religiösen Sprache, auf historische Faktizität reduziert, existenziell belanglos werden. Selbst wenn sich der biblische Exodus aus Ägypten mit einem faktischen Ereigniskern verbindet; hinter der Gestalt des Mose eine Erinnerung steht, sei sie erreichbar oder nicht: Diese Texte sind in ihrem historischen Anteil kein Gegenstand des Glaubens. Als mythische Traditionen sind sie gültig und wahr. Sie haben eine Wirkungsgeschichte, die Kulturen und Religionen gestaltet hat, revolutionäre Aufbrüche inspiriert und immer noch in die Zukunft reicht.

Auch das Wort Gott meint kein Faktum. Ein Faktum ist ein Objekt in Raum und Zeit. Das Wort Gott verweist auf »etwas«, das jenseits alles Denkbaren und Benennbaren ist, wobei die Sprache bereits scheitert, wenn sie diese Transzendenz hilflos ein Etwas nennt. »Das Transzendente ist in unserem Gott dasselbe wie in uns selbst. Ist unser Gott durchlässig für die Transzendenz, so sind wir eins mit dem, was wir Gott nennen. Das Gottesbild führt uns also unserer eigenen Transzendenz zu« (Joseph Campbell).

Dieses Abschlusskapitel bietet lyrische Texte über »Engel«, in der Bibel oft Gottes Stellvertreter in Raum und Zeit. So wenig Gott benennbar ist, so wenig sind Engel objektivierbar. Aber während der Glaube an einen personalen Schöpfergott gesellschaftlich abschmilzt, erfreuen sich Engel wachsender Popularität. Die Gedichte dieses Kapitels gehören nicht in diesen Kontext esoterischer Engel-Euphorie. In ihrer Mehrheit geben sie die Abwesenheit Gottes wieder, doch kann die Engel-Metaphorik auch auf Begegnungen verweisen, in denen Menschen den abwesenden Gott vertreten in dieser Zeit.

Ivan Goll: Doppelgänger brüderlicher Schatten

Ein Gegenstück zu Ivan Golls *Doppelgänger* ist das Gedicht vom bucklicht Männlein, das erstmals in *Des Knaben Wunderhorn* aufgezeichnet wurde. »Ich möchte behaupten«, sagt der Psychiater Erik Erikson, »dass der Mensch nur dann beginnen kann, die innere Welt des Menschen zu erforschen, wenn er seine eigene Neurose zu dem Engel des Herrn erhebt, mit dem er zu kämpfen hat, und den er nicht lassen wird, bis er ihn auch segnet.« Die Geschichte von Jakobs Kampf mit dem Engel alias mit Gott (Gen 32,23–33), wie sie ambivalent überschrieben wird, steht im gleichen Kontext.

Doppelgänger brüderlicher Schatten
Der mit mir geht zu jeder Zeit
Bei Kerzenglanz und Kerzenschatten
Mein siamesisches Geleit
Ich liebe dich wie ich dich hasse
Bald bist du Bruder mir und bald
Des Dämons flüchtige Grimasse
Von krüppelhafter Missgestalt.

Ivan Goll (1891–1950), deutsch-französischer Dichter. Trotz seiner Bedeutung für Expressionismus und Surrealismus und seines dreisprachigen Schreibens in englischer, französischer und deutscher Sprache sind Golls Werke in Deutschland eher unbekannt geblieben.

Heinrich Heine: Die Engel

Freilich ein ungläub'ger Thomas
Glaub ich an den Himmel nicht,
Den die Kirchenlehre Romas
Und Jerusalems verspricht.

Doch die Existenz der Engel,
Die bezweifelte ich nie;
Lichtgeschöpfe sonder Mängel,
hier auf Erden wandeln sie.

Nur, gnäd'ge Frau, die Flügel
Sprech ich jenen Wesen ab;
Engel gibt es ohne Flügel,
Wie ich selbst gesehen hab.

Lieblich mit den weißen Händen,
Lieblich mit dem schönen Blick
Schützen sie den Menschen, wenden
Von ihm ab das Missgeschick.

Ihre Huld und ihre Gnaden
Trösten jeden, doch zumeist
Ihn, der doppelt qualbeladen,
Ihn, den man den Dichter heißt.

Noch ein Doppelgänger:

Will ich in mein Gärtlein gehn,
will mein Zwiebeln gießen,
steht ein bucklicht Männlein da,
fängt als an zu niesen.

Will ich in mein Küchel gehn,
will mein Süpplein kochen,
steht ein bucklicht Männlein da,
hat mein Töpflein brochen.

Will ich in mein Stüblein gehn,
will mein Müslein essen,
steht ein bucklicht Männlein da,
hat's schon halber gessen.

Setz ich mich ans Rädlein hin,
will mein Fädlein drehen,
steht ein bucklicht Männlein da,
lässt das Rad nicht gehen.

Geh ich in mein Kämmerlein,
will mein Bettlein machen,
steht ein bucklicht Männlein da,
fängt als an zu lachen.

Wenn ich an mein Bänklein knie,
will ein bisschen beten,
steht das bucklicht Männlein da,
fängt als an zu reden:

Liebes Kindlein, ach, ich bitt,
bet fürs bucklicht Männlein mit!

»Des Knaben Wunderhorn«,
von Clemens Brentano und Achim von Arnim

Rudolf Otto Wiemer: Es müssen nicht Männer mit Flügeln sein

Es müssen nicht Männer mit Flügeln sein,
die Engel.
Sie gehen leise, sie müssen nicht schrein,
oft sind sie alt und hässlich und klein,
die Engel.

Sie haben kein Schwert, kein weißes Gewand,
die Engel.
Vielleicht ist einer, der gibt dir die Hand,
oder er wohnt neben dir, Wand an Wand,
der Engel.

Dem Hungernden hat er das Brot gebracht,
der Engel.
Dem Kranken hat er das Bett gemacht,
er hört, wenn du ihn rufst, in der Nacht,
der Engel.

Er steht im Weg, und er sagt: Nein,
der Engel,
groß wie ein Pfahl und hart wie ein Stein –
es müssen nicht Männer mit Flügeln sein,
die Engel.

Sarah Kirsch: Engel

Sarah Kirsch (1935–2013) gilt als eine der bedeutenden deutschen Lyrikerinnen. Charakteristisch für ihre Metaphorik sind Bilder, die in Alltags-, Natur- oder Landschaftsbetrachtung ihren Ausgangspunkt nehmen, aber verfremdet werden oder eine überraschende Wendung nehmen. Kirsch gehört zu keiner Schule, wird aber manchmal der Neuen Subjektivität zugeordnet. 1996 erhielt sie den Georg-Büchner-Preis.

»Ich bin nicht gläubig, aber ich glaube an ganz vieles. Ich glaube eher an Bäume als an Gott. Ich glaube an viele Gottheiten in den Dingen. Ich glaube an die, die hier schon gelebt haben. Wenn ich hier ganz einsam bin, hallt das hinter mir her… Es sind optische Eindrücke, die bei mir etwas auslösen. Ich sehe etwas und will haargenau bedenken können, wie es aussah. Wie der Eindruck war. Was ich empfunden habe. Wie der Klang des Windes war. Wie diese Farbe. Es gibt eigentlich immer nur eine richtige Lösung, wie im Kreuzworträtsel, der muss ich so nah wie möglich kommen. Das kann mich tagelang beschäftigen…«

Ich sah einen er kam im Taxi der Vordersitz
War flachgelegt so hatte er Platz
Man hob ihn heraus vor dem kleinen Fischgeschäft
Geleitete ihn in einen geschorenen Garten
Da stand er ernst in der Luft überragte
Die ihn stützten seine Augen erreichte nichts
Die Kleider waren verblasst Goldreste
Überzogen die Brust er war ohne Flügel

Seine Führer lehnten ihn an einen Karren
Blockierten zuvor die Räder damit er
Nicht ins Gleiten käme sich etwa zerschlüge
Ich sah seine Hände sie waren leer
Hatten wohl vorher den Ölzweig getragen oder
Ein Saitenspiel jahrhundertelang
Jetzt war er taxiert unterwegs auf Wohnungssuche
Erst ins Antiquitätengeschäft was wird aus ihm wer
Braucht schon einen Engel der so groß ist
Er füllt eine Küche stände
Wo besser ein Kühlschrank steht oder der Tisch mit
Der Brotschneidemaschine, der Ausweg für ihn
Wäre ein Kindergarten wenn der ihn beherbergte
Wer wüchse nicht gern mit einem Engel auf

Ernst Eggimann: es gibt keine zeichen mehr von dir

es gibt keine zeichen mehr von dir
im himmel im holz in den stirnen
keine schönen geschichten die wir glauben
in denen du engel schickst und sintfluten
flammende schwerter plagen posaunen
wo du mit leuten redest im traum
und der riese goliath fällt auf die stirn
und daniel kommt heil aus der gaskammer

man sagt du seist weg
du kümmerst dich nicht mehr um uns
du hast deinen sohn ans kreuz geschlagen
eine kirche gegründet
seitdem bist du weg und
wir brauchen dich nicht
keiner ruft dich
wer dich ruft erwartet nicht dass du ihn hörst
keiner ruft leise genug
keiner klopft an und es wird aufgetan

es gibt weder himmel noch hölle
die türe ist offen

Ernst Eggimann (1936–2015), Schweizer Schriftsteller und Lehrer, der auch gerne Gedichte in Berner Mundart schrieb:

Bikannt wore isch er 1967 mit em Band Psalmen, won er i moderne Wort sini Visione vo Gott umschribe het, e Werch wo bsunders bi tütsche Theologe e groosse Achlang gfunde het. Im gliiche Joor isch em de Literaturpriis vo de Stadt Bern vergee wore.

Arnfrid Astel: Gabriel

Arnfrid Astel, (geb. 1933), deutscher Lyriker. Er gründete 1959 die *Lyrischen Hefte – Zeitschrift für Gedichte*, die er bis 1971 betreute. 1966 Verlagslektor in Köln, 1967 zusätzlich Literaturredakteur beim Saarländischen Rundfunk.

Sehr ungelegen kam mir der Engel.
Er trat ein, ohne anzuklopfen,
duzte mich, als hätten wir
schon Säue miteinander gehütet.
Ich fragte ihn,
mit wem ich denn die Ehre hätte,
aber er umarmte mich wortlos
und weinte bitterlich.

Rose Ausländer: Der Engel in dir

Wer Engel sucht in dieses Lebens Gründen,
der findet nie, was ihm genügt.
Wer Menschen sucht, der wird den Engel finden,
der sich an seine Seele schmiegt.

Christoph August Tiedge (1752–1841)

Der Engel in dir
Freut sich über dein
Licht

Weint über deine Finsternis

Aus seinen Flügeln rauschen
Liebesworte
Gedichte Liebkosungen

Er bewacht
Deinen Weg

Lenk deinen Schritt
Engelwärts

Mascha Kaléko: An meinen Schutzengel

Mascha Kaléko (1907–1975), deutschsprachige Dichterin, im österreichisch-ungarischen Galizien geboren. Bereits in den 1920er-Jahren gehörte sie zur Berliner Avantgarde. Ihre Gedichte rühren durch eine schnörkellose und direkte Sprache an. Ihr Aufstieg wurde von den Nazis, die später ihre Bücher verbrannten, gebremst. 1938 emigrierte sie in die USA; auch ihre dort verfassten Gedichte bilden eine Mischung aus Lyrik, Spott, Ironie und Heimweh – Großstadtlyrik mit ironisch-zärtlichem, melancholischem Ton.

Den Namen weiß ich nicht. Doch du bist einer
Der Engel aus dem himmlischen Quartett,
Das einstmals, als ich kleiner war und reiner,
Allnächtlich Wache hielt an meinem Bett.

Wie du auch heißt – seit vielen Jahren schon
Hältst du die Schwingen über mich gebreitet
Und hast, der Toren guter Schutzpatron,
Durch Wasser und durch Feuer mich geleitet.

Du halfst dem Taugenichts, als er zu spät
Das Einmaleins der Lebensschule lernte.
Und meine Saat, mit Bangen ausgesät,
Ging auf und wurde unverhofft zur Ernte.

Seit langem bin ich tief in deiner Schuld.
Verzeih mir noch die eine – letzte – Bitte:
Erstrecke deine himmlische Geduld
Auch auf mein Kind und lenke seine Schritte.

Er ist mein Sohn. Das heißt: er ist gefährdet.
Sei um ihn tags, behüte seinen Schlaf.
Und füg es, dass mein liebes schwarzes Schaf
Sich dann und wann ein wenig weiß gebärdet.

Gib du dem kleinen Träumer das Geleit.
Hilf ihm vor Gott und vor der Welt bestehen.
Und bleibt dir dann noch etwa freie Zeit,
Magst du bei mir auch nach dem Rechten sehen.

Pablo Neruda: Der Schutzengel

Der meistgelesene chilenische Dichter kreist in seinem Werk um die Liebe, die Natur, seine chilenische Heimat und den Mensch in der Gesellschaft. Er erreichte mit seiner erzählenden Lyrik alle Volksschichten. »Dichter der verletzten Menschenwürde« nannte ihn 1971 die Stockholmer Akademie bei der Verleihung des Nobelpreises für Literatur.

Zu Hause sagten sie zu mir als Kind:
»Hör zu. Es gibt einen Engel,
der dich begleitet und dich behütet,
ein Schutzengel.«

In Winkeln wuchs ich auf voller Trauer.
Und das aufgespeicherte Leid ließ ich,
Tropfen um Tropfen, niederfallen in meine Schrift.

Ein Jüngling, schritt ich hin von Gefahr zu Gefahr,
von einer zur anderen Nacht, mit eigenem Schwert
mein Brot verteidigend und mein Gedicht,
den Weg mir bahnend auf dunkler Straße,
die queren ich musste, häufte ich in der Leere
meine einsame Kraft.

Wer kam nicht an meine Tür, um irgend etwas zu zerstören?
Wer brachte mir keine zernagende Lava?
Wer trug mir keinen giftigen Stein
in meines Daseins Unrast?
Der Besitzer wies mich voll Zorn auf die Straße.
Der Vornehme verachtete mein Gesicht.
Und aus ihrem mexikanischen Spottgedicht

Pablo Neruda (1904–1973), chilenischer Dichter und Schriftsteller, der sich vor allem gegen den Faschismus in seinem Heimatland und in Spanien einsetzte. Der überzeugte Kommunist musste nach 1945 ins europäische Exil. Er kehrte erst 1952 nach Chile zurück, wo er 1973, zwölf Tage nach dem Pinochet-Putsch, unter mysteriösen Umständen starb.

1971 erhielt er den Nobelpreis für Literatur. Wegen der kommunistischen Aspekte in seinem Werk und seiner zeitweise positiven Haltung zu Stalin wurde Neruda, der sich selbst als Dichter des Volkes bezeichnete, in vielen westlichen europäischen Ländern bis in die 1960er-Jahre ignoriert. Die Stimmung änderte sich erst im Zuge der weltweiten Sympathie für Chile nach dem Militärputsch 1973. Bis dahin gab es keine vollständige Ausgabe der Gedichte Nerudas in der Bundesrepublik Deutschland.

> Wenn wir im Ernst den Gedanken zu denken wagen, dass uns heute noch Engel begegnen..., dann geht es gar nicht anders: Sie müssten schon moderne Kleidung tragen!
>
> *Claus Westermann*

Rose Ausländer: Noch bist du da

Wirf deine Angst
in die Luft

Bald
ist deine Zeit um
bald
wächst der Himmel
unter dem Gras
fallen deine Träume
ins Nirgends

Noch
duftet die Nelke
singt die Drossel
noch darfst du lieben
Worte verschenken
noch bist du da

Sei was du bist
Gib was du hast

und ihren aschgrauen Fibeln
schütteten böswillige Großmäuler, Marktdiebe
verwelkter Rosen, Dichter
ohne Poesie, Tinte
gegen mein kämpferisch wallendes Haupt.
Sie öffneten Schächte ihrer schlammerfüllten Seele,
auf dass ich in ihre Fänge stürze,
sie krönten mit Messern meinen Gesang,
ich aber wollte nicht fliehen noch wehren mich,
ich sang und sang, mit Sternen mich füllend,
ich sang, ohne dass ein anderer mich schirmte
als der blaue Stahl meines Gesangs.

II Damals verbargst du dich
Wo warst du da, mein Schutzengel?
Warst du die Wohnstatt voller Dornen?,
in der ich schlafen musste? Warst du der Tisch
der Armut, den man mir bereitet?
Der Hass warst du, unendlicher Draht,
den ich zerschneiden musste, oder warst du etwa
das Elend unglückseliger Menschenwesen,
das, was ich antraf an Wegen,
in Städten, in unterirdischen Höhlen
der Verlassenen? Oh, unsichtbar warst du,
obschon unter Schicksalsschlägen nur,
da einzig unmenschliche Tore ich aufbrach,
ich in meiner Stimme das Wachsen aller Stimmen vernahm
und ich hervortrat unter den Menschen zum Kampf.

Christine Lavant: Ihr seid ja dreifaltig, ich bin so allein

Christine Lavant (→ S. 243 ff.) die bis zu ihrem Tod weder Ruhe noch Frieden gefunden hat, sah sich zeitlebens von ihrem Gott verlassen, doch ohne abzulassen, mit ihm zu ringen wie Jakob in der Nacht. In ihrem christlich-katholischen Glauben war sie »zerstört und verraten, in ihrer Existenz durch sich selbst gepeinigt« (Thomas Bernhard).

Aus solchen Tagen wird wohl kein Leben.
Vielleicht hat sich schon im Mutterleib
mein Schicksal mutig von mir getrennt
und ging – tapferer als ich je einmal war –
für mich auf den gottverlassensten Stern,
blieb dort, legte sich schlafen
und träumt vielleicht aus, was mir zustoßen soll

mit glänzenden Schläfen.
Heimtückisch lass ich mich oft von dem Wind
nah an den Herdplatz der Wirklichen wehen,
lasse mich rösten, lasse mich schälen
und von den bitter Enttäuschten
wieder zurück in das Feuer spucken
oder in salziges Wasser.
Dort denk ich oft nach, ob Gott von mir weiß,
ob es Schutzgeister gibt auch für solche wie mich
und ob den hochheiligen Seelenkern
wirklich nur diese Gesunden haben,
die mit den Zähnen Nüsse zerbeißen
und fremdes für eigenes Schicksal.
In Feuer und Wasser denkt niemand klar –
Vergebt mir, Gottvater, Gottsohn und Gottgeist!
Ihr seid ja dreifaltig, ich bin so allein
und niemand weckt oben mein Schicksal.

Der Engel vertritt den abwesenden Gott, solange sich dieser unseren Nöten zu entziehen scheint. Er bezeichnet die Weise, in der Gott lebendig bleibt als das Bewusstsein und Tun derer, die ihn vertreten in dieser Zeit. Ohne den Engel fehlt unserer Welt der Trost. Der Engel ist eine Nachricht vom wirklichen Leben, das Rettung und Wahrheit bringt.

Ernst Jandl: an gott

Jandl, einer der Randchristen unter den Autoren, hat sich die Freiheit genommen, Gott und Glauben in sein Wahrnehmungs- und Ausdrucksfeld einzubeziehen. Er redet nicht erbaulich, er dachte nicht an eine Kirchengemeinde. Er brachte Erfahrungen und Vorstellungen ins Wort. Geduldig und aggressiv wagte er sich weit ins Offene. Im Offenen ist er zu seiner Personmitte und seiner Gottesbeziehung vorgestoßen. Jandl hat Texte geschrieben, die ironisch, satirisch, provozierend vulgär und heilig fromm von Gott und seinem, des Sprechers, Glauben reden. Er spricht außerhalb jeder Sakralsprache, Gesangbuchsprache, Hymnensprache. Er spricht sperrig nach zwei Seiten, widersätzlich zu den Frommen und zu den Gottesleugnern, Gottvergessern (Paul Konrad Kurz).

dass an gott geglaubt einstens er habe
fürwahr er das könne nicht sagen
es sei einfach gewesen gott da
und dann nicht mehr gewesen gott da
und dazwischen sei gar nichts gewesen
jetzt aber er müsste sich plagen
wenn jetzt an gott glauben er wollte
garantieren für ihn könnte niemand
indes vielleicht eines tages
werde einfach gott wieder da sein
und garnichts gewesen dazwischen

Ernst Jandl (1925–2000), österreichischer Dichter und Schriftsteller, wurde vor allem durch seine experimentelle Lyrik, durch visuelle Poesie und Lautgedichte bekannt. Sein Werk ist ein Spiel mit der Sprache und spannt einen Bogen von politischer Lyrik bis zu komischen Sprachspielen und Sprachwitz. Jandls erste Veröffentlichungen galten anfangs als kulturelle Provokation und führten mehrfach zu Eklats. Lange Zeit fand sich kein Verlag, der seine experimentelle Lyrik herausgeben wollte. Ab Mitte der 1960er-Jahre stellten sich erste schriftstellerische Erfolge ein, die Anerkennung als einer der bedeutendsten Lyriker seiner Zeit und zahlreiche Ehrungen folgten aber erst spät in Jandls Karriere.

Rainer Maria Rilke: Ich ließ meinen Engel lange nicht los

Ich ließ meinen Engel lange nicht los,
und er verarmte in meinen Armen
und wurde klein, und ich wurde groß:
und auf einmal war ich das Erbarmen,
und er eine zitternde Bitte bloß.

Da hab ich ihm seinen Himmel gegeben, –
Und er ließ mir das Nahe, daraus er entschwand;
Er lernte das Schweben, ich lernte das Leben,
und wir haben langsam einander erkannt…

Hans Magnus Enzensberger: Die Visite

Als ich aufsah von meinem leeren Blatt,
stand der Engel im Zimmer.

Ein ganz gemeiner Engel,
vermutlich unterste Charge.

Sie können sich gar nicht vorstellen,
sagte er, wie entbehrlich Sie sind.

Eine einzige unter fünfzehntausend Schattierungen
der Farbe Blau, sagte er,

fällt mehr ins Gewicht der Welt
als alles, was Sie tun oder lassen,

gar nicht zu reden vom Feldspat
und von der Großen Magellanschen Wolke.

Sogar der gemeine Froschlöffel, unscheinbar wie er ist,
hinterließe eine Lücke, Sie nicht.

Ich sah es an seinen hellen Augen, er hoffte
auf Widerspruch, auf ein langes Ringen.

Ich rührte mich nicht. Ich wartete,
bis er verschwunden war, schweigend.

Hans Magnus Enzensberger (geb. 1929), deutscher Dichter, Schriftsteller, Herausgeber, Übersetzer und Redakteur. Bis 1957 arbeitete er beim Süddeutschen Rundfunk in Stuttgart. Seine *Radio-Essays* bildeten den Auftakt einer vielfältigen Tätigkeit als Essayist. Mit dem *Kursbuch* war Enzensberger eine Orientierungsfigur für die Studentenbewegung. Dennoch fand sein häufiger Positionswechsel oft Kritik. Enzensberger dazu: »Zweifel sind mir lieber als Sentiments. Widerspruchsfreie Weltbilder brauche ich nicht. Im Zweifelsfall entscheidet die Wirklichkeit.«

Else Lasker-Schüler: Gebet

Die »stärkste und unwegsamste lyrische Erscheinung des modernen Deutschland« wurde sie 1910 von Karl Kraus genannt. Unwegsam ist ihre Dichtung auf lange Zeit geblieben. Sie gab sich Namen, die ihre Außenseiterposition betonten: Vagabund, der über die Bürger lacht, Herumtreiber, später Jussuf, Prinz von Theben. Die Existenz als Frau in der bürgerlichen Gesellschaft lehnte sie ab. Äußerlich demonstrierte sie das durch das Tragen von Hosen und bunten Gewändern, durch kurzgeschnittenes Haar. Franz Kafka urteilte über sie: »Ich kann ihre Gedichte nicht leiden, ich fühle bei ihnen nichts als Langeweile über ihre Leere und Widerwillen wegen des künstlichen Aufwandes. Auch ihre Prosa ist mir lästig aus den gleichen Gründen, es arbeitet darin das wahllos zuckende Gehirn einer sich überspannenden Großstädterin. Aber vielleicht irre ich da gründlich, es gibt viele, die sie lieben, Werfel z. B. spricht von ihr nur mit Begeisterung… Ich stelle mir sie immer nur als eine Säuferin vor, die sich in der Nacht durch die Kaffeehäuser schleppt.« – An dem Tag, als Else Lasker Schüler starb, notierte Werner Kraft in seinem Tagebuch den Beginn ihres Gedichts »Gebet«.

Else Lasker-Schüler (1869–1945), deutsch-jüdische Dichterin, herausragende Vertreterin der avantgardistischen Moderne und des Expressionismus in der Literatur.

Ich suche allerlanden eine Stadt,
Die einen Engel vor der Pforte hat.
Ich trage seinen großen Flügel
Gebrochen schwer am Schulterblatt
Und in der Stirne seinen Stern als Siegel.

Und wandle immer in die Nacht…
Ich habe Liebe in die Welt gebracht –
Dass blau zu blühen jedes Herz vermag,
Und hab ein Leben müde mich gewacht,
In Gott gehüllt den dunklen Atemschlag.

O Gott, schließ um mich Deinen Mantel fest;
Ich weiß, ich bin im Kugelglas der Rest,
Und wenn der letzte Mensch die Welt vergießt,
Du mich nicht wieder aus der Allmacht lässt,
Und sich ein neuer Erdball um mich schließt.

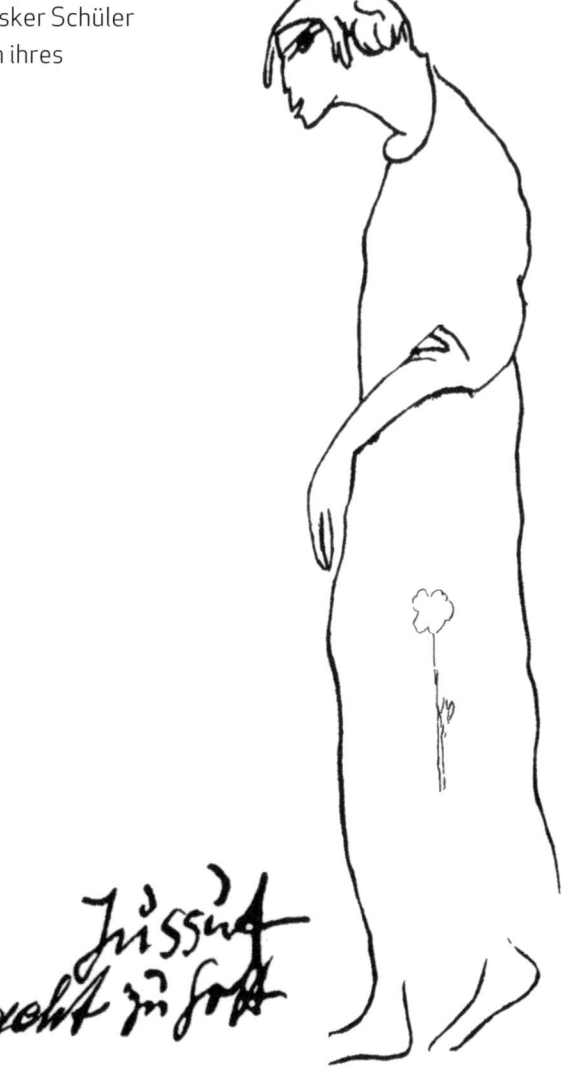

Religion: Doppelgänger, brüderlicher Schatten

Textnachweis

18 Islamische Tradition; in: Hubertus Halbfas, Der Sprung in den Brunnen. Patmos Verlag der Schwabenverlag AG, Ostfildern 17. Aufl. 2015, 104.
in: Maurice Sendak, Higgelti Piggelti Pop! Oder Es muss im Leben mehr als alles geben. Dt. v. Hildegard Krahé. Copyright der deutschsprachigen Ausgabe © 1969 Diogenes Verlag AG Zürich.© Günter Lange, Duisburg.

19 in: Nikos Kazantzakis, Im Zauber der griechischen Landschaft © 1962 F. A. Herbig Verlagsbuchhandlung GmbH, München, hg. u. ins Deutsche übertragen v. Isadora Rosenthal-Kamarinea.
in: Kurt Marti, gott gerneklein. Gedichte, Radius-Verlag, Stuttgart 1995.

20 Hoimar von Difurth, Der Geist fiel nicht vom Himmel, Hamburg 1992.

21 Sighard Wilhelm, in: Literatur in Wissenschaft und Unterricht, Bd. 23 (1990) H. 4, 347 ff. © Verlag Königshausen & Neumann, Würzburg.

23 Erik Hornung, in: Der Eine und die Vielen: Altägyptische Götterwelt © WBG, 7. Aufl. 2011.

25 Josef Fink © Michaela Steiner.

26 in: Georges Minois, Geschichte des Atheismus. Von den Anfängen bis zur Gegenwart. Aus dem Franz. übers. v. Eva Moldenhauer, 313 ff. © J. B. Metzler'sche Verlagsbuchhandlung und Ernst Carl Poeschel Verlag GmbH.

29 Günter de Bruyn, Das Leben des Jean Paul Friedrich Richter © S. Fischer Verlag GmbH, Frankfurt am Main 1976.

32 in: Wolfgang Borchert, Das Gesamtwerk. Mit einem biographischen Nachwort von Bernhard Meyer-Marwitz. Copyright © 1949 Rowohlt Verlag GmbH, Hamburg.

33 Wolfdietrich Schnurre, Das Begräbnis © Marina Schnurre.

34 Günter Helmes, in: Werner Bellmann (Hg.), Klassische deutsche Kurzgeschichten. Interpretationen © 2004 Philipp Reclam jun. GmbH & Co. KG, Stuttgart.

35 Rose Ausländer © S. Fischer Verlag GmbH, Frankfurt am Main.

38 in: Karl Mickel, Vita nova mea. Mein neues Leben. Gedichte © Aufbau Verlag GmbH & Co. KG, Berlin 1966 (Das Werk erschien erstmals 1966 im Aufbau-Verlag; Aufbau ist eine Marke der Aufbau Verlag GmbH & Co. KG).

39 Appell, in: Elie Wiesel, Die Nacht © 1958 by Editions du Minuit, Paris. Alle dt. Rechte beim Bechtle Verlag, Esslingen 1962. Genehmigt durch die F. A. Herbig Verlagsbuchhandlung GmbH, München. Aus dem Franz. V. Curt Meyer-Clason
Nie werde ich …, in: Elie Wiesel, Die Nacht zu begraben, Elischa © Bechtle Verlag, Esslingen.

40 Ein Prozess, in: ebd.

41 in: Lettere di condannati a morte della Resistenza Europea. Letzte Briefe zum Tode Verurteilter aus dem europäischen Widerstand, hg. v. Piero Malvezzi u. Giovanni Pirelli, Vorwort v. Thomas Mann, Steinberg-Verlag, Zürich 1955, 467.

42 in: Hans Jonas, Der Gottesbegriff nach Auschwitz. Eine jüdische Stimme © Suhrkamp Verlag Frankfurt am Main 1987. Alle Rechte bei und vorbehalten durch Suhrkamp Verlag Berlin.
Marion Gräfin Dönhoff, in: Die ZEIT vom 12.2.1993, 43.

44 in: Zvi Kollitz, Jossel Rakovers Wendung zu Gott. Aus dem Jiddischen übertr., hg. u. komm. v. Paul Badde. Copyright der deutschsprachigen Ausgabe © 2004 Diogenes Verlag AG Zürich.

46 in: Günter Kunert, Mein Golem. Gedichte © 1996 Carl Hanser Verlag München.

47 in: Dietrich Bonhoeffer, Widerstand und Ergebung © 1998, Gütersloher Verlagshaus, Gütersloh, in der Verlagsgruppe Random House GmbH.

48 in: Etty Hillesum, Das denkende Herz der Baracke: die Tagebücher 1941–1943. Aus dem Ndl. übers. v. Maria Csollány © Verlag Herder GmbH, Freiburg i. Br. 2014.

51 Petra Mönnigmann © Rechte bei Brigitte Rühland.
in: Günter Kunert, Erinnerung an einen Planeten. Gedichte aus fünfzehn Jahren © 1963 Carl Hanser Verlag München.

52 in: Günter Eich, Allah hat hundert Namen. Ein Hörspiel © Insel Verlag Frankfurt am Main 1958. Alle Rechte bei und vorbehalten durch Insel Verlag Berlin.
Nachts, in: Ders., Gesammelte Werke in vier Bd., Bd. 1: Die Gedichte. Die Maulwürfe, hg. v. Axel Vieregg © Suhrkamp Verlag Frankfurt am Main 1991. Alle Rechte bei und vorbehalten durch Suhrkamp Verlag Berlin.

59 wie 48
wie 47

60 in: Werner Heisenberg, Der Teil und das Ganze © 1986 Piper Verlag GmbH, München.
in: Keiji Nishitani, Was ist Religion? Vom Verfasser autorisierte dt. Übertragung von Dora Fischer-Barnicol © der deutschsprachigen Ausgabe Insel Verlag Frankfurt am Main 1982, 17 u. 19.

62 in: Werner Heisenberg, Das Naturbild der heutigen Physik, Rowohlt Verlag, Hamburg 1955, 18.

67 in: Carl Friedrich von Weizsäcker, Die Tragweite der Wissenschaft, S. Hirzel, Stuttgart 7. Aufl. 2006.

68 in: Richard Tarnas, Idee und Leidenschaft. Die Wege westlichen Denkens, Rogner & Bernhard Verlag, 2. Aufl. 2001.

70 in: Gertrud von Le Fort, Am Tor des Himmels. Novelle © Insel Verlag Frankfurt am Main und Leipzig 1984. Alle Rechte bei und vorbehalten durch Insel Verlag Berlin.

73 in: Nikos Kazantzakis, Rechenschaft vor El Greco © 1967 F. A. Herbig Verlagsbuchhandlung GmbH, München. Aus dem Neugriech. v. Isadora Rosenthal-Kamarinea.

77 in: Günter Grass, Werkausgabe in 10 Bänden, hg. v. Volker Neuhaus, Bd. 1 Gedichte und Kurzprosa, Luchterhand, Darmstadt/Neuwied 1987, 301 © Gerhard Steidl Verlag, Göttingen.
in: Frank Brunssen, Das Absurde in Günter Grass' Literatur der achtziger Jahre, 1997, 47f © Verlag Königshausen & Neumann, Würzburg.

78 in: Günter Kunert, Als das Leben umsonst war. Gedichte © 2009 Carl Hanser Verlag, München.
in: Ders., Fremd daheim. Gedichte © 1990 Carl Hanser Verlag München.
in: Ders., So und nicht anders. Ausgewählte und neue Gedichte © 2002 Carl Hanser Verlag München.

80 Elias Canetti, Die Fackel im Ohr. Lebensgeschichte 1921–1931, in: Gesammelte Werke Bd. 8 © 1993 Carl Hanser Verlag München.

81 Marie Luise Kaschnitz, Nicht gesagt © Dr. Dieter Schnabel.

85 in: Karl-Josef Kuschel, Jesus im Spiegel der Weltliteratur. Die Bilanz eines Jahrhunderts, Originaltexte und Einführungen © Patmos Verlag der Schwabenverlag AG, Ostfildern 2010.

86 in: Amos Oz, Eine Geschichte von Liebe und Finsternis. Aus dem Hebr. v. Ruth Achlama, 155 © Amos Oz 2002 © der deutschen Ausgabe Suhrkamp Verlag Frankfurt am Main 2004.

87 in: Clara Asscher-Pinkhoff, Sternkinder © Dressler Verlag, Hamburg 2011 (ISBN 978-3-7915-2624-9).

88 Elisabeth Langgässer, Ausgewählte Erzählungen. Triptychon des Teufels. Rettung am Rhein. Der Torso. Späte Erzählungen © 1984 Ullstein Buchverlage GmbH, Berlin.

91 Paul Hoffmann, Jesus von Nazaret und die Kirche © Verlag Katholisches Bibelwerk GmbH, Stuttgart 2009.

96 Ernst Eggimann, Jesus Texte, »Seit der alte Gott«: 22; »Knete den Sauerteig«: 34; »wenn wir dir nachfolgen«: 14; »du glaubst …«: 19, Verlag AG Die Arche, Zürich 1972 © beim Autor.

100 nach: Albert Camus, Der Fremde. Dt. Übers. v. Uli Aumüller. Copyright © 1994 Rowohlt Verlag GmbH, Reinbek bei Hamburg.

101 in: Nikolai Lesskow, Weihnachtserzählungen. Übers. v. Johannes von Guenther u. Otto von Taube, hg. von Eberhard Reissner © 1993 Philipp Reclam jun. GmbH & Co. KG, Stuttgart.

106 Günter Kunert © Rechte beim Autor.

109 Buzzati in: »Paura alla scala«, mit Genehmigung des Autors übers. v. Monika von Zitzewitz, in: Die ZEIT, Jg. 1953, Ausgabe 52 © für die deutsche Übersetzung: Monika von Zitzewitz.

112 aus dem Ital. v. Hanna Dehio © 1974, Verlag Kiepenheuer & Witsch GmbH & Co. KG, Köln.

114 wie 85
Henri Perrin, Tagebuch eines Arbeiterpriesters: Aufzeichnungen 1943/1944 (1964)

117 Friedrich Dürrenmatt, Aus den Papieren eines Wärters. Copyright © 1986 Diogenes Verlag AG Zürich.
Das Urs Widmer Lesebuch. Copyright © 1980 Diogenes Verlag AG Zürich.
Günter Grass, Die Blechtrommel © Gerhard Steidl Verlag, Göttingen 2015.

122 Armin Juhre, in: Die Hundeflöte. Gedichte, Wolfgang Fietkau Verlag, Berlin 1962.

123 wie 33

124 Charlie Rivel, Acrobat-schööön. Autobiografie, München 1972.

125 in: Oscar Wilde, Briefe. Hg. v. Rupert Hart-Davis. Copyright der deutschen Übersetzung von Hedda Soellner © 1966 by Rowohlt Verlag GmbH, Reinbek bei Hamburg.

125 und 126 wie 85

127 in: Nikos Kazantzakis, Die letzte Versuchung © 1988 by F. A. Herbig Verlagsbuchhandlung GmbH, München. Aus dem Neugriech. v. Werner Kerbs.

130 Wolfdietrich Schnurre © Marina Schnurre.

131 wie 85

132 Copyright © The Estate of José Saramago, Lisboa 1991. Für die deutschsprachige Ausgabe Copyright © 2014 by Hoffmann und Campe Verlag, Hamburg.

137 wie 56

141 in: Nelly Sachs, Fahrt ins Staublose. Gedichte © Suhrkamp Verlag 1961. Alle Rechte bei und vorbehalten durch Suhrkamp Verlag Berlin.

142 Ernst Bloch, Freiheit und Ordnung. Abriss der Sozialutopien © Suhrkamp Verlag 1986. Alle Rechte bei und vorbehalten durch Suhrkamp Verlag Berlin.
Nikolai Leskow, Der Gaukler Pamphalon. Erzählung, Stuttgart 1953 © der dt. Übersetzung Heinrich von Guenther.

148 Peter Huchel, Ausgewählte Gedichte. Auswahl u. Nachwort v. Peter Wapnewski © Suhrkamp Verlag 1982. Alle Rechte bei und vorbehalten durch Suhrkamp Verlag Berlin.
Bartolomé de Las Casas, in: Mariano Delgado (Hg.), Werkauswahl in vier Bd., Ferdinand Schöningh Verlag, Paderborn © Mariano Delgado.

152 Elias Canetti, Gesammelte Werke Bd. 3: Masse und Macht © Carl Hanser Verlag München 1994, 56, 58.

161 in: Fjodor Michailowitsch Dostojewskij, Die Brüder Karamasow, übers. v. Karl Nötzel, Insel Verlag, Berlin 2008.
Alexander Herzen, Der heilige Doktor Fjodor Petrowitsch. Die Geschichte des Friedrich Joseph Hass, Bad Münstereifel 1780 – Moskau 1853. Erzählt von Lew Kopelew, Hoffmann und Campe, Hamburg 1984.

163 Friedrich Engels, Die Lage der arbeitenden Klasse in England; Die großen Städte. 1845. Marx-Engels Werke. Dietz Verlag, Berlin, 1976.

164 Karl Marx, Debatten über das Holzdiebstahlsgesetz. Rheinische Zeitung Nr. 300 vom 27. Oktober 1842.
Wilhelm Wolff, Das Elend und der Aufruhr in Schlesien, Deutsches Bürgerbuch für 1845, hrsg. von H. Puttmann, Bd. 1. Darmstadt 1845; zit. nach: Gesammelte Schriften von Wilhelm Wolff, hrsg. von Mehring, F. Berlin 1909, S. 50 ff.

167 Karl Marx / Friedrich Engels: Manifest der Kommunistischen Partei, Dietz Verlag, Berlin, 37. Aufl. 1973.

169 Charles Péguy: Clévenot, XII, 39
in: Harriet A. Jacobs, Sklavenmädchen: die Geschichte meiner Befreiung. Hrsg. von Jean Fagan Yellin. Deutsche Übersetzung: Günter Löffler © Elfriede Löffler.

173 Coretta Scott King, Mein Leben mit Martin Luther King © der deutschen Übersetzung Christa Wegen.
Countee Cullen, Erlebnis, in: Hans Baumann (Hg.), Ein Reigen um die Welt. 274 Gedichte aus 75 Sprachen.

176 Walter Toman, in: Deutsche Lyrik, hg. von Horst Bingel, Deutsche Verlagsanstalt Stuttgart 1961.

180 in: Stefan Heym, Ahasver. C. Bertelsmann Verlag, München, in der Verlagsgruppe Random House GmbH.

181 Jurek Becker, zit. n. DER SPIEGEL 45/1981.

184 Brief von Moses Mendelssohn an Salomon Gumperz über die Rezension von Lessings Stück »Die Juden« durch den Göttinger Professor Johann David Michaelis. Erste Veröffentlichung in: Gotth. Ephr. Leßings Theatralische Bibliothek. Erstes Stück. Berlin 1754, 284 f.
Heinrich Heine, Von getauften und assimilierten Juden, in: Werke, Bd. 1. Hg. von Stuart Atkins, 1973, 641.

185 Theodor Herzl, Der Judenstaat. Leipzig und Wien 1896.

186 in: Isaac Bashevis Singer, Mein Vater der Rabbi: Bilderbuch einer Kindheit. Deutsch von Otto F. Best.

189 Joseph Roth, Juden auf Wanderschaft. Erstdruck Berlin 1927; Neuausgabe Verlag Hofenberg, Berlin 2015.

190 Chaim Weizmann, in: Bauet Häuser und wohnet darin. Spuren jüdischen Lebens in Mittel- und Osteuropa. Hg. von János Kalmár, Elvira Grözinger, Umschau Buchverlag Breidenstein, 1996.

192 Ernst Toller, Eine Jugend in Deutschland. Querido, Amsterdam 1933, Reinbek 1978.

195 Siegfried von Vegesack, Christus in München, Weihnacht 1941, in: Briefe 1914–1971 © Morsak Verlag GmbH, Grafenau.

196 in: Theodor Kramer (1938), Die grünen Kader, Globus Verlag, Wien 1946.
in: Nelly Sachs, Werke. Kommentierte Ausgabe in vier Bd., hg. von Aris Fioretos. Bd. 1: Gedichte 1940–1950, hg. von Matthias Weichelt © Suhrkamp Verlag Berlin 2010.

197 wie 141

198 in: Paul Celan, Sprachgitter © S. Fischer Verlag GmbH, Frankfurt am Main 1959.
in: P. Celan, Mohn und Gedächtnis © 1952, Deutsche Verlags-Anstalt, München, in der Verlagsgruppe Random House GmbH
in: John Felstiner, Paul Celan: eine Biographie, C.H. Beck, München 1997, 53 f. u. 142 f.

200 Hermann Hakel, 1945, in: Lynkeus. Dichtung. Kunst. Kritik, Sonderheft 2. Wien 1986.

201 Hermann Häring. Abdruck mit freundlicher Genehmigung des Autors.

203 in: Arnfrid Astel, Notstand, Peter Hammer Verlag, Wuppertal 1968 © Arnfrid Astel/www.zikaden.de

207 Petrus de Mladenovicz, Geschichte und Taten des Magisters Johannes Hus in Konstanz, in: Geschichtsschreiber der hussitischen Bewegung in Böhmen, hg. v. Carl Höffler, Wien 1856–1866.

208 wie 161

210 Peter Weiss, Die Verfolgung und Ermordung Jean Paul Marats dargestellt durch die Schauspielgruppe des Hospizes zu Charenton unter Anleitung des Herrn de Sade. Drama in zwei Akten © Suhrkamp Verlag Frankfurt am Main 1964. Alle Rechte bei und vorbehalten durch Suhrkamp Verlag Berlin.

214 in: Johann Peter Hebel, Schatzkästlein des rheinischen Hausfreunds, 1811.

216 Wilhelm von Kügelgen, Jugenderinnerungen eines alten Mannes, hg. v. Philipp von Nathusius, Verlag W. Hertz, Berlin 1870.
221 Kurt Marti, Radius Verlag, Stuttgart. Bernhard Bergmann, in: pusteblume. Gedichte, Edition Toni Pongratz.
222 Don Cupitt. Nach Gott. Die Zukunft der Religionen. Aus dem Engl. von Hans-Joachim Maaß © 1997 by Don Cupitt, Klett-Cotta, Stuttgart 2001.
225 Georg Christoph Lichtenberg, Sudelbuch A, Erstes bis fünftes Heft, 1765–1770.
226 Gottfried Keller, Der grüne Heinrich. Kap. 11: Die Glaubensmühen, 2., überarb. Fassung von 1880.
228 Franz Theodor Csokor © Rechte bei Irmgard Broz-Rieder.
in: Dietrich Bonhoeffer, Widerstand und Ergebung © 1998, Gütersloher Verlagshaus, Gütersloh, in der Verlagsgruppe Random House GmbH.
231 in: Martin Buber, Die Erzählungen der Chassidim © 1949, Manesse Verlag, Zürich, in der Verlagsgruppe Random House GmbH, München.
232 in: Rudolf Otto Wiemer, Ernstfall. Gedichte © J. F. Steinkopf Verlag GmbH, Kiel, 3. Aufl. 1989.
233 Dorothee Sölle © Rechte bei Fulbert Steffensky.
234 Hans Jakob Christoffel von Grimmelshausen, Werke in vier Bänden. Bibliothek Deutscher Klassiker, Aufbau-Verlag Berlin und Weimar, 3. Aufl. 1972. Die neue deutsche Rechtschreibung ist nachträglich eingefügt.
236 Ina Seidel, Gedichte © 1955, Deutsche Verlags-Anstalt, München, in der Verlagsgruppe Random House GmbH.
238 Adelbert von Chamisso, in: Die Bibel in deutschen Gedichten, hg. v. Hermann Hakel, Kindler Verlag, München 1968.
in: Wolfdietrich Schnurre, Protest im Parterre © 1957 by LangenMüller in der F. A. Herbig Verlagsbuchhandlung GmbH, München.
239 in: Marie Luise Kaschnitz, Gesammelte Werke in sieben Bd., Bd. 4: Die Erzählungen © Insel Verlag, Frankfurt am Main 1985. Alle Rechte bei und vorbehalten durch Insel Verlag Berlin.
in: Reinhold Schneider, Gesammelte Werke, Bd. 5: Lyrik © Insel Verlag Frankfurt am Main 1981. Alle Rechte bei und vorbehalten durch Insel Verlag Berlin.
240 wie 47
241 in: Christine Busta, Der Regenbaum © Otto Müller Verlag, Salzburg 1995.
in: Rose Ausländer, Wieder ein Tag aus Glut und Wind. Gedichte 1980–1982 © S. Fischer Verlag GmbH, Frankfurt am Main 1986 Rainer Maria Rilke, Gesammelte Werke, Bd. II, Das Stundenbuch. Insel Verlag, Leipzig, 1927.
242 Günter Eich, Gesammelte Werke in vier Bd., Bd. 1: Die Gedichte. Die Maulwürfe. Hg. v. Axel Vieregg © Suhrkamp Verlag Frankfurt am Main 1991 und vorbehalten durch Suhrkamp Verlag Berlin.
in: Rose Ausländer, Wieder ein Tag aus Glut und Wind. Gedichte 1980–1982 © S. Fischer Verlag GmbH, Frankfurt am Main 1986.
243 in: Christine Lavant, Erinnerung an ein Abendgebet © Wallstein Verlag, Göttingen.
in: Dies., Kunst wie meine ist nur verstümmeltes Leben. Nachgel. u. verstreut veröffentlichte Gedichte – Prosa - Briefe, hg. v. Arnim Wigotschnig u. Johann Strutz 1978 © Wallstein Verlag, Göttingen 2014.
244 und 244/45 Christine Lavant, Zu Lebzeiten veröffentlichte Gedichte, hg. u. mit einem Nachwort von Doris Moser und Fabjan Hafner © Wallstein Verlag, Göttingen 2014 Christoph Gellner, Schriftsteller lesen die Bibel © WBG, Darmstadt 2004.
245 Christine Lavant, Und jeder Himmel schaut verschlossen zu. Fünfundzwanzig Gedichte für O.S., 1991 © Wallstein Verlag, Göttingen.

246 wie 48
247 Peter Stosiek, Abdruck mit freundlicher Genehmigung des Autors.
wie 18
248 Jörg Burkhardt, in: Aussichten. Junge Lyriker des deutschen Sprachraums, vorgestellt von Peter Hamm, Biederstein Verlag, München 1966.
250 Alois Odermatt, Abdruck mit freundlicher Genehmigung des Autors.
254 in: Rudolf Otto Wiemer, Der Augenblick ist noch nicht vorüber, Kreuz Verlag, Stuttgart 2001 © Rudolf Otto Wiemer Erben, Hildesheim.
in: Sarah Kirsch, Sämtliche Gedichte © 2005, Deutsche Verlags-Anstalt, München, in der Verlagsgruppe Random House GmbH.
255 in: Ernst Eggimann, Psalmen © 1967 Limes Verlag, Wiesbaden. Genehmigt durch die F. A. Herbig Verlagsbuchhandlung GmbH, München.
Arnfried Astel © www.zikaden.de.
in: Rose Ausländer, Ich höre das Herz des Oleanders, Gedichte 1977–1979 © S. Fischer Verlag GmbH, Frankfurt am Main 1984.
in: Mascha Kaléko, In meinen Träumen läutet es Sturm © 1977 dtv Verlagsgesellschaft mbH & co. KG, München.
257 in: Pablo Neruda, Das lyrische Werk, hg. v. Karsten Garscha © Luchterhand Literaturverlag, München, in der Verlagsgruppe Random House GmbH.
258 Rose Ausländer: wie 256.
Christine Lavant: wie 244.
259 in: Ernst Jandl, Der gelbe Hund, Werkausgabe Bd. 8 © 1985, Deutsche Verlags-Anstalt, München, in der Verlagsgruppe Random House GmbH.
260 Rainer Maria Rilke: wie 241.
in: Hans Magnus Enzensberger, Kiosk. Neue Gedichte © Suhrkamp Verlag Frankfurt am Main 1995. Alle Rechte bei und vorbehalten durch Suhrkamp Verlag Berlin.
261 in: Else Lasker-Schüler, Werke und Briefe. Kritische Ausgabe: Bd. 1: Die Gedichte © Jüdischer Verlag im Suhrkamp Verlag Frankfurt am Main 1996. Alle Rechte bei und vorbehalten durch Suhrkamp Verlag Berlin.

Alle Bibelperikopen: Die Bibel. Einheitsübersetzung © Katholisches Bibelwerk Stuttgart.

Bildnachweis

5 Edvard Munch, Der Schrei, 1895 © The Much Museum/ The Munch Ellingsen Group/VG Bild-Kunst, Bonn 2015
6 HAP Grieshaber © VG Bild-Kunst, Bonn 2015
7 Celestino Piatti, Zeichnungen zu Eduard Schaper, Die Legende vom vierten König, Artemis & Winkler Verlag, Zürich 2008
8 in: Isabelle Aguet, Der Sklavenhandel. Bilder und Dokumente, München 1973
9 u. A. Paul Weber, Die Kathedrale, Ausschnitt © VG Bild-Kunst, Bonn 2015
10 o Walter Schrader, Himmelsleiter, 1972 © Doris Schrader
10 u. in: Othmar Keel, Die Geschichte Jerusalems und die Entstehung des Monotheismus, Teil I, Vandenhoek & Ruprecht, Göttingen 2007 © Othmar Keel
11 Walter Schrader, Jakobskampf, 1983 © Doris Schrader
13 Hubertus Halbfas, von Gerhard Grimm, 1969
14 Stich der Gesamtanlage von Jelling, Rantzau-Prospekt, 1591
15 Runenstein von Jelling, Christusseite. Dänemark, um 960
17 Leere und Zeit. Japanisch
19 Nikos Kazantzakis, von Alekos Fassianos
25 © Eva Pankok, Otto Pankok Museum, Hünxe

26 Zeichnung von Castillon
30 Stich von August Weger
31 © 2013–2015 Berzelmayr
35 © Stefan Große Halbuer, HIAMOVI Studio für visuelle Kommunikation, Schulstr. 22, 48149 Münster
42 © Werner Kroener
44–46 aus: Zvi Kolitz, Jossel Rakovers Wendung zu Gott. Mit Illustrationen von Tomi Ungerer. Aus dem Jiddischen übertragen, herausgegeben und kommentiert von Paul Badde. Copyright der deutschsprachigen Ausgabe © 2004 Diogenes Verlag AG, Zürich, S. 77, 23, 91
53 Karl Rodenberg, Berlin, (Porträt) Günter Eich, 30 x 40 cm, schwarze Kreide, 2008
58/59 alle: HAP Grieshaber © VG Bild-Kunst, Bonn 2015
60 Albert Einstein, Zeichnung von Roberto Bizama
61 David Levine, Werner Heisenberg, 1978 © Matthew and Eve Levine
64/65 Walter Schrader, Ohne Titel © Doris Schrader
66 Frydl Prechtl-Zuleeg
78 Annette Bätjer
79 © Fondation Oskar Kokoschka/ VG Bild-Kunst, Bonn 2015
82 Otto Pankok, Jesus, 1936 © Eva Pankok, Otto Pankok Museum, Hünxe
86 Zeichnung von Matías Noel
89 Foto: Walter Plümpe, Xanten. Archiv-Foto Vad Yashem, Jerusalem
95 © VG Bild-Kunst, Bonn 2015
97 Foto: Luis Buñuel, Viridiana, Filmstill, 1961
99 © Annemarie und Josef Schelbert
101 Zeichnung von Ilja Jefimowitsch Repin, 1889 © akg-images
109 Zeichnung von Anabelle
112 David Levine, Ignazio Silone, 2001 © Matthew and Eve Levine
113 Josef und Annemarie Schelbert, Brot © Annemarie und Josef Schelbert
117 Zeichnung von Günter Grass, Titelbild von G. Grass, Die Blechtrommel, 1993) © Gerhard Steidl Verlag, Göttingen
118 aus dem Zyklus »Nachruf auf einen Handschuh« in Kupfer, auf Stein. Aus: Grass, Das grafische Werk, Steidl 1994 © Gerhard Steidl Verlag, Göttingen
121 © Gerhard Steidl Verlag, Göttingen
123 Wolfdietrich Schnurre, vom Autor selbst gezeichnet © Marina Schnurre
125 Zeichnung von Alice Teeple
128 © Peter Frommann
129 © VG Bild-Kunst, Bonn 2015
132 Karikatur www.sergeicartoons.com
134–137 wie 7
139 © Eva Pankok, Otto Pankok Museum, Hünxe
140 © Nolde Stiftung Seebüll. Die Genehmigung zum Abdruck durch die Nolde Stiftung Seebüll liegt vor.
142–147 Karl Rössing, Linolschnitte zu Leskow, Der Gaukler Pamphalon. © Sammlung Karl Rössing, Marchtrenk
152/153 aus: Goya: Los Desastres de la guerra: Katalog zur Ausstellung »Goya: Los Desastres de la Guerra« v. 27.11.1992 bis 17.1.1993 in der Hamburger Kunsthalle; hg. von der Hamburger Kunsthalle. Katalog: Eckhard Schaar. Mitarbeit: Jenns Howoldt, 1992, S. 34 bzw. S. 114 © bpk / Hamburger Kunsthalle
163 Foto um 1850 © akg-images
164 Isaak Chaskelevic Grinstejn, Karl Marx als Student, ca. 1836, Postkarte
166, 168 © Estate of George Grosz, Princeton, N.J./VG Bild-Kunst, Bonn 2015
170–172 wie 8
179 © VG Bild-Kunst, Bonn 2015
180 Olaf Rammelt, Stephan Heym, am Schreibtisch lesend, Rötelzeichnung, 1985, 37 x 32,5 cm, Privatbesitz © Olaf Rammelt
186 © Peter Frommann
187 Maurice Sendak, Sollen wir endlos warten? (1966), in: Isaak Bashevis Singer, Zlateh die Geiß, Verlag Sauerländer, Aarau 1968, Frontispiz
188 David Levine, Isaac Bashevis Singer, 1965 © Matthew and Eve Levine

189 David Levine, Joseph Roth, 2002 © Matthew and Eve Levine
192 Zeichnung von Gisa Hausmann
195 © VG Bild-Kunst, Bonn 2015
197 Zeichnung von Maria Handelin
200 © Nicolas Mahler
201 wie 9 u.
207 Jan Hus auf dem Weg zum Scheiterhaufen, aus: Ulrich von Richental, Chronik des Konstanzer Konzils (1414–1418) © Rosgartenmuseum Konstanz
209 Otto Pankok, Dostojewski, 1948 © Eva Pankok, Otto Pankok Museum, Hünxe
210 © Falk Nordmann / Matthes & Seitz Berlin
211 wie 64/65
214 Kupferstich, um 1810, von François Aloys Müller © akg-images
215 © Karl-Georg Hirsch
220 Rex Whistler, Under the High Canopy, aus: ders., Fairy Tales and Legends. Published by Littler Leather Library Cooperation, New York 1921
221 © by Limmat Verlag, Zürich
224 © Dieter Motzel
225 © Stephan Klenner-Otto
226 Salomon Hegi, Porträt Gottfried Keller © Zentralbibliothek Zürich, Graphische Sammlung und Fotoarchiv
228 © Peter Frommann
230 Christine Busta, Selbstporträt, 14.9.1966, Forschungsinstitut Brenner-Archiv Innsbruck, Nachl. Christine Busta, Sig. 183-11-01. Dieses Selbstporträt ist als Faksimile aus dem Brenner-Archiv (5) erschienen und kann im Forschungsinstitut Brenner-Archiv bestellt werden.
232 Matthias Klemm, Rudolf Otto Wiemer, Walztechnik, 84 x 60 cm, 1995 © Matthias Klemm
233 © VG Bild-Kunst, Bonn 2015
238 u. Walter Schrader, Heuschreckenprozession, 1972 © Doris Schrader
241 Zeichnung von Emil Orlik © akg-images
245 Werner Berg, Christine Lavant, Holzschnitt 1951, Werner Berg Museum, Bleiburg
246–247 alle: HAP Grieshaber © VG Bild-Kunst, Bonn 2015
248 wie 64/65
249 wie 166
252 © VG Bild-Kunst, Bonn 2015
253 George Terry McDonald 2011
255 © Peter Frommann
257 David Levine, Pablo Neruda, 1974 © Matthew and Eve Levine
259 © Klaus Harth
260 Porträtzeichnung Hans Magnus Enzensberger © Bernd Schifferdecker
261 Else Lasker-Schüler, Jussuf geht zu Gott, Sommer 1921. Aus: Else Lasker-Schüler, Die Bilder. Hg. v. Ricarda Dick im Auftrag des Jüdischen Museums Frankfurt am Main. Mit Essays von Ricarda Dick und Astrid Schmetterling. © Jüdischer Verlag im Suhrkamp Verlag, Berlin 2010

Trotz gründlicher Recherche konnten nicht alle Rechteinhaber ermittelt werden. Für Hinweise ist der Verlag dankbar. Wenn sich ein Rechteinhaber meldet, zahlen wir das übliche Honorar.

Das neue Lesewerk – Literatur und Religion

Hubertus Halbfas
Das Menschenhaus
Geschichten und Gedichte

Format 20 x 26,5 cm
ca. 264 Seiten
Hardcover
ISBN 978-3-8436-0682-0

Hubertus Halbfas
Das Welthaus
Texte der Menschheit

Format 20 x 26,5 cm
ca. 264 Seiten
Hardcover
ISBN 978-3-8436-0683-7

PATMOS   www.patmos.de